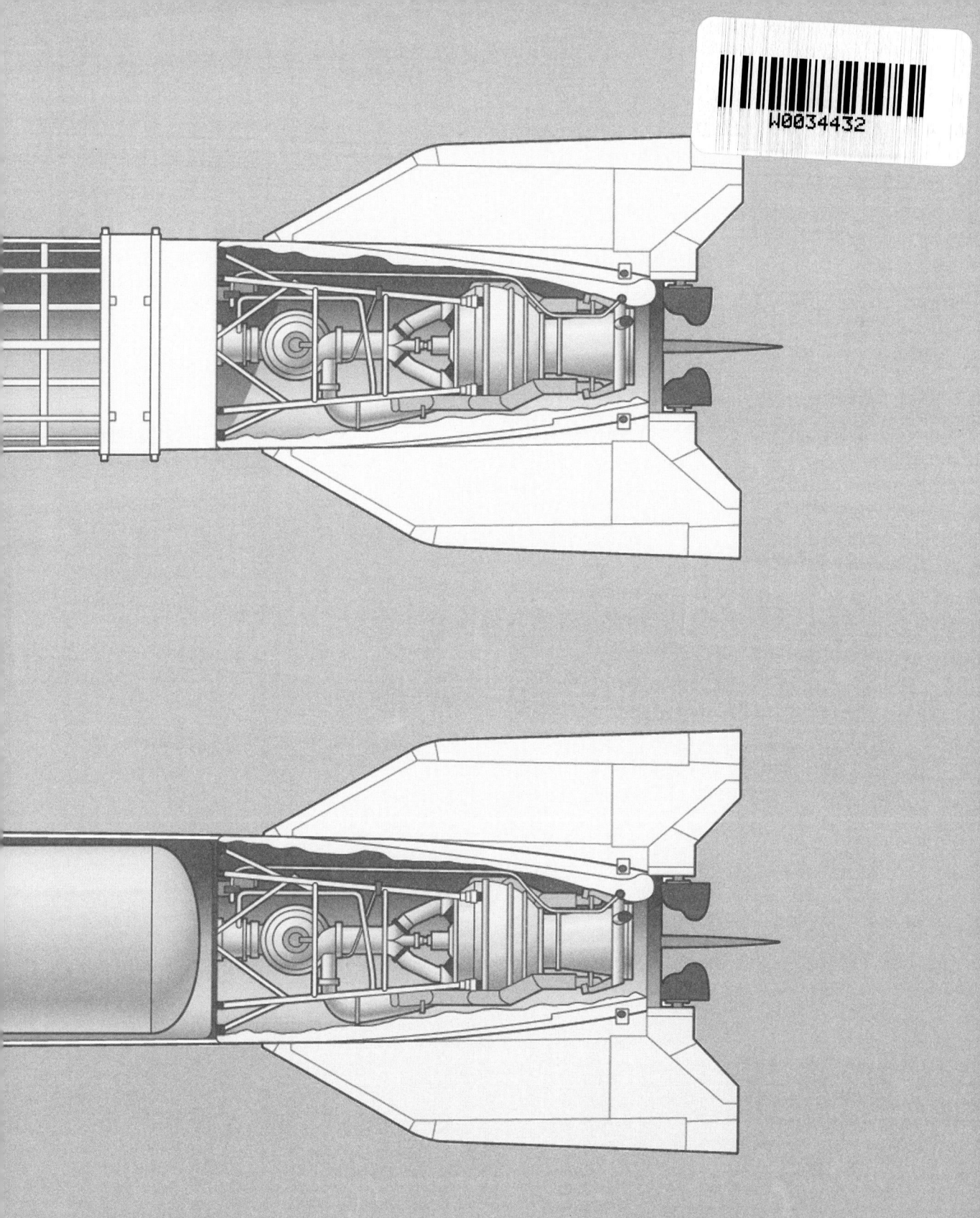

Hitlers **Geheimwaffen**

1933 bis 1945

Daten zu Deutschlands Geheimwaffen-
programm im Dritten Reich

David Porter

Hitlers
Geheimwaffen
1933 bis 1945

Daten zu Deutschlands Geheimwaffen-
programm im Dritten Reich

Weltbild

Originaltitel *World War II Data Book: Hitler's Secret Weapons 1933-1945*
Erstveröffentlichung 2010 in Großbritannien von Amber Books Ltd
Bradley's Close
74-77 White Lion Street, London N1 9PF
Copyright © 2010 Amber Books Ltd
All rights reserved

Deutsche Erstausgabe
Copyright © 2012 der deutschen Übersetzung
by Verlagsgruppe Weltbild GmbH,
Steinerne Furt, 86167 Augsburg
Koordination und Bearbeitung der deutschen Ausgabe:
Verlagsservice Dr. Helmut Neuberger und Karl Schaumann GmbH
Übertragung ins Deutsche: Walter Spiegl
Lektor der englischen Ausgabe: Michael Spilling
Bildredaktion: Terry Forshaw
Umschlaggestaltung: Atelier Seidel, Teising
Umschlagmotiv: akg-images
Gesamtherstellung: Star Standard Industries (Pte) Ltd,
8/10 Gul Lane, Jurong Town, Jurong Ind. Estate, Singapore 629409

Printed in Singapore

ISBN 978-3-8289-4523-4

Einkaufen im Internet: www.weltbild.de

BILDNACHWEIS
Art-Tech/Aerospace: 6/7, 17, 20/21, 39, 55, 74/75, 84/85, 96/97, 116/117, 119,
  136/137, 163, 166/167
Art-Tech/MARS: 30/31, 32/33
Cody Images: 42/43, 81,152, 154
Corbis/Bettmann: 45
Library of Congress: 14
Photoshot: 87, 99, 111
Plbcr/Wikipedia Creative Commons: 95
U.S. Department of Defense: 144

ILLUSTRATIONEN
Alcaniz Fresno's S.A.: 54 (beide Mitte), 61 (unten)
Amber Books: 129
Art-Tech/Aerospace: 11 (beide), 18 (alle), 28 (alle), 47 (oben, 2 Mitte), 49 (alle), 50
  (alle), 54 (oben, unten), 61 (oben, Mitte) 66 (oben), 67, 77, 78, 83, 88, 102 (Mitte
  unten), 105 (Mitte), 106 (beide), 107 (oben), 112 (Mitte, unten), 114 (beide), 116/117,
  125 (oben), 128, 133, 139 (oben, Mitte), 142 (links), 153, 155, 157 (Mitte, unten), 158,
  159, 175, 181 (oben, unten), 182 (oben, unten), 184 (unten)
Vincent Bourguignon: 9 (alle), 47 (unten), 63 (beide), 65 (alle), 66 (Mitte, unten),
  69 (alle), 70/71 (beide), 72/73, 89, 90, 102 (oben, unten), 105 (Mitte oben, unten),
  107 (unten), 112 (oben), 123, 125 (Mitte, unten), 135, 139 (unten), 142 (rechts),
  145, 157 (oben), 181 (Mitte), 182 (Mitte), 184 (oben)

Alle anderen Illustrationen und Karten von Patrick Mulrey (© Amber Books)

Inhalt

1. KAPITEL

Geheim-waffen vor 1939

In den Jahren zwischen der Reichsgründung 1871 und dem Ausbruch des Ersten Weltkriegs 1914 verzeichnete das Industriepotenzial Deutschlands einen enormen Zuwachs, was sich vor allem auf dem Gebiet der Rüstung zeigte. Die Energie für die Schwerindustrie lieferte zum großen Teil die Ruhrkohle, deren Förderung von 100 Millionen Tonnen 1894 auf 191 Millionen Tonnen im Jahr 1913 zunahm. In den 1890er-Jahren verfügte Deutschland über die modernste chemische Industrie der Welt, die sich kurzfristig von der Erzeugung von Farben und Kunstdünger auf Sprengstoffe und Giftgas umstellen ließ.
Man kann es als Ironie der Geschichte bezeichnen, dass ein großer Teil dieses technischen Potenzials von den meist aristokratischen und konservativ eingestellten Offizieren, aus denen sich 1914 das Oberkommando der deutschen Streitkräfte zusammensetzte, nicht erkannt, sondern eher mit Misstrauen betrachtet wurde. Diese Einstellung sollte sich zwar ändern, aber die Verzögerungen bei der Entwicklung moderner Waffen war mit ein Grund dafür, dass Deutschland den Krieg verlor.

■ **Auf dem Schießstand 1918 – Übungsschießen mit dem *Paris-Geschütz***

Die frühen Jahre: 1917/18

Um die Mitte des Kriegs begann sich abzuzeichnen, dass der Vorsprung der Entente auf dem Gebiet der Militärtechnologie zur Niederlage der Mittelmächte führen würde, und die deutschen Entwickler von Kriegswaffen erhielten freie Hand. Tatsächlich erschienen viele der 1917/18 neu eingeführten Geräte später in den Waffenarsenalen des Dritten Reichs.

Die Dominanz der Deutschen in der zivilen chemischen Technologie verschaffte ihnen einen Vorsprung bei der Kriegführung mit Giftgas. Die Chemiewerke BASF, Bayer und Höchst, die 1925 zur I.G. Farben zusammengelegt wurden, erzeugten Chlorgas als Nebenprodukt der Farbenherstellung. In Zusammenarbeit mit Fritz Haber vom Kaiser-Wilhelm-Institut für physikalische Chemie in Berlin-Dahlem begannen die drei Unternehmen mit der Entwickung praktischer Verfahren für den Einsatz von Chlorgas.

Die ersten Angriffe

Die ersten großen Giftgasangriffe von 1915 erwiesen sich als erfolgreich, aber die Alliierten regierten schnell und schlugen mit ihren eigenen chemischen Waffen zurück. Der weitere Verlauf des Kriegs war gekennzeichnet von der Entwicklung immer wirkungsvollerer Giftgase sowie gezielter Gegenmaßnahmen zum Schutz der Truppe. Am 15. Oktober 1918 wurde der bei einem Senfgasangriff vorübergehend erblindete Gefreite Adolf Hitler in ein Feldlazarett eingeliefert. Unter dem Eindruck dieses traumatischen Erlebnisses verbot Hitler später den Einsatz von chemischen Waffen auf dem Schlachtfeld.

Die Panzer des Kaisers

Drei Jahre vor Ausbruch des Ersten Weltkriegs zeichnete ein Offizier des österreich-ungarischen Heeres namens Günther Burstyn Pläne für ein kleines gepanzertes Kettenfahrzeug mit einem Geschützturm, das er Motorgeschütz *nannte.*

Im Oktober 1911 schickte Burstyn die Konstruktionszeichnungen und ein verkleinertes Modell nach Wien zur Begutachtung durch das Kriegsministerium. Die Reaktion fiel positiv aus, und man bat um einen Prototyp zur Erprobung im Manöver. Burstyn hatte weder Kontakte zur Industrie noch das Geld zum Bau eines Prototyps, sodass er seine Pläne dem deutschen Generalstab in Berlin anbot, der sich ebenfalls an seiner Erfingung interessiert gezeigt hatte. Trotz der begeisterten Unterstützung durch eine deutsche Militärzeitschrift hatte Burstyn auch in Berlin kein Glück, sodass er nach dem vergeblichen Versuch, seine Erfindung patentieren zu lassen, die Idee fallen ließ.

Obwohl das *Motorgeschütz* über die Planungsphase nicht hinauskam, gehört es zu den faszinierenden Kapiteln des historischen »Was-wäre-wenn«. Hätte er seine Pläne realisieren können, wären die Mittelmächte lange vor den Alliierten in der Lage gewesen, Kampfpanzer einzusetzen.

Der K-Wagen

Als 1916 die ersten alliierten Tanks in die Kämpfe eingriffen, war die deutsche Oberste Heeresleitung davon überzeugt, dass man diesen Waffen größere deutsche Panzer entgegensetzen müsse. Im Juni 1917 entschied sich das Kriegsministerium für den Bau des *Kolossal-Wagens*, eines neu entwickelten überschweren Panzers zur Unterstützung der Infanterie bei Sturmangriffen. Für den Konstruktionsentwurf waren Joseph Vollmer, ein Reserveoffizier und Ingenieur der

Verkehrstechnischen Prüfungs-Kommission, sowie ein Hauptmann Weger zuständig. Nach den ursprünglichen Plänen hätte des Fahrzeug 168 Tonnen gewogen, aber man reduzierte das Gewicht auf 122 Tonnen einschließlich der starken Bewaffnung aus vier 7,7-cm-Kanonen sowie sechs Maschinengewehren. Trotzdem war der *K-Wagen* zu groß für den Transport auf der Schiene. Deshalb sollte er unmittelbar hinter der Front zusammengebaut werden. Zehn dieser Großkampfwagen wurden in Auftrag gegeben, aber bei Kriegsende standen erst zwei vor der Vollendung.

Gemäß dem Vertrag von Versailles wurden sie unter Aufsicht der alliierten Kontrollkommission demontiert.

Sturmpanzerwagen »Oberschlesien«

Im Gegensatz zum archaischen *K-Wagen* war der von Hauptmann

FRÜHE SCHWERE TANKS IM VERGLEICH

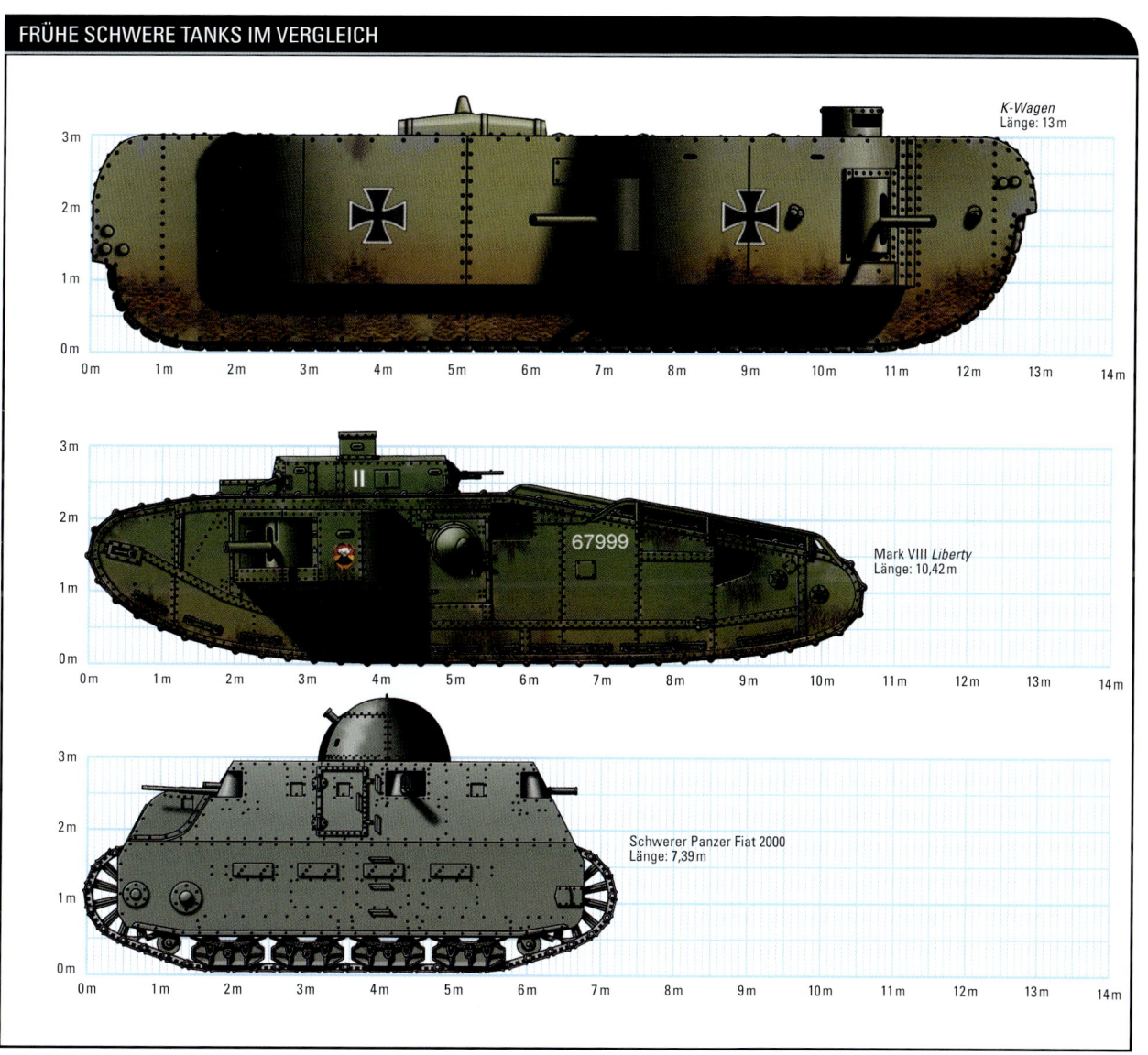

K-Wagen
Länge: 13 m

Mark VIII *Liberty*
Länge: 10,42 m

67999

Schwerer Panzer Fiat 2000
Länge: 7,39 m

Müller entwickelte *Oberschlesien* ein zukunftweisender, relativ schneller, leicht gepanzerter Gefechtspanzer.

Gebaut wurde er in den Oberschlesischen Hüttenwerken in Gleiwitz. Ein Auftrag für zwei Prototypen lag 1918 vor, aber bei Kriegsende im November des Jahres waren beide erst halb vollendet.

Frühe Super-Artillerie

Der Burenkrieg (1899–1902) und der Russisch-Japanische Krieg (1904/05) hatten die deutschen Militärplaner davon überzeugt, dass schwere Geschütze ein entscheidender Faktor zukünftiger Kriege sein würden. Man begann damit, das Heer mit 15-cm-Haubitzen auszurüsten – zu Beginn des Ersten Weltkriegs ein erheblicher Vorteil.

So wirkungsvoll die 15-cm-Haubitzen auch waren: Gegen Grabenstellungen und Bunker, wie sie seit Beginn des Stellungskriegs 1914/15 in Gebrauch kamen, konnten sie nur wenig ausrichten. Man hatte das Problem vorausgesehen und schon 1910 eine 21-cm-Haubitze eingeführt, von der bei Kriegsbeginn 216 Einheiten zur Verfügung standen. Aber selbst diese Haubitzen wurden durch »Geheimwaffen« in den Schatten gestellt.

42-cm-M-Gerät 14 Haubitze (»Dicke Bertha«)

Dieses Belagerungsgeschütz kann mit Recht als Deutschlands erste Geheimwaffe gelten. Sie wurde als Reaktion auf die Erfahrungen aus dem Russisch-Japanischen Krieg entwickelt, wo den Japanern der Durchbruch durch die russischen Verteidigungslinien bei Port Arthur erst nach dem Einsatz von 28-cm-Haubitzen gelang. Die Deutschen erkannten die Notwendigkeit noch schwererer mobiler Belagerungsgeschütze, um die starken unterirdischen Verteidigungsanlagen an der Ostgrenze Frankreichs und Belgiens

bekämpfen zu können, und entwickelten eine Reihe von Prototypen. Anfang 1914 entstanden unter der Leitung Professor Fritz Rausenbergers, Leiter der Planungsabteilung bei Krupp, zwei *42-cm-M-Geräte 14*, die zu Ehren von Bertha Krupp, der Ehefrau Friedrich Krupps, *Dicke Bertha* getauft wurden. Die Haubitzen bewährten sich in der ersten Angriffsphase von 1914, als sie in nur kurzer Zeit die belgischen Befestigungen vor Lüttich, Namur und Antwerpen ausschalteten, gegen die leichtere Feldgeschütze nichts hätten bewirken können. Vermutlich wurden bis 1918 zwölf *Dicke Berthas* gebaut, einige von ihnen mit Rohren L/30 30,5 cm, die bei kleinerem Kaliber mehr Treffsicherheit boten. Diese Geschütze hießen *Schwere Kartaune* oder *Beta-M-Gerät*.

Das »Paris-Geschütz«

Die Konzentration der deutschen Marine auf die U-Boot-Waffe führte zum Abbruch der Arbeiten an den letzten beiden Schlachtschiffen der *Bayern*-Klasse, der *Sachsen* und der *Württemberg*. Aber die 38-cm-Geschütze waren bereits fertig und

unter der Bezeichnung *Langer Max* als Eisenbahngeschütze verwendet worden. Wenigstens fünf dieser 38-cm-SK-L/45 kamen bei den Küstenbatterien *Pommern* und *Deutschland* an der flandrischen Küste zum Einsatz. Die Batterie *Pommern* vor Dünkirchen feuerte zwischen Juni 1917 und Oktober 1918 etwa 500 Granaten über Entfernungen bis zu 44 km. Die 750 kg schweren Projektile reichten bis Paris, richteten aber nur wenig Schaden an.

Die Entwicklungsingenieure bei Krupp gingen bis an die Grenzen der technischen Möglichkeiten ihrer Zeit und entwickelten eine Waffe, mit der es möglich wurde, 120 km weit zu schießen – eine bisher noch nie da gewesene Leistung des Maschinenbaus. So entstand das *Paris-Geschütz*, dessen begrenzte Treffsicherheit es eher zu einer Propaganda- als zu einer wirksamen Kriegswaffe machte.

Das Langrohrgeschütz war eine Maschine von gigantischen Ausmaßen. Allein die Kanone wog 260 Tonnen. Sie stand auf einer speziell dafür entwickelten transportablen Drehlafette in einer Betonbettung. Das 28 m

FRÜHE SUPER-ARTILLERIE DES ERSTEN WELTKRIEGS

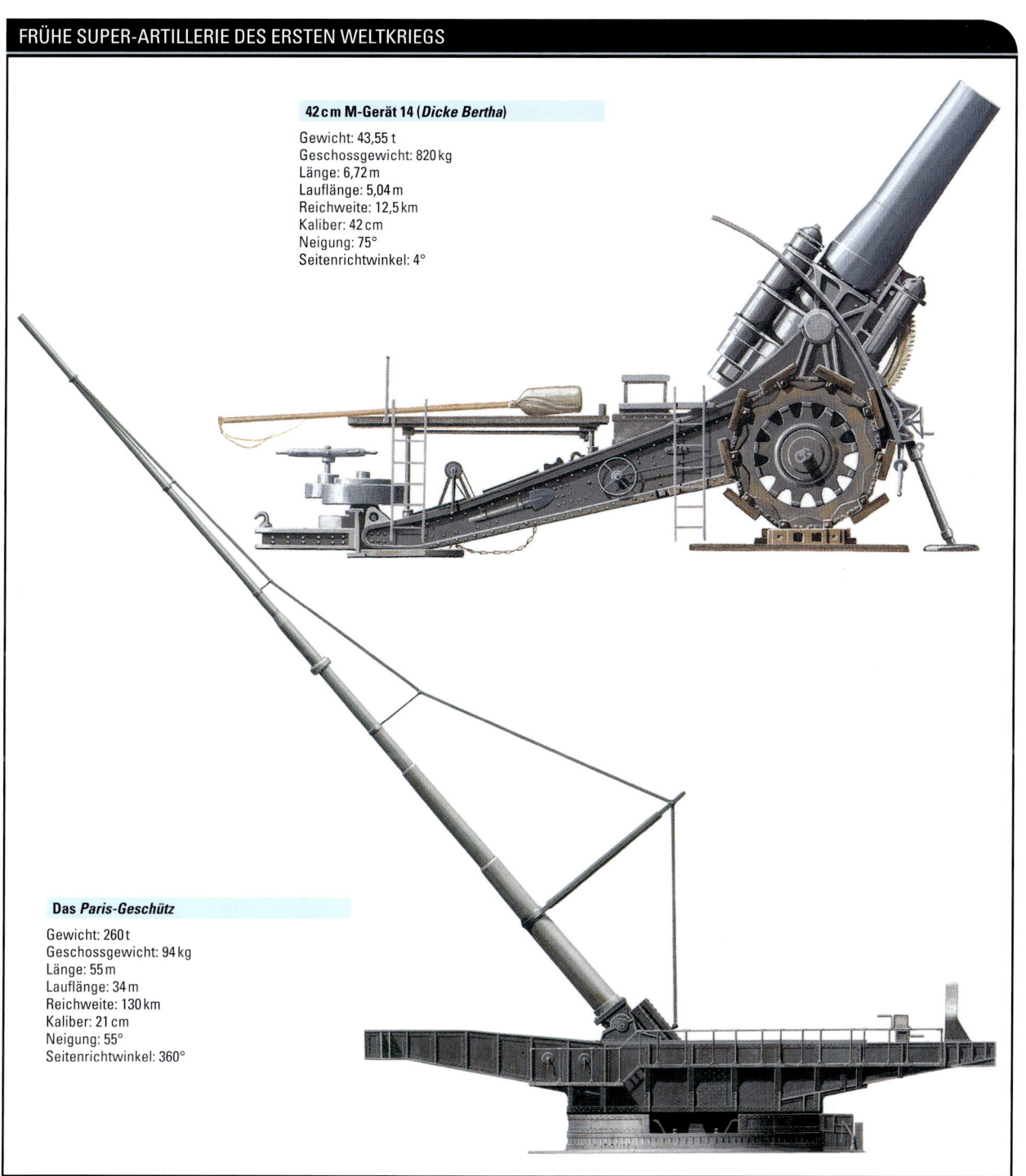

42 cm M-Gerät 14 (*Dicke Bertha*)

Gewicht: 43,55 t
Geschossgewicht: 820 kg
Länge: 6,72 m
Lauflänge: 5,04 m
Reichweite: 12,5 km
Kaliber: 42 cm
Neigung: 75°
Seitenrichtwinkel: 4°

Das *Paris-Geschütz*

Gewicht: 260 t
Geschossgewicht: 94 kg
Länge: 55 m
Lauflänge: 34 m
Reichweite: 130 km
Kaliber: 21 cm
Neigung: 55°
Seitenrichtwinkel: 360°

lang gezogene 21-cm-Seelenrohr mit angesetzter 6 m langer glatter Verlängerung steckte in einem 17 m langen Mantelrohr vom Kaliber 38 cm, das vom *Langen Max* stammte. Die Grana-

ten des *Paris-Geschützes* entwickelten eine so hohe Anfangsgeschwindigkeit, dass die Läufe sehr schnell verschlissen. Um dem Materialabtrag zu begegnen, wurden Geschosssätze

mit stetig zunehmendem Kaliber entwickelt, die in einer festgelegten Reihenfolge abgefeuert werden mussten. Auch der Verschluss wurde durch die starken Treibladungen

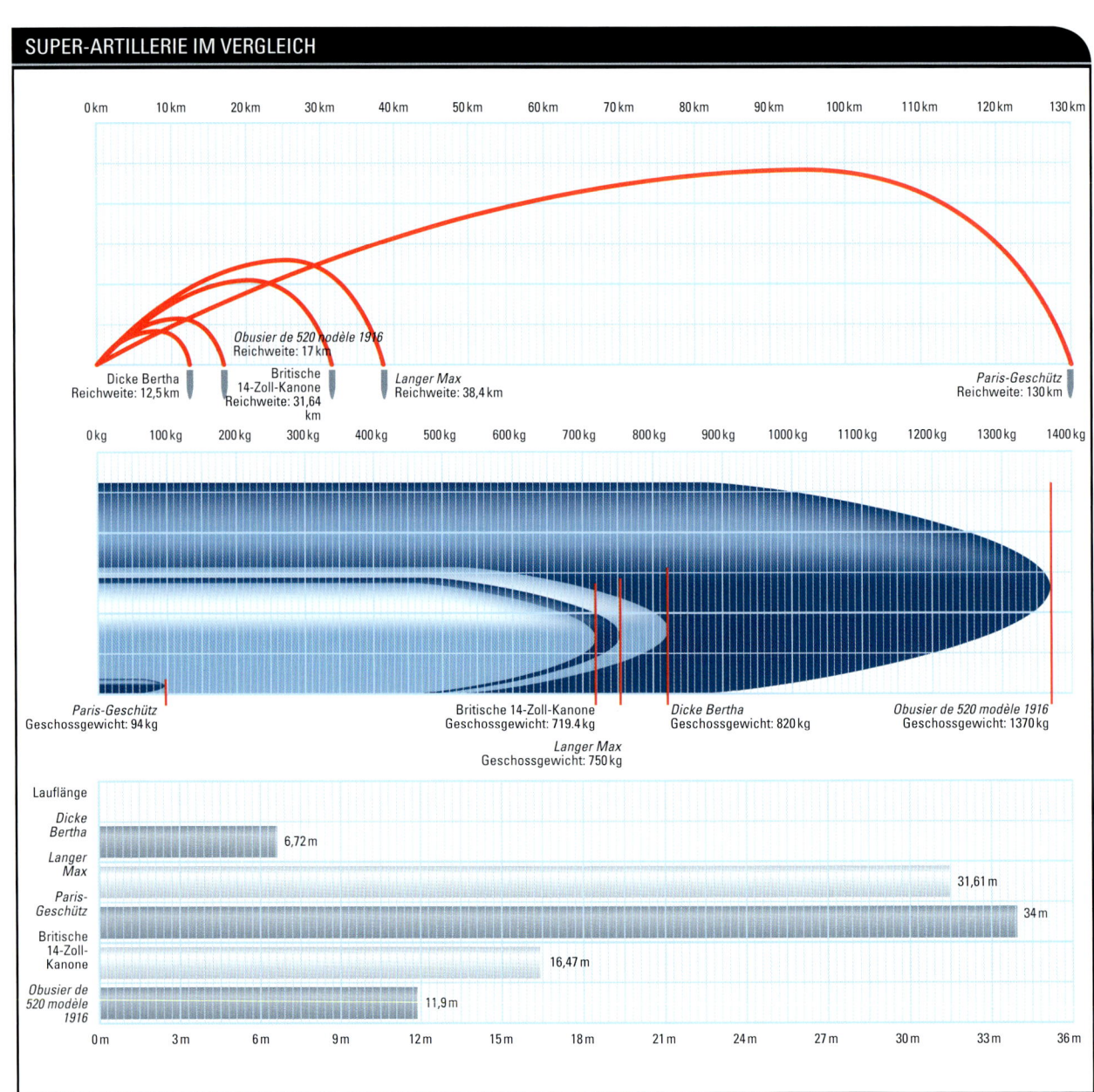

SUPER-ARTILLERIE IM VERGLEICH

Obusier de 520 modèle 1916
Reichweite: 17 km

Dicke Bertha
Reichweite: 12,5 km

Britische
14-Zoll-Kanone
Reichweite: 31,64 km

Langer Max
Reichweite: 38,4 km

Paris-Geschütz
Reichweite: 130 km

Paris-Geschütz
Geschossgewicht: 94 kg

Britische 14-Zoll-Kanone
Geschossgewicht: 719.4 kg

Dicke Bertha
Geschossgewicht: 820 kg

Obusier de 520 modèle 1916
Geschossgewicht: 1370 kg

Langer Max
Geschossgewicht: 750 kg

Lauflänge

Dicke Bertha — 6,72 m

Langer Max — 31,61 m

Paris-Geschütz — 34 m

Britische 14-Zoll-Kanone — 16,47 m

Obusier de 520 modèle 1916 — 11,9 m

abgenutzt, sodass nach jedem Schuss der Verschleiß durch genaues Nachmessen festgestellt werden musste. Selbst kleinste Abweichungen hätten sich auf die Anfangsgeschwindigkeit ausgewirkt und damit auf die Reichweite. Aufgrund der festgestellten Abweichungen wurde die erforderliche Pulvermenge neu berechnet. Nach Abschuss von 65 Granaten wurde das Rohr zu Krupp nach Essen verbracht, auf 22,4 cm neu aufgebohrt und mit entsprechender Munition ausgerüstet.

Zwischen März und August 1918, als die Alliierten vorrückten und das Ende des Kriegs abzusehen war, wurden die Geschütze abgezogen. Bis dahin hatten die drei im Einsatz befindlichen Langrohrkanonen insgesamt 367 Schuss abgefeuert, von denen 183 an verschiedenen Stellen in Paris einschlugen, 256 Zivilisten töteten und 620 weitere verwundeten.

Blechesel und Torpedogleiter

Die deutsche Fliegertruppe war für Neuentwicklungen sehr aufgeschlossen und förderte die Produktion einiger bemerkenswerter Flugzeuge und Waffen. Die Kaiserliche Marine unterstützte ebenfalls militärtechnische Projekte, beispielsweise Fernlenkboote, wie sie auch im Zweiten Weltkrieg eingesetzt wurden.

Es war das Glück der Alliierten, dass viele dieser neuartigen Waffensysteme erst 1918 einsatzbereit waren, als Deutschland nicht mehr über die Kraft verfügte, sie in großen Stückzahlen zu bauen. Aber in vieler Hinsicht waren sie die Vorläufer von Kriegsmaschinen, die im Zweiten Weltkrieg Bedeutung erlangen sollten.

Die Junkers J.I
Unter den Flugmaschinen des Ersten Weltkriegs stellt man sich gewöhnlich leichte, zerbrechlich wirkende Doppel- und Dreidecker vor, aber die *Junkers J.I*, die 1917 zum ersten Mal flog, war das erste vollständig aus Metall bestehende Militärflugzeug, das in Serienproduktion ging. Noch bemerkenswerter war, dass der gesamte vordere Rumpf von der Nase bis unmittelbar hinter den Platz des Heckschützen aus 5 mm starkem Stahlblech bestand. Obwohl die Maschine langsam und unhandlich

war – die Besatzungen nannten sie *Blechesel* –, wurde sie wegen ihrer Beschussfestigkeit geschätzt. 1918 wurden 227 Maschinen fertiggestellt und eingesetzt.

Riesenflugzeuge
1914 begann der Luftschiffpionier Graf von Zeppelin mit der Entwicklung eines *Riesenflugzeugs*. Aus ersten Entwürfen entwickelte sich im Lauf der Zeit die Zeppelin-Staaken R.VI, von der bis Kriegsende 18 Einheiten gebaut wurden. 1917/18 flogen sie Nachtangriffe über England und Frankreich, und jede Maschine war mit 1000 kg Bomben beladen. Vier Maschinen wurden abgeschossen, sechs gingen zu Bruch.

Der Torpedogleiter
Im Oktober 1914 begann Dr. Wilhelm von Siemens mit der Arbeit an einem Luft-Wasser-Torpedo für den Einsatz von Zeppelinen. Die Steuersignale

wurden über einen 4000 m langen dünnen Kupferdraht auf einer Trommel am Rumpf des Gleiters übertragen, und das Flugwerk sendete Lichtsignale aus, mit deren Hilfe es in Zielnähe gelenkt wurde, wo der Torpedo ferngelenkt abgefeuert wurde. Zwischen Januar 1915 und August 1918 fanden ausgedehnte Versuchsflüge mit Zeppelinen statt. Als Gleiter wurden verschiedenen Doppeldecker- und Eindeckerkonstruktionen erprobt. Schließlich entschied man sich für die Doppeldeckerausführung. Die Waffe sollte mit dem neuen R.VIII-Bomber ans Ziel herangeführt werden, aber der Krieg war zu Ende, bevor das System einsatzreif wurde.

FL-Boote
Eine der am wenigsten bekannten, aber sehr fantasievollen Waffen der kaiserlichen Marine waren die *Fernlenkboote*. Das waren über Draht gesteuerte 17 m lange Motorboote,

FERDINAND ADOLF HEINRICH AUGUST GRAF VON ZEPPELIN

Zeppelin war von der Bedeutung der Luftüberlegenheit überzeugt und wurde förderte die Entwicklung von Luftschiffen und mehrmotorigen Flugzeugen.

GEBOREN:	8. Juli 1838
GESTORBEN:	8. März 1917
GEBURTSORT:	Konstanz im Großherzogtum Baden
VATER:	Friedrich Jérôme Wilhelm Karl Graf von Zeppelin
MUTTER:	Amélie Françoise Pauline, geb. Macaire d'Hogguer
GESCHWISTER:	Eugenia von Zeppelin; Eberhard von Zeppelin
FAMILIENSTAND:	Verheiratet seit 7. August 1869 mit Isabella Freiin von Wolff Eine Tochter – Helena, genannt Hella
MILITÄRDIENST:	Württembergisches Heer, 1858–1890
AUSBILDUNG:	Polytechnikum Stuttgart
POSITIONEN:	Besitzer der Luftschiffbau Zeppelin GmbH in Friedrichshafen, wo von 1908 bis 1917 die zivilen und militärischen Zeppelin-Luftschiffe entwickelt und gebaut wurden. Besitzer der Versuchsbau Gotha-Ost (VGO, auch Zeppelin-Staaken) eines Konsortiums für den Entwurf und Bau mehrmotoriger Bomber (1914–1917)

■ Im amerikanischen Bürgerkrieg war Graf Zeppelin offizieller Beobachter bei der Armee der Union und zeigte sich beeindruckt vom Einsatz von Luftballonen.

die eine Geschwindigkeit von 56 km/h entwickelten und eine 700 kg schwere Sprengladung mit Aufschlagzünder enthielten. Das Gerät war hauptsächlich für den Einsatz gegen die Schiffe der Royal Navy vorgesehen, die die deutschen Stellungen an der Küste Belgiens beschossen. Am 28. Oktober 1917 wurde der Monitor HMS *Erebus* während der Beschießung von Zeebrugge von einem FL-Boot mittschiffs getroffen. Dank des Torpedowulsts hielt sich der Schaden in Grenzen, aber die *Erebus* war zwei Wochen lang nicht mehr einsatzbereit. Ein zeitgenössischer Bericht über FL-Boote und den Angriff auf die *Erebus* – dort irrtümlich HMS *Terror* genannt, stammt aus dem Buch *Titanic and Other Ships* des englischen Marineoffiziers Charles Lightoller:

Sie hatten ein Gerät entwickelt, das wir Electric Motor Boat nannten, kurz EMB. Die Boote wurden durch einen Verbrennungsmotor angetrieben und über Draht auf einer Trommel im Heck von der Küste aus gelenkt. Ein Aeroplan diente als Leitstand und gab über Funk Anweisungen an die Küstenstation. Im Bug befand sich eine starke Sprengladung. Das EMB war etwa 30 Knoten (56 km/h) schnell, was es fast unmöglich machte, es bei der Annäherung abzuschießen. Mit unseren Zerstörern konnten wir immer rechtzeitig ausweichen, aber bei den schwerfälligen Monitors sah es ganz anders aus. Sobald sie die Gischtfontäne sahen – mehr war vom EMB nicht zu erkennen –, eröffneten sie das Feuer aus allen Rohren in der Hoffnung, aber ohne große Aussich-

ten, irgendwie einen Zufallstreffer zu landen. Natürlich hatte der Monitor seinen Torpedowulst am Rumpf, sodass keine Gefahr bestand, dass er versenkt werden könnte. Aber wie im vorliegenden Fall kam das EMB immer näher, und alle schossen darauf, was das Zeug hielt, ohne etwas zu treffen, und das EMB schrammte seitlich gegen den Torpedowulst der Terror, bäumte sich auf, schoss aus dem Wasser und explodierte zwischen den Deckaufbauten. Der Schaden war beträchtlich … Diese Boote … jagten in einem Winkel von fast 30 Grad, Heck unten, Bug oben, über das Wasser. Das war der Grund, warum dieses Fahrzeug am Torpedowulst der Terror abgelenkt wurde, in die Höhe sprang und die Aufbauten demolierte.

Aufrüstung 1919–1939

Nach der Niederlage des Kaiserreichs 1918 verhängten die Siegermächte im Versailler Vertrag strenge Rüstungsbeschränkungen. Aber bald suchten die deutsche Generalität und Admiralität nach Auswegen, das verhasste Diktat von Versailles zu unterlaufen.

Das vor allem schwere Waffen wie Panzer, Flugzeuge und U-Boote betreffende Rüstungsverbot wurde teilweise umgangen, indem man Scheinfirmen in Schweden und in den Niederlanden gründete, wo die Entwicklung solcher Waffensysteme für ausländische Auftraggeber fortgesetzt wurde. Darüber hinaus suchte Deutschland Hilfe bei Russland, dem anderen »Schurkenstaat« in Europa. In einem geheimen Zusatzabkommen zum 1922 unterzeichneten Vertrag von Rapallo genehmigte die Regierung der Sowjetunion die Einrichtung deutscher Heeres- und Luftwaffenstützpunkte auf russischem Territorium. Die Basen wurden hauptsächlich für die Forschung, Entwicklung und taktische Ausbildung mit Waffen genutzt, die nach dem Versailler Vertrag verboten waren. Als Gegenleistung bot Deutschland der Roten Armee gemeinsame Manöver mit der Reichswehr und die Teilhabe an industrieller und militärischer Technologie an.

Eine neue Generation

1925/26 erhielten die Maschinenbauunternehmen Rheinmetall-Borsig, MAN, Krupp und Daimler-Benz den Auftrag der Reichswehr zum Bau von Prototypen eines leichten Panzers von 10,2 bis 12,2 t Gewicht sowie eines mittelschweren bis 23,4 t. Das Projekt erhielt die Tarnbezeichnung *Zugmaschinen*. Diese wurden zwischen 1930 und 1933 in Russland, in der Panzertruppenschule Kama bei Kasan, heimlich erprobt. Der leichte Panzer lief unter der Bezeichnung *Leichter Traktor* (VK 31) und war mit einer 3,7-cm-KwK L/45 sowie einem Maschinengewehr im Turm bewaffnet. Der mittelschwere Panzer, ursprünglich *Armeewagen 20* genannt und später in *Großtraktor* umgetauft, führte eine 7,5-cm-Kanone im Turm und drei oder vier Maschinengewehre in zwei kleineren Türmen. Keines dieser Fahrzeuge erfüllte die Erwartungen, aber sie lieferten wertvolle Erkenntnisse.

Die Entwicklung des *Neubaufahrzeugs* begann 1933 mit dem Auftrag der Reichswehr an Rheinmetall und Krupp. Die Entwürfe beider Unternehmen stimmten weitgehend überein; sie unterschieden sich lediglich in der Bewaffnung. Beide hatten einen Turm mit zwei Kanonen: einer 7,5-cm-KwK L/24 und einer parallelen 3,7-cm-KwK L/24. Beim Modell von Rheinmetall lagen die Rohre übereinander, bei dem von Krupp nebeneinander. Beide Fahrzeuge verfügten über kleine, vom Panzer I übernommene Maschinengewehrtürme vor und hinter dem Geschützturm.

Die Bezeichnung des Modells von Rheinmetall lautete *Panzer-Kampfwagen Neubau-Fahrzeug V (PzKpfw NbFz V)* und die der Krupp-Version *PzKpfw NbFz VI*. Nach ursprünglicher Planung sollten die beiden Typen die Speerspitze der deutschen Panzerwaffe bilden, aber die Konstruktionen waren zu komplex und für den Kampfeinsatz nicht zuverlässig genug. Die Entwicklung wurde jedoch fortgesetzt, um weitere Erfahrungen mit Panzern mit mehreren Türmen zu sammeln. 1934 baute Rheinmetall zwei Prototypen mit einem Turm nach eigenem Entwurf und 1935/36 drei weitere mit dem Krupp-Turm. Drei dieser Fahrzeuge waren 1940 an der Besetzung Norwegens beteiligt, hauptsächlich um die Geheimdienste der Alliierten zu täuschen.

Im Januar 1937 begann man bei Henschel mit der Entwicklung eines noch leistungsfähigeren schweren Panzers. Die Konstruktionspläne bildeten die Grundlage für Henschels letzte Vorkriegsentwürfe: den mittelschweren *VK3001(H)* und den schweren *VK3601(H)*.

Beide waren potenziell gute Kampfpanzer, aber unter dem Eindruck der deutschen militärischen Erfolge in den ersten beiden Kriegsjahren wurde die weitere Entwicklung eingestellt, und keines dieser Fahrzeuge kam zum Einsatz. Erst die Erfahrungen mit den allen deutschen Panzertypen überlegenen russischen *T-34* und *KV-1* beim Unternehmen *Barbarossa*, beendeten die Illusion von der Unschlagbarkeit der deutschen Panzerwaffe und die Tatenlosigkeit.

Eine neue Marine: der Z-Plan

1929 wurde bei den Deutschen Werken Kiel das revolutionäre Panzerschiff Deutschland *auf Kiel gelegt. Die im Versailler Vertrag festgelegte Begrenzung auf 10 160 t für Groß-schiffe wurde vorgeblich eingehalten, aber als die* Deutschland *fertig war, wog sie 610 t mehr und wurde durch den Einbau zusätzlicher Ausrüstungen immer schwerer.*

Dessen ungeachtet war das Schiff eine technische Meisterleistung. Große Teile des Rumpfs wurden geschweißt, statt wie bisher üblich genietet, und für den Antrieb sorgten Dieselmotoren. Die sechs 28-cm-Geschütze wurde in zwei Drillings-türmen untergebracht, eine gewicht-sparende Konstruktion, die zum ersten Mal auf dem österreichischen Schlachtschiff *Tegetthof* unmittelbar vor Ausbruch des Ersten Weltkriegs angewendet worden war. Die *Deutschland* und ihre Schwester-schiffe sorgten für eine Sensation. Theoretisch waren sie in der Lage, jeden Kreuzer zu versenken, und sie waren schneller als fast alle anderen

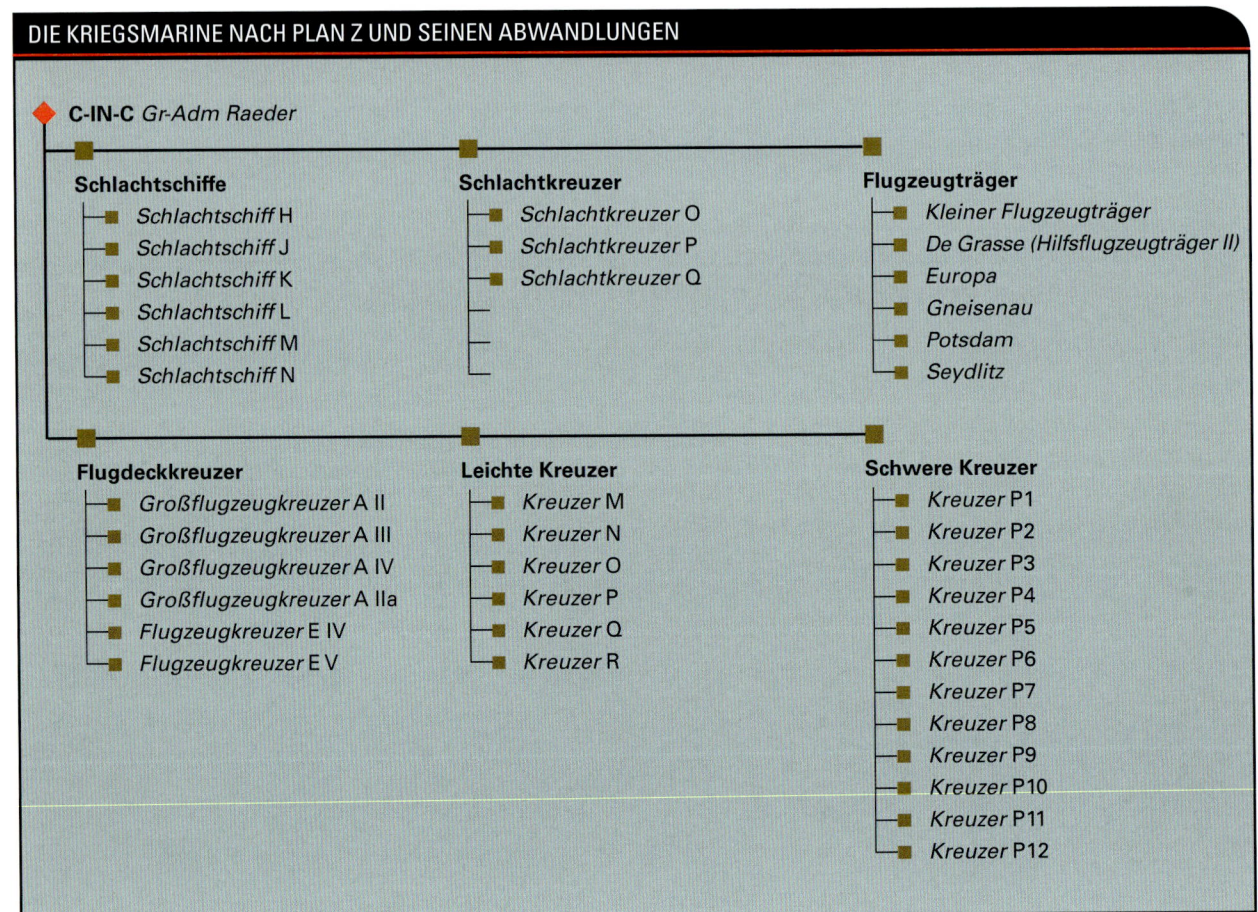

DIE KRIEGSMARINE NACH PLAN Z UND SEINEN ABWANDLUNGEN

◆ **C-IN-C** *Gr-Adm Raeder*

Schlachtschiffe
- *Schlachtschiff* H
- *Schlachtschiff* J
- *Schlachtschiff* K
- *Schlachtschiff* L
- *Schlachtschiff* M
- *Schlachtschiff* N

Schlachtkreuzer
- *Schlachtkreuzer* O
- *Schlachtkreuzer* P
- *Schlachtkreuzer* Q

Flugzeugträger
- *Kleiner Flugzeugträger*
- *De Grasse (Hilfsflugzeugträger II)*
- *Europa*
- *Gneisenau*
- *Potsdam*
- *Seydlitz*

Flugdeckkreuzer
- *Großflugzeugkreuzer* A II
- *Großflugzeugkreuzer* A III
- *Großflugzeugkreuzer* A IV
- *Großflugzeugkreuzer* A IIa
- *Flugzeugkreuzer* E IV
- *Flugzeugkreuzer* E V

Leichte Kreuzer
- *Kreuzer* M
- *Kreuzer* N
- *Kreuzer* O
- *Kreuzer* P
- *Kreuzer* Q
- *Kreuzer* R

Schwere Kreuzer
- *Kreuzer* P1
- *Kreuzer* P2
- *Kreuzer* P3
- *Kreuzer* P4
- *Kreuzer* P5
- *Kreuzer* P6
- *Kreuzer* P7
- *Kreuzer* P8
- *Kreuzer* P9
- *Kreuzer* P10
- *Kreuzer* P11
- *Kreuzer* P12

Großkampfschiffe; nur die britischen Schlachtkreuzer HMS *Hood*, *Renown* und *Repulse* konnten es mit ihnen aufnehmen.

Unter dem Eindruck des Prestigegewinns durch die Panzerschiffe ließ die deutsche Admiralität zwei noch stärker bewaffnete Versionen mit neun statt sechs 28-cm-Geschützen, die Panzerschiffe D und E, auf Kiel legen: die *Scharnhorst* und die *Gneisenau*. Das Flottenabkommen mit Großbritannien vom 18. Juni 1935, das Deutschland den Bau einer Kriegsflotte im Umfang von 35 Prozent der britischen Überwassertonnage und 45 Prozent der britischen Unterwassertonnage erlaubte, stärkte Deutschlands Selbstvertrauen, und Hitler ließ die Reichsmarine in Deutsche Kriegsmarine umbenennen.

1938 wurde der Z-Plan für den Bau einer »Zukunftsflotte« ins Leben gerufen. Vorausgegangen waren heftige Debatten zwischen den Fürsprechern einer konventionellen Flotte, die es mit den Schlachtflotten der Seemächte aufnehmen konnte, und den Befürwortern starker U-Boot-Verbände für den Angriff auf die feindlichen Nachschubwege und Handelsschiffe. Die Traditionalisten behielten die Oberhand. Zwei Schlachtschiffe, *Bismarck* und *Tirpitz*, wurden fertiggestellt, der Bau von drei schwerzen Kreuzern – *Admiral Hipper*, *Blücher* und *Prinz Eugen* – vorangetrieben. Anschließend sollte nach dem Z-Plan mit dem Bau weiterer Schiffe begonnen werden, deren Indienststellung bis 1945 angestrebt wurde:

- 4 Flugzeugträger
- 6 Schlachtschiffe der H-Klasse
- 3 Schlachtkreuzer der O-Klasse
- 13 Kreuzer der P-Klasse (Panzerschiffe)
- 2 schwere Kreuzer (*Seydlitz* und *Lützow*)
- 4 leichte Kreuzer der M-Klasse
- 2 modifizierte leichte Kreuzer der M-Klasse
- 6 große Zerstörer der Spähkreuzer-Klasse
- 249 U-Boote

Als Erstes wurde 1936 mit dem Bau des Flugzeugträgers *Graf Zeppelin* begonnen und 1938 mit dem eines weiteren Trägers. Mitte 1939 liefen die *Bismarck* und die *Tirpitz* vom Stapel. Für die Flugzeugträger wurden modifizierte Messerschmitt Bf 109 Jagdmaschinen sowie Junkers Ju 87 Sturzkampfbomber bestellt. Aber nach Kriegsausbruch erkannte man, dass die erforderlichen Ressourcen dem Heer und der Luftwaffe fehlen würden, und die Arbeit an den Schiffen wurde eingestellt, obwohl die *Graf Zeppelin* fast fertig war.

ERICH JOHANN ALBERT RAEDER

■ **Admiral Erich Raeder wurde 1939 als erster Offizier seit Henning von Holtzendorff (1918) in den Rang eines deutschen Großadmirals befördert.**

Raeder war in der Tradition der kaiserlichen Marine verwurzelt und hatte sich im Ersten Weltkrieg als Kreuzerkommandant mit Auszeichnungen bewährt. Nach der Niederlage von 1918 sicherten ihm seine hervorragenden administrativen Fähigkeiten den raschen Aufstieg in der kleinen Reichsmarine der Nachkriegsjahre. Er setzte sich nachdrücklich für den Aufbau einer mächtigen Flotte an Großkampfschiffen ein, der 1939 im ehrgeizigen Plan Z beschlossen wurde.

GEBOREN:	24. April 1876
GESTORBEN:	6. November 1960
GEBURTSORT:	Wandsbek (Schleswig-Holstein, heute Hamburg)
VATER:	Hans Raeder, Beruf Lehrer
MUTTER:	Gertraudt, geborene Hartmann
KINDER:	Sohn Hans
MILITÄRISCHE LAUFBAHN:	Offiziersanwärter (1894); Stabschef unter Admiral Hipper (1912–1917); Reserveadmiral (1922); Vizeadmiral (1925); Admiral (1928); Chef der Marineleitung (1928); Oberbefehlshaber der Kriegsmarine (1935); 1943 wegen Gegensätzen zu Hitler verabschiedet.

GROSSKAMPFSCHIFFE IM VERGLEICH

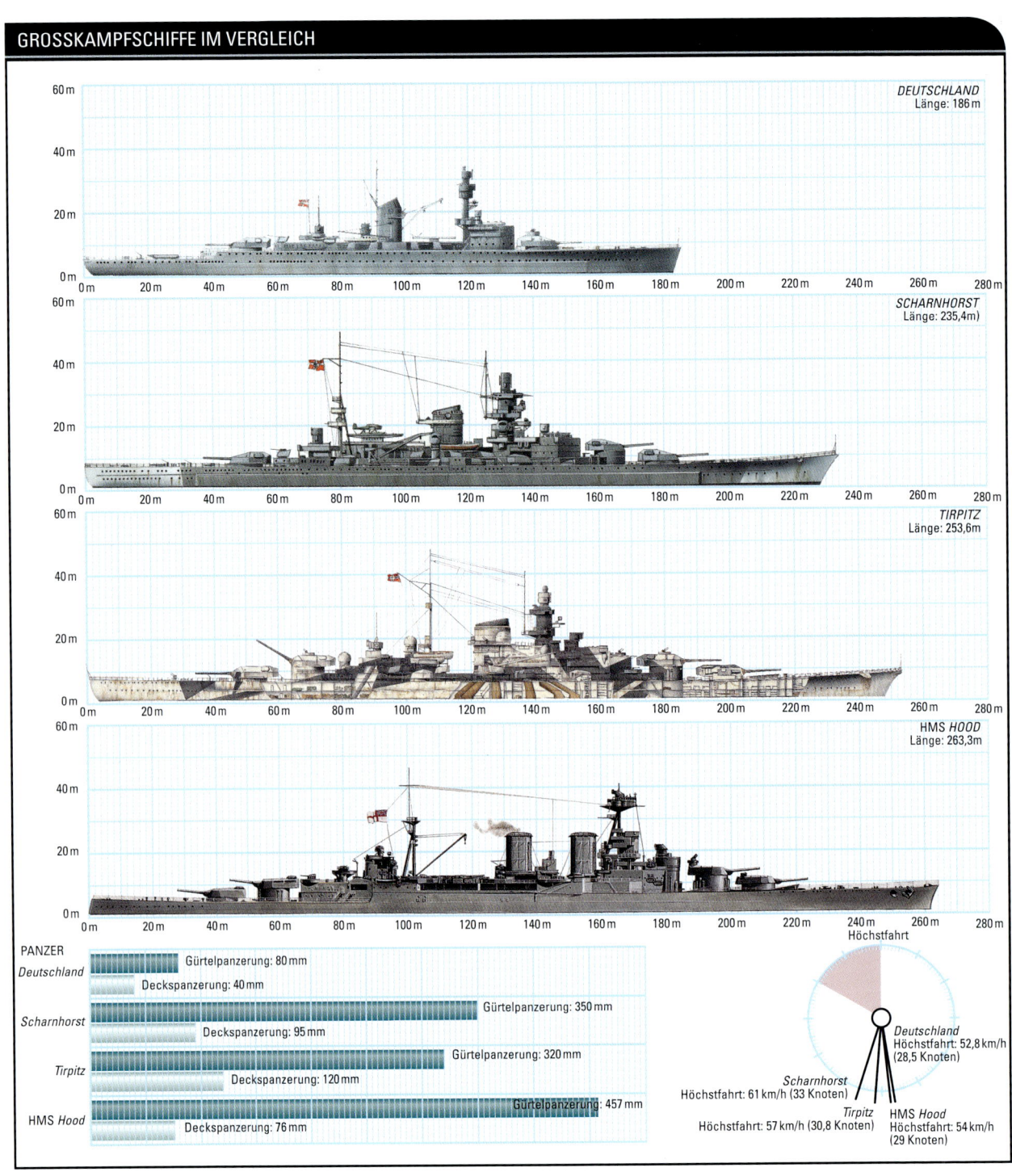

DEUTSCHLAND
Länge: 186 m

SCHARNHORST
Länge: 235,4 m)

TIRPITZ
Länge: 253,6 m

HMS *HOOD*
Länge: 263,3 m

PANZER

Deutschland
Gürtelpanzerung: 80 mm
Deckspanzerung: 40 mm

Scharnhorst
Gürtelpanzerung: 350 mm
Deckspanzerung: 95 mm

Tirpitz
Gürtelpanzerung: 320 mm
Deckspanzerung: 120 mm

HMS *Hood*
Gürtelpanzerung: 457 mm
Deckspanzerung: 76 mm

Höchstfahrt

Deutschland
Höchstfahrt: 52,8 km/h
(28,5 Knoten)

Scharnhorst
Höchstfahrt: 61 km/h (33 Knoten)

Tirpitz
Höchstfahrt: 57 km/h (30,8 Knoten)

HMS *Hood*
Höchstfahrt: 54 km/h
(29 Knoten)

EINE NEUE ÄRA: KEINE CHANCE FÜR DIE ALTEN

In der Tabelle unten sind Reichweiten und Salvengewichte für die Haupt- und Mittelartillerie aufgelistet. Sie drücken die maximale Feuerkraft aus, die auf ein Überwasserziel konzentriert werden konnte. In den meisten Fällen konnte nur die Hälfte der Mittelartillerie zum Tragen gebracht werden. Die Reichweitenangaben der Hauptartillerie sind weitgehend theoretisch, weil die Trefferaussichten selbst mit Radarfeuerleitsystemen gleich null waren. Im Juli 1940 traf die HMS *Warspite* das italienische Schlachtschiff *Giulio Cesare* auf schätzungsweise 23775 m Entfernung, was allgemein als größte Gefechtsdistanz angesehen wird, auf der in Seegefechten ein Treffer erzielt werden konnte.

NEUE GROSSKAMPFSCHIFFE: GEWICHTE UND REICHWEITEN IM VERGLEICH

Schlachtschiff	Bestückung	Typ	Gewicht	Reichweite	Feuergeschwindigkeit
Deutschland	Schwere Artillerie	6 x 28 cm	1800 kg	36475 m	
	Mittelartillerie	4 x 15 cm	181,2 kg	22000 m	
	Flugabwehr	6 x 105 mm	15,1 kg	12500 m	15–18/Min.
		8 x 37 mm	0,74 kg	4800 m	30/Min.
		10 x 20 mm	0,13 kg	3700 m	120/Min.
Scharnhorst	Schwere Artillerie	9 x 28 cm	2835 kg	40930 m	
	Mittelartillerie	6 x 15 cm	271,8 kg	22000 m	
	Flugabwehr	14 x 105 mm	15,1 kg	12500 m	15–18/Min.
		16 x 37 mm	0,74 kg	4800 m	30/Min.
		10 x 20 mm	0,13 kg	3700 m	120/Min.
Tirpitz	Schwere Artillerie	8 x 38 cm	6400 kg	36520 m	
	Mittelartillerie	6 x 15 cm	271,8 kg	22000 m	
	Flugabwehr	16 x 105 mm	15,1 kg	12500 m	15–18/Min.
		16 x 37 mm	0,74 kg	4800 m	30/Min.
		12 x 20 mm	0,13 kg	3700 m	220/Min.
		72 x 20 mm	0,13 kg	3700 m	220/Min.
HMS *Hood*	Schwere Artillerie	8 x 38 cm	7032 kg	29720 m	
	Mittelartillerie	8 x 101,6 mm	130,4 kg	19476 m	
	Flugabwehr	14 x 101,6 mm	16,3 kg	12192 m	16–18/Min.
		24 x 40 mm	0,9 kg	3960 m	100/Min.

GROSSKAMPFSCHIFFE: REICHWEITE DER HAUPTARTILLERIE

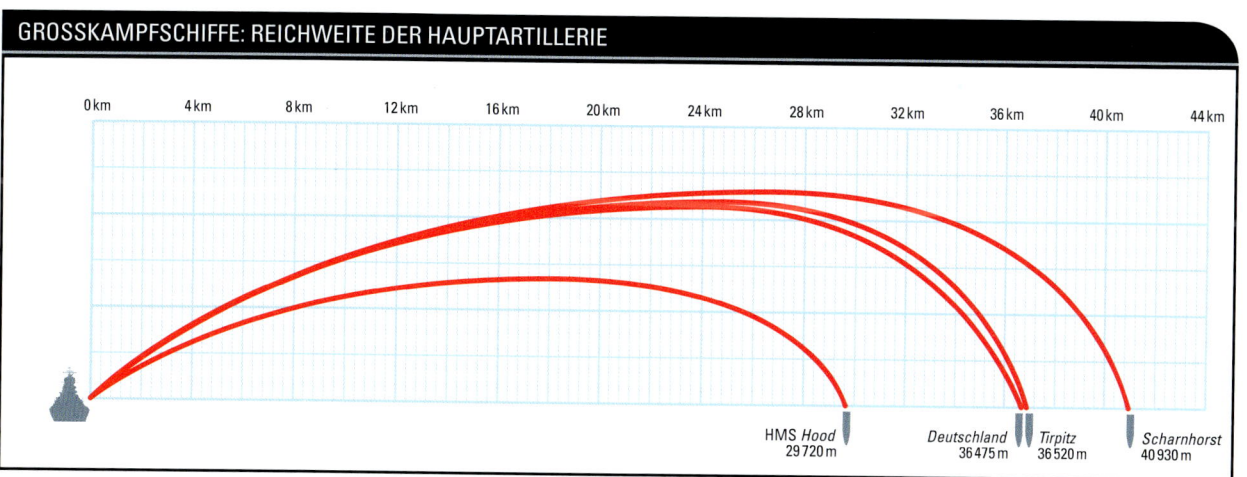

2. KAPITEL

Programme für den Seekrieg

Die deutsche Kriegsmarine war auf die britische Kriegserklärung am 3. September 1939 nur mangelhaft vorbereitet. Damit war auch der Z-Plan, das Programm für den Flottenausbau, der 1945/46 abgeschlossen sein sollte, gegenstandslos geworden. Die Bauarbeiten an den Großkampfschiffen wurden zwar eingestellt, um die Marinerüstung auf den beschleunigten Bau von U-Booten zu konzentrieren, aber die Planungen für noch mächtigere Schiffe liefen während des gesamten Kriegs weiter.

Im Gegensatz zu diesen Großprojekten führte der wachsende Bedarf an Waffen für die Seekriegführung zur raschen Entwicklung des Sprengboots Linse *und einer Reihe ähnlich gefährlicher bemannter Torpedos und Klein-U-Boote.*

Es ist höchst unwahrscheinlich, dass auch nur eines dieser Geräte am Ausgang des Krieges etwas hätte ändern können, aber es gab eine Klasse von Fahrzeugen, die über das Potenzial verfügte, das Blatt zu wenden: das revolutionäre U-Boot XXI.

■ Trotz der im Vergleich zum Klein-U-Boot *Biber* geringeren Gefahr für die Besatzung erwies sich der *Molch* als nur bedingt einsatzfähig.

Neue Schlachtschiffe

1937 gab das Oberkommando der Kriegsmarine (OKM) die Planstudie für ein Schlachtschiff als Nachfolger der Bismarck-Klasse in Auftrag. Ursprünglich war vorgesehen, die Konstruktion der Bismarck lediglich zu vergrößern und die Bewaffnung zu verstärken, was im zeitlichen Rahmen des Z-Plans durchführbar gewesen wäre.

Aber schon am Beginn der Planungsphase sorgte Hitlers Vorliebe für Großprojekte für Verzögerungen, weil er darauf bestand, dass die Schiffe mit 50,8-cm-Geschützen bestückt werden sollten anstelle der 40,6-cm-Geschütze, die von der Entwicklungsabteilung der Marine eingeplant waren. Nachdem man ihm erklärt hatte, dass ein Schlachtschiff mit 50,8-cm-Geschützen zwischen 81 280 und 121 920 t wiegen und eine Gesamtlänge von ungefähr 300 m haben müsste, ließ er sich widerwillig umstimmen. Für Schiffe dieser Größe hätten neue Hafenanlagen errichtet werden müssen, und die Planung sowie der Bau würden weitaus mehr Zeit in Anspruch nehmen als bei konventionellen Konstruktionen.
Der schließlich genehmigte Plan H-39 lief im Prinzip auf eine Aufrüstung der *Bismarck*-Klasse hinaus. Das augenfälligste Merkmal am neuen Entwurf waren die zwei Schornsteine; alle bisher gebauten Großkampfschiffe der Kriegsmarine hatten nur einen. Unter Deck unterschied sich der fortschrittliche Typ H-39 durch zwölf MAN-Dieselmotoren als Ersatz für die Dampfkessel der *Bismarck* und der *Tirpitz*. Man hatte ausgerechnet, dass Dieselaggregate die Reichweite des Fahrzeugs um 60 Prozent vergrößern und ihm eine Spitzengeschwindigkeit von 56 km/h (30 Knoten) ermöglichen

würden. Das entsprach der Leistung der neuen Schlachtschiffe anderer Nationen. Der Mehrbedarf an Fläche für die Maschinenanlage und die Schornsteine erforderte aber eine Umkonstruktion der Flugzeugausstattung der *Bismarck*, bei der Hangars und Katapult mittschiffs lagen. Man fand eine Lösung, indem man die Hangars für vier Arado Ar 196 in den hinteren Aufbauten unterbrachte und zu beiden Seiten der hinteren Geschütztürme Schienen verlegte, auf denen die Flugzeuge zum mittschiffs liegenden Katapult auf dem Achterdeck geschoben werden konnten. Im Rahmen des Z-Plans wurden sechs Schlachtschiffe der H-39-Klasse an verschiedene deutsche Werften in Auftrag gegeben:

- Schlachtschiff H: Blohm und Voss, Hamburg
- Schlachtschiff J: die Deutsche Schiff- und Maschinenbau AG, Bremen
- Schlachtschiff K: Deutsche Werke, Kiel
- Schlachtschiff L: Kriegsmarinewerft Wilhelmshaven
- Schlachtschiff M: Blohm und Voss, Hamburg
- Schlachtschiff N: Deutsche Schiff- und Maschinenbau AG, Bremen

»H« wurde am 15. Juli 1939 auf Kiel gelegt, »J« am 1. September. Der Bau von »K« in Kiel sollte am 15. Septem-

ber beginnen, wurde aber wegen des Kriegsausbruchs verschoben. Auch die bereits begonnenen Arbeiten an den Schwesterschiffen wurden abgebrochen. Zu diesem Zeitpunkt beliefen sich die Materialbestellungen für »H« auf 14 278 t, von denen 5893 t inzwischen ausgeliefert, aber erst 778 im Kiel verbaut waren. Noch geringer waren die Fortschritte bei »J«, wo von den bestellten 3587 t nur 41 t im Kiel verbaut waren. 1940 wurde das H-39-Programm beendet und das vorhandene Material für den Ausbau der U-Boot-Flotte verwendet. »H« und »J« wurden verschrottet, aber die Planung für verbesserte Schlachtschiffe ging weiter.

H-40

Mit dem Bau des ersten Schiffs wurde 1940 begonnen, wobei man zunächst Untersuchungen über mögliche Verbesserungen der Panzerung anstellte. Zwei Lösungen mit der nicht offiziellen Bezeichnung H-40A und H-40B wurden in die engere Wahl gezogen. Für H-40A war eine reduzierte Bewaffnung aus drei Drehtürmen mit je zwei 40,6-cm-Geschützen vorgesehen, um die Panzerung verstärken zu können, ohne die Wasserverdrängung zu erhöhen. Für H-40B wurden die ursprünglichen vier Türme mit je zwei 40,6-cm-Geschützen übernommen, der Rumpf aber stark vergrößert, damit er einen stärkeren Panzer tragen konnte. Weil das höhere Gewicht einen stärkeren Antrieb verlangte, um die vorgesehene Höchstfahrt von 59 km/h (32 Knoten) erreichen zu können, entschied man sich für eine kombinierte Antriebsanlage aus Schiffs-

dieseln und Dampfturbinen, die auf vier Schrauben wirkten.

H-41

1941 begann man im OKM mit einer Reihe von Untersuchungen über zukünftige Schlachtschiffe mit einer

Geschwindigkeit von mindestens 30 Knoten und einer den gegnerischen Schiffen ebenbürtigen Bewaffnung. Das Ergebnis war Entwurf H-41 mit verstärkter Deckspanzerung und tiefer reichendem Torpedowulst sowie dem kombinierten Dampf-Diesel-

SCHLACHTSCHIFFE DER H-KLASSE AUF DEM REISSBRETT

Silhouette	Wasserverdrängung/Länge	Hauptartillerie	Leistung/Geschwindigkeit
Tirpitz	53 442 t / 251 m	8 x 38 cm	163 000 PS / 57,5 km/h (30,8 Knoten)
H-39	63 497 t / 277,8 m	8 x 40,6 cm	165 000 PS / 56 km/h (30 Knoten)
H-40A	66 650 t / 282,9 m	6 x 40,6 cm	230 000 PS / 60,2 km/h (32,2 Knoten)
H-40B	71 120 t / 299,8 m	8 x 40,6 cm	240 000 PS / 60,4 km/h (32,3 Knoten)
H-41	77 216 t / 300,4 m	8 x 40,6 cm	165 000 PS / 53,9 km/h (28,8 Knoten)
H-42	99 568 t / 305,2 m	8 x 40,6 cm	270 000 PS / 60,2 km/h (32,2 Knoten)
H-43	121 920 t / 330,2 m	8 x 50,8 cm	270 000 PS / 58 km/h (30,1 Knoten)
H-44	143 764 t / 345,1 m	8 x 50,8 cm	165 000 PS / 58 km/h (30,1 Knoten)
CVN John C Stennis, vollendet 1995	103 632 t / 332,9 m	keine	280 000 PS / 56 km/h (30,0 Knoten)

Antrieb des Entwurfs von 1940, jedoch unter Beibehaltung der drei Antriebswellen. Mit fast 72 216 Tonnen und einer Gesamtlänge von knapp über 300 m war der Entwurf H-41 sogar größer als die japanische *Yamato*.

H-42

Nach dem Verlust der *Bismarck* im Mai 1941 wurde die Verwundbarkeit durch Luftangriffe neu untersucht.

Man entwickelte mehrere Modifikationen des Projekt H-41, mit denen versucht wurde, die Schiffsschrauben und Steuerruder vor Torpedoangriffen besser zu schützen. Die Vorschläge berücksichtigten auch die auf der *Scharnhorst* durch RAF-Bombenangriffe im Jahr 1941 angerichteten Schäden. Zunächst wurden die Konstruktionspläne von H-41 ergänzt, aber bald stellte sich heraus, dass man

ganz von vorn beginnen musste, und es entstand ein neuer Entwurf mit der Bezeichnung H-42. Dieser Schiffstyp hatte vier Antriebswellen mit einer Abdeckung zum Schutz der Schraubenskegs, und mehrere miteinander gekoppelte Steuerruder, um manövrierfähig zu bleiben, falls die Ruderanlage beschädigt werden sollte. Erhöhte Wasserverdrängung führte zu höherem Tiefgang, was sich nachtei-

H-39, H-44, H-45, BRITISCHE »LION«-KLASSE, US-»MONTANA«-KLASSE, BEWAFFNUNG

Schiff	Hauptartillerie	Mittelartillerie	Flak	Torpedo
H-39 Schlachtschiff	8 x 40,6 cm *Schnelladekanone* C/34	12 x 15 cm	16 x 105 mm 16 x 37 mm 24 x 20 mm	6 x 53,3 cm Torpedorohre
H-44 Schlachtschiff	8 x 50,8 cm	12 x 15 cm 28 x 37 mm	16 x 105 mm 40 x 20 mm	6 x 53,3 cm Torpedorohre
H-45 Schlachtschiff	8 x 80 cm	12 x 24 cm	24 x 128 mm 55 mm leichte Flak 30 mm leichte Flak	
Lion-Klasse	9 x 406 mm	16 x 133 mm	48 x 40 mm	
Montana-Klasse	12 x 406 mm	20 x 127 mm	40 x 40 mm Bofors 56 x 20 mm Oerlikon	

SCHLACHTSCHIFF H-45

Technische Daten

Wasserverdrängung: 492 702 t netto,
  627 843 t voll beladen
Länge: 609,6 m
Breite: 91,44 m
Tiefgang: 16,75 m
Antrieb: 372 057 kW (498,735 PS)
Geschwindigkeit: 56 km/h (30 Knoten)

Reichweite: 55 595 km bei 37 km/h (20 Knoten)
Besatzung: 5000
Hauptartillerie: 8 x 80 cm
Mittelartillerie: 12 x 24 cm DP
Flak: 24 x 128 mm plus 55 mm und
  30 mm leichte Flak
Torpedo: 6 x 53,3 cm Torpedorohre

Panzerung: 380 mm Gürtel
  660 mm Geschütztürme
Flugzeuge: 14

lig auf den operativen Einsatz des Fahrzeugs ausgewirkt hätte. H-42 begann sich zu einem schwereren Schiff zu entwickeln als seine Vorgänger. Mit verbesserter Bewaffnung und verstärktem Schutz gegen Torpedos kam es auf 305 m Länge, auf eine Breite von fast 43 m und eine Bruttowasserverdrängung von 99,568 t – was der Größe eines modernen Superflugzeugträgers entsprochen hätte.

H-43 und H-44

Die auf die Entwurfplanung H-42 folgenden Projekte wurden immer unrealistischer: Um allen potenziellen Gegnern gewachsen zu sein, sollte die Hauptartillerie auf 8 x 50,8 cm gesteigert werden, eines der größten jemals für die Verwendung im Seekrieg in Erwägung gezogenen Kalibers. Andererseits gab es keine nennenswerten Verbesserungen der Mittelartillerie und der schweren Flak, die sich auf der ersten und einzigen Feindfahrt der

Bismarck als unzureichend erwiesen hatte. Nur die Anzahl der 3,7-cm- und 2-cm-Kanonen wurde erhöht, aber deren Wirkung gegen angreifende Flugzeuge war ziemlich begrenzt. H-43 war in der Praxis untauglich. Die deutschen Werften hätten solche Ungetüme kaum bauen können, und sie in begrenzten Gewässern einzusetzen wäre äußerst riskant gewesen. Der Entwurf zeigte lediglich die Möglichkeiten auf und ähnelte den Studien für das Tillman »maximum battleship« der U.S. Navy.

H-44 war die letzte Studie für ein großes Schlachtschiff und sah mehrfach gepanzerte Decks vor, die allen bis auf die schwersten Bomben standhalten sollten. Die zahlreichen Schotte zum Schutz vor Torpedoangriffen hatten eine Überlaufhöhe von 11 m (doppel so viel wie auf der Bismarck), und eine dreifache Außenhaut sollte Minenschäden begrenzen. Der Vierschraubenantrieb von H-42 und H-43

wurde weitgehend übernommen, aber die größeren Dimensionen von H-44 verringerten die Geschwindigkeit geringfügig, obwohl die Reichweite gleich blieb: 20 000 Seemeilen bei 19 Knoten.

Die Hauptbewaffnung des H-44 war identisch mit der von H-43. Unter dem Eindruck der steigenden Gefährdung durch Luftangriffe überrascht es, dass die Bewaffnung mit schwerer Flak immer noch jener der Bismarck und Tirpitz entsprach. Die leichte Flak wurde auf 28 x 37 mm in Zwillingstürmen verstärkt und um 10 x 20 mm Vierlingsflak erweitert. Die größere Breite von H-44 erlaubte einen geräumigeren Hangar für bis zu neun Wasserflugzeuge.

Der letzte Versuch – H-45

Zwar war H-44 das endgültig letzte projektierte Schlachtschiff, aber die Geschichte geht noch weiter. Unter dem Eindruck des Verlusts der Bis-

SCHLACHTKREUZER O-KLASSE

Technische Daten

Wasserverdrängung: 32 818 t netto, 38,813 t voll beladen
Länge: 256 m
Breite: 30 m
Tiefgang: 8,02 m
Antrieb: 8 x 24-Zylinder-Dieselmotoren, plus Brown-Boveri-Dampfturbinen, insgesamt 131 243 kW (176 000 PS)
Geschwindigkeit: 65 km/h (35 Knoten)

Reichweite: 26 000 km (14 000 Seemeilen) bei 35 km/h (19 Knoten)
Besatzung: 1965
Hauptartillerie: 6 x 381 mm
Mittelartillerie: 6 x 150 mm
Flak: 8 x 105 mm, 8 x 37 mm, 20 x 20 mm
Torpedos: 6 x 53,3 cm Torpedorohre

Panzerung: 190 mm Gürtel, 210 mm Geschütztürme
Flugzeuge: 4

marck bestand Hitler darauf, dass die Entwürfe für die H-Klasse erweitert werden sollten, um eine Bestückung mit 80-cm-Kanonen vom Typ der Gustav/Dora-Eisenbahngeschütze zu ermöglichen. Hätte man diese Pläne verwirklicht, wäre ein schwerfälliger Gigant daraus geworden.

Schlachtkreuzer der O-Klasse
Die Schlachtkreuzer der O-Klasse bildeten einen wichtigen Bestandteil des Z-Plans und waren dazu vorgesehen, innerhalb von zwei Kampfverbänden aus je drei Schlachtschiffen der H-Klasse und einem Flugzeugträger im atlantischen Nachschubkrieg gegen alliierte Geleitzüge eingesetzt zu werden. Die Kampfverbände sollten die Konvoibegleitkräfte angreifen, während die Schlachtkreuzer Jagd auf die Transportschiffe machten. Aber der Ausbau der U-Boot-Flotte erhielt Vorrang, und der Schlachtkreuzer wurde nie gebaut.

Sprengboot »Linse« (EMB)

Obwohl die kaiserliche Marine schon im Ersten Weltkrieg Sprengboote gebaut und eingesetzt hatte, ließ sich die Kriegsmarine mit der Entwicklung Zeit, sodass der Einsatz erst 1944 erfolgte.

Die erste im Frühjahr 1944 hergestellte *Linse* lehnte sich an die italienischen MTM-Sprengboote an und entwickelte sich mit der Zeit zu einer seetauglichen Angriffswaffe. Theoretisch waren die *Linsen* für Nachtangriffe in Gruppen von je drei Fahrzeugen (zwei Angriffsboote und ein unbewaffnetes Kommandoboot) vorgesehen. Die Fahrt ins Zielgebiet erfolgte mit gedrosselter Geschwindigkeit von 14,8 km/h (8 Knoten), um die Vorteile der geräuscharmen Motoren zu nutzen. In einer Entfernung von wenigen hundert Metern vom Ziel beschleunigten die Angriffsboote auf Höchstgeschwindigkeit. Etwa 90 m vom Ziel entfernt machten die Bootsführer den Sprengsatz scharf, sprangen über Bord und warteten auf das Kommandoboot, das sie aufnehmen würde. Anschließend wurden die Angriffsboote vom Kommandoboot aus über Ultra-Kurzwelle ins Ziel gelenkt (meistens vor Anker liegende Frachter).

SPRENGBOOTE IM VERGLEICH		
	Linse	*Boom Patrol Boat (Royal Navy)*
Typ	Sprengboot	Sprengboot
Besatzung	1	1
Wasserverdrängung	1,83 t	1,52 t
Länge	5,75 m	5,5 m
Breite	1,75 m	1,52 m
Tiefgang	k. A.	k. A.
Antrieb	2 x 70,64 kW (95 PS) Ford V8-Benzinmotoren	1 x 104,4 kW (140 hp) Gray Fireball 12-Zylinder-Benzinmotor
Geschwindigkeit	65 km/h (35 Knoten)	55,5 km/h (30 Knoten)
Reichweite	111 km (60 Meilen)	111 km (60 Meilen)
Sprengladung	400 kg	226 kg
In Dienst gestellt	1400	Nur Prototypen und Testmodelle

Dazu brauchte der Bootsführer lediglich die beiden abgeschirmten roten und grünen Positionslichter der Angriffsboote aufs Ziel auszurichten. Bei der Kollision mit dem Ziel löste ein umlaufender Metallrahmen einen Verzögerungszünder aus. Die *Linse* war so konstruiert, dass sie beim Aufprall sofort sank, und die 400 kg Sprengstoff explodierten mit der Wirkung einer Grundmine. Der Bootsführer konnte die Sprengladung auch über Kurzwelle auslösen.

Kommandounternehmen
Die ersten *Linsen* wurden von Otto Skorzenys SS-Sonderverband bei den misslungenen Angriffen auf alliierte Kriegsschiffe vor Anzio im April 1944 eingesetzt und von der Kriegsmarine

bei ebenso erfolglosen Schlägen gegen die alliierte Invasionsflotte an der Küste Norwegens im Juni. Die mangelhafte Stabilität der Boote führte zu einer hastigen Entwurfsänderung, und der neue Typ wurde ab August 1944 bei Kampfeinsätzen im Ärmelkanal und in der Scheldemündung verwendet. Bei enorm hohen Verlusten durch alliierte Geleitschiffe (oft über 50 Prozent) waren die Erfolge enttäuschend; wahrscheinlich wurden nur das Minensuchboot HMS

Gairsay, das Landungsboot *LCG(L)(4)-764* und der Liberty-Frachter *Samlong* versenkt. Die *Linsen* kamen auch im Mittelmeer und in der Adria zum Einsatz, erlitten aber auch hier hohe Verluste, ohne Wirkung zu erzielen. Zwei Hochgeschwindigkeits-Sprengboote waren projektiert, wurden aber nie eingesetzt. Das erste, der *Tornado*, bestand aus einem Paar modifizierter Schwimmkörper der *Junkers Ju 52* und wurde von einem Argus-Pulsoschubrohr 109-014 angetrieben.

Als Bewaffnung waren 700 kg hochbrisanter Sprengstoff vorgesehen, aber das Projekt wurde aufgegeben, als sich herausstellte, dass der Prototyp kaum schneller als 35 Knoten lief und schon bei leichtestem Seegang kenterte. Der zweite Entwurf mit der Bezeichnung *Schlitten* war ein Ein-Mann-Katamaran mit einem 1200-kg-Sprengsatz und einem 600 PS (447,42 kW) starken Motor, der das Fahrzeug auf etwa 120 km/h (64 Knoten) beschleunigt hätte.

U-Boote

Fast hätten die Deutschen die Schlacht im Atlantik 1940-43 mit ihren konventionellen U-Booten gewonnen, aber die Abwehrmaßnahmen der Alliierten wurden immer wirkungsvoller. Beim Versuch, die Initiative zurückzugewinnen, bauten die deutschen Werften Fahrzeuge, die die Entwicklung 50 Jahre lang beeinflusst haben.

U-Boot Typ XVII und XVIII

1925 hatte Hellmuth Walter ein Antriebssystem patentieren lassen, bei dem eine Turbine mit Hochdruckdampf angetrieben wurde, der mittels Wasserstoffperoxid und einem Katalysator erzeugt wurde. Obwohl 1940 die Versuche mit dem kleinen Versuchs-U-Boot *V-80* vielversprechend ausfielen, war der Treibstoffverbrauch zu groß, und es bestand die Gefahr von Explosionen, falls Verunreinigungen ins System geraten sollten. Tatsächlich hat es auf dem nach dem Krieg gebauten britischen U-Boot HMS *Explorer*, das mit dem gleichen Walter-Antrieb ausgerüstet war, so viele Pannen gegeben, dass man es in HMS *Exploder* umtaufte. Trotz der Rückschläge wurden die Küsten-

U-Boote Typ XVII und die hochseetüchtige Klasse Typ XVIII, beide mit Walter-Antrieb, in Auftrag gegeben. Drei Einheiten vom Typ XVII waren bei Kriegsende fertiggestellt, aber die Aufträge für Typ XVIII wurden 1944 storniert, um die Ressourcen für den Bau des Typs XXI einsetzen zu können.

U-Boot Typ XXI und XXIII

Die Rümpfe der revolutionären Typen XXI und XXIII basierten auf den Entwürfen für die Walter-U-Boote mit vergrößertem Doppelrumpf im Querschnitt einer Acht. Im oberen Rumpfsegment waren die Quartiere der Besatzung, die Maschinen und die Torpedos untergebracht, im unteren lagen die Treibstofftanks für das spritfressende Walter-System und die Die-

selmotoren. Als sich herausstellte, dass die Walter-Boote mit der verfügbaren Technik nicht zu realisieren waren, wurde der Entwurf geändert, um den Einbau zusätzlicher Akkus zu ermöglichen, wodurch die dreifache Kapazität der U-Boote vom Typ VIIC erreicht wurde. Dank eines strömungstechnisch optimierten Rumpfes wurden die Geschwindigkeit bei Tauchfahrt und der Aktionsradius erhöht. Auf diese Weise konnte Typ XXI zwei Tage lang mit fünf Knoten unter Wasser fahren, bevor die Batterien wieder aufgeladen werden mussten, was mithilfe des Schnorchels weniger als fünf Stunden in Anspruch nahm. Darüber hinaus waren Typ XXI und XXIII viel leiser als Typ VIIC, was die Ortung unter Wasser erschwerte.

U-BOOTE TYP XVIII, XXI, XXIII IM VERGLEICH

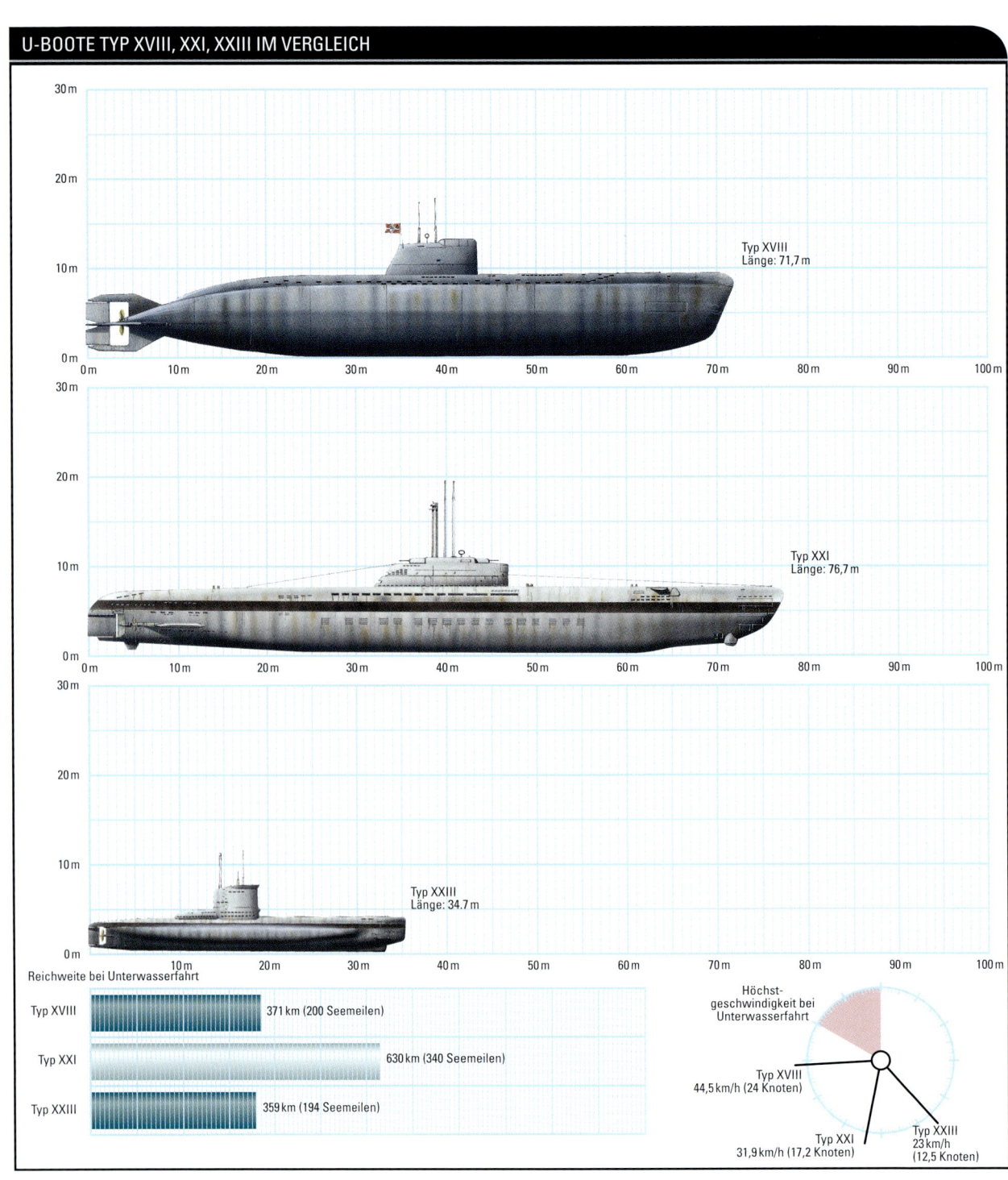

Typ XVIII
Länge: 71,7 m

Typ XXI
Länge: 76,7 m

Typ XXIII
Länge: 34.7 m

Reichweite bei Unterwasserfahrt

Typ XVIII — 371 km (200 Seemeilen)

Typ XXI — 630 km (340 Seemeilen)

Typ XXIII — 359 km (194 Seemeilen)

Höchst-
geschwindigkeit bei
Unterwasserfahrt

Typ XVIII
44,5 km/h (24 Knoten)

Typ XXI
31,9 km/h (17,2 Knoten)

Typ XXIII
23 km/h
(12,5 Knoten)

U-BOOTE TYP XVIII, XXI, XXIII: LÄNGE, GESCHWINDIGKEIT UND REICHWEITE BEI ÜBERWASSERFAHRT

U-Boot Typ	Länge	Geschwindigkeit	Reichweite bei Überwasserfahrt
XVIII Diesel	71,7 m	33,8 km/h (18,3 Knoten)	9637 km (5200 Seemeilen) bei 22 km/h (12 Knoten)
XXI Diesel	76,7 m	28,9 km/h (15,6 Knoten)	28 700 km (15 500 Seemeilen) bei 19 km/h (10 Knoten)
XXIII Diesel	34,7 m	18 km/h (9,7 Knoten)	4800 km (2600 Seemeilen) bei 15 km/h (8 Knoten)

Typ XXI war zudem wesentlich geräumiger als frühere U-Boote. Ein großer Kühlraum sorgte für frische Verpflegung auf langen Einsätzen. Eine Dusche und Waschbecken erhöhten die Lebensqualität der Mannschaft, die daran gewöhnt war, über Wochen auf Körperpflege verzichten zu müssen. Die operative Wirkung wurde gesteigert durch eine hydraulische Ladevorrichtung für Torpedos, wodurch alle sechs Rohre schneller nachgeladen werden konnten als eines beim Typ VIIC. Innerhalb von 20 Minuten konnten drei Salven von je sechs Torpedos abgefeuert werden. Deren Zielausrichtung erfolgte über ein akustisches Horizontallot, wodurch sich das riskante Auftauchen auf Seerohrtiefe erübrigte. Die Ladekapazität reichte für 23 Torpedos oder 17 Torpedos und zwölf Minen. Zwischen 1943 und 1945 entstanden in den Werften von Blohm und Voss Hamburg, AG Weser Bremen und F. Schichau Danzig 118 Einheiten des Typs XXI. Der Rumpf bestand aus acht vorgefertigten Komponenten, die in den Werften zusammengebaut wurden. Das System war von Albert Speer in Zusammenarbeit mit Otto Merker entwickelt worden, der über große Erfahrungen in der Fließbandproduktion von Automobilen verfügte, und basierte auf folgenden Vorgaben:
- Keine Fertigstellung von Prototypen vor Beginn der Serienreife
- Herstellung vorgefertigter Komponenten in dezentralisierten Betrieben
- Transport der Bauteile zu den Werften auf dem Wasserweg (Typ XXI) oder mit der Eisenbahn (Typ XXIII)
- Nur die Endmontage der Bauteile erfolgte in den Werften

Der detaillierte Zeitplan für den Bau von Typ XXI bestand aus folgenden Schritten:
- Beschaffung des Rohmaterials und Transport zu den Stahlwerken: 16 Tage
- Stahlgewinnung und Verarbeitung: 40 Tage
- Transport zu den Fabriken für die Bauteile: fünf Tage
- Zusammenbau der Module: 50 Tage
- Transport zu den Werften: vier Tage
- Endmontage in der Werft: 50 Tage
- Abschlussarbeiten nach dem Stapellauf: sechs Tage
- Gesamtbauzeit pro Boot: 171 Tage (sechs Monate)

Mit diesem Baukastensystem wurde der Engpass begrenzter Werftkapazitäten umgangen. Das Boot lag nun nicht mehr während der gesamten Bauzeit (18 Monate) auf der Helling, sondern im Durchschnitt nur noch 80 Tage. Auf diese Weise wurde die

ZEITTAFEL TYP XXI UND TYP XXIII

Datum	Ereignis
November 1942	Die Idee für das »Elektroboot« wird geboren
Januar 1943	Entwurfsplanung fertiggestellt
Juni 1943	Konstruktionspläne fertiggestellt
Juli 1943	Projekt genehmigt
September 1943	Bauprogramm für konventionelle U-Boote begrenzt
November 1943	Produktionsauftrag erteilt
Dezember 1943	Produktionsplanung abgeschlossen
30. April 1944	Stapellauf des ersten Boots Typ XXIII (U-2321)
12. Mai 1944	Stapellauf des ersten Boots Typ XXI (U-2501)
12. Juni 1944	Erstes Boot Typ XXIII in Dienst gestellt (U-2321)
27. Juni 1944	Erstes Boot XXI in Dienst gestellt (U-2501)
August 1944	Das Übungsgebiet in der Danziger Bucht wird vermint
29. Januar 1945	Erstes Boot Typ XXIII läuft aus zur Feindfahrt (U-2324)
Februar 1945	Erprobung und Einfahren verlegt in die Lübecker Bucht
14. Februar 1945	Erste Versenkung durch ein Elektroboot (U-2322)
30. April 1945	Erstes Boot Typ XXI läuft aus zur Feindfahrt (U-2511)
7. Mai 1945	Letzte Versenkung durch ein Elektroboot (U-2336)

EINSÄTZE DES TYPS XXI

Boot	Indienststellung	Schicksal
U-2501	27. Juni 1944	Versenkt 3. Mai 1945, Hamburg
U-2502	19. Juli 1944	Übergeben. Gesunken vor Irland 2. Jan. 1946
U-2503	1. Aug. 1944	Versenkt vor Horsens, Dänemark, 4. Mai 1945. 13 Tote nach Angriff britischer Beaufighter
U-2504	12. Aug. 1944	Versenkt Hamburg, 3. Mai 1945
U-2505	7. Nov. 1944	Aufgegeben im »Elbe II«-U-Boot-Bunker, Hamburg
U-2506	31. Aug. 1944	Übergeben. Gesunken vor Irland 5. Jan. 1946
U-2507	8. Sept. 1944	Versenkt 5. Mai 1945
U-2508	26. Sept. 1944	Versenkt Kiel 3. Mai 1945
U-2509	21. Sept. 1944	Zerstört bei Bombenangriff auf die Werft 8. April 1945
U-2510	27. Sept. 1944	Versenkt 2. Mai 1945
U-2511	29. Sept. 1944	Übergeben, Bergen, Norwegen. Versenkt vor Irland 7. Jan. 1946
U-2512	10. Okt. 1944	Versenkt 3. Mai 1945
U-2513	12. Okt. 1944	Übergeben 8. Mai 1945. An U.S. Navy weitergegeben Aug. 1945. Versenkt vor Key West Florida bei Raketentests 7. Okt. 1951
U-2514	17. Okt. 1944	Gesunken bei Bombenangriff 8. April 1945
U-2515	19. Okt. 1944	Gesunken bei Bombenangriff auf Hamburg 17. Jan. 1945
U-2516	24. Okt. 1944	Gesunken bei Bombenangriff auf Kiel 9. April 1945
U-2517	31. Okt. 1944	Versenkt 5. Mai 1945
U-2518	4. Nov. 1944	Übergeben 8. Mai 1945. In Dienst gestellt am 17. Febr. 1945 als *Roland Morillot*, bei der französ. Marine, später als *0246* außer Dienst gestellt 17. Okt. 1967. Abgewrackt 1969
U-2519	15. Nov. 1944	Versenkt 3. Mai 1945 Kiel
U-2520	14. Nov. 1944	Versenkt 3. Mai 1945
U-2521	21. Nov. 1944	Gesunken von RAF Liberator K/547 im Kattegat, 5. Mai 1945
U-2522	22. Nov. 1944	Versenkt 5. Mai 1945
U-2523	26. Dez. 1944	Zerstört bei Bombenangriff auf die Werft 17. Jan. 1945
U-2524	16. Jan. 1945	Versenkt von RAF Beaufighters der 236. und 254. Sqdns, 3. Mai 1945
U-2525	12. Dez. 1944	Versenkt 5. Mai 1945
U-2526	15. Dez. 1944	Versenkt 2. Mai 1945
U-2527	23. Dez. 1944	Versenkt 2. Mai 1945
U-2528	19. Dez. 1944	Versenkt 2. Mai 1945
U-2529	22. Febr. 1944	Übergeben. In Dienst gestellt in der Royal Navy als *N28*. An sowjetische Marine übergeben als *B28*, außer Dienst gestellt Febr. 1946, abgewrackt 1958
U-2530	30. Dez. 1944	Gesunken bei Bombenangriff auf Hamburg 31. Dez 1944. Geborgen und wieder versenkt 17. Jan. 1945
U-2531	18. Jan. 1945	Versenkt 3. Mai 1945
U-2532	–	Nicht fertiggestellt – zerstört bei Angriff auf die Werft am 31. Dez. 1944
U-2533	18. Jan. 1945	Versenkt 3. Mai 1945
U-2534	17. Jan. 1945	Versenkt 3. Mai 1945
U-2535	28. Jan. 1945	Versenkt 3. Mai 1945
U-2536	6. Febr. 1945	Versenkt 3. Mai 1945
U-2537	–	Zerstört bei Bombenangriff in der Werft am 31. Dez. 1944. Nicht fertiggestellt
U-2538	16. Febr. 1945	Versenkt 8. Mai 1945
U-2539	21. Febr. 1945	Versenkt 3. Mai 1945
U-2540	24. Febr. 1945	Selbstversenkung im Kattegat, 4. Mai 1945. Gehoben 1957 und bei der Bundesmarine in Dienst als Erprobungsboot *Wilhelm Bauer* 1960, heute Museumsboot nahe dem Deutschen Schifffahrtsmuseum Bremerhaven
U-2541	1. März 1945	Versenkt 5. Mai 1945
U-2542	5. März 1945	Durch Bomben versenkt 3. Apr. 1945
U-2543	7. März 1945	Versenkt 3. Mai 1945

EINSÄTZE DES TYPS XXI (FORTSETZUNG)

Boot	Indienststellung	Schicksal
U-2544	10. März 1945	Versenkt 5. Mai 1945
U-2546	21. März 1945	Versenkt 3. Mai 1945
U-2547	–	Zerstört bei Bombenangriff 11. März 1945. Nicht fertiggestellt
U-2548	9. April 1945	Versenkt 3. Mai 1945
U-2549	–	Zerstört bei Bombenangriff 11. März 1945. Nicht fertiggestellt
U-2550	–	Zerstört bei Bombenangriff 11. März 1945. Nicht fertiggestellt
U-2551	24. April 1945	Versenkt 5. Mai 1945
U-2552	21. April 1945	Versenkt 3. Mai 1945, Kiel
U-2553	–	Nicht fertiggestellt. Abgewrackt
U-2554	–	Nicht fertiggestellt. Abgewrackt
U-2555	–	Nicht fertiggestellt. Abgewrackt
U-2556	–	Nicht fertiggestellt. Abgewrackt
U-2557	–	Nicht fertiggestellt. Abgewrackt
U-2558	–	Nicht fertiggestellt. Abgewrackt
U-2559	–	Nicht fertiggestellt. Abgewrackt
U-2560	–	Nicht fertiggestellt. Abgewrackt
U-2561	–	Nicht fertiggestellt. Abgewrackt
U-2562	–	Nicht fertiggestellt. Abgewrackt
U-2563	–	Nicht fertiggestellt. Abgewrackt
U-2564	–	Nicht fertiggestellt. Abgewrackt
U-3001	20. Juli 1944	Versenkt 3. Mai 1945
U-3002	6. Aug. 1944	Versenkt 2. Mai 1945
U-3003	22. Aug. 1944	Zerstört bei Bombenangriff, Kiel, 4. April 1945
U-3004	30. Aug. 1944	Aufgegeben im »Elbe II«-U-Boot-Bunker, Hamburg
U-3005	20. Sept .1944	Versenkt 3. Mai 1945
U-3006	5. Okt. 1944	Versenkt 1. Mai 1945
U-3007	22. Okt. 1944	Zerstört bei Bombenangriff 24. Febr. 1945
U-3008	19. Okt. 1944	1945 als Versuchsboot an die US-Marine übergeben. Versenkt Puerto Rico, 1955
U-3009	10. Nov. 1944	Versenkt 1. Mai 1945
U-3010	11. Nov. 1944	Versenkt 3. Mai 1945
U-3011	21. Dez. 1944	Versenkt 3. Mai 1945
U-3012	4. Dez. 1944	Versenkt 3. Mai 1945
U-3013	22. Nov. 1944	Versenkt 3. Mai 1945
U-3014	17. Dez. 1944	Versenkt 3. Mai 1945
U-3015	17. Dez. 1944	Versenkt 5. Mai 1945
U-3016	5. Jan. 1945	Versenkt 2. Mai 1945
U-3017	5. Jan. 1945	Übergeben an die Royal Navy, in Dienst gestellt als Versuchsboot N41. Abgewrackt 1949
U-3018	7. Jan. 1945	Versenkt 2. Mai 1945
U-3019	23. Dez. 1944	Versenkt 2. Mai 1945
U-3020	23. Dez. 1945	Versenkt 2. Mai 1945
U-3021	12. Febr. 1945	Versenkt 2. Mai 1945
U-3022	22. Jan. 1945	Versenkt 3. Mai 1945
U-3023	22. Jan. 1945	Versenkt 3. Mai 1945
U-3024	13. Jan. 1945	Versenkt 3. Mai 1945
U-3025	20. Jan. 1945	Versenkt 3. Mai 1945

EINSÄTZE DES TYPS XXI (FORTSETZUNG)

Boot	Indienststellung	Schicksal
U-3026	22. Jan. 1945	Versenkt 3. Mai 1945
U-3027	25. Jan. 1945	Versenkt 3. Mai 1945
U-3028	27. Jan. 1945	Versenkt 3. Mai 1945
U-3029	5. Febr. 1945	Versenkt 3. Mai 1945
U-3030	14. Febr. 1945	Versenkt 8. Mai 1945
U-3031	28. Febr. 1945	Versenkt 3. Mai 1945
U-3032	12. Febr. 1945	Versenkt von einem Flugzeug der 2nd Tactical Air Force im Kattegat, 3. Mai 1945
U-3033	27. Febr. 1945	Versenkt 4. Mai 1945
U-3034	31. März 1945	Versenkt 4. Mai 1945
U-3035	1. März 1945	In Norwegen kapituliert. 1945 an die Royal Navy, dann an sowjetische Marine übergeben als B29. Abgewrackt 1958
U-3036	–	Nicht fertiggestellt. Abgewrackt
U-3037	3. März 1945	Versenkt 3. Mai 1945
U-3038	4. März 1945	Versenkt 3. Mai 1945
U-3039	8. März 1945	Versenkt 3. Mai 1945
U-3040	8. März 1945	Versenkt 3. Mai 1945
U-3041	10. März 1945	Kapituliert. Dienst in der Royal Navy als N29, dann in der sowjetischen Marine als B30. Abgewrackt 1959
U-3042	–	Beschädigt bei Luftangriff auf die Werft, 22. Febr. 1945. Nicht fertiggestellt. Abgewrackt
U-3043	–	Nicht fertiggestellt. Abgewrackt
U-3044	27. März 1945	Versenkt 5. Mai 1945
U-3045	–	Zerstört bei Luftangriff auf die Werft 30. März 1945
U-3501	29. Juli 1944	Versenkt 5. Mai 1945
U-3502	19. Aug. 1944	Beschädigt bei Luftangriff. Mai 1945
U-3503	9. Sept. 1944	Versenkt von RAF Liberator G/86 im Kattegat
U-3504	23. Sept. 1944	Versenkt 2. Mai 1945
U-3505	7. Okt. 1945	Zerstört bei Luftangriff 3. Mai 1945
U-3506	19. Okt. 1944	Aufgegeben im »Elbe II«-U-Boot-Bunker, Hamburg
U-3507	19. Okt. 1944	Versenkt 3. Mai 1945
U-3508	2. Nov. 1944	Zerstört bei Luftangriff auf Wilhelmshaven 4. März 1945
U-3509	29. Jan. 1945	Versenkt 3. Mai 1945
U-3510	11. Nov. 1944	Versenkt 5. Mai 1945
U-3511	18. Nov. 1945	Versenkt 3. Mai 1945
U-3512	27. Nov. 1944	Zerstört bei Luftangriff auf Kiel 8. April 1945
U-3513	2. Dez. 1944	Versenkt 3. Mai 1945
U-3514	9. Dez. 1944	Versenkt vor der Nordwestküste Irlands 12. Febr. 1946
U-3515	14. Dez. 1944	Kapituliert und in Dienst bei der Royal Navy als N30, dann bei der sowjetischen Marine als B28 Febr. 1946
U-3516	18. Dez. 1944	Versenkt 2. Mai 1945
U-3517	22. Dez. 1944	Versenkt 2. Mai 1945
U-3518	29. Dez. 1944	Versenkt 3. Mai 1945
U-3519	6. Jan. 1945	Auf Mine gelaufen und gesunken vor Warnemunde 2. März 1945
U-3520	12. Jan. 1945	In der Ostsee gesunken 31. Jan. 1945
U-3521	14. Jan. 1945	Versenkt 2. Mai 1945
U-3522	21. Jan. 1945	Versenkt 2. Mai 1945
U-3523	23. Jan. 1945	Versenkt durch Mine, abgeworfen von RAF Liberator T/224 im Kattegat, 5. Mai 1945
U-3524	26. Jan. 1945	Versenkt 5. Mai 1945
U-3525	31. Jan. 1945	Versenkt 3. Mai 1945

EINSÄTZE DES TYPS XXI (FORTSETZUNG)

Boot	Indienststellung	Schicksal
U-3526	22. März 1945	Versenkt 5. Mai 1945
U-3527	10. März 1945	Versenkt 5. Mai 1945
U-3528	18. März 1945	Versenkt 5. Mai 1945
U-3529	22. März 1945	Versenkt 5. Mai 1945
U-3530	22. März 1945	Versenkt 3. Mai 1945
U-3531	–	Nicht fertiggestellt. Abgewrackt
U-3532	–	Nicht fertiggestellt. Abgewrackt
U-3533	–	Nicht fertiggestellt. Abgewrackt
U-3534	–	Nicht fertiggestellt. Abgewrackt
U-3535	–	Nicht fertiggestellt. Abgewrackt
U-3536	–	Nicht fertiggestellt. Abgewrackt
U-3537	–	Nicht fertiggestellt. Abgewrackt
U-3546	–	Beschädigt bei Luftangriff auf die Werft, 30. März 1945. Nicht fertiggestellt
U-3547	–	Nicht fertiggestellt. Abgewrackt
U-3548	–	Nicht fertiggestellt. Abgewrackt
U-3549	–	Nicht fertiggestellt. Abgewrackt
U-3550	–	Nicht fertiggestellt. Abgewrackt
U-3551	–	Nicht fertiggestellt. Abgewrackt
U-3552	–	Nicht fertiggestellt. Abgewrackt
U-3553	–	Nicht fertiggestellt. Abgewrackt
U-3554	–	Nicht fertiggestellt. Abgewrackt
U-3555	–	Nicht fertiggestellt. Abgewrackt
U-3556	–	Nicht fertiggestellt. Abgewrackt
U-3557	–	Nicht fertiggestellt. Abgewrackt
U-3558	–	Nicht fertiggestellt. Abgewrackt
U-3559	–	Nicht fertiggestellt. Abgewrackt
U-3560	–	Nicht fertiggestellt. Abgewrackt
U-3561	–	Nicht fertiggestellt. Abgewrackt
U-3562	–	Nicht fertiggestellt. Abgewrackt
U-3563	–	Nicht fertiggestellt. Abgewrackt

Leistungsfähigkeit der Werften trotz der zunehmenden Luftangriffe der alliierten Bomber um fast das Siebenfache erhöht. In der Theorie war der Plan ein Musterbeispiel effizienten Managements, aber die Praxis sah anders aus: Fast alle U-Boote wiesen Mängel auf, die nach dem Zusammenbau der Komponenten aufwendig behoben werden mussten. Schuld daran waren hauptsächlich die Hersteller der Bauteile, die wenig Erfahrungen im Schiffsbau hatten. Das

führt dazu, dass von den 118 fertiggestellten U-Booten Typ XXI bei Kriegsende nur vier einsatzbereit waren. Zwei weitere Enttwicklungsstufen, Typ XXIB mit zwölf Torpedorohren und Typ XXIC mit 18 Rohren, hätten sich für die Alliierten verheerend ausgewirkt, wären sie zum Einsatz gekommen.

U-Boot Typ XXIII

Die Entwicklung des Küsten-U-Boots XXIII begann 1942, und als sie Mitte 1943 abgeschlossen war, hatten die

Pläne große Ähnlichkeit mit Typ XXI. Entsprechend den Vorgaben Admiral Dönitz' wurde es aus vorgefertigten Bauteilen montiert, die auf der Schiene transportiert werden konnten. Die Bewaffnung bestand aus serienmäßigen 53,3-cm-Rohren. Typ XXIII hatte eine stromlinienförmige Außenhülle, und abgesehen von dem verhältnismäßig kleinen Turm und dem Ortungssumpf »Schornsteinfeger« gab es auf dem Oberdeck keine zusätzlichen Aufbauten. Wie bei Typ XXI enthielt das untere Rumpfsegment eine große Batterie aus 62 Zellen, die für ungewöhnlich hohe Geschwindigkeit bei Tauchfahrt und für großen Aktionsradius sorgte. Die einzigen signifikanten Beschränkungen des Entwurfs beruhten auf den Größenvorgaben für den Schienentransport der Bauteile. Sehr gering war jedoch der für die Besatzung zur Verfügung stehende Raum an Bord, was jedoch angesichts der kurzen Einsatzdauer von untergeordneter Bedeutung war. Nachteiliger wirkten sich die beengten Verhältnisse auf die Bewaffnung aus. Sie bestand lediglich aus zwei Torpedos in den beiden Rohren; für Torpedos zum Nachladen war kein Platz vorhanden, genauso wenig wie für eine konventionelle Ladeluke. Deshalb musste das Boot hecklastig getrimmt werden, damit die Rohre im Bug über Wasser lagen und von außen von einem Leichter nachgeladen werden konnten. Von den insgesamt 280 in Auftrag gegebenen Booten wurden 61 in Dienst gestellt, aber nur sechs gingen auf Feindfahrt.

Einsatz

Im operativen Einsatz entgingen die sechs Boote vom Typ XXIII – U-2321, U-2322, U-2324, U-2326 U-2329 und U-2336 – den alliierten U-Boot-Jägern und versenkten oder beschädigten fünf Schiffe mit insgesamt 14 835 Tonnen. Der erste Kampfeinsatz des Typs XXIII erfolgte mit U-2324, das am 18. Januar 1945 in Kiel auslief. Das Boot hat den Krieg überlebt, aber kein alliiertes Schiff versenkt. Das erste XXIII mit Feindberührung, U-2322 unter dem Kommando von Oberleutnant zur See Fridjof-Heckel, verließ seinen Stützpunkt in Norwegen am 6. Februar 1945, traf vor Berwick auf einen Geleitzug und versenkte am 25. Februar die Egholm. U-2321 vom gleichen Stützpunkt versenkte am 5. April vor St. Abbs Head die Gasray. U-2336 unter dem Kommando von Kapitänleutnant Emil Klusmeier versenkte am 7. Mai 1945 die letzten alliierten Schiffe auf dem Kriegsschauplatz in Europa mit der Torpedierung des Frachters Avondale Park im Firth of Forth.

EINSÄTZE DES TYPS XXIII: PROTOTYPEN (11. FLOTTILLE)

Boot	Indienststellung	Einsatz	Feindfahrten	Schicksal
U-2321	12. Juni 1944	1. Febr. 1945 – 8. Mai 1945	1 Feindfahrt 1 Schiff versenkt total 1406 BRT	Kapituliert bei Kristiansand Süd, Norwegen. Verbracht nach Loch Ryan am 29. Mai 1945 für Operation Deadlight. Durch Schiffsartillerie versenkt am 27. Nov. 1945
U-2322	1. Juli 1944	1. Febr. 1945 – 8. Mai 1945	2 Feindfahrten 1 Schiff versenkt total 1317 GRT	Kapituliert bei Stavanger, Norwegen. Verbracht nach Loch Ryan am 31. Mai 1945 für Operation Deadlight. Durch Schiffsartillerie versenkt am 27. Nov. 1945
U-2324	25. Juli 1944	1. Febr. 1945 – 8. Mai 1945	2 Feindfahrten	Kapituliert bei Stavanger, Norwegen. Verbracht nach Loch Ryan am 29. Mai 1945 für Operation Deadlight. Durch Schiffsartillerie versenkt am 27. Nov. 1945
U-2325	3. Aug. 1944	1. Febr. 1945 – 8. Mai 1945	Keine Feindfahrt	Kapituliert bei Kristiansand Süd, Norwegen. Verbracht nach Loch Ryan am 29. Mai 1945 für Operation Deadlight. Durch Schiffsartillerie versenkt am 28. Nov. 1945
U-2326	10. Aug. 1944	1. Febr. 1945 – 8. Mai 1945	2 Feindfahrten	Kapitulation bei Dundee, Schottland, 14. Mai 1945. Als britisches U-Boot N35 in Dienst gestellt. 1946 an Frankreich übergeben. Am 6. Dez. 1946 bei Toulon nach Kollision gesunken, gehoben und abgewrackt
U-2328	25. Aug. 1944	1. April 1945 – 8. Mai 1945	Keine Feindfahrt	Kapituliert bei Bergen, Norwegen. Verbracht nach Loch Ryan 30. Mai 1945 für Operation Deadlight. Lief voll Wasser und sank am 27. Nov. 1945 auf der Schleppfahrt zur Versenkung
U-2329	1. Sept. 1944	15. März 1945 – 8. Mai 1945	1 Feindfahrt	Kapituliert bei Stavanger, Norwegen. Verbracht nach Loch Ryan im Juni 1945 für Operation Deadlight. Versenkt 27. Nov. 1945
U-2330	7. Sept. 1944	16. März 1945 – 3. Mai 1945	Keine Feindfahrt	Versenkt am 3. Mai 1945 bei Kiel
U-2334	21. Sept. 1944	1. April 1945 – 8. Mai 1945	Keine Feindfahrt	Kapituliert bei Kristiansand Süd, Norwegen. Verbracht nach Loch Ryan am 29. Mai 1945 für Operation Deadlight. Durch Schiffsartillerie versenkt am 28. Nov. 1945
U-2335	27. Sept. 1944	1. April 1945 – 8. Mai 1945	Keine Feindfahrt	Kapituliert bei Kristiansand Süd, Norwegen. Verbracht nach Loch Ryan am 29. Mai 1945 für Operation Deadlight. Schiffsartillerie versenkt am 28. Nov. 1945

Klein-U-Boote

Bis zur Erbeutung eines britischen Welman submarine *bei Bergen in Norwegen 1943
hatte die Kriegsmarine das Potenzial der Klein-U-Boote fast völlig ignoriert. Das britische
Fahrzeug diente als Ausgangspunkt für die Entwicklung des Klein-U-Boots* Biber.

Die Arbeit an einem Prototypen des *Biber* begann im Februar 1944. Innerhalb von sechs Wochen war das Fahrzeug fertiggestellt und ging auf Probefahrt. Nach der Inspektion durch Admiral Dönitz wurde der *Biber* am 29. März 1944 in Dienst gestellt. Konstruktion und Ausführung beschränkten sich aufs Notwendigste.

Der Rumpf bestand aus drei Bauteilen aus 3 mm starkem Stahlblech, in den Turm aus einer Aluminiumlegierung waren Bullaugen aus Panzerglas eingesetzt. Das waren die Hauptorientierungsquellen, weil das kleine Sehrohr ein nur beschränktes Blickfeld bot und die Benutzung beim Manövrieren schwierig war. Obwohl

der *Biber* mit einem 9,7-kW-Elektro-Torpedomotor und zwei Tauchtanks ausgerüstet war, gab es keine Trimmungsmöglichkeit, wodurch es praktisch unmöglich wurde, das Boot auf Sehrohrtiefe zu halten oder überhaupt nennenswerte Entfernungen unter Wasser zurückzulegen. Im Einsatz operierten die meisten *Biber* an der

KLEIN-U-BOOTE IM VERGLEICH

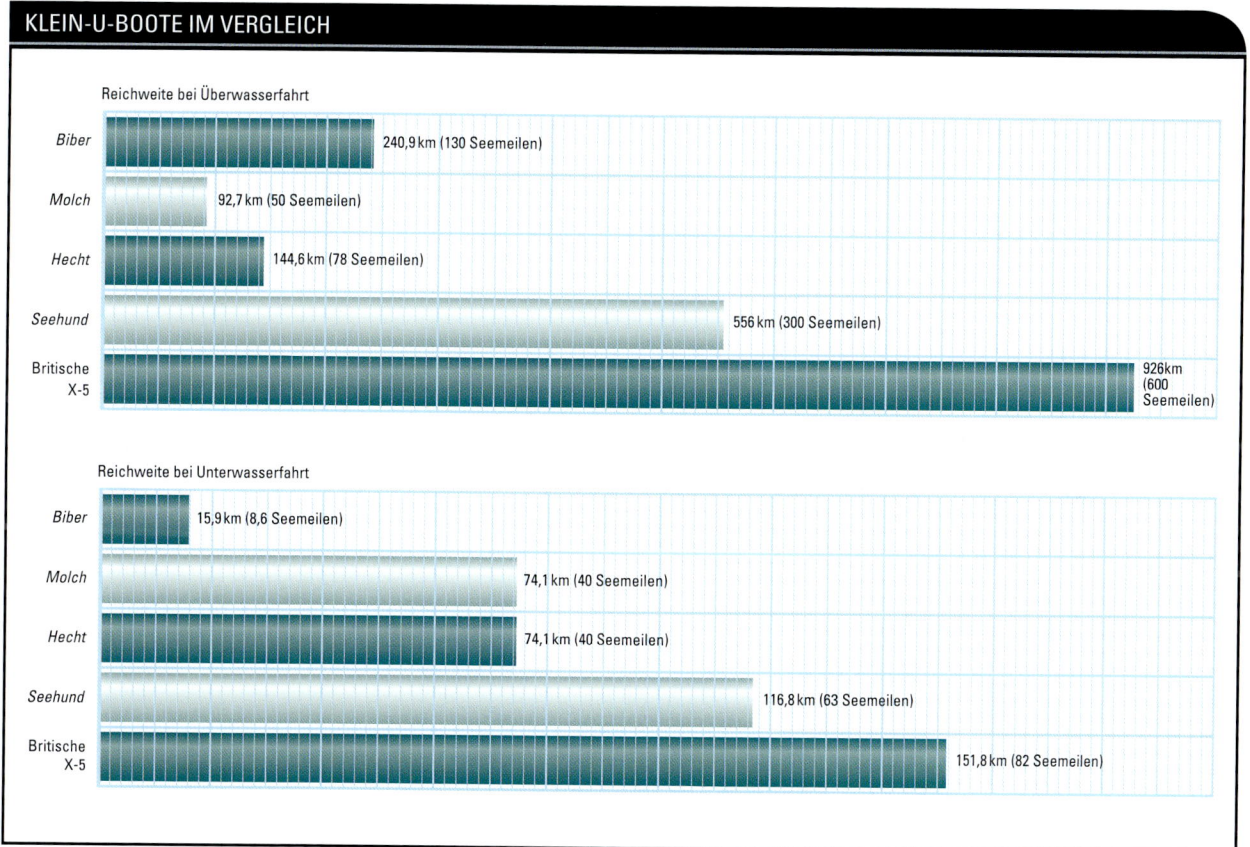

Reichweite bei Überwasserfahrt

Boot	Reichweite
Biber	240,9 km (130 Seemeilen)
Molch	92,7 km (50 Seemeilen)
Hecht	144,6 km (78 Seemeilen)
Seehund	556 km (300 Seemeilen)
Britische X-5	926 km (600 Seemeilen)

Reichweite bei Unterwasserfahrt

Boot	Reichweite
Biber	15,9 km (8,6 Seemeilen)
Molch	74,1 km (40 Seemeilen)
Hecht	74,1 km (40 Seemeilen)
Seehund	116,8 km (63 Seemeilen)
Britische X-5	151,8 km (82 Seemeilen)

ERFOLGREICHE EINSÄTZE VON KLEIN-U-BOOTEN

Datum	U-Boot	Besatzung	Details
22. Dez. 1944	Biber		Versenkt Frachter *Alan-a-Dale*, 4702 BRT, vor Vlissingen
2. Jan. 1945	Seehund	Paulsen/Huth	Versenkt Trawler *Hayburn Wyke*, 329 t, vor Ostende
12. Jan. 1945	Seehund	Kiep/Palaschewski	Meldet die Versenkung eines Kohlenfrachters von rund 3000 BRT vor Kentish Shoal
30. Jan. 1945	Seehund	Ross/Vennemann	Meldet Versenkung eines Kohlenfrachters vor Margate. Nicht offiziell bestätigt
3. Febr. 1945	Seehund	Wolter/Minetzke	Meldet die Versenkung eines Schiffs von etwa 3000 BRT vor Great Yarmouth (unbestätigt)
15. Febr. 1945	Seehund	Ziepult/Reck	Beschädigt Tanker *Liseta*, 2628 BRT, vor North Foreland
22. Febr. 1945	Seehund	Gaffron/Köster	Meldet Torpedierung eines Zerstörers vor Goodwin Sands (unbestätigt)
23. Febr. 1945	Seehund	Sparbrodt/Jahnke	Versenkt franz. Zerstörer *La Combattante* in der Nordsee
22. Febr. 1945	Seehund		Versenkt *LST 364*, 2750 BRT, im Konvoi TAM 87 vor North Foreland
24. Febr. 1945	Seehund		Versenkt Kabelleger *Alert*, 941 BRT, mit ganzer Besatzung vor North Foreland
26. Febr. 1945	Seehund		Versenkt Frachter *Rampant* vor North Foreland
26. Febr. 1945	Seehund		Versenkt Tanker *Nashaba*, Konvoi TAC, vor North Foreland
11. März 1945	Seehund	Huber/Eckloff	Versenkt Frachter *Taber Park*, 2878 BRT, vom Konvoi FS 1753 vor Southwold
12. März 1945	Seehund	Kugler/Schmidt	*U-5064* meldet die Versenkung eines Dampfers von etwa 3000 BRT in der Themsemündung
13. März 1945	Seehund	Fröhnert/Beltrami	Meldet Versenkung eines Dampfers in der Themsemündung
		Hauschel/Hessel	*U-5366* versenkt ein Liberty-Schiff mit Munition vor Lowestoft
		Küllmeyer/Raschke	Versenkt den Dampfer *Newlands*, 1556 BRT
		Meyer/Schauerte	Versenkt Geleitschiff *ML 466* vor South Falls Bank
26. März 1945	Seehund		Zerstörer HMS *Puffin* wird zum Totalverlust erklärt, nachdem er von einem *Seehund* gerammt wird, der dabei explodiert. Buoy 4 North Foreland. Deutsche Besatzung aufgefischt
30. März 1945	Seehund		Küstenfrachter *Jim*, 833 BRT, versenkt vor Orfordness
9. April 1945	Seehund		Versenkt Tanker *Y17*, vom Konvoi TAC 90, mit Mann und Maus vor North Foreland
9. April 1945	Seehund	Buttman/Schmidt	Versenkt Frachter *Samida*, 7219 BRT, und beschädigt US-Frachter *Solomon Juneau*, 7116 BRT, vor Dungeness
9. April 1945	Seehund		Ein *Seehund* versenkt den Kabelleger *Monarch*, 1150 BRT, vor Orfordness
10. April 1945	Seehund	Von Pander/Vogl	Meldet Versenkung eines Tankers von rund 1000 BRT
11. April 1945	Seehund		*Seehund* beschädigt Frachter *Port Wyndham*, 8580 BRT, vom Konvoi UC 63B vor Dungeness
11. April 1945	Seehund	Markworth/Spallek	Meldet Versenkung eines Handelsschiffs von etwa 3000–4000 BRT vor Dungeness
16. April 1945	Seehund		Tanker *Doldshell* vom Konvoi TAM 40 vor Ostende, von einem *Seehund* oder einer Mine versenkt
23. April 1945	Seehund		Letzter bestätigter *Seehund*-Erfolg, Dampfer *Svere Helmeren* versenkt vor South Falls
29. April 1945	Seehund		Dampfer *Benjamin H Bristow* vor Walcheren entweder von einer Mine oder von einem *Seehund* versenkt

Oberfläche, wo sie zwar gut manövrierfähig waren, aber auch die Gefahr bestand, dass sich die Besatzung beim Einatmen der Kohlenmonoxid-Abgase aus den 24-kW-Opel-Blitz-Benzinmotoren vergiftete, die als Ersatz für die zur Mangelware gewordenen Dieselmotoren eingebaut worden waren. Daneben bestand Gefahr durch Feuer oder Explosionen von Benzindämpfen durch auslaufenden Treibstoff – wahrscheinlich Ursache für einige Verluste.

Das Fahrzeug konnte mit zwei G7e T3-Torpedos bewaffnet werden oder zwei Minen oder je einer von beiden. Daneben wurde der *Biber* erfolgreich als Minenleger in der Scheldemündung eingesetzt und hätte sich wahrscheinlich besser bewährt, wenn er hauptsächlich dafür verwendet worden wäre. Neben den üblichen Einsätzen gegen die alliierten Nachschubwege war der *Biber* in der Nacht des 12. auf den 13. Februar 1945 am Versuch beteiligt, die Brücke bei Nijmegen zu sprengen. Bei einem vorangegangenen Unternehmen deutscher Kampftaucher war die Eisenbahnbrücke von Nijmegen beschädigt worden, was aber dazu geführt hatte, dass die Schutzmaßnahmen verbessert wurden. Auf deutscher Seite rechnete man damit, dass außergewöhnliche Anstrengungen erforderlich sein würden, diese zu überwinden, und entwickelte einen ausgeklügelten Plan. In zeitlich genau aufeinander abgestimmter Reihenfolge ließ man insgesamt 240 Minen den Fluss hinabtreiben mit dem Ziel, die meisten, wenn nicht alle Barrieren zu durchbrechen. Darauf folgten 20 als Treibgut getarnte *Biber*, die mit ihren Torpedos eventuell verbliebene

KLEIN-U-BOOTE IM VERGLEICH

Typ	Wasserverdrängung	Reichweite	Besatzung	Bewaffnung
Biber	6,4 t ungetaucht 6,6 t getaucht	Überwasserfahrt: 240,9 km (130 Seemeilen) bei 11,1 km/h (6 Knoten) Unterwasserfahrt: 15,9 km (8,6 Seemeilen) bei 9,3 km/h (5 Knoten)	1	2 x 53,3 cm außen angebrachte Torpedos in Leitschienen oder 2 Minen
Molch	11,2 t getaucht	Überwasserfahrt: 92,7 km (50 Seemeilen) bei 7,4 km/h (4 Knoten) Unterwasserfahrt: 74,1 km (40 Seemeilen) bei 9,3 km/h (5 Knoten)	1	2 x 53,3 cm außen angebrachte Torpedos in Leitschienen oder 2 Minen
Hecht	12,2 t getaucht	Überwasserfahrt: 144,6 km (78 Seemeilen) bei 5,6 km/h (3 Knoten) Unterwasserfahrt: 74,1 km (40 Seemeilen) bei 11,1 km/h (6 Knoten)	3	1 x 53,3 cm außen angebrachte Torpedos in Leitschienen oder 2 Minen
Seehund	14,9 t	Überwasserfahrt: 556 km (300 Seemeilen) bei 25,2 km/h (7 Knoten) Unterwasserfahrt: 116,8 km (63 Seemeilen) bei 11,1 km/h (3 Knoten)	2	2 x 53,3 cm außen angebrachte Torpedos in Leitschienen oder 2 Minen

Sperrvorrichtungen beseitigen sollten. Den Abschluss bildeten vier weitere *Biber*, von denen jeder einen großen Baumstamm mit angebrachter Sprengladung schleppte: insgesamt fast 3000 kg. Die vier *Biber* sollten bei Tagesanbruch aufbrechen, damit die fotoelektrischen Zellen an den Baumstämmen die Zündung auslösten, sobald sie unter der Brücke hindurchschwammen. Die an den Sperren explodierenden Minen alarmierten jedoch die Verteidiger, die das Feuer eröffneten, mehrere *Biber* versenkten und die Sprengsätze detonieren ließen, bevor sie die Brücke erreichten.

»Molch«
Mit fast doppelter Tonnage bot der *Molch* seiner Besatzung mehr Sicherheit, erwies sich aber für den Kampfeinsatz als weitgehend ungeeignet. Die wesentlich größere Zuverlässigkeit beruhte auf dem Antrieb mit einem Torpedomotor. Aber die Abhängigkeit von nur einem 13 PS (9,7 kW) starken Elektromotor beschränkte Geschwindigkeit und Aktionsradius, während gleichzeitig das äußerst komplizierte System von Tauch- und Trimmzellen das Manö-

vrieren erschwerte. Gegen Ende 1944 wurden die meisten der 363 fertiggestellten *Molche* nicht oder nur noch für Übungszwecke verwendet.

Typ XXVIIB »Seehund«
Die Konstruktion des *Seehund* beruhte auf Plänen für das erfolglose Klein-U-Boot Typ XXVIIA *Hecht*. Im Gegensatz zu seinem Vorgänger erwies sich der *Seehund* aber als sehr tauglicher Entwurf, über den Admiral Sir Charles Little anmerkte: »Zu unserem Glück kamen die verdammten Biester zu spät, um noch Schaden anzurichten.« Tatsächlich war der Seehund ein vollwertiges U-Boot, das aber mit den damaligen Mitteln kaum zu orten war. Es brauchte weniger als fünf Sekunden, um abzutauchen. Wegen der geringen Maße und des leisen Antriebs vom gegnerischen Sonar schwer zu erfassen, konnte es sogar die von Wasserbomben ausgelösten Druckwellen »abreiten«. Bis Kriegsende wurden 285 *Seehunde* gebaut. Abgesehen davon, dass sie zahlreiche alliierte Schiffe versenkten oder beschädigten, erzwangen sie den Einsatz von rund 500 Geleitschif-

fen sowie über 1000 Flugzeugen zur ihrer Bekämpfung. Die letzten und sehr ungewöhnlichen Einsätze von *Seehunden* erfolgten am 28. April und 2. Mai 1945 auf zwei Fahrten zur Versorgung der eingeschlossenen deutschen Verteidiger von Dünkirchen. Statt Torpedos hatten die U-Boote Spezialbehälter mit Verpflegung geladen, die auf der Heimfahrt für den Transport von Feldpost benutzt wurden.

Prototypen und Projekte
Bei Kriegsende war eine große Zahl von Klein-U-Booten wie der *Seeteufel* und der *Schwertwal* in Planung.

- *Seeteufel*, ein 20 t schweres amphibisches Kettenfahrzeug mit zwei Mann Besatzung. Der Prototyp wurde von einem 80 PS starken Benzinmotor angetrieben, unter Wasser von einem Elektromotor. Zu den zwei Torpedos kamen ein Maschinengewehr und ein Flammenwerfer für den Landeinsatz.
- *Schwertwal*, ein 14,7 t schweres Zweimann-U-Boot mit einer 800 PS (597 kW) starken Walter-Turbine und einer geschätzten Geschwindigkeit unter Wasser von 56 km/h.

Bemannte Torpedos

Schon im Dezember 1941 hatten italienische Spezialeinheiten das Potenzial bemannter Torpedos auf spektakuläre Weise vorgeführt, als zwei Maiale *(Schweine) in den Hafen von Alexandria eindrangen und die Schlachtschiffe HMS* Queen Elizabeth *und HMS* Valiant *schwer beschädigten.*

Die Deutschen zögerten mit der Einführung dieses Konzepts, und erst im April 1944 waren die ersten Torpedos einsatzbereit.

Der »Neger«

Der erste deutsche bemannte Torpedo beruhte auf dem Standardtorpedo G7e. Die Konstruktion stammte von dem Schiffsingenieur Richard Mohr, und für die Entwicklung war die Torpedo Versuchs Anstalt in Eckernförde bei Kiel zuständig. Mohr hat das Gerät nicht nur entworfen, er spielte auch eine wichtige Rolle bei der technischen Entwicklung und Erprobung. Die Bezeichnung *Neger* war nur ein Synonym für seinen Familiennamen Mohr.

Das Fahrzeug war einfach konstruiert. Von einem G7e-Torpedo wurde der Sprengkopf entfernt und durch eine kleine Plexiglaskanzel ersetzt, die einem Mann Platz bot. Für den Antrieb sorgte ein Elektromotor wie beim richtigen Torpedo, nur dass man die Batteriekapazität um 50 Prozent hatte reduzieren müssen, um genügend Auftrieb für den darunter angebrachten Torpedo zu schaffen. Um dem Fahrzeug dennoch einen akzeptablen Aktionsradius zu verschaffen, wurde die Geschwindigkeit auf maximal 18,5 km/h (10 Knoten) begrenzt.

Begrenzt einsatzfähig

Der *Neger* war nicht tauchfähig. Die Schwimmfähigkeit war so gering, dass der Pilot in der Kanzel mit Kopf und Schultern nur 46 cm aus dem Wasser ragte. Dadurch bestand die Gefahr, dass schwimmendes Öl oder Treibgut die Sicht durch die Plexiglaskuppel behinderte. Bei den ersten Einheiten kam erschwerend hinzu, dass sie keine Möglichkeit boten, die Kanzel zum Ausstieg von innen zu öffnen. Das war ein so lebensbedrohlicher Nachteil, dass man in Eile ein Notausstiegssystem einbaute. Indem man dieses Problem löste, schuf man schon das nächste, weil nun das Risiko entstand, dass das Fahrzeug voll lief, wenn der Pilot den Notausstieg unter anderen Bedingungen als bei absolut ruhiger See betätigte. Der Pilot des *Neger* wurde über ein Atemgerät mit Luft versorgt. Ihm stan-

»NEGER« IM EINSATZ		
Datum	*Ort*	*Erfolge*
21. April 1944	Anzio, K-Flottille 361	Oberfähnrich Voigt versenkte ein Geleitschiff
		Oberfähnrich Potthast versenkte einen Dampfer im Hafen
		Oberfernschreibmeister Berrer versenkte einen Truppentransporter. Anschließend wechselte Berrer zur Flottille 211, die mit *Linse*-Sprengbooten operierte, und versenkte einen weiteren Dampfer. Für diese Leistungen erhielt er das Ritterkreuz.
		Obergefreiter Walter Gerhold sprengte das Munitionsdepot einer Küstenbatterie.
		Matrose Herbert Berger, 17 Jahre, torpedierte und zerstörte eine Hafeneinrichtung, wofür er mit dem EK 2 ausgezeichnet und zum Gefreiten befördert wurde.
6. Juli 1944	Normandie, K-Flottille 361	Obergefreiter Walter Gerhold versenkte die Fregatte HMS *Trollope* und erhielt dafür das Ritterkreuz.
		Ein *Neger* versenkte den Minenräumer HMS *Magic*.
		Ein *Neger* versenkte den Minenräumer HMS *Cato*.
		Gefreiter Horst Berger versenkte einen 4064 BRT großen Dampfer.
7. Juli 1944	Normandie, K-Flottille 361	Oberfähnrich Potthast versenkte den polnischen Kreuzer *Dragon*.
		Ein *Neger* versenkte den Minenräumer HMS *Pylades*.
		Keiner der 21 *Neger* konnte zu seiner Basis zurückkehren. Vier Besatzungen, darunter Potthast, wurden gefangen genommen.

■ Ein bemannter Torpedo vom Typ *Neger* wird mit einem Kran zu Wasser gelassen. Das Gerät war kaum größer als ein Torpedo und hatte anstelle des Sprengkopfs eine kleine Kanzel.

den nur rudimentäre Steuermechanismen zur Verfügung: ein Armbandkompass und eine Visiereinrichtung über Kimme und Korn. Angesichts der konstruktionsbedingten Instabilität des Geräts und der schlechten Sicht waren die Aussichten, etwas anderes als ein unbewegliches Ziel zu treffen, so gut wie null. Der Torpedo selbst hatte die unangenehme Eigenart, beim Abschuss nicht auszuklinken und das gesamte Gerät in die Luft zu sprengen.
Es konnte nicht überraschen, dass sich Einsätze mit dem *Neger* als Himmelfahrtskommando erwiesen und die Verluste bis zu 80 Prozent betrugen, von denen vermutlich nur die Hälfte auf Feindeinwirkung beruhte.

Der »Marder«
Alle Bemühungen, einen tauchfähigen *Neger* zu entwickeln, scheiterten an der zu geringen Kapazität des Geräts für die erforderliche Ausrüstung ohne Beeinträchtigung der Schwimmfähigkeit. Das führte zur Entwicklung einer geringfügig verlängerten Ausführung mit der Bezeichnung *Marder*. Sie enthielt eine Tauchzelle und konnte für kurze Zeit auf 30 m Tiefe tauchen. Weil aber auch der *Marder* nicht mit einem Sehrohr ausgestattet war, mussten die Angriffe über Wasser und auf kurze Entfernung zum Ziel erfolgen.

»MARDER« IM EINSATZ

Datum	Ort	Erfolge
3. Aug. 1944	Houlgate, Normandie, K-Flottille 362*	*Marder* versenkten: – Marinetrawler HMS *Gairsay* – Landungsschiff *LCT 764* – Liberty-Schiff *Samtucky*, 7335 t – Kreuzer HMS *Durban*, nach Torpedotreffer zum Totalverlust erklärt und als Teil der Mulberrys versenkt *Marder* beschädigten: – Truppentransporter *Fort Lac la Rouge* – Truppentransporter *Samlong*
15. Aug. 1944	Villers-sur-Mer, Normandie, K-Flottille 363	Ein *Marder* versenkt ein 8128 BRT großes Munitionsschiff.
16. Aug. 1944	Mulberry Harbours, Normandie, K-Flottille 363**	*Marder* versenkten: – Zerstörer HMS *Isis* – Landungsboot, entweder *LCF1*, *LCG 831* oder *LCG 1062*, alle 70 Mann verloren – Frachter *Iddesleigh* wurde beschädigt und strandete am 9. Aug. – Totalverlust. Ein *Marder* beschädigte: – Sperrballonschiff HMS *Fratton*

Die K-Flottillen 363 und 364 *(Marder)* operierten Ende 1944 bis 1945 in der italienischen Riviera. Sie erlitten schwere Verluste, ohne Erfolge verzeichnen zu können.

* Nur 17 der eingesetzten 58 *Marder* kehrten zu ihrer Basis zurück.
** Nur 17 der eingesetzten 42 *Marder* konnten zu ihrer Basis zurückkehren.

BEMANNTE TORPEDOS IM VERGLEICH

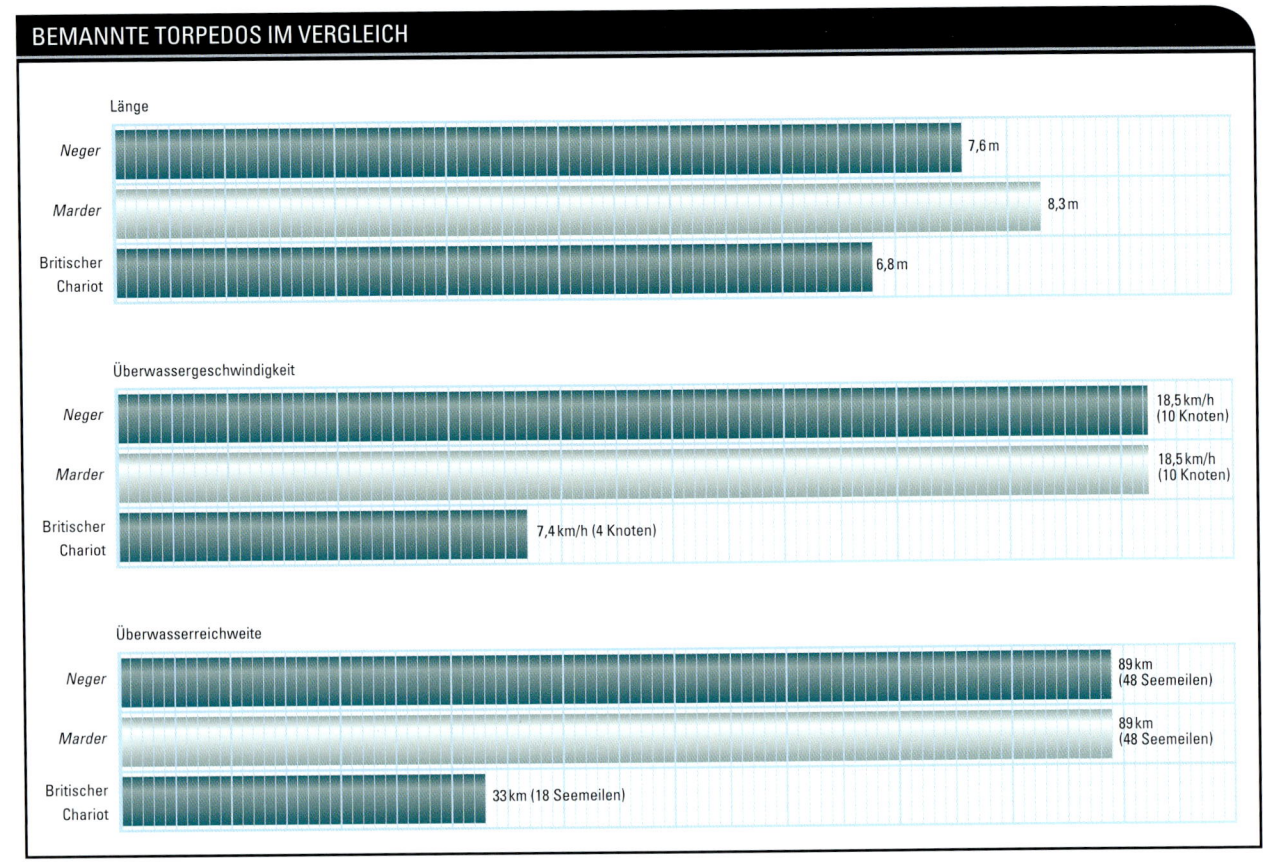

Länge

Neger	7,6 m
Marder	8,3 m
Britischer Chariot	6,8 m

Überwassergeschwindigkeit

Neger	18,5 km/h (10 Knoten)
Marder	18,5 km/h (10 Knoten)
Britischer Chariot	7,4 km/h (4 Knoten)

Überwasserreichweite

Neger	89 km (48 Seemeilen)
Marder	89 km (48 Seemeilen)
Britischer Chariot	33 km (18 Seemeilen)

BEMANNTE TORPEDOS, TECHNISCHE DATEN

	Neger	*Marder*
Typ	Bemannter Torpedo	Bemannter Torpedo
Wasserverdrängung	2,8 t	3 t
Länge	7,6 m	8,3 m
Breite	0,5 m	0,5 m
Tiefgang	1,07 m	1,07 m
Antrieb	1 x 8,95 kW elektrischer Torpedomotor	1 x 8,9 kW elektrischer Torpedomotor
Überwassergeschwindigkeit	18,5 km/h (10 Knoten)	18,5 km/h (10 Knoten)
Unterwassergeschwindigkeit	k. A. (*Neger* war nicht tauchfähig)	k. A. (*Marder* konnte bis maximal 30 m Tiefe tauchen, um Angriffen auszuweichen, hatte unter Wasser aber keine Orientierungsmöglichkeit.)
Überwasserreichweite	89 km (48 Seemeilen) bei 7,4 km/h (4 Knoten)	89 km (48 Seemeilen) bei 7,4 km/h (4 Knoten)
Unterwasserreichweite	–	–
Besatzung	1	1
Panzerung	1 x 53,3 cm Torpedo in Richtschiene	1 x 53,3 cm Torpedo in Richtschiene
Stückzahl	200 (geschätzt)	300 (geschätzt)

Torpedos

Lange vor Ausbruch des Zweiten Weltkriegs hatten die deutschen Entwicklungsingenieure den elektrisch angetriebenen Torpedo perfektioniert. Dieser war für den Gegner nur schwer zu erkennen, weil er keine Kielspur oder Blasen hinter sich her zog.

G7e T3

Der erste Torpedo mit Elektroantrieb, der 1939 in Dienst gestellt wurde. Der britische Geheimdienst erfuhr davon erst nach der Versenkung der HMS *Royal Oak* durch U-47 unter dem Kommando von Günther Prien bei Scapa Flow, als Teile der eingesetzten Torpedos geborgen werden konnten. Das Waffensystem führte die Bezeichnung Eto (Elektrotorpedo) und wurde von einem 100 PS (74,6 kW) starken Elektromotor über gegenläufige Propeller angetrieben. Die maximale Reichweite betrug 7500 m bei einer Geschwindigkeit von 56 km/h (30 Knoten) unter der Voraussetzung, dass die Batterien des Torpedos auf 30° C vorgeheizt wurden. Sonst verringerte sich die Reichweite um etwa zwei Drittel. Der Torpedo war mit einem 300 kg schweren hochbrisanten Sprengsatz ausgestattet. Eine wichtige Variante war der G7E T3d *Dackel* für den Einsatz auf große Entfernungen gegen in Häfen ankernde Schiffe. Er konnte so programmiert werden, dass er nach Ablauf einer eingestellten Laufzeit im Kreis lief, um die Trefferchancen zu erhöhen. Mitte 1944 wurden rund 300 Stück hergestellt, von denen 80 oder 90 gegen alliierte Landungsschiffe in der Normandie zum Einsatz kamen. Um eine Reichweite von 57 km erreichen zu können, wurde die Geschwindigkeit auf 16,7 km/h verringert.

G7e T4 »Falke«

Dieser erste zielsuchende Torpedo der Welt wurde im März 1943 in Dienst gestellt. Auf den ersten 400 m verhielt er sich wie ein konventioneller Torpedo. Dann wurden die Akustiksensoren aktiviert und begannen mit der Suche nach dem Ziel. Um mögliche Störungen des empfindlichen Systems gering zu halten, wurde die Geschwindigkeit des *Falken* auf 20 Knoten herabgesetzt. Die maximale Reichweite betrug 7500 m, die Sprengladung 200 kg. Wahrscheinlich kam der Typ nur auf drei U-Booten – *U-221*, *U-603a* und *U-758*) – gegen die Geleitzüge HX-229 und SC-122 zum Einsatz, bevor er durch den schnelleren und mit größerer Reichweite ausgestatteten Typ G7e T5 ersetzt wurde.

G7e T5 »Zaunkönig«

Die ersten 80 T5-*Zaunkönig*-Torpedos, die in alliierten Berichten unter der Bezeichnung GNAT (German Naval Acoustic Torpedo) erscheinen, wurden im August an die Kriegsmarine ausgeliefert und traten im Herbst des Jahres an die Stelle des *Falken*. Die erste Produktionsserie hatten eine Reichweite von 5700 m bei 25 Knoten, beim Nachfolgetyp G7e T5b waren es 8000 m bei 22 Knoten. Für beide Bauserien wurde ein 200 kg schwerer Sprengkopf verwendet. Der *Zaunkönig* funktionierte wie der *Falke* und peilte nach 400 m Vorlauf die jeweils lauteste Geräuschquelle an. Das hätte das U-Boot selbst sein können, sodass die Weisung erging, unmittelbar nach dem Abschuss eines Bugrohrs auf 60 m Tauchtiefe zu gehen. Mit ziemlicher Sicherheit gingen zwei U-Boote verloren, als sie von ihren eigenen T5-Torpedos getroffen wurden: *U-972* im Dezember 1943 und *U-377* im Januar 1944. Schätzungen gehen davon aus, dass bei Kampfeinsätzen 640 T5-Torpedos abgefeuert und damit 45 alliierte Schiffe versenkt wurden. Die Erfolgsquote wäre höher ausgefallen, hätten die Alliierten nicht mit dem *Foxer noise-maker* ein ebenso einfaches wie billig zu produzierendes Gegenmittel entwickelt. Das Gerät bestand aus einem Bündel von Rohren, in die man Löcher gebohrt hatte, und wurde im Abstand von 200 m hinter dem Schiff her gezogen. Das Rauschen des durch die Löcher in den Rohren strömenden Wassers und das Klappern der Rohre übertönten das Geräusch des Schiffsantriebs. Das genügte, um den Torpedo abzulenken, weil dieser stets das lauteste Geräusch anpeilte. Trotz der Rückschläge durch das System *Foxer* waren die deutschen U-Boot-Besatzungen von der Leistungsfähigkeit ihrer *Zaunkönige* und seiner Erfolge gegen Konvoibegleitkräfte so beeindruckt, dass sie den Torpedo *Zerstörerknacker* nannten.

Kampfwagen

Die deutschen Kampfwagen und motorisierten Geschütze waren in der Regel technisch ausgereifte Fahrzeuge mit überragender Feuerkraft sowie einer Zieloptik von höchster Präzision, die im Ferngefecht weit wirkungsvoller waren als vergleichbare Waffen der Alliierten. Aber dieser Vorteil war teuer erkauft. Der Bau deutscher Panzer erforderte viel Präzisionsarbeit und verzögerte die Produktion.

Auch Hitlers Einmischung in den Rüstungsbetrieb wirkte sich nachteilig aus, indem die Fertigung von Ersatzteilen vernachlässigt wurde. Guderians Rat, dass ein angemessener Vorrat an Ersatzteilen die Kampfkraft der Panzerwaffe schneller und billiger steigern würde als der Bau neuer Kampfwagen, wurde in den Wind geschlagen, hauptsächlich weil Hitler die Verringerung der Produktion um 20 Prozent, was die Folge gewesen wäre, nicht akzeptierte. Auch sein Desinteresse an der Entwicklung gepanzerter Bergefahrzeuge führte zu vielen vermeidbaren Verlusten, bevor der Bergepanzer 1944 in Dienst gestellt wurde.

■ **Irgendwo in Belgien, Winter 1944/45: Amerikanische Soldaten besichtigen einen verlassenen *Sturmtiger*.**

Suche nach dem Superpanzer

Zwischen 1937 und Mitte 1941 arbeiteten die Entwicklungsabteilungen bei Henschel und Porsche an einer Serie mittelschwerer und schwerer Panzer. Aber obgleich beim Frankreichfeldzug 1940 die deutschen Panzer III und IV den britischen und französischen schweren Panzern unterlegen waren, sah man in Deutschland keinen Handlungsbedarf.

Am 26. Mai 1941 erging Hitlers Auftrag an Henschel und Porsche für die Herstellung von Prototypen eines neuen 45,7-t-Panzers mit einer 8,8-cm-L/56-Kanone. Als in den ersten Wochen des Unternehmens Barbarossa die Überlegenheit der russischen T-34 und KV-1 deutlich wurde, erhielt das Projekt Vorrang. Bei Porsche, wo man einen anfänglichen Vorteil beim Wettlauf um die Serienfertigung hatte, weil hier die Pläne weiter fortgeschritten waren als bei Henschel, entschied man sich für ein Antriebssystem aus Ottomotor, gekoppelt mit einem Elektromotor. Das Aggregat bestand aus zwei luftgekühlten 320 PS (238,6 kW) starken Porsche-Motoren, die zwei Generatoren vom Typ 101/1 antrieben, die den Strom für zwei Elektromotoren an den hinteren Antriebsrädern erzeugten.

Bei diesem benzin-elektrischen Antrieb handelte es sich zwar theoretisch um ein treibstoffsparendes Verfahren, das sich jedoch in der Praxis als zu komplex und unzuverlässig erwies. Henschel hingegen ging auf Nummer Sicher und verwendete einen konventionellen Maybach-Motor, der weniger störanfällig war. Beide Prototypen wurden mit einem fast identischen Drehturm von Krupp ausgerüstet, der vor der Inspektion durch Hitler im April 1942 mit einer 8,8-cm-KwK 36 L/56 und einem achsparallelen MG bewaffnet wurde. Bei den Probefahrten unter härtesten Bedingungen versagte der Porsche-Antrieb. So ging im August der Prototyp von Henschel in Produktion und erhielt die Bezeichnung *Panzerkampfwagen Tiger Ausführung E.*

Der »Tiger«

Der entgangene Auftrag bedeutete einen großen Fehlschlag für Porsche, wo man schon mit der Produktion begonnen hatte und wo nun 90 Panzerwannen von den Fließbändern rollten. Anfang September 1942 wurde vorgeschlagen, die Fahrgestelle für Jagdpanzer zu verwenden und an zwei Panzerabteilungen in Nordafrika zu überstellen. Vermutlich standen hinter diesem Vorschlag einflussreiche Freunde Ferdinand Porsches in der NS-Parteihierarchie. Jedenfalls wurde damit argumentiert, dass die Fahrzeuge in kurzer Zeit einsatzbereit sein könnten und dass sich die luftgekühlten Motoren in Nordafrika hervorragend bewähren würden.

Der »Ferdinand«

Die offensichtlichen Konstruktionsmängel ließen sich jedoch nicht aus der Welt schaffen, und nach nur wenigen Wochen wurde das Nordafrikaprojekt nicht weiter verfolgt, sondern man verwendete die Fahrgestelle für den Panzerjäger *StuK 43/2*

mit einer 8,8-cm-Pak 43/2 L/71. Für die Umrüstung wurden die 90 Fahrwerke zu Alkett (altmärkische Kettenfabrik) in Berlin transportiert. Dr. Porsche persönlich überwachte die Ausarbeitung der Baupläne, und für das neue Fahrzeug bürgerte sich der Name *Ferdinand* ein. Die offizielle Bezeichnung lautete *Panzerjäger Tiger (P) Ferdinand (SdKfz. 184)*, besser bekannt als *Jagdpanzer Ferdinand*. An die Stelle der störanfälligen Aggregate des ursprünglichen Entwurfs traten die 300 PS (223,7 kW) starken wassergekühlten Motoren HL120 von Maybach; die Elektromotoren nach Porsches Entwurf wurden beibehalten. Das Antriebssystem wurde in die Mitte des Rumpfs verlegt, wodurch im Heck Platz für einen abgeschlossenen Kampfraum mit der 8,8-cm-Pak 43/2 entstand, die aber nur sehr beschränkt horizontal schwenkbar war. Die Panzerung war erheblich stärker als bei allen vorherigen deutschen Kampfwagen: 200 mm frontal, 80 mm seitlich und hinten. Zwar verfügte der *Ferdinand* über ausgezeichnete Feuerkraft und Panzerung, erwies sich aber als so störanfällig wie sein Vorgänger. Einer der gravierendsten Schwachpunkte war die Nebenbewaffnung. Das einzige MG 34 lag im Kampfraum und konnte nur dort bedient werden, nicht aber vom Führerstand aus.

DR. FERDINAND PORSCHE

Dr. Ferdinand Porsche beschäftigte sich seit 1898 hauptsächlich mit der Konstruktion von Motorfahrzeugen. 1931 gründete er das Konstruktionsbüro Dr. Ing. Ferdinand Porsche GmbH in Stuttgart. 1934 entstanden die ersten Prototypen des späteren *Volkswagens*. 1949 wurde das Unternehmen neu gegründet.

GEBOREN:	3. September 1875
GESTORBEN:	30. Januar 1951
GEBURTSORT:	Maffersdorf in Böhmen, heute Vratislavice in Tschechien
VATER:	Anton Porsche
MUTTER:	Anna Porsche
GESCHWISTER:	Keine
FAMILIENSTAND:	Verheiratet seit 1903 mit Aloisia Johanna, geborene Kaes, seit 1903. Zwei Kinder: Ferdinand Anton Ernst (Ferry) und Louise
MILITÄRDIENST:	Österreich-ungarisches Heer (1902). Chauffeur von Erzherzog Franz Ferdinand
AUSBILDUNG:	Reichenberger Staatsgewerbeschule
LEITENDE POSITIONEN:	Inhaber und Leiter des Unternehmens Porsche Chefkonstrukteur des Kübelwagens, des Schwimmwagens, des Panzerjägers *Elefant* und des überschweren Panzerkampfwagens *Maus*.

■ **Dr. Ferdinand Porsche 1942. Er entwarf eine große Zahl von Kriegsfahrzeugen, vom kleinen Kübelwagen bis hin zum Superpanzer *Maus*.**

Baureihen: »Tiger I«

Als im August 1942 bei Henschel in Kassel-Mittelfeld die Serienproduktion des Tiger I *anlief, hatte man dort bereits Erfahrungen mit der Herstellung von Kampfwagen gesammelt, auch wenn der* Tiger *sich vom kleinen* Panzer I *wesentlich unterschied.*

Während der Kriegsjahre beschäftigte das Unternehmen insgesamt 8000 Arbeiter in der Kampfwagenproduktion und arbeitete in zwei Schichten rund um die Uhr. Der Arbeitsablauf war in Sechsstundentakte eingeteilt, und die Fertigung eines *Tiger I* nahm

neun Takte in Anspruch. Die Gesamtbauzeit eines *Tigers*, einschließlich der spanenden Bearbeitung, dauerte schätzungsweise 14 Tage. Zu jeder Zeit standen zwischen 18 und 22 Fahrwerke auf dem Fließband, zehn weitere Panzer befanden sich in der

Endmontage. Schätzungen zufolge betrug die Bauzeit eines *Tigers* 300 000 Arbeitsstunden. Bei Henschel war man nicht darauf eingerichtet, die für den *Tiger* verwendeten Panzerplatten zu schweißen oder zu formen, und bezog die

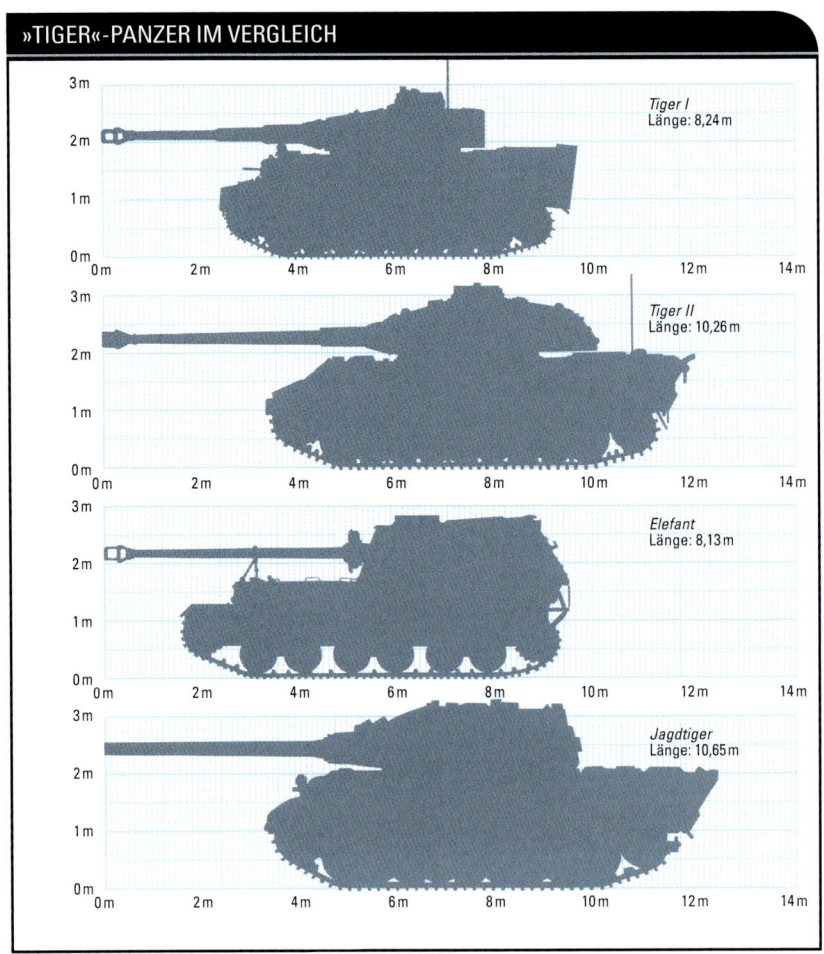

»TIGER«-PANZER IM VERGLEICH

Tiger I Länge: 8,24 m

Tiger II Länge: 10,26 m

Elefant Länge: 8,13 m

Jagdtiger Länge: 10,65 m

die zum ersten Mal im Russlandfeldzug im Winter 1942/43 auftraten, konnten erst mit der Einführung des *Tigers II* behoben werden. Trotzdem wurden zahlreiche Verbesserungen vorgenommen.

- Mai 1943: Statt des 650 PS (485 kW) Maybach HL 210 P45 wurde der 700 PS (522 kW) Maybach HK 230 P45 eingebaut und das halbautomatische Schaltgetriebe verbessert.
- Juli 1943: Der Drehturm wurde neu konstruiert. Eine neue Kommandantenkuppel mit Zieloptik und einem Lukendeckel auf dem Dach für den Richtschützen wurde eingebaut. Die Kuppel wurde mit einer Flaklafette für ein MG 34 oder MG 42 ausgerüstet.
- September 1943: Alle der gegnerischen Infanterie zugänglichen Oberflächen erhielten werkseitig eine Zimmerit-Beschichtung gegen magnetische Haftminen.
- Januar 1944: Die »Nahverteidigungswaffe« für den Abschuss von Rauchbomben, Splittergranaten und Leuchtraketen wurde auf der Turmdecke angebracht. Erst im März 1944 konnten alle *Tiger I* damit ausgerüstet werden.
- Februar 1944: Beginn des Einbaus eines Schachtellaufwerks mit Stahlrädern, die mit einem innen liegenden Gummiring abgefedert waren. Ähnliche Laufrollen wurden für den *Tiger II* übernommen.

Wannen und Türme von anderen Firmen. Die Wanne wurde von Krupp und dem Dortmund-Hörder Hüttenverein gefertigt, die Drehtürme kamen von Wegmann & Co. in Kassel. Kassel war das Ziel von mindestens 40 alliierten Luftangriffen, die zu unterschiedlich langen Unterbrechungen der Produktion des *Tigers* führten. Einer der verheerendsten Angriffe erfolgte in der Nacht des 22./23. Oktober 1943, als Bomber der RAF in den Henschelwerken große Schäden anrichteten.

Wie alle anderen Panzer wurde auch der *Tiger I* im Verlauf der Produktion fortwährend modifiziert. Die durch Schlamm, Eis und Schnee hervorgerufenen Schwierigkeiten mit den Laufrollen des Schachtellaufwerks,

»TIGER«, »ELEFANT« UND »JAGDTIGER«: PRODUKTION 1942-45

Typ	Zeitraum	Zahl
PzKpfw VI *Tiger Ausf E (Tiger I)*	1942-44	1355
Panzerjäger Tiger (P) SdKfz. 184 *Ferdinand/Elefant*	1943	90
PzKpfw VI *Tiger Ausf B (Tiger II)*	1944-45	489
Panzerjäger Tiger Ausf B (Jagdtiger)	1944-45	85

»TIGER«-PANZER: PRODUZIERTE BAUREIHEN

PzKpfw VI Tiger Ausf E (Tiger I)

Besatzung: 5
Gewicht: 55 t
Länge: 8,24 m
Breite: 3,73 m
Höhe: 2,86 m
Antrieb: 1 x 522 kW (700 PS) Maybach HL 230 P 45
   12-Zylinder-Ottomotor
Höchstgeschwindigkeit: 38 km/h
Reichweite: 195 km
Panzerung: 110–25 mm
Bewaffnung: 1 x 88 mm KwK 36 L/56
   plus 2 oder 3 x 7,92 mm MG 34
Funkgerät: FuG5 und FuG2

PzKpfw VI Tiger Ausf B (Tiger II)

Besatzung: 5
Gewicht: 69,7 t
Länge: 10,26 m
Breite: 3,75 m
Höhe: 3,09 m
Antrieb: 1 x 522 kW (700 PS) Maybach HL 230 P 30
   12-Zylinder-Ottomotor
Höchstgeschwindigkeit: 35 km/h
Reichweite: 170 km
Panzerung: 180–25 mm
Bewaffnung: 1 x 88 mm KwK 43 L/71,
   plus 2 oder 3 x 7,92 mm MG 34
Funkgerät: FuG5 und FuG2

Panzerjäger Tiger (P) Sd. Kfz. 184 Ferdinand/Elefant

Besatzung: 6
Gewicht: 70 t
Länge: 8,13 m
Breite: 3,38 m
Höhe: 2,99 m
Antrieb: 2 x 224 kW (300 PS) Maybach HL120TRM
   V-12-Ottomotoren
Höchstgeschwindigkeit: 30 km/h
Reichweite: 150 km
Panzerung: 200–25 mm
Bewaffnung: 1 x 88 mm Pak 43/2 L/71
   plus 2 x 7,92 mm MG 34
Funkgerät: FuG5 und FuG2

Panzerjäger Tiger Ausf B (Jagdtiger)

Besatzung: 6
Gewicht: 70,6 t
Länge: 10,65 m
Breite: 3,63 m
Höhe: 2,95 m
Antrieb: 1 x 522 kW Maybach HL 230 P 30
   12-Zylinder Ottomotor
Höchstgeschwindigkeit: 34,6 km/h
Reichweite: 170 km
Panzerung: 250–40 mm
Bewaffnung: 1 x 128 mm PaK 44 L/55
   plus 2 x 7,92 mm MG 34
Funkgerät: FuG5 und FuG2

• März 1944: Die 25 mm starke Panzerung des Turmluks wurden auf 40 mm verstärkt, um besseren Schutz vor Tieffliegerangriffen zu bieten. Einbau der Ladeluke des *Tiger II*.

• April 1944: Das ursprüngliche binokulare *Turmzielfernrohr 9b* wurde durch das überlegene und technisch exzellente monokulare *Turmzielfernrohr 9b* TZF 9c ersetzt.

• 1944 wurde die Produktion zurückgefahren, um Ressourcen für den Bau des *Tigers II* freizustellen. Im August lieferte Henschel den letzten *Tiger I* an die Wehrmacht aus.

Im Gefecht

Im August 1942 erfolgte die Übergabe der ersten Tiger I *an die 1. Kompanie der schweren Panzerabteilung 502, die der Heeresgruppe Nord für den Fronteinsatz im Abschnitt Leningrad zugeteilt war, wo das Gelände so schwer war wie der Widerstand.*

Später äußerte Guderian in seinem Buch *Panzer – Marsch!* harsche Kritik an diesem Einsatz:
Er [Hitler] war wie besessen von seinem Wunsch, diese neue Waffe auszuprobieren. Deshalb befahl er den Einsatz der Tiger *in einer zweitrangigen Operation, in einem begrenzten Angriff in völlig ungeeignetem Gelände; denn in den morastigen Wäldern bei Leningrad konnten schwere Panzer nur hintereinander auf den Waldwegen fahren, wo natürlich die feindliche Panzerabwehr Stellung bezogen hatte und auf sie wartete. Das Ergebnis waren nicht nur schwere und völlig sinnlose Verluste, auch die Geheimhaltung und das Überraschungsmoment bei zukünftigen Angriffen gingen verloren.*
Bei den ersten Angriffen Ende August wurden alle *Tiger* beschädigt und einer von den Russen erbeutet. Die in den folgenden Monaten durchgeführten Einsätze waren gleichermaßen erfolglos. Die unzweifelhafte technische Überlegenheit des *Tigers* über zeitgleiche Panzer der Roten Armee wurde in Kampfeinsätzen verspielt,

TIGER I IN WEHRMACHT UND WAFFEN-SS

Heer und Waffen-SS: Schwere Panzerabteilungen

- 501. schwere Panzerabteilung
- 502. schwere Panzerabteilung
- 503. schwere Panzerabteilung
- 504. schwere Panzerabteilung
- 505. schwere Panzerabteilung
- 506. schwere Panzerabteilung
- 507. schwere Panzerabteilung
- 508. schwere Panzerabteilung
- 509. schwere Panzerabteilung
- 510. schwere Panzerabteilung
- 3. Battaillon, *Großdeutschland-Division* (Diese *Tiger*-Einheit war insofern ungewöhnlich, als sie auf Dauer einer Division unterstellt war.)

SS Schwere Panzerabteilungen

- 101. schwere SS-Panzerabteilung (neu aufgestellt 1944 als 501. schwere SS-Panzerabteilung und als Teil des I. SS-Panzerkorps mit *Tiger II* ausgerüstet)
- 102. schwere SS-Panzerabteilung (neu aufgestellt 1944 als 502. schwere SS-Panzerabteilung als Teil des II. SS-Panzerkorps)
- 103. schwere SS-Panzerabteilung (neu aufgestellt 1944 als 503. schwere SS-Panzerabteilung als Teil des III. [germanischen] SS-Panzerkorps)
- 104. schwere SS-Panzerabteilung sollte 1943 Teil des IV. SS-Panzerkorps werden, wurde aber nie aufgestellt.

■ **1943/44 wurden die ersten schweren Panzerabteilungen aufgestellt und unternahmen ausgedehnte Übungsfahrten mit Panzern III und *Tigern*. Als Ergebnis der Versuche wurden den beiden Kompanien der Panzerabteilungen je zehn Panzer III zugeteilt, sechs weitere unterstanden der Stapskompanie. Bei letzteren handelte es sich um den Panzer III Ausführung N mit der kurzen 7,5-cm-KwK. Dieser Geschütztyp bewährte sich bei Angriffen auf die feindliche Pak, sodass die *Tiger* sich auf die Bekämpfung der Panzer konzentrierten. Die Sollstärke einer Abteilung betrug 29 *Tiger* und 35 Panzer III, aber wegen technischer Ausfälle und Verluste durch Feindeinwirkung erreichten die Verbände nie ihre vorgesehene Kampfstärke.**

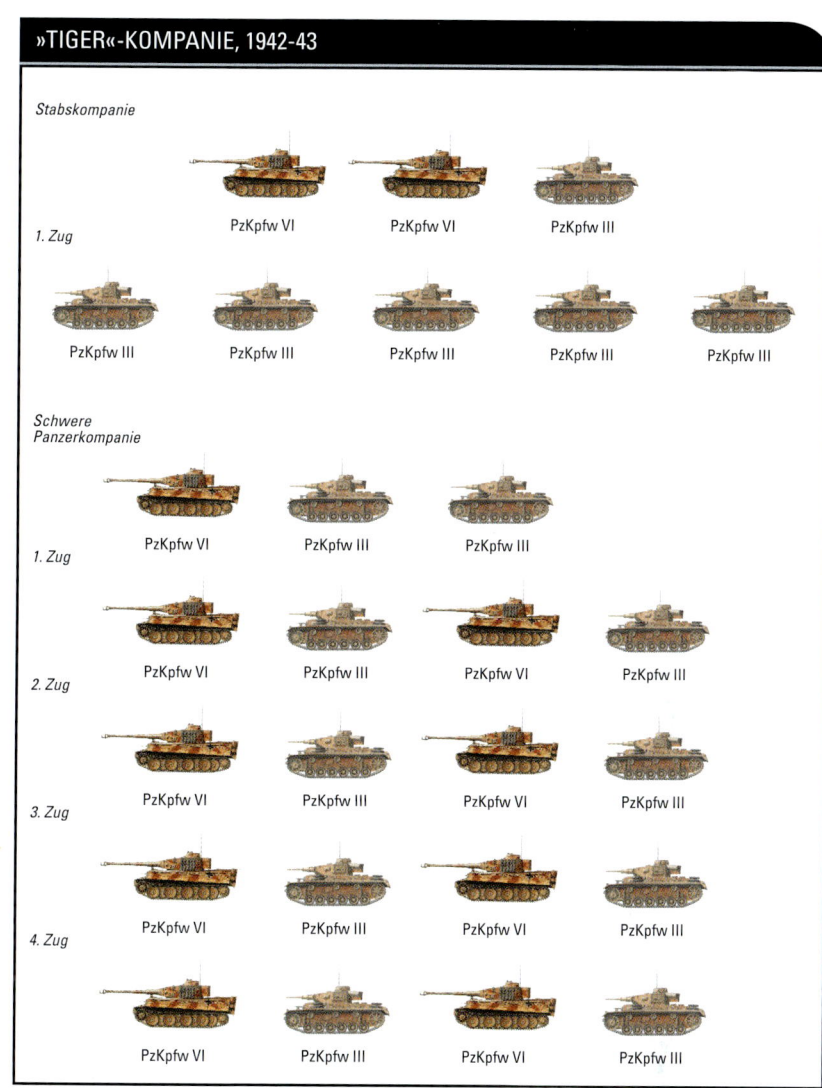

»TIGER«-KOMPANIE, 1942-43

Stabskompanie

1. Zug

PzKpfw VI   PzKpfw VI   PzKpfw III

PzKpfw III   PzKpfw III   PzKpfw III   PzKpfw III   PzKpfw III

Schwere Panzerkompanie

1. Zug

PzKpfw VI   PzKpfw III   PzKpfw III

2. Zug

PzKpfw VI   PzKpfw III   PzKpfw VI   PzKpfw III

3. Zug

PzKpfw VI   PzKpfw III   PzKpfw VI   PzKpfw III

4. Zug

PzKpfw VI   PzKpfw III   PzKpfw VI   PzKpfw III

PzKpfw VI   PzKpfw III   PzKpfw VI   PzKpfw III

bei denen alle Vorteile bei den gut getarnten und im Gelände tief gestaffelten Panzerabwehrgeschützen des Gegners lagen, die sich auf die wenigen Straßen in diesem Raum konzentrierten. Obwohl die sowjetische Pak gegen die Panzerung des *Tigers* praktisch nichts ausrichten konnte, gab es viele Sekundärschäden, etwa wenn das Fahrzeug durch Treffer an den Ketten oder am Laufwerk manövrierunfähig geschossen wurde.

Defensivkraft

Als im Frühjahr 1943 die Russen im Frontabschnitt Leningrad in die Offensive gingen, waren die Tiger so weit nachgerüstet, dass sie auch in morastigem Gelände operieren konnten, während die meisten Sowjetpanzer nur auf den Straßen vorankamen.

Im Verlauf von weniger als drei Monaten (12. Januar bis 31. März 1943) schaltete die Abteilung 160 sowjetische Panzer aus und verlor dabei sechs *Tiger* – ein Verhältnis von 26:1. Wie auch bei den meisten anderen schweren Panzerabteilungen mangelte es ständig an Bergefahrzeugen und an Ersatzteilen. Während der Kämpfe standen der Abteilung nie mehr als

vier einsatzklare *Tiger* zur Verfügung. Von den sechs Ausfällen wurden drei von ihren Besatzungen gesprengt, um sie nicht in Feindeshand fallen zu lassen. Im Kriegstagebuch der Abteilung findet man oft Einträge über die Bergung stecken gebliebener *Tiger*. Nach diesem wenig eindrucksvollen Kampfdebut besserte sich die Lage. Im Januar 1943 wurde die schwere

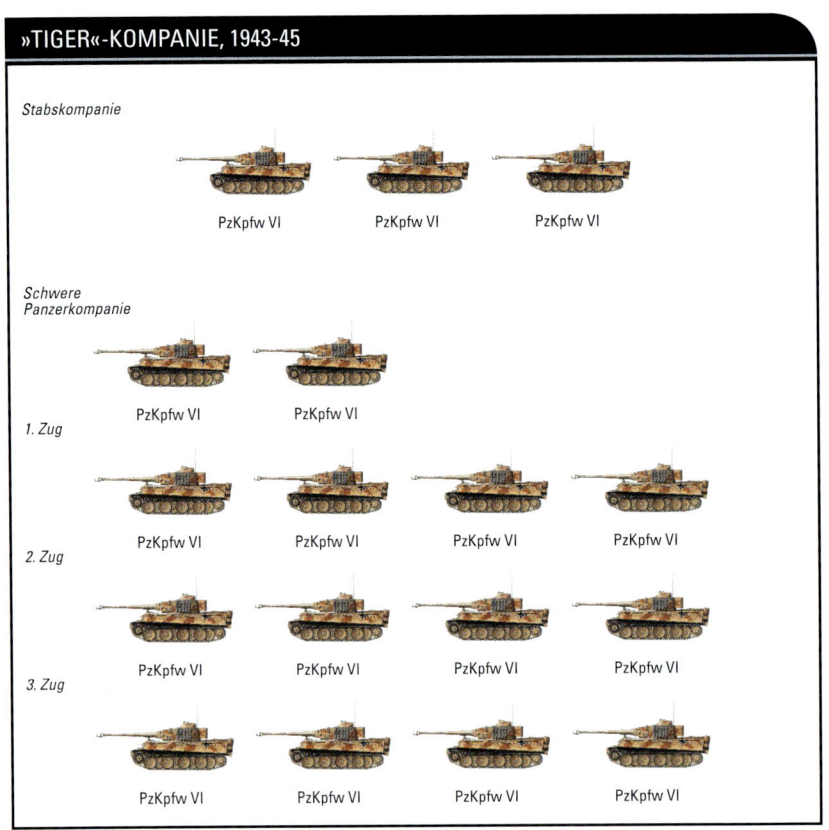

»TIGER«-KOMPANIE, 1943-45

Stabskompanie

PzKpfw VI   PzKpfw VI   PzKpfw VI

*Schwere
Panzerkompanie*

1. Zug

PzKpfw VI   PzKpfw VI

2. Zug

PzKpfw VI   PzKpfw VI   PzKpfw VI   PzKpfw VI

3. Zug

PzKpfw VI   PzKpfw VI   PzKpfw VI   PzKpfw VI

PzKpfw VI   PzKpfw VI   PzKpfw VI   PzKpfw VI

■ **Im März 1943 fiel die Entscheidung, die Kampfstärke der Panzerabteilungen auf je 45 *Tiger* aufzustocken (14 für jede der drei Kompanien, drei weitere für die Stabskompanie. Alle Panzer III wurden durch Kfz. 251 und 250 Halbkettenfahrzeuge ersetzt, um Aufgaben zu übernehmen, für die der *Tiger* nicht geeignet war, wie Befehlsübermittlung und Geländeaufklärung.**

Panzerabteilung 503 zur Heeresgruppe Süd in den Raum Rostow verlegt. Das offene Gelände Südrusslands erlaubte größere Bewegungsfreiheit als vor Leningrad und bewies die überlegene Fernwirkung der 8,8. In der Praxis zeigte sich, dass der *Tiger* stehende Ziele bis auf 3000 m Entfernung wirkungsvoll unter Beschuss nehmen konnte. Bei der Bekämpfung fahrender Ziele wurde das Feuer üblicherweise auf Entfernungen zwischen 1200 und 2000 m eröffnet. Diese frühen Operationen bestätigten die Wirksamkeit der Panzerung des *Tigers I*. Im Verlauf von sechs Stunden erhielt ein Fahrzeug 227 Treffer durch Panzerbüchsen, 14 Einschläge durch 5,7-cm-Pak und weitere elf Einschläge durch 7,6-cm-Pak. Trotz der Schäden war der *Tiger* imstande, sich aus eigener Kraft noch 60 km fortzubewegen, bevor er zur Reparatur nach Deutschland transportiert wurde. Ein kurz darauf erfolgter Einsatz war Gegenstand eines Berichts der *Tiger*-Kompanie des Panzerregiments Großdeutschland.

Bei einer Erkundungspatrouille standen zwei Tiger *etwa 20 russischen Panzern gegenüber, während sich weitere russische Panzer von hinten näherten. Es entwickelte sich ein Gefecht, bei dem sich Panzerung und Bewaffnung des* Tigers *hervorragend*

bewährten. Beide Tiger *wurden zehnmal oder öfter getroffen, hauptsächlich durch 76,2 mm panzerbrechende Granaten auf Entfernungen zwischen 500 und 1000 m. Die Panzerung hielt allen Einschlägen stand: Bei keinem wurde sie durchbrochen. Treffer am Laufwerk, die die Schwingarme der Laufrollen wegrissen, machten die* Tiger *nicht bewegungsunfähig ... Am Ende hatten zwei* Tiger *innerhalb von 15 Minuten zehn feindliche Panzer ausgeschaltet.*

Schlacht bei Kursk

Alle 90 *Ferdinand* waren auf zwei Kämpfverbände, die schweren Heeres-Panzerjäger Abteilungen 653 und 654 aufgeteilt worden, um bei der letzten deutschen Großoffensive im Kursker Bogen eingesetzt zu werden. Feuerkraft und Panzerung der Fahrzeuge waren ausgezeichnet. Ein Zugführer berichtete am 19. Juli 1943:

... die Bedienungsmannschaften der Feld- und Panzerabwehrgeschütze ergriffen die Flucht, nachdem sie einige wirkungslose Schüsse auf unsere Geschütze (Ferdinand) *abgefeuert hatten. Bei den ersten Kampfhandlungen vernichtete unser Bataillon zahlreiche Artilleriestellungen und Bunker sowie 120 feindliche Panzer. Aber der Versuch, den* Ferdinand *als*

GEFECHTSLEISTUNG DER »TIGER«-PANZERBATAILLONE 1942-45

Bataillon	Verluste	Abschüsse
501. schweres Panzerbataillon	120	450
502. schweres Panzerbataillon	107	1400
503. schweres Panzerbataillon	252	1700
504. schweres Panzerbataillon	109	250
505. schweres Panzerbataillon	126	900
506. schweres Panzerbataillon	179	400
507. schweres Panzerbataillon	104	600
508. schweres Panzerbataillon	78	100
509. schweres Panzerbataillon	120	500
510. schweres Panzerbataillon	65	200
13. Panzerregiment *Großdeutschland*	6	100
3. Panzerregiment *Großdeutschland*	98	500
1. SS-Panzerregiment	42	400
2. SS-Panzerregiment	31	250
3. SS-Panzerregiment	56	500
101. schweres SS-Panzerbataillon	107	500
102. schweres SS-Panzerbataillon	76	600
103. schweres SS-Panzerbataillon	39	500
Gesamt	**1715**	**9850**

Durchbruchswaffe einzusetzen, scheiterte an Kunstruktionsmängeln. Das Fehlen der Nebenbewaffnung bedeutete, dass die Besatzung mit dem einzigen achsparallelen MG 34 im Kampfraum genau in die Richtung feuern musste, in die die 8,8 der Hauptbewaffnung zielte, oder man versuchte, die sowjetischen Infanterieangriffe mit Handfeuerwaffen abzuwehren. Guderian beschreibt die Situation wie folgt:

Sobald sie die feindlichen Infanteriestellungen durchbrochen hatten, mussten sie mit der Kanone buchstäblich auf Wachteljagd gehen. Es gelang nicht, die feindlichen Gewehre oder Maschinengewehre zu neutralisieren, geschweige denn zu zerstören, sodass unsere Infanterie nicht in der Lage war, den Panzern zu folgen. Als diese die feindlichen Artillerie-

»TIGER«-BATAILLONE, ABSCHUSSVERHÄLTNIS 1942-45

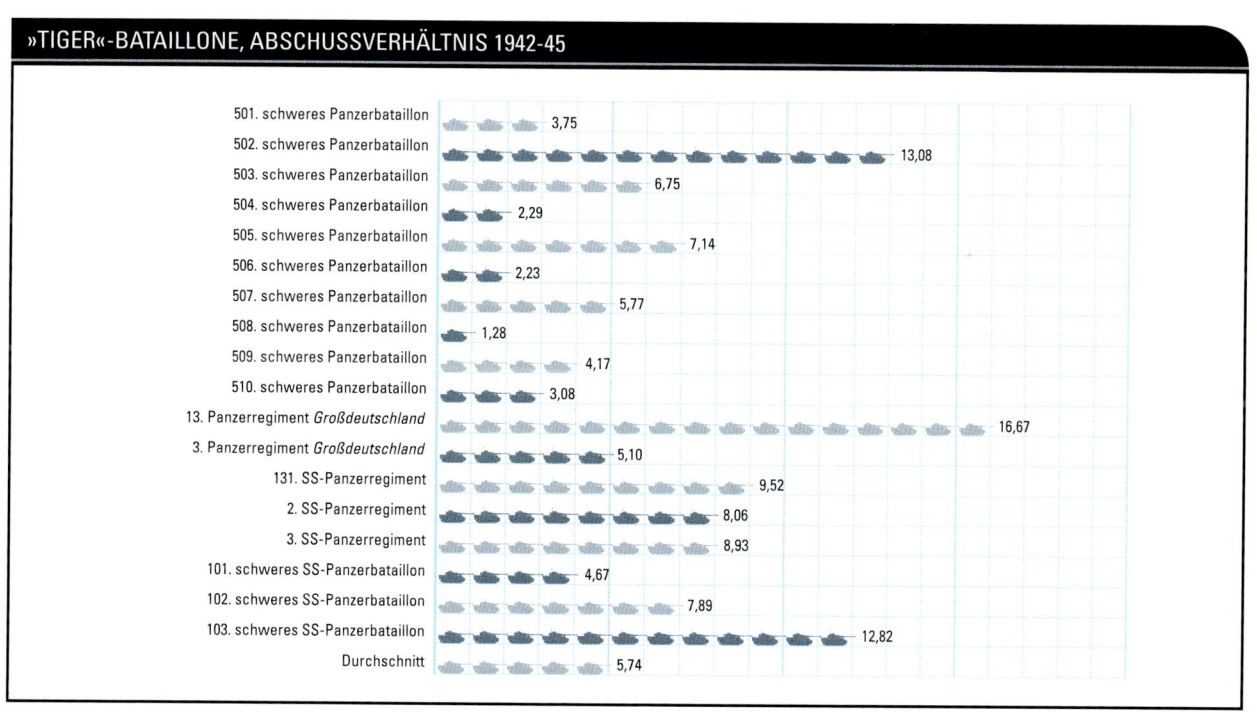

501. schweres Panzerbataillon	3,75
502. schweres Panzerbataillon	13,08
503. schweres Panzerbataillon	6,75
504. schweres Panzerbataillon	2,29
505. schweres Panzerbataillon	7,14
506. schweres Panzerbataillon	2,23
507. schweres Panzerbataillon	5,77
508. schweres Panzerbataillon	1,28
509. schweres Panzerbataillon	4,17
510. schweres Panzerbataillon	3,08
13. Panzerregiment *Großdeutschland*	16,67
3. Panzerregiment *Großdeutschland*	5,10
131. SS-Panzerregiment	9,52
2. SS-Panzerregiment	8,06
3. SS-Panzerregiment	8,93
101. schweres SS-Panzerbataillon	4,67
102. schweres SS-Panzerbataillon	7,89
103. schweres SS-Panzerbataillon	12,82
Durchschnitt	5,74

»TIGER I«, PRODUKTIONSZAHLEN (APRIL 1942 – AUGUST 1944)

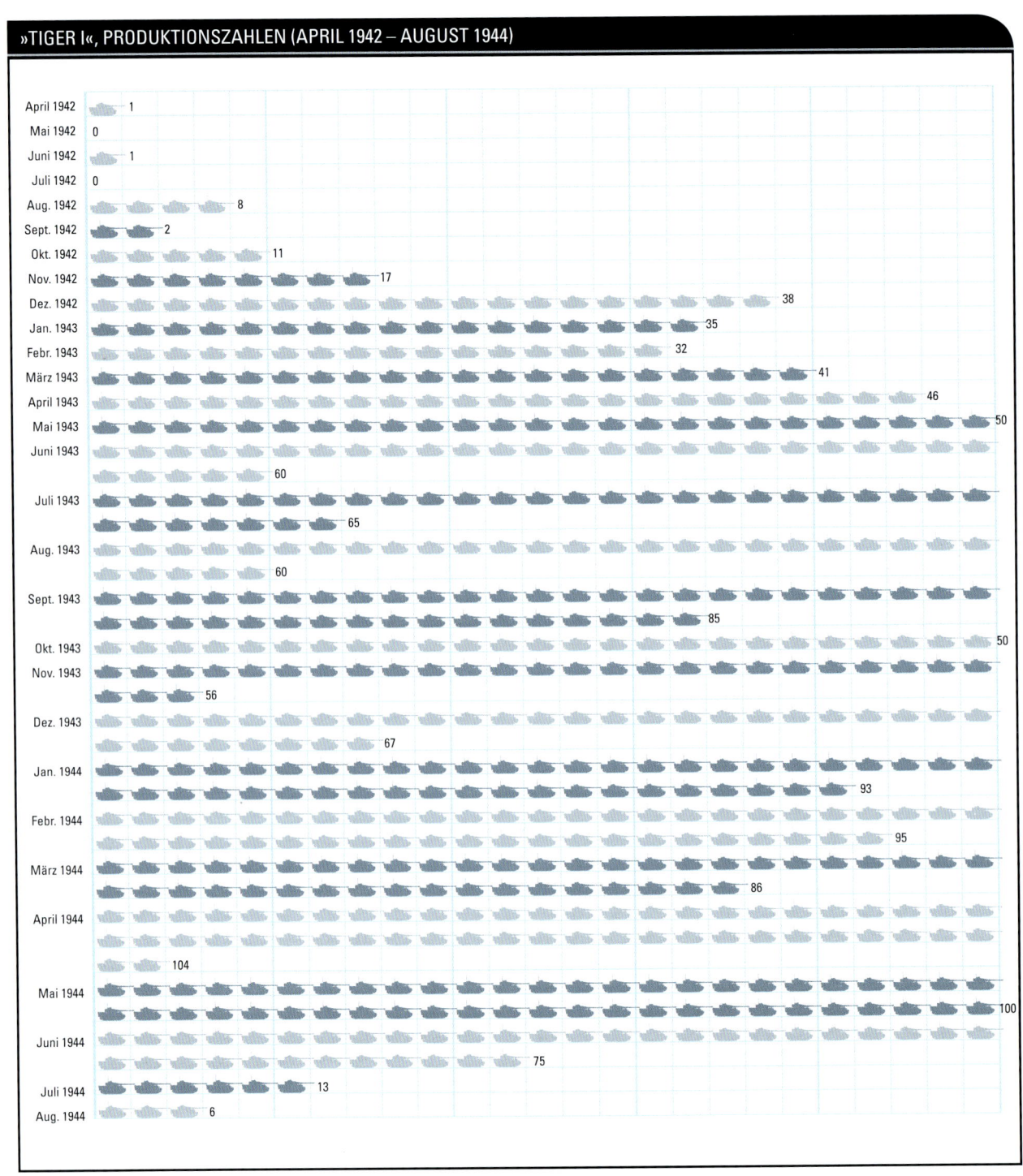

Monat	Produktion
April 1942	1
Mai 1942	0
Juni 1942	1
Juli 1942	0
Aug. 1942	8
Sept. 1942	2
Okt. 1942	11
Nov. 1942	17
Dez. 1942	38
Jan. 1943	35
Febr. 1943	32
März 1943	41
April 1943	46
Mai 1943	50
Juni 1943	60
Juli 1943	65
Aug. 1943	60
Sept. 1943	85
Okt. 1943	50
Nov. 1943	56
Dez. 1943	67
Jan. 1944	93
Febr. 1944	95
März 1944	86
April 1944	104
Mai 1944	100
Juni 1944	75
Juli 1944	13
Aug. 1944	6

stellungen erreichten, waren sie auf sich selbst gestellt.

So kam es nicht überraschend, dass russische Infanteristen eine nicht unbedeutende Zahl von Fahrzeugen ausschalten konnten, indem sie Sprengladungen unter die Bodenwanne oder auf die Motorabdeckung warfen.

Verluste

Die meisten Ausfälle waren Sekundärschäden, die das Fahrzeug nicht zerstörten, sondern vorübergehend kampfunfähig machten. Weil die Deutschen die Kontrolle über das Gefechtsfeld besaßen, konnten die meisten dieser Fahrzeuge geborgen und wieder instand gesetzt werden.

Die Lage verschlechterte sich jedoch, wenn sich die Deutschen auf dem Rückzug befanden. Dann mussten viele der beschädigten Fahrzeuge gesprengt werden, damit sie den Russen nicht in die Hände fielen.

Den beiden *Tiger*-Verbänden im Kursker Bogen erging es mehr oder weniger genauso wie dem *Ferdinand*. Oft waren sie auf sich selbst angewiesen, weil die zur Unterstützung vorgesehene Infanterie und die leichten Panzerfahrzeuge im Abwehrfeuer der Russen liegen blieben. Aber dank der Hauptwaffe im Drehturm und der Maschinengewehre hatten sie weitaus bessere Chancen, russische Infanterieangriffe abzuwehren, und die Verluste fielen geringer aus. Beide Kampfverbände fügten den sowjetischen gepanzerten Einheiten hohe Verluste zu, besonders die schwere Panzerabteilung 505, die 164 russische Panzer abschoss und selbst nur fünf *Tiger* verlor.

In den auf Kursk folgenden Kämpfen waren die *Tiger* und die restlichen *Ferdinand* hauptsächlich damit beschäftigt, in »Feuerwehreinsätzen« von einem Frontabschnitt zum nächsten zu eilen.

Vom »Ferdinand« zum »Elefant«

Im Herbst 1943 wurden die restlichen 48 *Ferdinand* nach Deutschland zurückgebracht, wo sie überholt und teilweise neu ausgerüstet wurden, unter anderem mit

- einer Kommandantenkuppel ähnlich der des Sturmgeschützes StuG III Ausf. G und mit
- einem MG 34 im Bug zur Abwehr feindlicher Infanterieangriffe.

Im Februar 1944 erhielten die modifizierten Fahrzeuge die Bezeichnung

»TIGER I«, PRODUKTIONSZIELE

Zeitraum	Soll	Ist
April 1942	0	V1-Prototyp; 1 ausgeliefert
Mai 1942	0	1 ausgeliefert
Juni 1942	5	0 ausgeliefert
Juli 1942	15	0 ausgeliefert
August 1942	10	9 ausgeliefert
September 1942	15	2 ausgeliefert
Oktober 1942	16	8 ausgeliefert einschließlich V2-Prototyp
November 1942	18	14 ausgeliefert
Dezember 1942	30	35 ausgeliefert einschließlich V3-Prototyp
Januar 1943	30	30 ausgeliefert (1 neu aufgebaut)
Februar 1943	30	30 ausgeliefert (3)
März 1943	40	35 ausgeliefert (4 davon Kommandopanzer)
April 1943	45	42 ausgeliefert (5 davon Kommandopanzer)
Mai 1943	50	43 ausgeliefert (4 davon Kommandopanzer)
Juni 1943	60	49 ausgeliefert (6 davon Kommandopanzer)
Juli 1943	65	53 ausgeliefert (4 davon Kommandopanzer)
August 1943	70	63 ausgeliefert (11 davon Kommandopanzer)
September 1943	75	48 ausgeliefert (7 davon Kommandopanzer)
Oktober 1943	80	82 ausgeliefert (3 davon Kommandopanzer)
November 1943	84	34 ausgeliefert (2 davon Kommandopanzer)
Dezember 1943	88	80 ausgeliefert
Januar 1944	93	78 ausgeliefert (9 davon Kommandopanzer)
Februar 1944	95	96 ausgeliefert (6 davon Kommandopanzer und 1 neu aufgebaut)
März 1944	95	84 ausgeliefert (4 davon Kommandopanzer und 1 neu aufgebaut)
April 1944	95	88 ausgeliefert (6 davon Kommandopanzer und 3 neu aufgebaut)
Mai 1944	95	79 ausgeliefert (6 davon Kommandopanzer und 5 neu aufgebaut)
Juni 1944	75	100 ausgeliefert (4 davon Kommandopanzer und 5 neu aufgebaut)
Juli 1944	58	63 ausgeliefert (2 davon Kommandopanzer und 8 neu aufgebaut)
August 1944	9	13 ausgeliefert (3 davon Kommandopanzer und 11 neu aufgebaut)

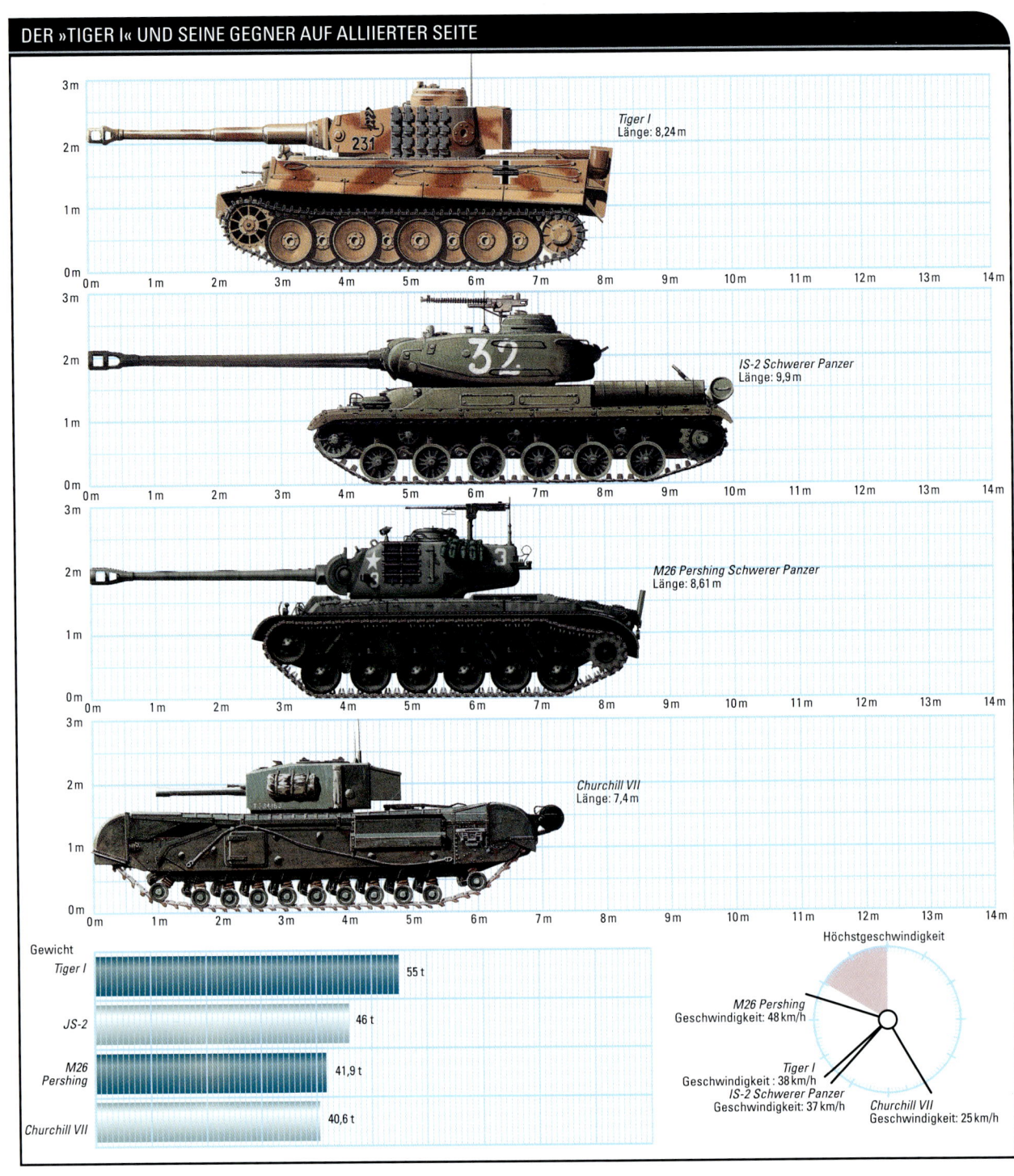

DER »TIGER I« UND SEINE GEGNER AUF ALLIIERTER SEITE

Tiger I
Länge: 8,24 m

IS-2 Schwerer Panzer
Länge: 9,9 m

M26 Pershing Schwerer Panzer
Länge: 8,61 m

Churchill VII
Länge: 7,4 m

Gewicht

Tiger I	55 t
JS-2	46 t
M26 Pershing	41,9 t
Churchill VII	40,6 t

Höchstgeschwindigkeit

M26 Pershing
Geschwindigkeit: 48 km/h

Tiger I
Geschwindigkeit : 38 km/h

IS-2 Schwerer Panzer
Geschwindigkeit: 37 km/h

Churchill VII
Geschwindigkeit: 25 km/h

MICHAEL WITTMANN

Nachdem Wittmann 1937 von der Wehrmacht zur Leibstandarte SS Adolf Hitler (LSSAH) übergetreten war, diente er bei der Panzerwaffe und bei Einheiten motorisierter Artillerie, bevor er 1942 sein eigenes Kommando erhielt. Im März 1943 wurde er zur *Tiger*-Abteilung der Leibstandarte versetzt und zeichnete sich durch Einsätze gegen sowjetische Panzerverbände aus, bei denen er bis Januar 1944 100 Abschüsse verzeichnen konnte. Dafür bekam er das Ritterkreuz mit Eichenlaub verliehen. Danach wurde er der schweren SS-Panzerabteilung 101 in Frankreich zugeteilt und zerstörte in der Schlacht bei Villers-Bocage, kurz nach der alliierten Landung in der Normandie, zehn weitere Panzer und zwei Panzerabwehrgeschütze in nur etwa 15 Minuten. Daraufhin wurde er befördert und erhielt die Schwerter zum Ritterkreuz mit Eichenlaub. Am 8. August 1944 ist Wittmann im Gefecht bei St. Aignan-de-Cramesnil in der Normandie gefallen.

GEBOREN:	22. April 1914
GESTORBEN:	8. August 1944
GEBURTSORT:	Vogelthal in Bayern
VATER:	Johann Wittmann
MUTTER:	Ursula Wittmann
GESCHWISTER:	Johann, Franziska, Anni und Theresa
FAMILIENSTAND:	Verheiratet seit 1. März 1944 mit Hildegard Burmester
MILITÄRISCHE LAUFBAHN:	1934-36: 19. Infanterieregiment, Freising
	1937-44 Leibstandarte SS Adolf Hitler
KOMMANDOS:	25. Dezember 1942: Kommandant 4. Kompanie LSSAH
	31. März 1943: Versetzung zur *Tiger*-Abteilung als Kommandant des 3. Zugs, 4. Kompanie
	30. Dezember 1943: Kommandant der 2. Kompanie der Panzerabteilung 101 LSSAH
	10. Juli 1944: Kommandant der Panzerabteilung 101 LSSAH

■ **Panzerkommandant Michael Wittmann auf dem Rohr seines *Tigers I*; Propagandaaufnahme vom Mai 1944.**

Panzerjäger Tiger (P) Elefant und wurden der schweren Heeres-Panzerjägerabteilung 653 zurückgegeben, die nach Italien verlegt wurde. Obwohl sich der *Elefant* bei Abwehrkämpfen als Panzerjäger gut bewährte, war er für das gebirgige Gelände und die schmalen Straßen in Italien zu wuchtig. Ende 1944/Anfang 1945 waren noch 14 *Elefanten* übrig.

Die »Tiger« kämpfen weiter
Obwohl die Produktion des *Tigers I* im August 1944 eingestellt wurde, kämpften die verbliebenen Einheiten bis Kriegsende weiter. Neue alliierte Panzer wie der *Sherman Firefly*, *Pershing*, *JS-2* und *JSU-122* boten dem *Tiger* Paroli, aber für die russischen T-34 und die *Sherman*, mit denen die alliierten Panzerverbände hauptsächlich

ausgerüstet waren, blieben sie ein gefährlicher Gegner. Am 8. August 1944 verwickelte ein einziger *Tiger* der schweren SS-Panzerabteilung 102 bei den Kämpfen in der Normandie einen britischen Panzerverband aus 15 Sherman in ein Gefecht und vernichtete 14 Fahrzeuge. Die Abteilung verlor alle ihre *Tiger*, soll aber 227 alliierte Panzer abgeschossen haben.

Letzte Baureihen

Der Tiger I *war kaum in Dienst gestellt, als der deutsche Generalstab nach einem größeren und verbesserten Nachfolger verlangte. Er sollte an Feuerkraft und Panzerung jeder denkbaren sowjetischen Neukonstruktion überlegen sein.*

Deutsche Militärplaner rechneten angesichts der schnellen Entwicklung der Panzerwaffe damit, dass der *Tiger* seine Überlegenheit an Technik und Kampfkraft schon nach einem Jahr eingebüßt haben würde.

»Tiger II«

Im Januar 1943 bestimmte Hitler, dass der neue *Tiger* eine 8,8-cm-Langrohrkanone auf der Grundlage der 8,8-cm-Flak 41 von Rheinmetall sowie eine abgeschrägte Panzerung erhalten sollte. Mit diesen Vorgaben wandte man sich wieder an Porsche und Henschel, und Krupp erhielt den Auftrag für die Entwicklung der 8,8-cm-KwK L/71. Zwar lieferte die Flak 41 von Rheinmetall die Ausgangsbasis, aber die Modifizierung des Geschützes für den Einbau in Panzerfahrzeuge erfolgte bei Krupp. Verglichen mit der Flak 41 erhielt das Rohr der KwK 43 L/71 eine kürzere, kompaktere

Rohrrücklaufbremse, die in den Turm passte, sowie eine neuartige Mündungsbremse, die die Verbrennungsgase unmittelbar nach dem Abfeuern der Granate aus dem Rohr saugte. Auch die Munition wurde angepasst. Die Geschosse erhielten kürzere, aber dafür im Durchmesser größere Hülsen, die sich leichter handhaben und laden ließen.
Die Entwürfe von Porsche lehnten sich weitgehend an den *Tiger I* an und

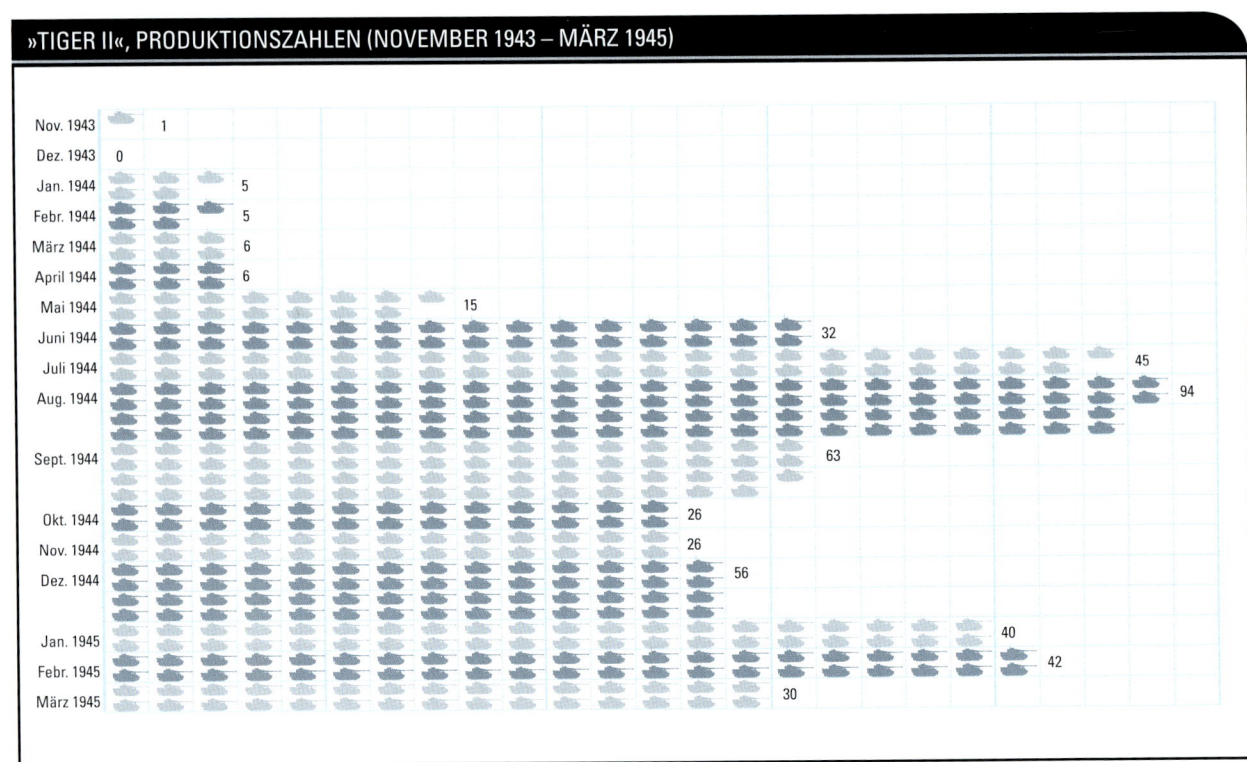

»TIGER II«, PRODUKTIONSZAHLEN (NOVEMBER 1943 – MÄRZ 1945)

Nov. 1943	1
Dez. 1943	0
Jan. 1944	5
Febr. 1944	5
März 1944	6
April 1944	6
Mai 1944	15
Juni 1944	32
Juli 1944	45
Aug. 1944	94
Sept. 1944	63
Okt. 1944	26
Nov. 1944	26
Dez. 1944	56
Jan. 1945	40
Febr. 1945	42
März 1945	30

sahen wiederum einen benzin-elektrischen Antrieb vor. Dieses Mal wurden sowohl ein konventioneller, in der Fahrzeugmitte angebrachter Turm vorgeschlagen als auch einer im hinteren Teil, aber die Erfahrungen mit *Ferdinand/Elefant* hatten die Mängel des benzin-elektrischen Antriebs offengelegt. Unter diesen Bedingungen war es nicht verwunderlich, dass wiederum Henschel den Auftrag für den Serienbau des *Tigers II* erhielt. Auf die erste Bestellung über 176 *Tiger II* folgten weitere, sodass bei Henschel schließlich 1500 Fahrzeuge in den Auftragsbüchern standen. Es war vorgesehen, bis Mai 1944 die Fertigung auf 50 Einheiten pro Monat zu steigern. Der erste Prototyp stand im November 1943 bereit, im Januar liefen zwei weitere Prototypen sowie drei *Tiger II* für den Kampfeinsatz vom Band. Die Produktion lief bis Ende März 1945 weiter, als die letzten 13 *Tiger II* ausgeliefert wurden. Trotz der durch alliierte Luftangriffe verursachten Unterbrechungen standen bei Henschel zu jeder Zeit mindestens 60 Fahrzeuge auf den Montagebändern.

Erstaunlicher Rekord

Dank seiner außergewöhnlichen Feuerkraft und Panzerung war der *Tiger II* selbst für die modernsten Standardpanzer der Alliierten ein gefürchteter Gegner. Bei der Offensive am Plattensee in Ungarn im März 1945 und in den darauf folgenden Kämpfen bewiesen die schwere SS-Panzerabteilung 501 und die Abteilung 509 ihre Überlegenheit in mehreren Gefechten, vor allem am

- 13. März: Vorausabteilungen des III. Panzerkorps stießen auf 24 hin-

AUSGELIEFERTE »TIGER II«

Auslieferung	Stückzahl	Einheit
14. März 1944	5	Pz.Kp. (FKL) 316/Pz.Lehr-Div
1. April 1944	3	*Ersatzheer*
11. Mai–24. Juni 1944	4	*Ersatzheer*
9. Mai–2. Juni 1944	6	*Wa.Prüf*
12. Juni 1944	12	s.H.Pz.Abt.503
24. Juni 1944	6	s.H.Pz.Abt.501
30. Juni 1944	4	*Ersatzheer*
3. Juli 1944	1	*Ersatzheer*
7.–14. Juli 1944	25	s.H.Pz.Abt.501
26. Juli 1944	6	s.H.Pz.Abt.505
27.–29. Juli 1944	14	s.H.Pz.Abt.503
28. Juli–1. Aug. 1944	14	s.SS.Pz.Abt.101
4.–7. Aug. 1944	14	s.H.Pz.Abt.501
10.–29. Aug. 1944	39	s.H.Pz.Abt.505
10. Aug. 1944	2	*Ersatzheer*
20. Aug.–1. Sept. 1944	17	s.H.Pz.Abt.506
3.–12. Sept. 1944	28	s.H.Pz.Abt.506
19.–22. Sept. 1944	43	s.H.Pz.Abt.503
28. Sept.–3. Okt. 1944	11	s.H.Pz.Abt.509 (angefordert von s.SS.Pz.Abt.501, für *Wacht am Rhein*)
17. Okt.–11. Nov. 1944	14	s.SS.Pz.Abt.501
19. Okt. 1944	4	s.SS.Pz.Abt.503
26. Nov.–3. Dez. 1944	20	s.SS.Pz.Abt.501
8. Dez. 1944	6	s.H.Pz.Abt.506
5.–7. Dez. 1944	9	s.H.Pz.Abt.509
8. Dez. 1944–1. Jan 1945	36	s.H.Pz.Abt.509
13. Dez. 1944	6	s.H.Pz.Abt.506
27. Dez. 1944	6	s.SS.Pz.Abt.502 (abgegeben an s.SS.Pz.Abt.503)
30. Jan. 1945	3	*3. Kompanie*/s.H.Pz.Abt.502 (abgegeben an s.H.Pz.Abt.507)
1. Febr. 1945	3	*3. Kompanie*/s.H.Pz.Abt.510 (abgegeben an s.H.Pz.Abt.507)
11.–25. Jan. 1945	29	s.SS.Pz.Abt.503
22. Jan. 1945	6	s.SS.Pz.Abt.501
14. Febr.–2. März 1945	27	s.SS.Pz.Abt.502
2.–6. März 1945	4	s.SS.Pz.Abt.502
9.–22. März 1945	15	s.H.Pz.Abt.507
11. März 1945	5	Pz.Div.*Feldherrnhalle*
12. März 1945	13	s.H.Pz.Abt.506
31. März 1945	13	s.H.Pz.Abt.510 and 511

Ausgeliefert an	Stückzahl
schwere Heeres Panzer-Abteilungen	319
schwere SS-Panzer-Abteilungen	124
andere Einheiten	30

ter einem Minenfeld eingegrabene *SU-152*. Die Panzerabteilung 509 verlor beim Angriff 16 *Tiger II* (drei zerstört, 13 beschädigt). Aber nachdem Gassen durch das Minenfeld gelegt worden waren, vernichteten zwei *Tiger II* alle *SU-152*.

• 20. März: Bei Varpalota in Westungarn schaltete ein einziger *Tiger II* der schweren SS-Panzerabteilung 501 15 sowjetische Panzer aus.

• 21. März: Ein einziger *Tiger II* der gleichen Abteilung zerstörte mit Unterstützung durch zwei *Panther* 17 feindliche Panzer.

Jagdpanzer VI »Jagdtiger«

1943 gingen die deutschen Konstruktionsabteilungen für Panzerfahrzeuge dazu über, die Wanne eines jeden neuen Panzertyps auch für einen stärker bewaffneten Panzerjäger zu verwenden. Der *Tiger II* war so konstruiert, dass er in der Ausführung als Jagdpanzer mit außergewöhnlich starker Hauptbewaffnung ausgerüstet werden konnte. Das Projekt wurde im Februar 1943 in Angriff genommen. Für die Inspektion durch Hitler am

20. Oktober 1943 wurde ein maßstabsgetreues Holzmodell gebaut, und im Februar standen zwei Prototypen zur Erprobung bereit, einer mit dem Laufwerk von Porsche mit acht Laufrädern, der andere mit dem Schachtellaufwerk von Henschel. Die ursprüngliche Bezeichnung *Jagdpanzer VI* wurde in *Jagdtiger* geändert. Der Beginn der Serienproduktion war für Dezember 1943 vorgesehen, zögerte sich jedoch bis Juli 1944 hinaus, weil der *Panther* Vorrang hatte. Mit dem Bau ging es nur langsam voran. Von den 150 bestellten Jagdpanzern wurden nur 79 ausgeliefert. Der *Jagdtiger* mit dem nur geringfügig verlängerten Chassis des *Tigers II* erhielt einen kastenförmigen, vom Rest des Fahrzeugs abgetrennten Kampfraum. Die besonders starke Panzerung und die 12,8-cm-Pak 44 L/55 sicherten ihm bei normaler Gefechtsentfernung die Überlegenheit gegenüber allen alliierten Kampfwagen. Jedoch erforderte die Pak 44 eine eigene Munition, wobei das separate Laden der 15,3 kg schweren Treibladung und des 28 kg schweren

panzerbrechenden Projektils selbst mit zwei Ladeschützen die Feuergeschwindigkeit stark einschränkte. Außerdem war das Fahrzeug untermotorisiert, und auch das überbeanspruchte Getriebe bereitete den Besatzungen ständig Probleme. Nur zwei schwere Panzerjägerabteilungen, 512 und 653, wurden mit *Jagdtigern* ausgerüstet und erhielten die ersten Fahrzeuge im September 1944. Die Verluste durch Feindeinwirkung beliefen sich auf 20 Prozent. Die meisten *Jagdtiger* fielen wegen technischer Defekte aus oder blieben in den letzten Wochen des Kriegs wegen Treibstoffmangels liegen. Fast alle *Jagdtiger*, die zum Einsatz kamen, waren mit der Pak 44 bewaffnet und nur einige wenige, vermutlich nicht mehr als vier, mit der 8,8-cm-Kwk 43 L/71. Im November 1944 schlug Krupp den Einbau einer längeren 12,8-cm-Pak L/66 vor, was jedoch unterblieb, weil die Umrüstung umfangreiche Veränderungen erfordert hätte, um die Rohrrücklaufbremse aufzunehmen. Die Wirkung der L/66 wäre gewiss furchteinflößend gewesen, aber auch die der Standardbewaffnung war beeindruckend. Bei Beschussversuchen der U.S. Army mit einem erbeuteten *Jagdtiger* durchschlug das Geschoss die Frontplatte eines *M26 Pershing* auf eine Entfernung von 2100 m.

Sturmpanzer VI »Sturmtiger«

Analysen der Kämpfe in Stalingrad ergaben die Notwendigkeit eines stark gepanzerten Angriffsfahrzeugs mit schwerem Kaliber für den Einsatz im Straßen- und Häuserkampf. Das damals zur Verfügung stehende schwerste Sturmgeschütz war das

BESCHAFFUNGSKOSTEN IM VERGLEICH		
Panzer	Preis (Reichsmark)	Bemerkung
Pz.Kpfw.I Ausf. B	Schätzpreis 38 000	ohne Armierung
Pz.Kpfw.II Ausf. B	52 640	
Pz.Kpfw.II Ausf. F	49 228	ohne Armierung
15 cm s.I.G. auf Fgst. Pz.Kpfw.II (Sf.)	53 000	
Pz.Kpfw.III Ausf.M	103 163	ohne Funkgerät
Pz.Kpfw.IV Ausf.G	115 962	mit 75 mm Kw.K.40 L/43
Panther	117 100	frühe Modelle ohne Armierung
Tiger I	250 800	ohne Armierung und Funkgerät
	299 800	voll ausgerüstet
	645 000	Exportpreis für Japan
Tiger II	321 500	

15-cm-sIG 33B. Als aber in Stalingrad zwölf der 24 Fahrzeuge verloren gingen, war das ein Zeichen dafür, dass höhere Feuerkraft und Panzerung erforderlich waren, um auch stärkste feindliche Stellungen auszuschalten. Die ursprüngliche Planung sah vor, unter Verwendung des *Tiger* I-Fahrwerks ein völlig neues Gerät mit einer 21-cm-Haubitze zu entwickeln, aber der Mörser stand zu diesem Zeitpunkt noch nicht zur Verfügung, sodass die Bewaffnung aus einem schweren Raketenwerfer bestand, der aus einer Marinewaffe entwickelt worden war. Der 38-cm-Raketenwerfer 61 L/5.4, ein Hinterlader, verwendete zwei Arten von Munition: die Raketen-Sprenggranate 4581 mit 125 kg Sprengstoff und die Raketen-Hohlladungsgranate 4582, die bis zu 2,5 m starken Stahlbeton durchschlagen konnte. Beide Geschosse waren ungefähr 1,5 m lang und wogen zwischen 345 und 351 kg. Beim Abschuss beschleunigte eine reguläre Treibladung das Geschoss auf 45 m/s Mündungsgeschwindigkeit, bevor die 40 kg Raketenfeststoff Diglycol zündeten und das Geschoss auf eine Endgeschwindigkeit von 250 m/s beschleunigten. Die Schussweite betrug zirka 5650 m. Es war Platz für nur 13 Schuss Munition, zwölf in den Seitenkästen und ein weiterer im Rohr. An der Decke des Kampfraums war ein Flaschenzug angebracht, um die schweren Raketen aus der Halterung in die Ladekammer zu hieven. Noch schwieriger war das Beladen des Fahrzeugs mit neuer Munition durch die Dachluke 2,7 m über dem Boden. Zu diesem Zweck wurde an die hinteren Aufbauten ein Ausleger montiert, mit dem man die Raketen zur Dachluke hinaufheben

konnte. Trotzdem war das Munitionieren Knochenarbeit für die fünfköpfige Besatzung und nahm viel Zeit in Anspruch. Ursprünglich sollte jeder *Sturmtiger* von einem Munitionstransporter auf einem *Tiger* I-Fahrgestell begleitet werden, aber nur eines dieser Fahrzeuge wurde fertiggestellt.

Auch die Konstruktion des Raketenwerfers sorgte für Probleme, weil die heißen Verbrennungsgase nicht in den Kampfraum dringen durften und andererseits das Rohr des Werfers geplatzt wäre, hätte man die Gase nicht abgeleitet. Die Lösung bestand aus einem Ring von Bohrungen im Rohrmantel, durch die die Gase an

PANZERPRODUKTIONSKOSTEN IN REICHSMARK

PzKpfw IV	Panther	Tiger I	Tiger II	Sherman M3A3
115 962	117 100	299 800	321 500	109 066

der Mündung austreten konnten. Im Oktober 1943 wurde der Prototyp in Anwesenheit Hitlers vorgeführt; die Fertigung bei Alkett in kleiner Stückzahl begann 1944. Bis zur Einstellung der Produktion im Dezember 1944 waren 18 Fahrzeuge ausgeliefert. Für den Einsatz des *Sturmtigers* wurden drei Panzerabteilungen neu aufgestellt: die Panzer-Sturmmörser-Kompanien (PzStuMrKp) 1000, 1001 und 1002. Jede Abteilung sollte 14 Fahrzeuge bekommen, aber schließlich waren es nur noch vier – je zwei für die beiden Züge. Im Januar 1945 wurde der Sollbestand auf sechs *Sturmtiger* erhöht, aber dieses Ziel ist wohl nie erreicht worden.

Am 13. August 1944 war die PzStu-MrKp 1000 bereit für den Kampfeinsatz, und einer der Züge, dem man auch den Prototyp übergeben hatte, beteiligte sich zur Unterstützung der Bodentruppen an der Niederschlagung des Warschauer Aufstands. Das war vermutlich das einzige Mal, dass der *Sturmtiger* entsprechend seiner Einsatzdoktrin verwendet wurde. PzStuMrKp 1001 und 1002 folgten im September und Okto-

ber. PzStuMrKp 1000 und 1001 mit insgesamt sieben *Sturmtigern* kämpften in den Ardennen. Berichte über die Wirksamkeit des *Sturmtigers* im Gefecht sind sehr selten, aber im Januar 1945 sollen drei U.S. *Shermans*, die in einem Dorf in Deckung gegangen waren, von einem einzigen Schuss der PzStuMrKp 1001 aus einem *Sturmtiger* zerstört worden sein.

Entfernungsmesser

Die Panzerschlachten in Nordafrika und in Russland hatten gezeigt, dass es Situationen gab, in denen das Feuer auf weite Entfernungen zum entscheidenden Faktor wurde. Die ständig zunehmende Durchschlagskraft der Panzerkanonen verlangte nach präziseren Entfernungsmessgeräten, um bei großen Gefechtsdistanzen hohe Trefferquoten zu erzielen, was mit konvenioneller Zieloptik nicht zu erreichen war.

1944/45 arbeitete man in den Zeiss-Werken an einem Entwurf für ein kombiniertes Entfernungsmess- und Feuerleitsystem für den Einbau in zukünftige *Panther* und *Tiger II*, aber die technischen Anforderungen

waren zu hoch, sodass man sich dafür entschied, alle Anstrengungen auf einen stereoskopischen Entfernungsmesser zu konzentrieren. Der sollte in einer stoßgedämpften Halterung an der Turmdecke montiert werden, damit die empfindliche Optik nicht durch die Bewegungen des Panzers oder Erschütterungen nach Einschlägen feindlicher Geschosse beschädigt wurde. Die ersten für die Produktion vorgesehenen Modelle sollten die Entfernungsparameter automatisch an die Zieloptik übertragen, während für die folgenden Ausführungen geplant war, sie an das Periskop des Richtschützen zu koppeln, damit gezieltes Feuer auch aus der Fahrt möglich wurde.

Die Geräte konnten Entfernungsdaten bis 20 000 m übermitteln und verfügten über das Potenzial, die deutsche Panzerwaffe erheblich wirkungsvoller zu machen. Möglicherweise wurden einige wenige dieser Messgeräte für Versuchszwecke an die Truppe übergeben, aber die Serienproduktion war erst für Juli 1945 geplant.

Infrarotscheinwerfer

Schon in den 1930er-Jahren hatte man sich in den deutschen Forschungslabors mit Infrarot-Nachtsichtgeräten beschäftigt, aber das Interesse auf offizieller Seite war gering. Das änderte sich, als die Alliierten die Luftüberlegenheit erlangten und es immer wichtiger wurde, Truppenbewegungen und Kämpfe in die Nacht zu verlegen. 1943/44 wurden erste Prototypen von IR-Geräten der Truppe zur Erprobung übergeben, was zur Einführung des 200 mm FG1250 IR führte, eines Suchscheinwerfers mit Nachtsichtgerät, das in einige *Pan-*

Typ	1942	1943	1944	1945	Gesamt
Tiger I	78	649	623	–	1350
Elefant	–	90	–	–	90
Sturmtiger	–	–	18	–	18
Tiger II	–	1	377	112	490
Jagdtiger	–	–	51	28	79
Gesamt	78	740	1069	140	2027
Typ	1942	1943	1944	1945	Gesamt
JS-2	–	102	2252	1500	3854
JSU-122/152	–	35	2510	1530	4075
Gesamt	–	137	4762	3030	7927

PRODUKTIONSZAHLEN DES »TIGER« UND SEINER DERIVATE

SELBSTFAHRLAFFETTEN IM VERGLEICH

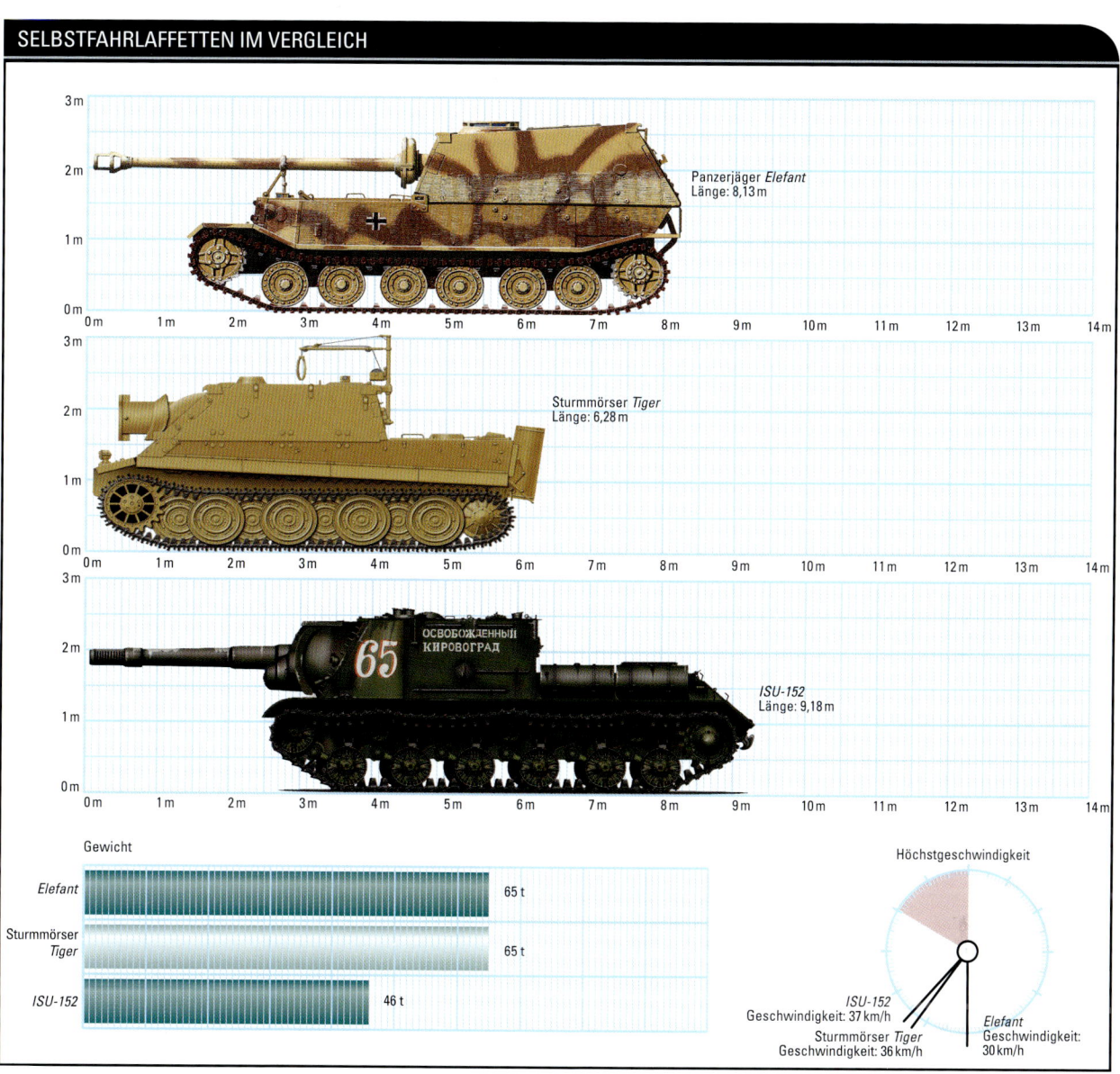

Panzerjäger *Elefant*
Länge: 8,13 m

Sturmmörser *Tiger*
Länge: 6,28 m

ISU-152
Länge: 9,18 m

Gewicht

Elefant	65 t
Sturmmörser *Tiger*	65 t
ISU-152	46 t

Höchstgeschwindigkeit

ISU-152
Geschwindigkeit: 37 km/h

Sturmmörser *Tiger*
Geschwindigkeit: 36 km/h

Elefant
Geschwindigkeit: 30 km/h

ther eingebaut wurde. Das Gerät war in der Kommandantenkuppel moniert und hatte eine Reichweite von etwa 600 m. Diese *Panther* waren dazu vorgesehen, gemeinsam mit dem Halbkettenfahrzeug SdKfz. 251/20 *Uhu* zu operieren, auf dem ein 600-mm-Such-scheinwerfer vom Typ Beobachtungs-gerät 1251 installiert war, der Ziele bis auf eine Entfernung von 1500 m erfassen konnte. Für die Panzer war Unterstützung durch Panzergrenadiere vorgesehen, die auf dem Halbkettenfahrzeug *Falke* transportiert wurden.

Als Bewaffnung für die Panzergrenadiere war das Sturmgewehr StG44 mit Infrarot-Zieloptik vorgesehen. Wahrscheinlich kamen gegen Kriegsende noch einige wenige mit derartigen Nachtsichtgeräten ausgerüstete Panzer zum Einsatz.

Selbstfahrlafetten

Die Entstehung des mächtigen Geräts 040/041 Karl *lässt sich bis März 1936 zurückverfolgen, als Rheinmetall einen überschweren Mörser mit Selbstfahrlafette vorschlug, der imstande war, die stärksten Festungswerke der Maginotlinie sturmreif zu schießen.*

1937 lagen die ersten Baupläne vor, und in den beiden folgenden Jahren wurden mit dem ersten Prototypen des »Neubaufahrzeugs« sowie einem maßstabsgetreuen Modell ausgedehnte Testfahrten unternommen. Dabei zeigte sich, dass es keine unüberwindlichen Schwierigkeiten mit dem hohen Bodendruck und der Steuerung des Kolosses gab, und im Juni 1939 begannen die Schussversuche mit dem Prototypen. Nach der letzten Erprobung des Fahrgestells im Mai 1940 erfolgte die Produktionsfreigabe, und das Fahrzeug erhielt die Bezeichnung *Mörser Karl* zu Ehren des Generals der Artillerie Karl Becker, der das Programm von Anfang an geleitet hatte.

Insgesamt sieben *Karl-Geräte* vom Kaliber 60 cm (Gerät 040) wurden fertiggestellt. Die ersten sechs hießen *Adam, Eva, Thor, Odin, Loki* und *Ziu.* Das siebte, das Versuchsgerät für Forschung und Erprobung, blieb namenlos. Die sechs Einsatzgeräte

wurden zwischen November 1940 und August 1941 ausgeliefert. Schon im Februar 1941 hatte man Konzeptstudien ausgearbeitet, um die Schussweite zu erhöhen, und im Mai 1942 wurden längere 54-cm-Rohre (Gerät 041) für die sechs Fahrzeuge bestellt. Drei Rohre wurden ausgeliefert, und nach der Umbewaffnung betrug die maximale Feuerdistanz 10060 m statt wie bisher 6440 m.

Der gigantische Mörser sollte auf seiner Vollketten-Selbstfahrlafette nur geringe Entfernungen bewältigen. Für den Transport über größere Distanzen wurde er mithilfe eines fahrbaren 35-t-Krans zerlegt und in Einzelteilen auf speziell dafür entwickelten Culemeyer-Straßenrollern zum neuen Einsatzort gebracht. Große Entfernungen wurden auf der Schiene zurückgelegt. Dafür stand ein spezieller Tragschnabelwagen zur Verfügung.

Weil an Bord kein Platz für Munition war, wurden insgesamt 22 Fahrgestelle des Panzers IV Ausführungen D, E

und F zum Munitionspanzer IV umgerüstet. Jeder konnte bis zu drei 54/60-cm-Geschosse transportieren und verfügte über einen Ladekran für 3000 kg Traglast. Jedem Mörser waren zwei oder drei Munitionspanzer zugeteilt.

Einsatzbericht
1941
Der einzige große Einsatz des *Karl-Geräts* in diesem Jahr war die Beschießung der von den Sowjets hartnäckig verteidigten Festung Brest-Litowsk. Die zwei Geschütze *Adam* und *Eva* der schweren Artillerie-Abteilung 833 feuerten zusammen 31 Schuss ab.

1942
Am 18. Februar erhielt die sArt.Abt. 833 den Befehl zur Aufstellung einer Batterie aus drei Mörsern für die geplante Belagerung von Sewastopol. Ende Mai waren die Geschütze am Einsatzort und eröffneten am 2. Juni im Rahmen der Beschießung

»KARL-GERÄT« 040 UND 041, MUNITION						
Granate	Kaliber	Gewicht	Sprengstoff	Mündungsgeschw.	Reichweite	Durchschlagskraft
Schwere Betongranate	60 cm	2170 kg	289 kg	220 m/s	4320 m	2,5 m Beton
Leichte Betongranate 040	60 cm	1700 kg	220 kg	283 m/s	6440 m	2,5 m Beton
Leichte Betongranate 041	54 cm	1250 kg	k. A.	378 m/s	10060 m	3–3,5 m Beton
Sprenggranate 041	54 cm	k. A.	k. A.	k. A.	k. A.	k. A.

der Festung Sewastopol durch die 11. Armee das Feuer. Vermutlich hat die Batterie bis zur Beendigung der Belagerung am 4. Juli etwa 200 Granaten verschossen. Hauptziel waren die beiden 305-mm-Zwillingstürme der Küstenverteidigungsbatterie Maxim Gorki. Die größten Schäden entstanden allerdings nicht an den Geschütztürmen selbst, sondern an den Betonfundamenten und am Feuerleitsystem.

1944

Am 13. August erging der Befehl zur unverzüglichen Aufstellung einer Batterie aus einem 54-cm-*Karl-Gerät* zum Einsatz mit der 9. Armee bei der Niederschlagung des Warschauer Aufstands. Tags darauf wurde die Heeresartillerie Batterie (bodenständig) 638 mit dem 60-cm-*Karl-Gerät* Nr. VI *Ziu* gebildet, weil kein 54-cm-Mörser zur Verfügung stand. Sie erreichte Warschau am 17. August und griff nach Ankunft des Munitionszugs am folgenden Morgen in die Kämpfe ein. Die Wirkung war so durchschlagend, dass das OKH am 24. August ein weiteres *Karl-Gerät* anforderte. Zwei Tage später war die Batterie 428 aufgestellt, kam aber erst am 7. September in Warschau zum Einsatz.

Am 10. September wurde ein drittes *Karl-Gerät* (040) nach Warschau auf den Marsch geschickt und der Batterie 428 zugeteilt. Mörser *Ziu* wurde abgezogen und zur Reparatur nach Jüterbog geschickt. Zu einem unbekannten Zeitpunkt wurde ein viertes *Karl-Gerät* nach Warschau verlegt und hat Berichten zufolge am 25. September in die Kämpfe eingegriffen.

1945

Der letzte Einsatzbericht über das *Karl-Gerät* stammt vom 20. März 1945, als die Batterie 628 am rechten Rheinufer 14 Schuss auf die Eisenbahnbrücke bei Remagen abfeuerte.

SELBSTFAHRLAFETTEN

Karl-Gerät 040

Besatzung: 21
Gewicht: 124 t
Länge: 11,15 m
Breite: 3,16 m
Höhe: 4,38 m
Antrieb: 1 x 432,5 kW (580 PS) Daimler-Benz MB 503A V-12-Ottomotor oder 1 x 432,5 kW (580 PS) Daimler-Benz MB 507C Dieselmotor
Höchstgeschwindigkeit: 10 km/h
Panzerung: keine
Bewaffnung: 1 x 60 cm L/7 Haubitze

Munitionpanzer IV

Besatzung: 4
Gewicht: 25 t
Länge: 5,41 m
Breite: 2,88 m
Höhe: k. A.
Antrieb: 1 x 223,7 kW (300 PS) Maybach HL 120 TRM Ottomotor
Höchstgeschwindigkeit: 39,9 km/h
Reichweite: 209 km
Panzerung: 50–10 mm
Bewaffnung: keine
Transportkapazität: 2–3 x 60 cm- oder 54 cm-Granaten

GESCHÜTZROHRDURCHMESSER IM VERGLEICH

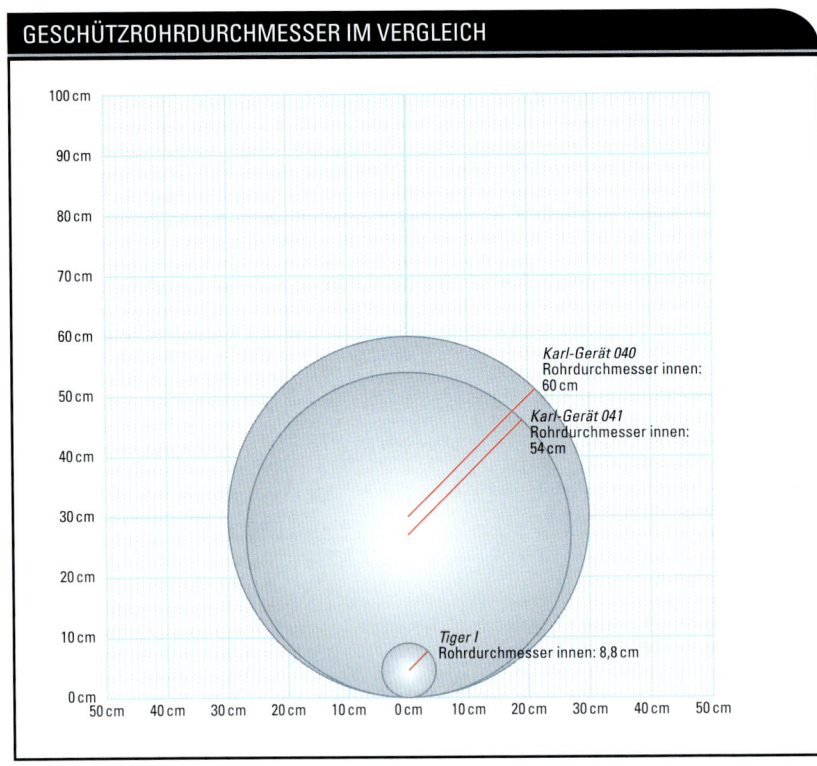

100 cm
90 cm
80 cm
70 cm
60 cm
50 cm
40 cm
30 cm
20 cm
10 cm
0 cm

50 cm 40 cm 30 cm 20 cm 10 cm 0 cm 10 cm 20 cm 30 cm 40 cm 50 cm

Karl-Gerät 040
Rohrdurchmesser innen:
60 cm

Karl-Gerät 041
Rohrdurchmesser innen:
54 cm

Tiger I
Rohrdurchmesser innen: 8,8 cm

Letzter Überlebender

Im März beziehungsweise April 1945 fielen *Eva* und *Loki* in die Hände amerikanischer Truppen. Auf den für Versuchszwecke verwendeten Mörser stießen die Amerikaner in Hillersleben und schickten ihn zur Untersuchung auf den Panzerübungsplatz bei Aberdeen in Schottland. Später wurde er verschrottet. *Ziu* wurde von der Roten Armee erbeutet, vermutlich als sie am 20. April 1945 Jüterbog überrannte. Der Mörser steht heute mit der falschen Bezeichnung *Adam* im Panzermuseum der Roten Armee in Kubinka bei Moskau. Auch *Odin* fiel in die Hand der Sowjets, während über den Verbleib von *Adam* und *Thor* nichts bekannt ist. Im März 1945 standen sie in Jüterbog und wurden vermutlich ebenfalls von den Russen erbeutet.

Superpanzer auf dem Reißbrett

Während der gesamten Dauer des Kriegs arbeiteten deutsche Entwicklungsingenieure an Plänen für gepanzerte Kampfwagen aller Formen und Größen. Dieses Kapitel befasst sich mit einer Auswahl dieser Projekte, die zur Serienreife gelangten.

Panzer VII »Löwe« VK 7201

1941 begann man bei Krupp mit Entwurfsstudien für einen neuen schweren Panzer für den Einsatz gegen den sowjetischen *KW-1*, der sich in den ersten Wochen des Russlandfeldzugs gegenüber den Waffen aller deutschen Panzertypen als nahezu unverwundbar erwiesen hatte. Anfang 1942 wurden die Spezifikationen für einen

91,4 t schweren Panzer mit bis zu 140 mm starker Panzerung mit dem Namen *Löwe* (VK 7201) herausgegeben. Als Hauptbewaffnung im Drehturm war wahlweise eine 10,5-cm-L/70 oder eine 15-cm-L/37 vorgesehen. Für die Konstruktion sollten möglichst viele Komponenten des *Tigers II* übernommen werden, um die Produktion zu beschleunigen.

Der Vorschlag von Krupp beinhaltete eine schwere Version mit 91,4 t und eine leichte mit 77,2 t, die sich voneinander nur durch die Stärke der Panzerung und die Lage des Turms unterschieden. Beide waren mit einer 10,5-cm-L/70 und einem achsparallelen Maschinengewehr bewaffnet. Hitler ordnete an, dass die schwerere Ausführung Vorrang haben und mit der 15-cm-KwK 44 L/38 bewaffnet werden sollte. Ende 1942 wurde das Projekt zugunsten des Panzers VIII *Maus* zurückgestellt, obwohl Krupp ein Nachfolgemodell für den *Tiger II* vorgeschlagen hatte.

Porsche Typ 205, Panzer VIII

Der *Maus* genannte Panzer VIII (SdKfz. 2005) war der schwerste Panzer im Zweiten Weltkrieg, dessen Konstruktion bis zum Prototyp gedieh. Im Juni 1942 hatte Hitler dem Pla-

nungskonzept Ferdinand Porsches zugestimmt. Mit dem Bau des ersten VK 7001 Porsche Typ 205 wurde unverzüglich begonnen. Der Prototyp, der bis 1943 fertiggestellt sein sollte, erhielt den Namen *Mammut*, wurde

SUPERPANZER IM VERGLEICH

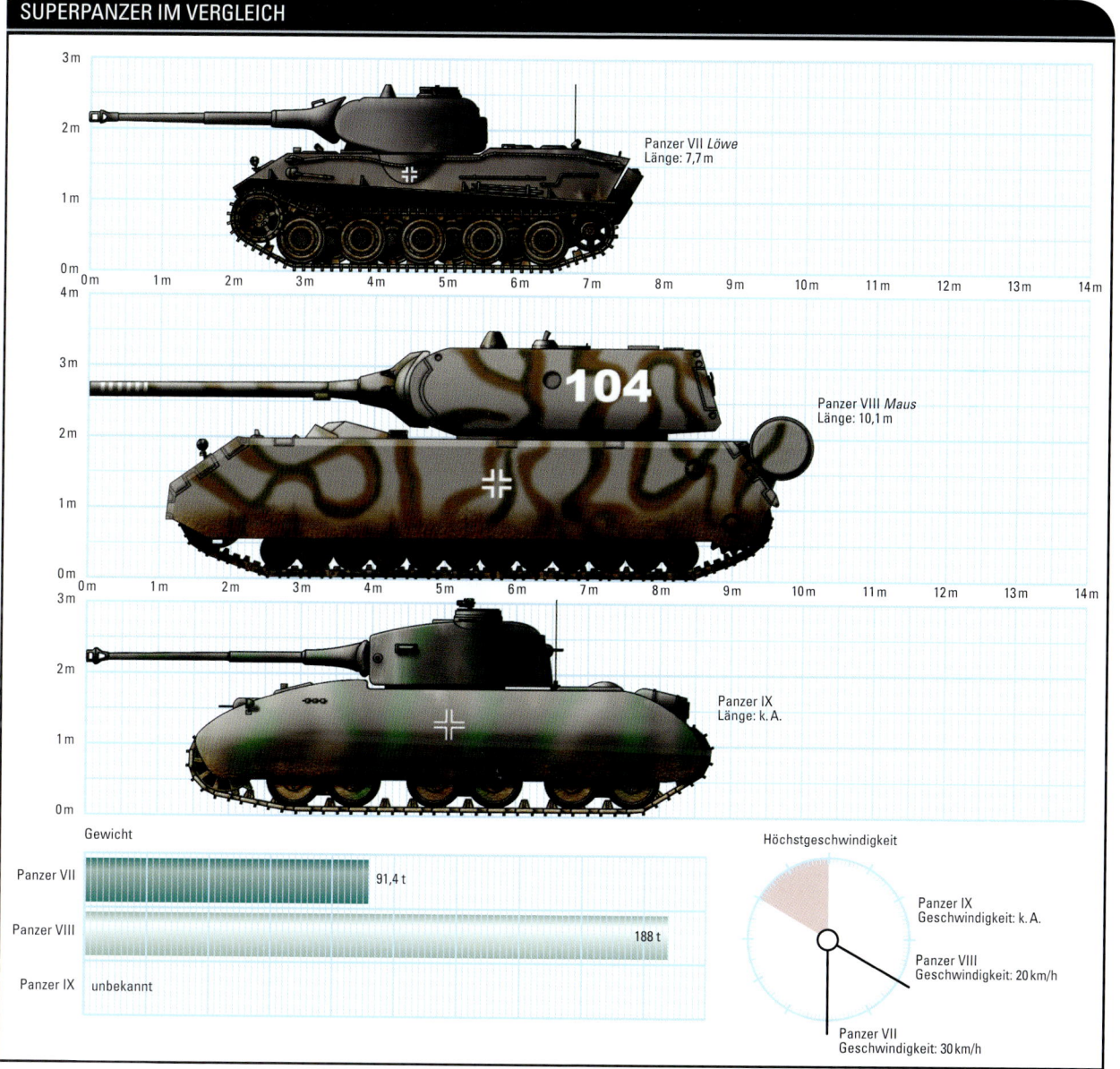

Panzer VII *Löwe*
Länge: 7,7 m

Panzer VIII *Maus*
Länge: 10,1 m

Panzer IX
Länge: k. A.

Gewicht

Panzer VII	91,4 t
Panzer VIII	188 t
Panzer IX	unbekannt

Höchstgeschwindigkeit

Panzer IX
Geschwindigkeit: k. A.

Panzer VIII
Geschwindigkeit: 20 km/h

Panzer VII
Geschwindigkeit: 30 km/h

»MAUS« IM VERGLEICH MIT ÜBERSCHWEREN ALLIIERTEN PANZERN: TORTOISE UND T-29

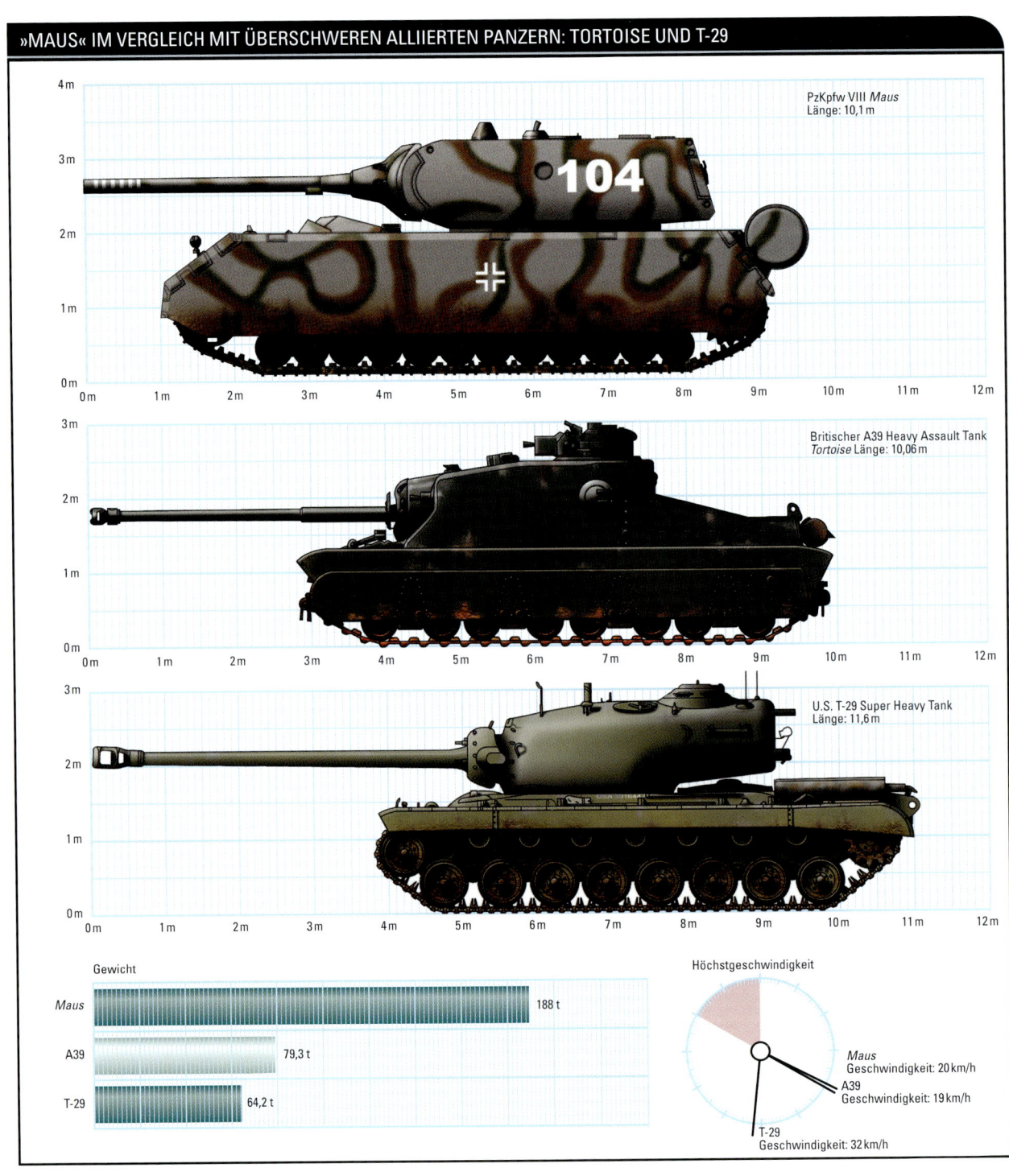

PzKpfw VIII *Maus*
Länge: 10,1 m

Britischer A39 Heavy Assault Tank
Tortoise Länge: 10,06 m

U.S. T-29 Super Heavy Tank
Länge: 11,6 m

Gewicht

Maus — 188 t
A39 — 79,3 t
T-29 — 64,2 t

Höchstgeschwindigkeit

Maus
Geschwindigkeit: 20 km/h
A39
Geschwindigkeit: 19 km/h
T-29
Geschwindigkeit: 32 km/h

aber im Dezember 1942 in *Mäuschen* und im Februar 1943 in *Maus* umbenannt. Im Januar erging Hitlers Anweisung für die Hauptbewaffnung aus achsparallelen Kanonen Kaliber 12,8 cm und 7,7 cm im Drehturm, wobei Vorkehrungen für die Umbewaffnung mit einer 15-cm-KwK44 L/38 oder einer 17-cm-KwK 44 zu treffen seien. Die ursprünglich spezifizierte Ladekapazität für Munition wurde nie erreicht und bei späteren Modifikationen sogar verringert.

Nach der Vorführung eines maßstabsgetreuen Holzmodells im Mai 1943 gab Hitler die Erlaubnis zum Bau von zunächst 150 Einheiten. Die Produktion sollte zwischen Krupp und Alkett aufgeteilt werden, wobei Essen für das Chassis, die Bewaffnung und den Turm zuständig war und Alkett in Berlin für die Endmontage. Unbestätigten Berichten zufolge war vorgesehen, die Panzer mit der 15-cm-Kanone zu bewaffnen, weil Hitler angeblich

bemängelt habe, auf einem so großen Panzer sähe das Kaliber 12,8 cm wie eine Spielzeugkanone aus.

Im Oktober 1943 ließ Hitler den Auftrag stornieren, und kurz darauf erfolgte die Anweisung zur Einstellung aller Planungsarbeiten. Der Weiterbau der Prototypen hingegen war davon nicht betroffen. Die Wanne des ersten mit der Bezeichnung V1 war im Dezember 1943 fertig und erhielt eine Turmattrappe, die mit Ballast so schwer war wie ein echter Turm. Danach begannen ausgedehnte Probefahrten mit dem benzin-elektrischen Porsche-Antrieb, bei dem ein Daimler-Benz MB 509, der aus dem Flugzeugmotor DB 603 entwickelt worden war, den Strom für die Generatoren lieferte. Aber die geplante Höchstgeschwindigkeit von 20 km/h wurde nie erreicht und betrug bestenfalls 13 km/h.

Auch der enorme Bodendruck des Panzers bereitete Schwierigkeiten,

sodass die Aufhängung angepasst werden musste. Außerdem stellte sich heraus, dass nur wenige Brücken tragfähig genug für den 188 t schweren Koloss waren. Dank ihrer Größe war die *Maus* jedoch imstande, viele Flüsse zu überqueren, und in tieferen Gewässern tauchte sie ab und fuhr auf dem Flussbett ans andere Ufer. Dazu waren zwei Fahrzeuge erforderlich, von denen die *Maus* das untergetauchte Fahrzeug über ein Kabel mit Strom versorgte. Während der Fahrt unter Wasser wurde die Luft über einen großen Schnorchel angesaugt, der eine Tauchtiefe von bis zu 8 m ermöglichte.

Der zweite Prototyp – V2 – konnte im Juni 1944 fertiggestellt werden. Er hatte einen Krupp-Drehturm mit einer 12,8-cm-KwK 44 L/55, einer achsparallelen 7,5-cm-KwK 44 L/36,5 sowie einem 7,92-mm-MG 34. Der nachträgliche Einbau eines stereoskopischen Entfernungsmessers von Zeiss war

PANZER VIII »MAUS«

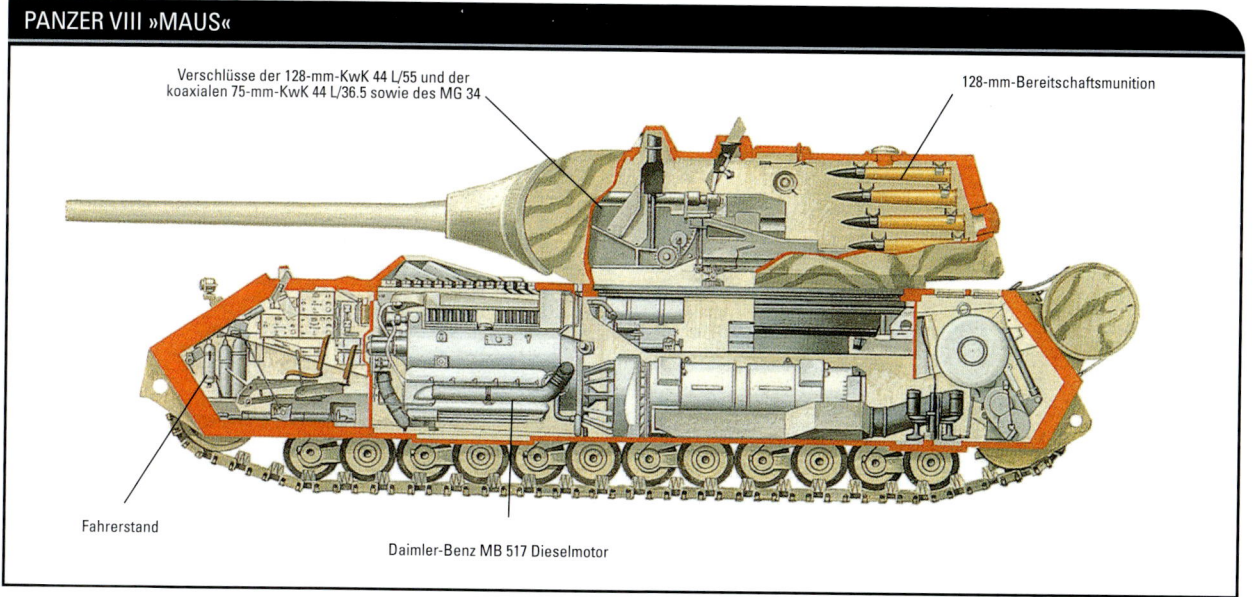

Verschlüsse der 128-mm-KwK 44 L/55 und der koaxialen 75-mm-KwK 44 L/36.5 sowie des MG 34

128-mm-Bereitschaftsmunition

Fahrerstand

Daimler-Benz MB 517 Dieselmotor

vorgesehen. Damit hätte man feindliche Panzer mit der 12,8-cm-Kanone bis auf 4000 m Entfernung zielgenau anvisieren können.

Der erste Prototyp sollte den zweiten Turm von Krupp erhalten, der aber nie geliefert wurde, sodass es bei der Attrappe blieb. Am 25. Juli 1944 meldete Krupp die kurz bevorstehende Fertigstellung vier weiterer Wannen, worauf der Befehl erging, sie zu verschrotten und die Arbeit am Projekt einzustellen.

Im September 1944 begannen die Übungsfahrten mit dem Daimler-Benz MB 517 Diesel und einem weiterentwickelten elektrischen Steuersystem für den diesel-elektrischen Antrieb. Die Verbesserungen waren aber nur geringfügig. Außerdem wurde ein neues Laufwerk mit 110 cm breiten Ketten von Škoda eingebaut. Obwohl die Arbeiten am Projekt *Maus* eingestellt worden waren, lieferten die Pauker-Werke Graz-Simmering mindestens einen der speziell entwickelten 14-achsigen Schienen-Verladewaggons aus.

In den letzten Wochen vor Kriegsende erbeutete die Rote Armee den V1 mit Turmattrappe auf dem Artillerie-Übungsgelände bei Kummersdorf, wo auch der V2 stand, den die Deutschen auf dem Rückzug gesprengt hatten. Die Sowjets waren entschlossen,

eigene Versuche mit der *Maus* anzustellen, und ließen den Turm des V2 auf die Wanne des V1 montieren. Nachdem die Arbeiten in Deutschland ausgeführt worden waren, wurde das Fahrzeug im Mai 1946 in die Sowjetunion transportiert, wo weitere Probefahrten stattfinden sollten. Nach deren Abschluss wurde das Fahrzeug dem Panzermuseum in Kubinka übergeben, wo man es besichtigen kann.

Die E-Serie

1942 zeigte sich, dass die reguläre Produktion von Panzerfahrzeugen durch die ständig zunehmende Zahl in Dienst gestellter neuer Fahrzeugtypen behindert wurde. Noch gravierender war die Situation bei den Ersatzteilen, sodass viele Fahrzeuge wegen Mangels an Komponenten nicht weitergebaut oder instand gesetzt werden konnten.

Im Mai 1942 begann General Kniekamp, leitender Ingenieur im Waffenprüfamt 6 (WaPrüAmt 6), mit der Arbeit an einem Entwicklungsprogramm, dessen Ziel es war, die Konstruktionspläne der Panzer zu überprüfen. Im April 1943 befürwortete das Heereswaffenamt seinen Vorschlag zur Rationalisierung der Produktion gepanzerter Fahrzeuge, wonach alle vorhandenen Typen durch sechs neue Kategorien ersetzt

werden sollten. Es war vorgesehen, für jede Kategorie standardisierte Bauteile zu verwenden, um Produktion und Wartung zu vereinfachen. Außerdem sollten für alle Projekte, von E5 bis E100, einige grundlegende Prinzipien befolgt werden. Dazu gehörten:

- die Verwendung außen angenieteter Federelemente anstelle des bisher verwendeten komplexen Schwingarms mit Drehstabfeder,
- Austausch der konventionellen Laufräder mit Gummibandagen gegen mit einem innen liegenden Gummiring gefederte Stahlräder.
- Anstelle von Kugellagern sollten nach Möglichkeit Gleitlager eingebaut werden.
- Die Hauptbewaffnung sollte richtungsstabilisiert werden, um bis zu einem gewissen Grad das Feuern aus der Fahrt zu ermöglichen und die Belastung der Lager im Gelände zu reduzieren.

Die Pläne der E-Serie sahen formidable, fortschrittliche Panzerfahrzeuge vor, und einige von ihnen standen bei Kriegsende kurz vor der Produktionsreife. Anfang 1945 waren Prototypen eines *Jagdpanzers* der Serie E25 mit einer verbesserten Ausführung der 7,5-cm-*Panther*-Kanone L/70 für Versuchszwecke in Arbeit. Ende 1944 war die Entscheidung gefallen, keine überschweren Panzer mehr zu entwickeln, und die Planungsarbeiten am außergewöhnlichsten Modell dieser Baureihe, dem E100, wurden auf höchsten Befehl eingestellt. Aber an der Wanne des Prototyps wurde weitergebaut, und im April 1945 war sie fertig. Es fehlte nur noch der Turm von Krupp mit der 15-cm-KwK 44 L/38 und der 7,5-cm-KwK 44 L36,5.

E-SERIE		
Name	Tonnen	Fahrzeugtyp
E5	5–10	Alle leichten gepanzerten Fahrzeuge
E10	10–25	Schwerer gepanzerte Fahrzeuge, leichte *Jagdpanzer* und Selbstfahrlafetten
E25	25–50	Aufklärungspanzer, mittlere *Jagdpanzer*, schwere Selbstfahrlafetten
E50	50–75	Mittelschwere Panzer als Ersatz für *Panther*, *Tiger I* und ihre Derivate
E75	75–100	Schwere Panzer als Ersatz für *Tiger II* und *Jagdtiger*
E100	100 +	Überschwere Panzer wie *Maus* and E100

■ Der E50 war als Nachfolgemodell für den *Panther* geplant und hatte auch große Ähnlichkeit mit ihm. Vorgesehen waren ein stark vereinfachtes Fahrgestell sowie ein kleinerer Turm. Die Hauptbewaffnung mit der verbesserten 7,5-cm-L/70 sollte richtungsstabilisiert und mit einem halbautomatischen Ladesystem versehen sein. Geplant war auch der Einbau eines stereoskopischen Entfernungsmessers ins Feuerleitsystem.

■ Der E75 sollte den *Tiger II* als neuer schwerer Panzer ablösen. Der Konstruktionsentwurf hatte große Ähnlichkeit mit dem des E50, sah aber eine stärkere Panzerung und eine schwerere Hauptbewaffnung vor. Die ersten Fahrzeuge aus der Serienproduktion wären vermutlich mit neuen 8,8-cm-KwK 44 L/71 bewaffnet gewesen. Diese verwendeten eine andere Munition mit kürzeren, aber dickeren Hülsen, was das Nachladen in der Enge des kleinen Turms erleichtert hätte.

SUPERPANZER DER E-SERIE

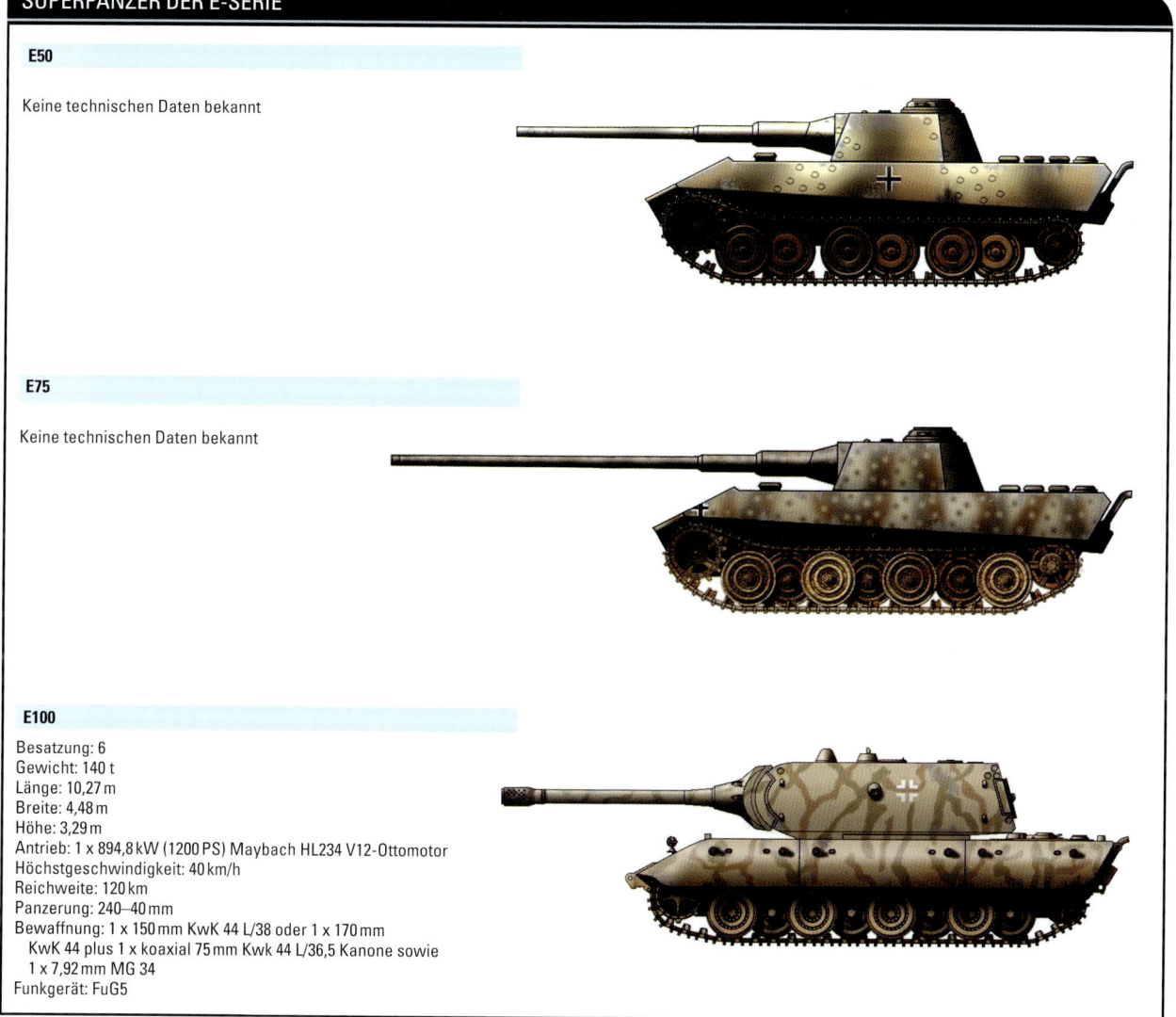

E50

Keine technischen Daten bekannt

E75

Keine technischen Daten bekannt

E100

Besatzung: 6
Gewicht: 140 t
Länge: 10,27 m
Breite: 4,48 m
Höhe: 3,29 m
Antrieb: 1 x 894,8 kW (1200 PS) Maybach HL234 V12-Ottomotor
Höchstgeschwindigkeit: 40 km/h
Reichweite: 120 km
Panzerung: 240–40 mm
Bewaffnung: 1 x 150 mm KwK 44 L/38 oder 1 x 170 mm
  KwK 44 plus 1 x koaxial 75 mm Kwk 44 L/36,5 Kanone sowie
  1 x 7,92 mm MG 34
Funkgerät: FuG5

P-Serie »Landkreuzer«

Das Konzept eines »geländegängigen Schlachtkreuzers« geht auf das Jahr 1903 zurück, als die Kurzgeschichte The Land Ironclads *von H. G. Wells erschien. Darin geht es um das kriegsentscheidende Potenzial solcher gepanzerter Ungetüme. In den 1930er-Jahren schien die Technik in der Lage, solche Vorstellungen zu realisieren.*

Berichten zufolge soll ein deutscher Ingenieur namens Grotte, der Anfang der 1930er-Jahre im OKMO-Entwicklungsbüro in Leningrad arbeitete, das Projekt zum Bau eines sowjetischen *Landkreuzers* mit der Bezeichnung *Bolschewisten-Panzer* entwickelt haben. Genauere Angaben gibt es

nicht, aber das Gerät wäre schätzungsweise 1000 t schwer gewesen. Als Hauptbewaffnung war vermutlich an ein 20,3-cm-Zwillings-Schiffsgeschütz gedacht. Mehrere Motoren sollten eine Leistung von 24 000 PS erbringen, und als Besatzung waren 60 Mann vorgesehen. Es ist fraglich,

ob es dieses Projekt jemals gegeben hat, aber es hätte Stalins Vorliebe für »Prestigewaffen« entsprochen.

Landkreuzer P 1000 »Ratte«
Nur wenig mehr weiß man über das Projekt *Landkreuzer P 1000*, das aus der von Krupp 1941 angestellten Stu-

P1000 »RATTE«

Technische Daten

Besatzung: k. A.
Gewicht: 1800 t
Länge: 35 m
Breite: 14 m
Höhe: 11 m
Antrieb: 8 x 1491,4 kW (2000 PS) Daimler-Benz
   MB501 Dieselmotoren
Höchstgeschwindigkeit: 40 km/h

Reichweite: k. A.
Panzerung: 360–150 mm
Bewaffnung: 2 x 280 mm SK C/34 L/54,4 Kanonen,
   1 x 128 mm KwK 44 L/55 Kanone,
   8 x 20 mm Flak 38 plus 2 x 15 mm Mauser MG
   151/15
Funkgerät: k. A.

die über sowjetische schwere Panzer hervorgegangen zu sein scheint. Auch Grotte, inzwischen bei Krupp mit Untersuchungen über U-Boote beschäftigt, hatte Kenntnis von dieser Studie. Im Juni 1942 schickte er Hitler die Beschreibung eines 1000 t schweren Panzers mit der Bezeichnung *Landkreuzer*. Hitler zeigte sich vom Vorschlag beeindruckt und beauftragte Krupp mit weiteren Entwurfsstudien. Im Dezember 1942 lagen die ersten Blaupausen für die Konstruktion der *Ratte* vor. Rüstungsminister Albert Speer, der Hitlers Begeisterung für das Projekt keineswegs teilte, gelang es Anfang 1943, das Projekt zu beenden, bevor mit der Konstruktion begonnen werden konnte.

Im Entwurf war ein Nominalgewicht von 1000 t vorgesehen, aber man kann davon ausgehen, dass die *Ratte* vermutlich erheblich schwerer geworden wäre. Allein die für den Hauptturm vorgesehene Bewaffnung aus zwei 28-cm-Kanonen, wie sie als Hauptartillerie bei der *Scharnhorst*-Klasse eingesetzt wurden, hätte mindestens 650 t gewogen.

Die Unterbringung einer auch nur geringen Anzahl an Granaten für die Hauptartillerie würde das Problem noch verschärft haben, weil jede der panzerbrechenden 28-cm-Granaten einschließlich Treibsatz 454 kg wog. Hinzu kam das nicht unerhebliche Gesamtgewicht der Sekundärbewaffnung mit einer 12,8-cm-Kanone, starker Flugabwehr sowie der dazugehörigen Munition.

Sonderausrüstung

Im Hinblick auf das hohe Gewicht waren drei 1,2 m breite Ketten auf jeder Fahrzeugseite vorgesehen, was eine Gesamtkettenbreite von 7,2 m ergab. Das hätte die Stabilität verbessert und den Bodendruck verringert, aber der schieren Masse des Fahrzeugs hätte keine Straße standgehalten, und keine Brücke hätte diese Last tragen können. Dem stand gegenüber, dass das Fahrzeug dank seiner Länge von 35 m Flüsse hätte durchwaten können, ohne dass über den Einbau von Schnorcheln hinaus besondere Vorkehrungen dafür notwendig gewesen wären.

Vorgesehen waren weiterhin eine Motorradgarage für zwei Motorräder BMW R12 für Erkundungsfahrten im Gelände sowie verschiedene kleinere Stauräume, eine kompakte Krankenstation und ein geschlossenes Sanitärsystem.

Der Entwurf für die *Ratte* sah zwei Kraftanlagen vor:
* 2 x 24-Zylinder-MAN-V12Z32/44-Schiffsdieselmotoren mit 8500 PS (6338,5 kW) Leistung ähnlich wie für U-Boote
* 8 x 20-Zylinder-Daimler-Benz-MB-501-Vergasermotoren mit je 2000 PS (1491,4 kW) Leistung.

Vermutlich hätte man sich für die bewährten MB 501 entschieden, die theoretisch eine maximale Marschgeschwindigkeit von 40 km/h ermöglicht hätten, aber für den operativen

(E100 zum Größenvergleich)

Einsatz hätte man die Geschwindigkeit deutlich verringern müssen, um das Getriebe und Fahrwerk zu schonen. Selbst unter optimistischsten Maßgaben wäre die *Ratte* kein pratikables Kriegsgerät geworden, weil sie einfach zu groß war, um in herkömmlichen Fabrikanlagen gebaut werden zu können. Dazu hätte es der Einrichtungen einer Schiffswerft bedurft. Aber wahrscheinlich hätte der Bau eines einzigen Prototyps die Kapazität einer Werft über Monate hinweg ausgelastet.

Die Feuerkraft war außergewöhnlich hoch. Die 28-cm-Geschütze waren imstande, bei Direktbeschuss auf rund 5000 m Panzerplatten von 45 cm Stärke und mehr zu durchschlagen. Bei einem Höhenrichtbereich von 40 Grad betrug die Schussweite des Geschützes fast 41 km.

Eine ganz andere Frage war jedoch, wie man diese gewaltige Feuerkraft zum Einsatz bringen konnte. Die Mobilität der Kampfmaschine war äußerst beschränkt, und die Behebung jedweder Havarie wäre einer technischen Meisterleistung gleichgekommen. Ein weiteres gravierendes Problem ergab sich daraus, dass die gemächlich dahinkriechende *Ratte* ein weithin sichtbares Ziel abgegeben hätte. Zwar war die Panzerung stark genug, um dem Beschuss aus den meisten landgestützten Waffen widerstehen zu können, aber weil die Alliierten die Luftüberlegenheit besaßen, bestand die immerwährende Gefahr durch Kampfflugzeuge und Bomber. Der Durchschlagskraft panzerbrechender Bomben hätten der Turm und die Dachpanzerung selbst der dickfelligen *Ratte* nicht standgehalten.

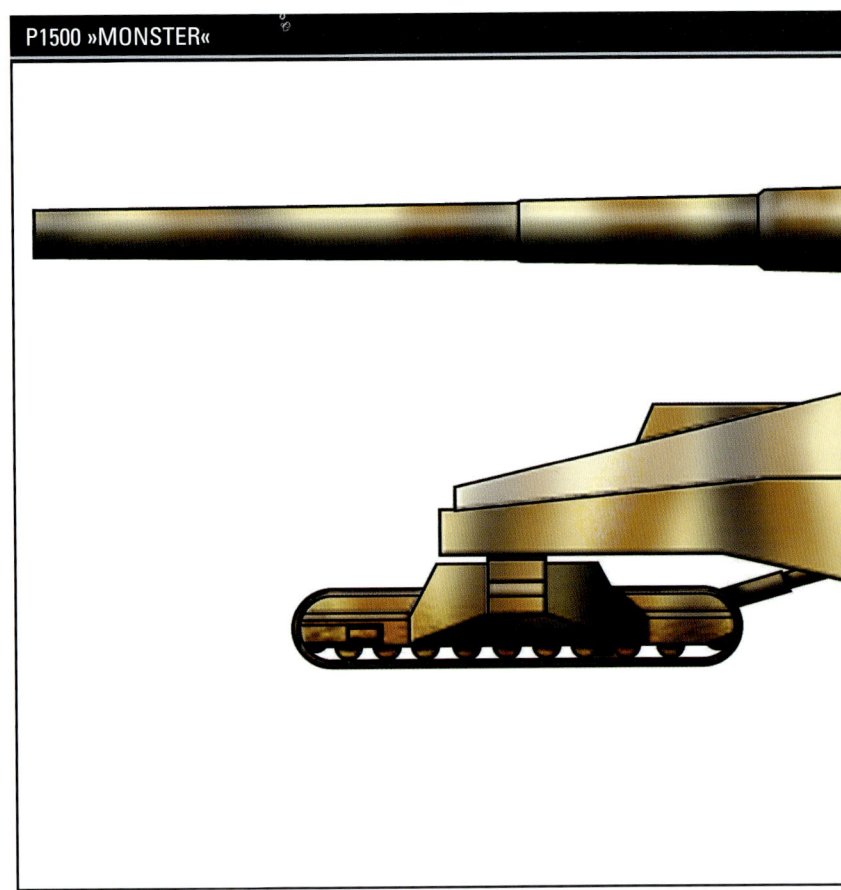

P1500 »MONSTER«

Landkreuzer P 1500 »Monster«

Das *Monster* war eine Weiterentwicklung der *Ratte* und kam noch weniger weit über das Planungsstadium hinaus als diese. Es soll auf eine Initiative von Krupp vom Dezember 1942 zurückgehen, auf die einige Entwurfsstudien folgten, bevor das Projekt Anfang 1943 von Albert Speer verworfen wurde.

Größe und Gewicht, die schon bei der *Ratte* hoch problematisch gewesen wären, hätten sich beim *Monster* zu einem noch größeren Hindernis entwickelt. Wie es scheint, hätte es einer Art Gelenkwanne bedurft, um das Fahrzeug überhaupt lenken zu können. Ein diesel-elektrischer Antrieb aus vier Motoren, die den Strom für vier Generatoren erzeugten, hätte vermutlich ausgereicht, um die vorgesehene Marschgeschwindigkeit von 10 km/h zu erreichen. Aber das Gelände hätte sorgfältig erkundet werden müssen, um zu vermeiden, dass das wegen des Gewichts der Hauptbewaffnung kopflastige Fahrzeug schon auf einer nur geringfügig schrägen Straßenböschung zur Seite kippt. Die Konfiguration des Fahrzeugs mutet seltsam an und erweckt den Eindruck, ziemlich wirren Gedanken-

Technische Daten

Besatzung: über 100	Antrieb: 4 x 1640,54 kW (2200 PS) MAN M6V 40/46	Bewaffnung: 1 x 800 mm Dora/Schwerer Gustav
Gewicht: 2500 t	Dieselmotoren	K (E) Geschütz plus 2 x 150 mm SFH 18/1 L/30
Länge: 42 m	Höchstgeschwindigkeit: 10 km/h	Haubitzen und zahlreiche 15 mm MG 151/15
Breite: k. A.	Reichweite: k. A.	Funkgerät: k. A.
Höhe: k. A.	Panzerung: bis 250 mm	

gängen entsprungen zu sein. Die Schussweite der Hauptbewaffnung mit dem 80-cm-Geschütz vom Typ *Dora/Schwerer Gustav* betrug 48 km, was zielgenauen Beschuss von vornherein ausschloss. Die Schussfolge hätte bei einer halben Stunde gelegen. Folglich hätte die Stellung wie bei motorisierter schwerer Artillerie weit hinter der Kampflinie liegen müssen, weshalb die 25 cm starke Panzerung sinnlos gewesen wäre. Ebenfalls schwer nachvollziehbar ist die Ergänzung der Hauptbewaffnung durch zwei 15-cm-Mörser, die es auf eine Schussweite von etwa 13 km brach-

ten. Um sie einsetzen zu können, hätte die Maschine näher an die Front herangebracht und dem Feuer der feindlichen mittelschweren Artillerie ausgesetzt werden müssen. Weil aber aus Gründen der Stabilität auf jegliche Art von Deckenpanzerung verzichtet werden musste, wäre das *Monster* für Artilleriebeschuss besonders empfindlich gewesen. Selbst wenn der P 1500 der Aufmerksamkeit der feindlichen Artillerie und Luftaufklärung entgangen wäre, hätte er kaum Wirkung entfaltet. Es gab vermutlich nur wenig oder gar keinen Stauraum für die Munition der Haupt-

bewaffnung, weil eine einzige 80-cm-Sprenggranate 3,5 m lang war und fast 5 t wog, wozu noch 2,24 t für den Treibsatz kamen. Bei Eisenbahngeschützen konnte die Munition auf der Schiene herangebracht werden, aber für das wären geländegängige Spezialfahrzeuge erforderlich gewesen. Dabei hätte ein Munitionspanzer wahrscheinlich nur ein einziges Geschoss samt Treibsatz transportieren können.

Das *Monster* hatte alle Nachteile der *Ratte*, nur in weit höherem Ausmaß – als Konstruktionsentwurf faszinierend, aber keine brauchbare Waffe.

4. KAPITEL

Kanonen und Geschütze

Superkanonen unterschiedlichster Art hat es seit Jahrhunderten gegeben. Im ausgehenden Mittelalter wurden bei großen Belagerungen bis zu 700 kg schwere Steinkugeln gegen die Festungsmauern abgefeuert. Die Mobilität dieser schweren Kaliber war zu allen Zeiten stark eingeschränkt, bis im Amerikanischen Bürgerkrieg Eisenbahngeschütze und Anfang des 20. Jahrhunderts Geschütze mit Selbstfahrlafette eingeführt wurden. Vor Ausbruch des Ersten Weltkriegs hat man in Deutschland motorisierte überschwere Kanonen für den Beschuss der Befestigungsanlagen entlang der Grenzen Frankreichs und Belgiens entwickelt, um, wie es der Schlieffen-Plan vorsah, Frankreich in kürzester Zeit in die Knie zwingen zu können. Der Stellungskrieg an der Westfront überzeugte dann die Deutschen von der kriegsentscheidenden Bedeutung überschwerer Artillerie und der Notwendigkeit, die Entwicklung auch während des Kriegs fortzusetzen. Auch als Langstreckenbomber immer mehr an Bedeutung gewannen, waren technisch hoch entwickelte Superkanonen wichtige Elemente im Waffenarsenal des Dritten Reichs.

■ **Vorläufer der deutschen Superkanonen im Zweiten Weltkrieg: Das 38-cm-Langrohrgeschütz SK L/45** *Langer Max* **beim Einsatz an der Westfront 1918.**

75

Eisenbahngeschütze und V3

Als im Ersten Weltkrieg beide Seiten versuchten, mit der Entwicklung immer schwerer Geschütze das durch den Stellungskrieg aufgezwungene Patt zu durchbrechen, schlug die Stunde der Eisenbahngeschütze. 1939 war der Gipfel des technisch Möglichen erreicht, und man konzentrierte sich auf die Entwicklung anderer unkonventioneller Geschütze.

Die 21-cm-Kanone 12 auf Eisenbahnlafette K12 (E)

Das *Paris-Geschütz* des Ersten Weltkriegs konnte zwar bis zu 130 km weit schießen, aber nach 65 Schuss war der Verschleiß an den Tiefzügen so hoch, dass das Rohr ausgewechselt werden musste. Mit der K12 umging man dieses Problem, indem man die Züge tiefer machte und gerippte Munition verwendete. Die Hülsen wurden mit exakt gefrästen gekrümmten Rillen versehen, die schon beim Laden in die Züge glitten und so den Verschleiß im Rohr minderten.

Zunächst gab es Zweifel an der Tauglichkeit dieses Systems, das mit einigen Rohren vom Kaliber 10,5 cm und Versuchsmunition erprobt wurde. Nachdem die Tests jedoch erfolgreich verliefen, machte man sich an die nicht unproblematische Konstruktion des schwereren Kalibers. Wie schon beim *Paris-Geschütz* musste das Rohr gestützt werden, damit es wegen des hohen Gewichts nicht durchhing. Es gab aber noch weitere Schwierigkeiten zu überwinden, die mit der Länge des Rohrs zusammenhingen. Anfangs hielt man es für ausgeschlossen,

einen dem hohen Gewicht gerecht werdenden Neigungsmechanismus entwickeln zu können, und setzte die Rohrwiege weit nach vorn, damit der Schwerpunkt im Bereich des Verschlusses lag. Dadurch entstand die Gefahr, dass das Verschlussstück beim Rücklauf ins Schotterbett der Gleise prallte, und man kam auf die Idee, die Lafette beim Feuern mit Hydraulikhebern um einen Meter über die Laufwerke anzuheben. Das musste bei jedem Schuss erfolgen, weil das Laden in dieser erhöhten Stellung nicht möglich gewesen wäre.

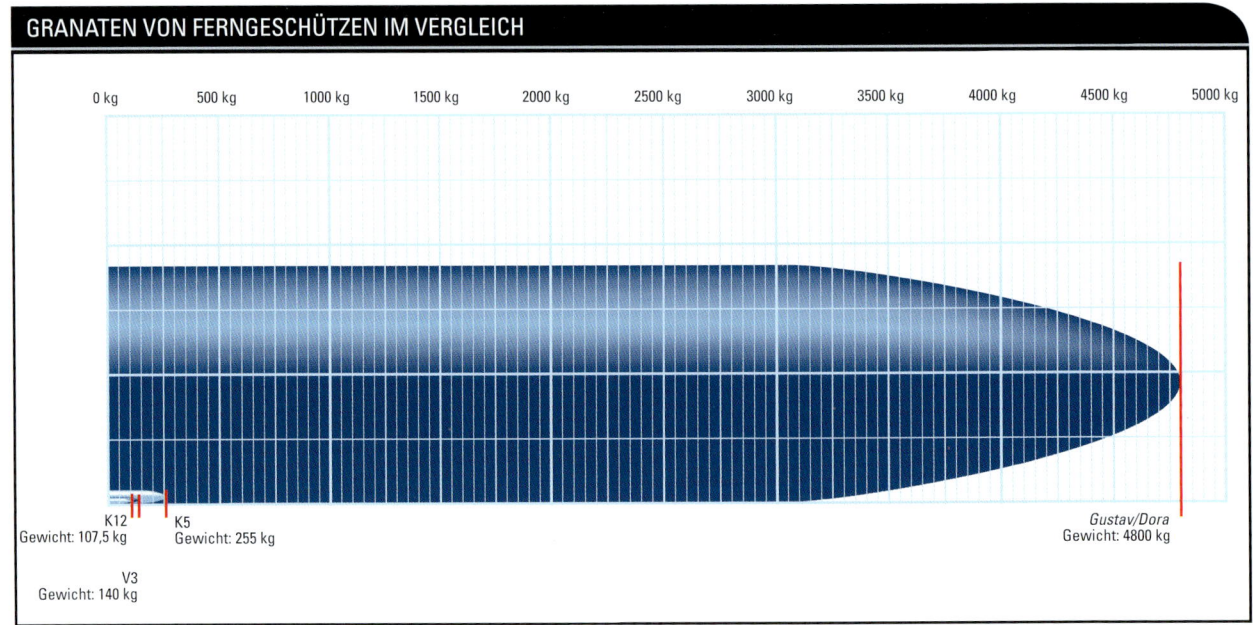

GRANATEN VON FERNGESCHÜTZEN IM VERGLEICH

K12
Gewicht: 107,5 kg

K5
Gewicht: 255 kg

V3
Gewicht: 140 kg

Gustav/Dora
Gewicht: 4800 kg

1938 war das Geschütz fertig und wurde im März 1939 in Dienst gestellt. Zwar erfüllte seine Leistung alle Anforderungen der Wehrmacht, aber die Begeisterung hielt sich wegen des umständlichen Anhebens und Absenkens zwischen jedem Schuss in Grenzen. Bei Krupp nahm man sich der Sache an, und es gelang, ein hydropneumatisches Lafettensystem zu entwickeln, das auch ohne Hydraulikheber das Gewicht des Geschützes tragen konnte. Dieses wurde für ein zweites Geschütz verwendet, das Mitte 1940 fronttauglich war und den Beifall der Wehrmacht fand.

Beide Geschütze wurden der Artilleriebatterie 701 (E) übergeben, die nahezu den ganzen Krieg über an der französischen Kanalküste stationiert

war und fast 90 km weit bis in die Gegend von Chatham hinüberschoss. Wegen des geringen militärischen Nutzens wurden nur diese beiden Geschütze gebaut. Es heißt, die Entwicklungsingenieure bei Krupp hätten zwar eingeräumt, die Konstruktion einer so unpraktischen Waffe wäre reine Zeitverschwendung gewesen, aber als Forschungsprojekt sei sie »jeden Pfennig« der 1,5 Millionen Reichsmark wert, die das Projekt verschlungen hatte.

Die 28-cm-Kanone auf Eisenbahnlafette K5 (E)

1935 begannen bei Krupp die Entwicklungsarbeiten für die K5, und 1937 wurden mit dem ersten Geschütz Schießversuche unternommen. Wie bei der K12 wurde gerillte Munition

verwendet, um den Verschleiß an den Zügen gering zu halten. 1940 befanden sich acht Geschütze im Einsatz und scheinen zur vollen Zufriedenheit funktioniert zu haben, bis es plötzlich mehrere Unfälle durch Rohrkrepierer gab. Eine Untersuchung war nicht imstande, die Ursache dieses Problems überzeugend zu klären, aber es erhärtete sich der Verdacht, dass es an der Tiefe der Züge liegen könnte, sodass man die Rillentiefe von 10 auf 7 mm verringerte. Damit hatte man auf Anhieb Erfolg, und die Geschütze erwiesen sich als außerordentlich zuverlässig. Bis 1945 wurden 25 Einheiten fertiggestellt.

Obwohl man mit den 255,5 kg schweren regulären Geschossen eine respektable Schussweite von 62,2 km erreichte, bemühte man sich laufend

K12-EISENBAHNGESCHÜTZ

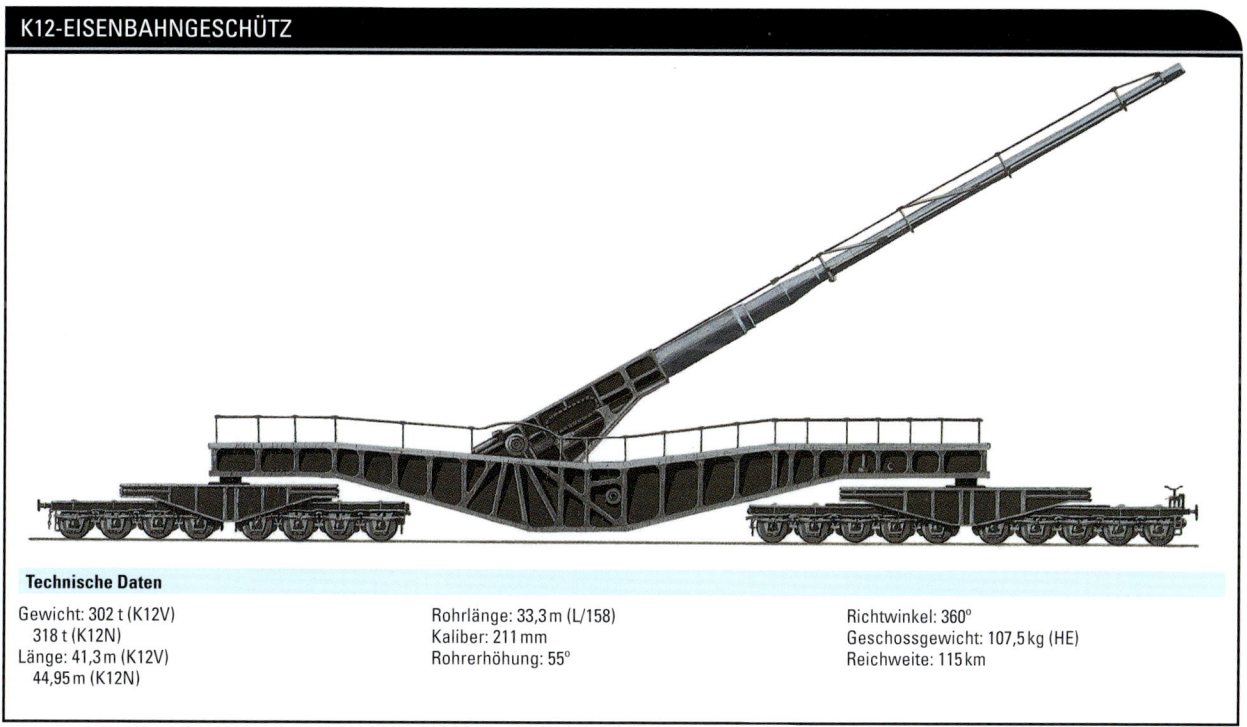

Technische Daten

Gewicht: 302 t (K12V) 318 t (K12N)	Rohrlänge: 33,3 m (L/158)	Richtwinkel: 360°
Länge: 41,3 m (K12V) 44,95 m (K12N)	Kaliber: 211 mm Rohrerhöhung: 55°	Geschossgewicht: 107,5 kg (HE) Reichweite: 115 km

K5-EISENBAHNGESCHÜTZ

Technische Daten

Gewicht: 221,5 t	Kaliber: 283 mm	Geschossgewicht: 255 kg (HE)
Länge: 32 m	Rohrerhöhung: 50°	Reichweite: 62,2 km
Rohrlänge: 21,54 m (L/76.1)	Richtwinkel: 360°	

um die Entwicklung noch weiter reichender Munition. Einer der ersten Entwürfe empfahl die Verwendung eines Projektils mit Raketenzusatzantrieb, der Raketengranate 4331 (RGr 4331), mit deren Konstruktion begonnen wurde. In die Spitze des Projektils wurde ein Feststoff-Raketentriebwerk eingebaut, das nach 19 Sekunden Flugdauer gezündet wurde. Die Verbrennungsgase strömten durch ein Zentralrohr entlang der Mittelachse des Geschosses an dessen hinteres Ende, wo sie austraten und dem Projektil zusätzlichen Schub verliehen. Dadurch stieg zwar die Schussweite auf 86,5 km, aber die Sprengladung verringerte sich um die Hälfte auf nur noch 14 kg. Die eindrucksvollste Auswirkung auf die Schussweite der K5 wurde mit dem so genannten *Peenemünder Pfeilgeschoss* erreicht. Für diese 1,9 m langen Geschosse mit Stabilisierungsflossen wurde die K5 mit glatten Rohren vom Kaliber 31 cm umgerüstet. Die Granaten erhielten einen

31 cm breiten Treibring und vier Flossen am hinteren Ende. Beim Abschuss zerbrach der aus drei Segmenten bestehende Treibring beim Austritt aus dem Rohr, und das pfeilförmige Projektil flog maximal 151 km weit. Als Zugabe hatte das *Peenemünder Pfeilgeschoss* eine 25 kg schwere Sprengladung, was seine Durchschlagskraft verglichen mit der der R Gr 4331 erheblich vergrößerte. Zum Glück für die Alliierten wurden nur zwei K5 für die Verwendung dieser Munition umgerüstet, die 1944 in geringen Stückzahlen ausgeliefert wurde – zu spät, um den weiteren Verlauf des Kriegs zu beeinflussen.

15-cm-Hochdruckpumpe V3/ »Fleißige Liesel«/»Tausendfüßler«

Das Konzept eines Ultra-Hochgeschwindigkeitsgeschützes mit multiplen Treibladungen stammt aus dem 19. Jahrhundert. Zwar wurden schon in den 1860er-Jahren Patentrechte erteilt, aber die ersten Schritte zur Konstruktion einer nach diesem Prinzip funktionierenden fronttauglichen Kanone erfolgten in den 1880er-Jahren durch zwei amerikanische Erfinder: James Haskell und Azel Lyman. Ihre Lyman-Haskell »multi-charge gun« war der V3 sehr ähnlich. Es hatte ein langes Rohr mit mehreren paarweise angeordneten Kammern für die Treibladungen. Der Apparat war auf eine lange, schräge Rampe montiert, und das Probeschießen erfolgte im Frankfort Arsenal in Philadelphia. Die Mündungsgeschwindigkeit lag mit nur 335 m/s erheblich niedriger als bei zeitgleichen konventionellen Kanonen. Bei Untersuchungen stellte sich heraus, dass der Gasstrom der Haupttreibladung am Geschoss vorbei nach vorn ging und die unterstützenden Treibladungen vorzeitig zündete. Statt also das Projektil anzuschieben und die Mündungsgeschwindigkeit zu erhöhen, bewirkten sie das Gegenteil. Weil nach dem damaligen Stand der Technik keine Lösung gefunden werden konnte, gab man das Projekt auf.

Der dahinter stehende Gedanke wurde jedoch zu verschiedenen Zeiten erneut aufgegriffen. 1941 wies das *British Ordnance Board* einen entsprechenden Vorschlag mit der Begründung zurück, dass man seit 1918 schon dreimal mit entsprechenden Anregungen an die Behörde herangetreten sei.

Etwa um die gleiche Zeit schlug August Cönders, leitender Ingenieur der Röchling Eisen- und Stahlwerke, ein ähnliches 15-cm-Geschütz mit 150 m langem Rohr vor, mit dem er behauptete, von Stellungen an der französischen Kanalküste aus London beschießen zu können. Weil ein anderes Projekt Cönders', eine betonbrechende Sprenggranate, erfolgreich gewesen war, entschied man sich bei Röchling zur Finanzierung eines 2-cm-Prototyps für Testzwecke. Nachdem dieser zur Zufriedenheit funktionierte, setzte man Albert Speer, den Reichsminister für Bewaffnung und Munition, davon in Kenntnis, der die Angelegenheit Hitler vorlegte. Dieser war vom Konzept begeistert und ordnete an, dass bei Marquise-Mimoyecques in der Nähe von Calais eine unterirdische Batteriestellung mit 50 Geschützen errichtet werden sollte. 1943 war der Prototyp der 15-cm-Kanone zwar fertiggestellt, aber noch mit Kinderkrankheiten behaftet. Die elektrische Zünderstellmaschine für die hintereinander angeordneten Treibladungen funktionierte nicht zuverlässig, und die einfachere Lösung, das Zünden dem Feuerstrahl der Hauptladung zu überlassen, erwies sich als genauso problematisch wie beim Modell von Lyman und Haskell. Zwar konnten die Anfangsschwierigkeiten behoben werden,

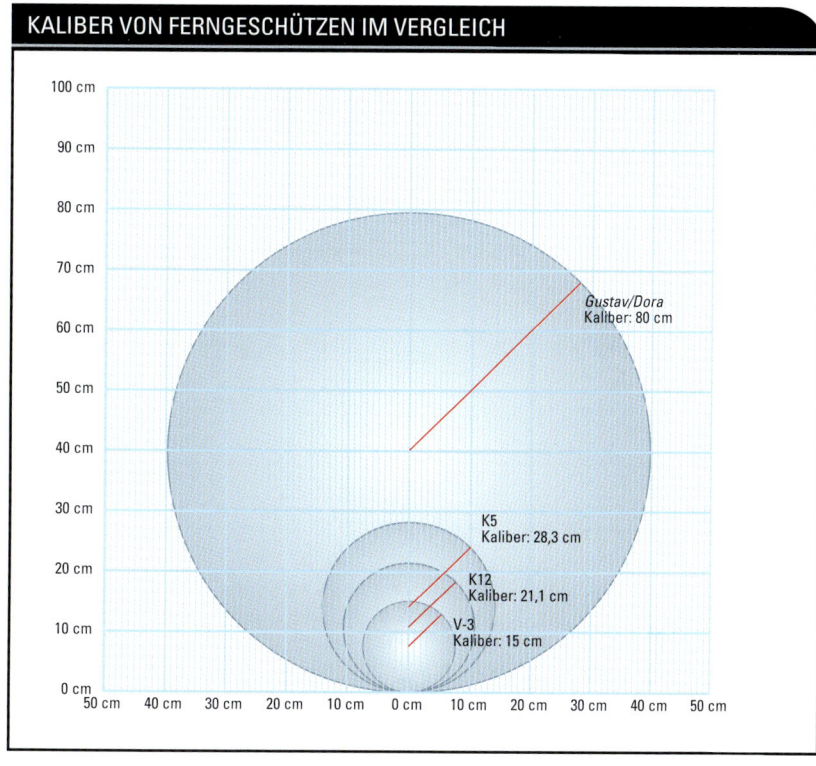

KALIBER VON FERNGESCHÜTZEN IM VERGLEICH

Gustav/Dora
Kaliber: 80 cm

K5
Kaliber: 28,3 cm

K12
Kaliber: 21,1 cm

V-3
Kaliber: 15 cm

aber die Gefahr durch Rohrkrepierer ließ sich nicht ausschalten, die Flugbahn der Projektile war instabil, und die Mündungsgeschwindigkeit erwies sich als völlig unzureichend, um die angestrebte Schussweite von 153 km auch nur annähernd zu erreichen. Den hinzugezogenen Ingenieuren des Heereswaffenamts gelang es, einige der Probleme zu lösen, aber noch im Mai 1944 betrug die Schussweite erst 88,5 km. Die Bauarbeiten an der unterirdischen Batteriestellung bei Marquise-Mimoyecques waren inzwischen weit fortgeschritten, aber bei einem britischen Luftangriff im Juli 1944 führten vier Treffer mit 5443 kg schweren *Tallboy*-Bomben zur weitgehenden Zerstörung der Geschützbunker. Wenig später brachen die

alliierten Kampfverbände aus dem Brückenkopf in der Normandie aus, besetzten die schwer beschädigten Stellungen und setzten einen endgültigen Schlussstrich unter alle Pläne zur Beschießung Londons.

Trotz dieser Rückschläge lief das Entwicklungsprogramm unter Federführung der SS weiter, und zwei kürzere Geschütze von schätzungsweise 50 m Rohrlänge mit zwölf Treibladungskammern wurden fertiggestellt. Zwischen dem 30. Dezember 1944 und dem 22. Februar 1945 beschossen die Geschütze die etwa 43 km entfernt liegende Stadt Luxemburg, richteten aber nur geringen Schaden an. Als sich die Alliierten Ende Februar 1945 der Batteriestellung näherten, wurden die Geschütze abgezogen.

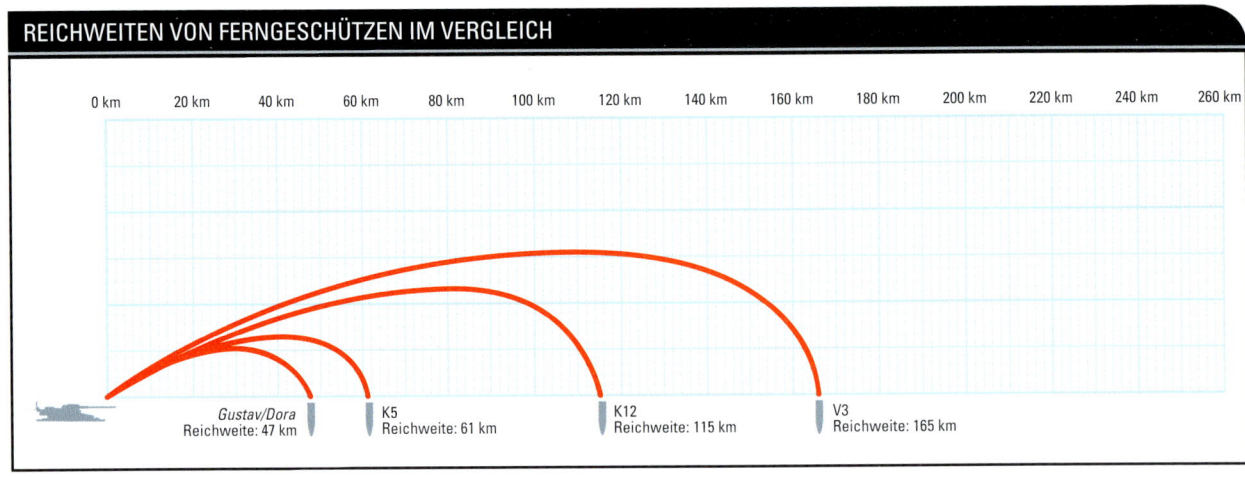

REICHWEITEN VON FERNGESCHÜTZEN IM VERGLEICH

Gustav/Dora
Reichweite: 47 km

K5
Reichweite: 61 km

K12
Reichweite: 115 km

V3
Reichweite: 165 km

80-cm-Kanone »Gustav-Gerät«

1935 wandte sich das Heereswaffenamt an Krupp mit der Bitte um Vorschläge, welche Art von Artillerie erforderlich wäre, um die Maginotlinie zu durchbrechen. Die Entwicklungsingenieure erstellten eine Reihe von Studien und fassten die ballistischen Daten dreier entsprechender Geschütze vom Kaliber 70, 80 und 100 cm in einem Bericht zusammen.

Der Bericht wurde zu den Akten gelegt und geriet in Vergessenheit, bis Hitler bei einem Besuch der Krupp-Werke im März 1936 die gleiche Frage stellte. Man übergab ihm eine Kopie des Berichts ans HWA, und als Hitler fragte, welche Aussichten bestünden, eine so riesige Waffe zu konstruieren, versicherte man ihm, dass die Produktion zwar schwierig, aber gewiss nicht unmöglich sei. Gustav Krupp von Bohlen und Halbach, der Vorsitzende des Konsortiums, scheint gespürt zu haben, dass Hitler eine Schwäche für spektakuläre Waffensysteme hatte, und gab Anweisungen für die Erstellung detaillierter Entwürfe für eine 80-cm-Kanone.

Als 1937 die Bestellung wie erwartet eintraf, wurde unter Leitung von Dr.-Ing. Erich Müller mit den Konstruktionsarbeiten begonnen. Das gesamte Programm lief unter strengster Geheimhaltung, und die Nachrichtendienste der Alliierten erfuhren zu keiner Zeit etwas über die neue Waffe. Trotz aller Bemühungen des mit dem Geschützbau bestens vertrauten Entwicklungsteams ging der Bau nur langsam voran. Das kam nicht überraschend, weil die Kanone den höchsten Anforderungen gerecht werden musste. Die betonbrechenden Projektile sollten imstande sein, 1 m starke Panzerung zu durchschlagen, dazu weitere 7 m Stahlbeton sowie 30 m

hohe verdichtete Erdaufschüttungen. Dazu brauchte man eine Kanone von bisher ungeahnten Dimensionen, und die schiere Größe bereitete dann auch die meisten Schwierigkeiten. Es stand von vorherein fest, dass das Geschütz nur auf der Schiene transportiert werden konnte und dass es zerlegbar sein musste, um die Lichtraummaße der Waggons nicht zu überschreiten. Das Rohr mit dem Verschlussblock musste so konstruiert sein, dass man es für den Transport in vier Komponenten aufsplitten konnte. Es war alles andere als einfach, ein aus mehreren Teilen bestehendes Gerät zu konstruieren, das den bei jedem Schuss entstehenden gewalti-

gen Druck aushielt, und erst Anfang 1941 begannen die Schießübungen mit dem auf einer provisorischen Lafette montierten Rohr.

Die Munition war so überwältigend wie die Kanone selbst. Das Sprenggeschoss wog 4800 kg, enthielt 400 kg Sprengstoff und hinterließ rund 12 m tiefe und breite Krater. Das betonbrechende Projektil wog 7100 kg, und für die eingebaute Zündladung kamen noch einmal 200 kg hinzu. Entsprechend gewaltig waren die Treibsätze: 2100 kg für die betonbrechende, 2240 kg für die Sprenggranate. Sofort nach Beendigung der Schießversuche begannen die Arbeiten an den Lafetten, das fertige Geschütz wurde auf den Artillerieübungsplatz bei Rügenwalde gebracht und Anfang 1942 Hitler vorgeführt. Inzwischen war der ursprüngliche Zeitplan um zwei Jahre überschritten, in denen Hitlers Ungeduld wegen der vielen Verzögerungen stetig gewachsen war. Aber angesichts der beeindru-

ckenden Größe des Geschützes und den überzeugenden Ergebnissen der Schießübungen auf »massive« Ziele, bei denen die vorgegebene Durchschlagskraft erreicht wurde, zeigte er sich vollauf zufrieden.

Wohl in Erwartung weiterer lukrativer Aufträge übergab Gustav Krupp das Geschütz, das zu seinen Ehren *Gustav-Gerät* getauft worden war, formell an Hitler als Geschenk der Firma in Würdigung der Kriegsanstrengungen des Reichs. Es besteht große Uneinigkeit über die Zahl der tatsächlich gebauten Geschütze. Viele Quellen behaupten, dass das zweite Geschütz *Dora* ebenfalls fronttauglich gewesen sei. Wahrscheinlich ist aber, dass der *Gustav* im Landserjargon *Dora* genannt wurde und so der Eindruck entstand, es habe zwei Geschütze gegeben.

Es war nicht so einfach, geeignete Ziele für die Kanone zu finden. Der ursprünglich geplante Einsatz gegen die Maginotlinie hatte sich durch den

■ **Gestürzter Gigant: ein beschädigtes *Gustav*-Geschützrohr, das US-Streitkräfte bei Kriegsende auf dem Truppenübungsplatz Grafenwöhr in Bayern fanden – wahrscheinlich eines jener Rohre, die nach 300 Schuss ausgetauscht worden waren**

unerwartet schnellen Sieg über Frankreich von selbst erledigt. So fiel die Wahl auf Sewastopol, weil man damit rechnete, dass die starken Befestigungsanlagen der Stadt nur mit der höchstmöglichen Feuerkraft zerschlagen werden könnten.

Die Belagerung Sewastopols
Gustav wurde zerlegt und auf die lange Reise auf die Krim geschickt, wozu 28 eigens dafür konstruierte Eisenbahnwaggons erforderlich waren, dazu ein Portalkran für den Zusammenbau sowie zwei Diesel-Doppelloks zum Verschieben des Geschützes am Einsatzort. Anfang März 1942 war die Landenge von

EISENBAHNGESCHÜTZBATTERIEN: AUSLIEFERUNG

Batterie	Geschützart	Anzahl	Stationierung
Batterie 717	17 cm KE	3	Artillerieregiment 676, Aug. 1944
Batterie 718	17 cm KE	3	Artillerieregiment 676, Aug. 1944
Batterie 701	21 cm K12 V	1	1. Tranche 1941, 2. 1943-44 Artillerieregiment 655, Aug. 1944
Batterie 686	28 cm K5 + 40 cm 752 (f)	2 + 4	Artillerieregiment 679, Aug. 1944
Batterie 688	28 cm K5	2	
Batterie 689	28 cm Schwere Bruno L/42	2	
Batterie 710	28 cm K5	2	Artillerieregiment 655, Aug. 1944
Batterie 711	37 cm (f) MIS	2	Beutegeschütz, zerlegt
Batterie 712	28 cm K5	2	Artillerieregiment 646, Aug. 1944
Batterie 697	28 cm K5	2	Messeinheit
Batterie 713	28 cm K5	2	
Batteries 765 und 617	28 cm K5	2	Messeinheit
Batterie 100	28 cm K5	2	Training und Auffrischung
Batterie 690	28 cm Kurze Bruno	2	Tranche 2: 1941, 4: Jan. 1944, Küstenartillerieregiment 676, Aug. 1944
Batterie 694	28 cm Kurze Bruno	2	1941, aufgelöst 1943-44
Batterie 695	28 cm Kurze Bruno	2	1941, +32 cm (f) 1943-44 Artillerieregiment 679, Aug. 1944
Batterie 696	28 cm Kurze Bruno	2	Artillerieregiment 676, Aug. 1944
Batterie 721	28 cm Kurze Bruno	2	Tranche 1: 1940, 2: 1943-44 Artillerieregiment 780, zusammengelegt mit Regiment 640 Aug. 1944
Batterie 692	27,4 cm 592 (f)	3	Artillerieregiment 640 zusammengelegt mit Regiment 780 Aug. 1944
Batterie 691	24 cm 651 (f)	3	Artillerieregiment 646, Aug. 1944
Batterie 722	24 cm Th. Bruno	4	Küstenbatterie
Batterie 674	24 cm Th. Bruno	2	Artillerieregiment 780 zusammengelegt mit Regiment 640 Aug. 1944
Batterie 664	24 cm Kurze Th. Bruno	2	Artillerieregiment 780 zusammengelegt mit Regiment 640 Aug. 1944
Batterie 749	28 cm K5	2	Artillerieregiment 640 zusammengelegt mit Regiment 780 Aug. 1944
Batterie 725	28 cm K5 + 28 cm N. Bruno	2 + 2	Artillerieregiment 646, N. Bruno, geteilt Aug. 1944
Batterie 459	37 cm 651 (f)	3	Artillerieregiment 646, Aug. 1944
Batterie 693	40 cm 752 (f)	4	Artillerieregiment 646, Aug. 1944
Batterie 698	38 cm Siegfried	2	Tranche 1: 1944, Siegfried an 679; Artillerieregiment 640, zusammengelegt mit Regiment 780 Aug. 1944

zweigleisige halbkreisförmige Schießstellung für das Seitenrichten des Geschützes eingerichtet. Um *Gustav* herum wurden weitere Schienen für den 112 t schweren Portalkran verlegt, der für den Aufbau benötigt wurde, und es entstand ein kleiner Verschiebebahnhof für die Bauzüge. Acht Meter tiefe Erdwälle sollten Schutz vor sowjetischen Luftangriffen und Granateinschlägen der gegnerischen Artillerie bieten. Einige Kilometer entfernt wurde eine Geschützattrappe aufgestellt. Schließlich bezogen noch zwei leichte Flakbatterien Stellung, um Tiefflieger abzuwehren. Trotz der präzisen Arbeit Krupps bei der Konstruktion der Komponenten war der Zusammenbau des Geschützes alles andere als eine leichte Aufgabe, besonders wenn das am Kran hängende Seelenrohr exakt fluchtend ins Mantelrohr eingeschoben werden musste. Es dauerte drei Wochen und brauchte 1720 Männer unter dem Kommando eines Generalmajors, bis *Gustav* gefechtsbereit war und am 5. Juni das Feuer eröffnete. Wegen der Größe und des Gewichts der Munition nahm das Laden trotz hydraulischer Unterstützung viel Zeit in Anspruch, sodass pro Stunde nur bis zu vier Schuss abgefeuert werden konnten. Darüber hinaus musste für jeden Schuss ein große Zahl von Parametern berücksichtigt werden, unter anderem die Mündungsgeschwindigkeit, Flugzeit, Menge und Temperatur der Treibladung. Während der Belagerung Sewastopols gab *Gustav* insgesamt 48 Schuss auf verschiedene Ziele ab.

• 5. Juni: Beschuss der Küstenverteidigungsbatterien auf 25 km Entfernung unter Einsatz von *Gustavs*

Perekop zwischen der Ukraine und der Halbinsel Krim erreicht, und *Gustav* blieb dort bis Anfang April. Inzwischen wurden Gleise von der Bahnstrecke Simferopol-Sewastopol nach Bachtschissaraj, 16 km nördlich des vorgesehenen Zielgebiets, verlegt, und am Kopf der Gleise eine

Luftaufklärer. Die Ziele wurden mit acht Granaten ausgeschaltet. Anschließend richtete sich das Feuer gegen Fort Stalin, das mit sechs Geschossen zerstört wurde.

- 6. Juni: Das erste Ziel dieses Tages war Fort Molotow, das nach sieben Schuss vernichtet war. Dann bombardierte *Gustav* die vielleicht stärkste Festungsanlage Sewastopols, die »Weiße Klippe«, ein 30 m unter der Seweranja-Bucht gelegenes, mit 10 m dicken Stahlbetonmauern geschütztes Stollensystem, das als Munitionslager der Roten Armee diente. Der letzte von neun Schüssen war ein Volltreffer, und die »Weiße Klippe« flog in die Luft.
- 11. Juni: Fünf Schuss auf Fort Siberia
- 17. Juni: *Gustavs* letzte fünf Schuss während der Belagerung Sewastopols galten dem Fort Maxim Gorki I mit zwei Panzerkuppeln mit Zwillingsgeschützen vom Kaliber 30,5 cm. Die Schäden waren gering.

Nachdem Sewastopol am 4. Juli kapituliert hatte, kam *Gustav* zur Überholung nach Deutschland und erhielt ein neues Seelenrohr. Es war geplant, das Geschütz bei Stalingrad und bei der Belagerung Leningrads einzusetzen, aber dazu kam es nicht. Berichten zufolge sollen aber während des Warschauer Aufstands einige Schuss abgegeben worden sein.

Es gab mehrere Vorschläge zur Modifizierung des *Gustav*-Geräts, beispielsweise zur Umrüstung auf eine 52-cm-Kanone, die ein 1420 kg schweres Geschoss 110 km weit schießen konnte. Als weitere Munition waren unter anderem eine 52/38 cm unterkalibrige Granate mit einer Höchstreichweite von 150 km vorgesehen sowie die A 52/38-cm-Granate mit Raketenzusatzantrieb, von der man sich eine Schussweite von 190 km versprach. Keiner dieser Pläne wurde jemals verwirklicht. Zwar hatte man mit der Konstruktion des Prototyps einer 52-cm-Kanone

begonnen, aber nachdem das Gerät bei einem Luftangriff der RAF auf Essen schwer beschädigt worden war, stellte man die Arbeit ein.

»Gustavs« Abgang

Die Berichte über *Gustavs* Ende widersprechen sich, aber man kann davon ausgehen, dass er vermutlich Ende 1944 verschrottet wurde. Bei einem Preis von etwa sieben Millionen Reichsmark war *Gustav* keine praktische Waffe von großem militärischem Wert. Für das gleiche Geld hätte man mindestens 21 *Tiger II* bauen können, von denen einer nur 321 500 Reichsmark kostete.

Hinzu kam, dass das *Gustav*-Gerät große menschliche Ressourcen verschlang: Zur 1720-köpfigen Bedienungsmannschaft gehörten viele hervorragende Fachkräfte, insbesondere die 20 Wissenschaftler und Ingenieure, die für jeden abzugebenden Schuss die Einstellungen für die Zieleinrichtung festlegten.

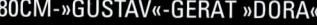

80CM-»GUSTAV«-GERÄT »DORA«

Technische Daten

Gewicht: 1350 t	Kaliber: 800 mm	Geschoßgewicht: 4,8 t (Sprenggranate)
Länge: 47,3 m	Rohrerhöhung: 65°	7,1 t (betonbrechendes Geschoss)
Rohrlänge: 32,48 m (L/40.6)	Seitenrichtung: Keine	Reichweite: 47 km (Sprenggranate)
		38 km (betonbrechendes Geschoss)

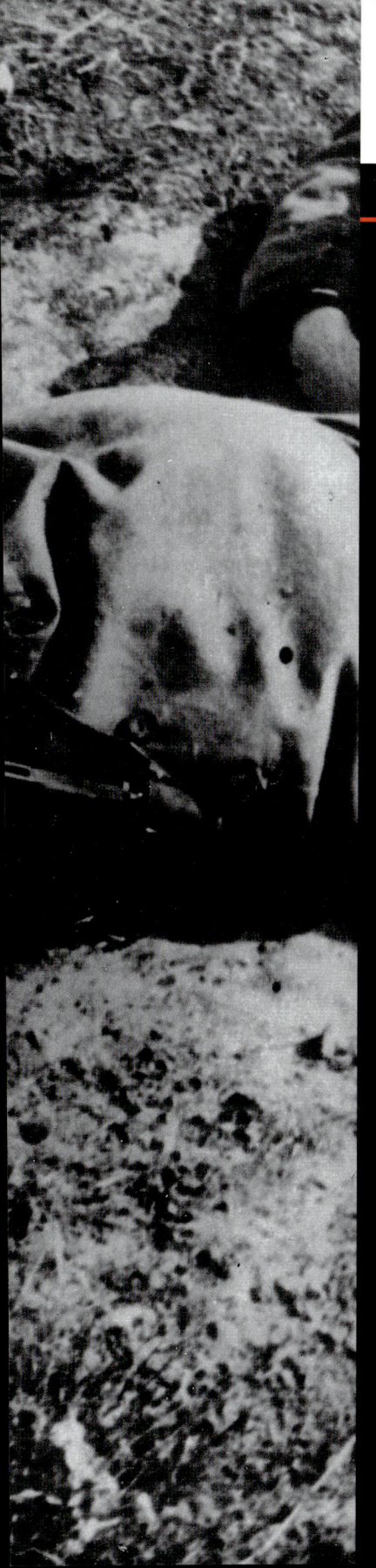

5. KAPITEL

Infanterie-waffen

Wenige Jahre nach Beendigung des Ersten Weltkriegs wurde das kleine Heer, das Deutschland gemäß den Bestimmungen des Versailler Vertrags unterhalten durfte, im Hinblick auf die im Krieg gesammelten Erfahrungen restrukturiert. Dabei ging man so gründlich vor, dass die 1921 eingeführte Organisationsstruktur bis weit in den Zweiten Weltkrieg hinein nur geringfügig verändert zu werden brauchte.

Die Kampftruppen der Wehrmacht waren gut ausgebildete Verbände, die für die damalige Zeit eine außergewöhnlich starke Feuerkraft entwickeln konnten. Jedes Infanterie-regiment verfügte über sechs 7,5-cm- und zwei 15-cm-Feldgeschütze, Granatwerfer vom Kaliber 18,8 cm und Panzerabwehrkanonen vom Kaliber 12,37 cm. Aber die in kurzen Abständen wechselnden Anforderungen im taktischen Einsatz erzwangen die Entwicklung immer wirkungsvollerer Waffen.

■ Auf dem Schießplatz: Ein deutscher Infanterist beim Übungs-schießen mit einem *Panzerschreck* RPzB 54

Waffenentwicklung

1939 zog die deutsche Infanterie mit vorbildlichen und aufwendigen Maschinengewehren und Mehrfachlader-Infanteriegewehren in den Krieg. Unterstützt wurde sie von Panzerabwehrkanonen, Feldgeschützen und Mörsern. 1945 kämpfte sie mit Sturmgewehren, Panzerfäusten und mit den ersten schultergestützten Boden-Luft-Raketen.

Schon lange vor 1939 hatte sich herausgestellt, dass das Standardmaschinengewehr der Wehrmacht, das MG 34, in der Herstellung zu teuer, zu arbeitsaufwendig und unter extrem schwierigen Gefechtsbedingungen anfällig für technische Defekte war. Der neue Entwurf, das MG 42, erforderte erheblich weniger spanabhebende Bearbeitung und war einfacher konstruiert. Die Herstellung beanspruchte nur 75 Arbeitsstunden; beim MG 34 waren es fast doppelt so viele. Auch die Herstellungkosten konnten drastisch gesenkt werden: von 327 auf 250 Reichsmark pro Stück.

Das MG 42 wurde erstmals 1942 eingesetzt und überraschte die Alliierten mit seiner noch nie da gewesenen Kadenz/Feuergeschwindigkeit von 1200 Schuss/Minute. Die amerikanischen GIs nannten das MG »Hitlers Kreissäge«, von der bis 1945 40 000 Stück produziert wurden. Die Konstruktion war technisch so ausgereift, dass sie noch heute in einer modernisierten Version unter der Bezeichnung MG 3 von der Bundeswehr und in vielen anderen Ländern verwendet wird.

Fallschirmjägergewehr 42

In den ersten Kriegsmonaten stellte sich heraus, dass die deutsche Infanterie als Ersatz für den Karabiner 98k, der schon in den 1890er-Jahren eingeführt worden war, ein neues Standardgewehr mit höherer Schussleistung brauchte. Zwar war das Mauser-Modell 98 eine zuverlässige Waffe und schoss zielgenau, aber das Magazin fasste nur fünf Patronen. Entsprechend gering war die Feuergeschwindigkeit. Die Maschinenpistolen MP 38 und MP 40 mit 500 Schuss/Minute konnten diesen Nachteil nur teilweise wettmachen, weil mit der verwendeten 9-mm-Pistolenmunition über 200 m Entfernung hinaus keine befriedigende Wirkung erzielt werden konnte. Das MG 34 und sein Nachfolger MG 42 waren hervorragende Schnellfeuerwaffen mit vielfältigen Einsatzmöglichkeiten, aber sie erforderten eine Bedienungsmannschaft von zwei oder, je nach Ausführung, mehr Leuten, und die Stückzahl war begrenzt. Das ideale Infanteriegewehr wäre eine Kombination aus 98k und MG 34/42 gewesen, was sich aber wegen des hohen technischen Anspruchs als undurchführbar erwies. Der erste ernsthafte Versuch, das Problem zu lösen, wurde 1941 unternommen, als die Luftwaffe nach einer Handfeuerwaffe für Einzel- und Dauerfeuer für Fallschirmjäger verlangte, die alle Eigenschaften des Mehrfachladers, der MP und des leichten MG als Angriffswaffe in sich vereinte. Die am 14. Dezember 1941 herausgegebene Spezifikation LC-6 enthielt entsprechende Anforderungen:

- Standardmunition 7,92 mm
- Gesamtlänge nicht über 1 m
- Gewicht nicht wesentlich höher als das des Karabiners 98k
- Einzelschussabgabe bei verriegeltem Verschluss in vorderer Stellung
- Wechselmagazine für zehn beziehungsweise 20 Schuss
- Einrichtung zum Abfeuern von Gewehrgranaten

Es erwies sich als äußerst schwierig, ein fronttaugliches Gewehr zu entwickeln, das allen diesen Ansprüchen gerecht wurde, sodass die neue Waffe mit der Bezeichnung *Fallschirmjägergewehr 42* (FG 42) erst im Lauf des Jahres 1943 an die Truppe ausgeliefert werden konnte.

So kampftauglich das FG 42 auch war, es gab Situationen, in denen seine Nachteile offenkundig wurden. Für 750 Schuss/Minute war die Waffe zu leicht, um genaues Zielen zu gewährleisten, und der Lauf erhitzte sich schnell. Außerdem war es teuer in der Herstellung, sodass bis Kriegsende nur 7000 Stück geliefert wurden.

Sturmgewehr 44 (StG 44)

In den späten 1930er-Jahren begann sich eine Lösung des Problems abzuzeichnen, als die Polte-Werke in Magdeburg die Standard-Gewehrmunition Kaliber 7,92 mm modifizierten, indem man die 57 mm lange Patronenhülse auf 33 mm verkürzte. Dadurch halbierte sich die Treibladung, und auch das Geschoss wurde kürzer und leichter. Die neue Kurzpatrone bewährte sich gut und konnte mit den vorhandenen Maschinen nach geringfügigen Anpassungen hergestellt werden. Nach dem Überfall auf die Sowjetunion im Juni 1941 und den ersten Erfahrungen der Wehrmacht mit der Roten Armee rückte sie schnell ins Zentrum des Interesses. Viele russische Infanteriekompanien waren mit der Maschinenpistole PPSh-41 ausgerüstet, und die zahlenmäßig unterlegene deutsche Truppe hatte dieser überwältigenden Feuerkraft auf kurze Entfernung nichts Gleichwertiges entgegenzusetzen. Das erste fronttaugliche Schnellfeuergewehr war der Maschinenkarabiner 42(H) (MKb 42(H)), von dem 1943 fast 12 000 Stück zur Erprobung in der Truppe ausgeliefert wurden. Alle waren begeistert, worauf die Serienproduktion des leicht vereinfachten Modells MP 43 anlief. Diese auf Hitlers Anweisung Mitte 1944 in *Sturmgewehr 44* (StG 44) umbenannte Waffe erwies sich als so wirkungsvoll, dass sie bis Ende 1945 alle Mehrladergewehre ersetzen sollte. Trotz der alliierten Luftangriffe wurden bis Kriegsende fast 426 000 StG 44 fertiggestellt, wobei allerdings nur etwa ein Drittel zum Einsatz kam. Das StG 44 war das Ausgangsmodell für eine der wichtigsten automatischen Handfeuerwaffen der Nachkriegszeit, die sowjetische AK-47 Kalaschnikow. Eine weitere Abwandlung war das spanische Sturmgewehr CETME, das 1959 als G3 für die Bundeswehr in Lizenz hergestellt wurde.

BERTHOLD KONRAD HERMANN ALBERT SPEER

■ Im Februar 1942 wurde Albert Speer zum Reichsminister für Bewaffnung und Munition ernannt. Speer stellte die deutsche Industrie auf Kriegswirtschaft und die Serienproduktion von Rüstungsgütern um.

Nachdem Speer im Februar 1942 als Reichsminister für Bewaffnung und Munition an die Stelle des bei einem Flugzeugabsturz tödlich verunglückten Dr. Todt getreten war, erwies er sich als außerordentlich fähiger Administrator, dem es gelang, trotz anhaltender schwerer alliierter Luftangriffe die Produktion der deutschen Kriegswirtschaft auf allen Gebieten zu steigern.

GEBOREN:	19. März 1905
GESTORBEN:	1. September 1981
GEBURTSORT:	Mannheim
VATER:	Albert Speer
MUTTER:	Luise Speer
GESCHWISTER:	keine Angaben
FAMILIENSTAND:	Seit 28. August 1928 verheiratet mit Margarete Weber. Sechs Kinder: Albert, Hilde, Fritz, Margarete, Arnold, Ernst
MILITÄRISCHE LAUFBAHN:	keine Angaben
AUSBILDUNG:	Universität Karlsruhe, Technische Universität München, Technische Universität Berlin
SCHLÜSSELPOSITIONEN VOR DEM KRIEG:	Mitglied der NSDAP seit 1931, 1933 Hitlers Architekt für Repräsentationsbauten in Berlin, München und Nürnberg 1937 Generalbauinspekteur für Berlin
SCHLÜSSELPOSITIONEN WÄHREND DES KRIEGS:	1942 Reichsminister für Bewaffnung und Munition 1943 Reichsminister für Rüstung und Kriegsproduktion, Generalinspekteur für das Straßenwesen, für Wasser und Energie

Panzerabwehrwaffen

Wie die meisten anderen Armeen verfügte auch die Wehrmacht zu Beginn des Kriegs über eine Reihe von Panzerbüchsen, die gegen leicht gepanzerte Fahrzeuge auf kurze Distanz Wirkung zeigen mochten, gegen die besser gepanzerten alliierten Tanks, die ab 1940 zum Einsatz kamen, aber nichts mehr ausrichten konnten.

Die ersten erfolgversprechenden Infanteriewaffen zur Bekämpfung der meisten Typen gepanzerter Fahrzeuge waren die als Hohlladung ausgeführten Gewehrgranaten, die 1940 eingeführt wurden. Das Prinzip beruhte auf dem in den 1880er-Jahren erfundenen »Monroe Effect«, aber die Entwicklung zu einer kampftauglichen Waffe setzte erst in den späten 1930er-Jahren ein. Die Spitze des Sprenggeschosses, der Rakete oder Gewehrgranate wird kegelförmig ausgehöhlt und mit Kupfer oder einem anderen Metall ausgekleidet. Beim Aufschlag aufs Ziel zündet die Sprengladung, die den Hohlkegel zusammenbrechen lässt und einen Strahl aus geschmolzenem Metall und explosiven Gasen erzeugt, der

Geschwindigkeiten von 10 000 m/sec entwickelt. Damit lassen sich Panzerplatten oder andere massive Ziele wie Stahlbeton durchschlagen. Weil die Wirkung der Hohlladung unabhängig von Entfernung und Fluggeschwindigkeit ist, spielt es keine Rolle, ob das Geschoss das Ziel auf 50 oder 500 m Entfernung trifft. Daher eignet es sich besonders für den Einsatz bei der Infanterie zur Panzerbekämpfung. Die ersten Gewehrgranaten mit der Bezeichnung GG/P40 hatten eine Reichweite von etwa 100 m und waren imstande, bis 40 mm starke Panzerungen zu durchbrechen. Am ursprünglichen Konstruktionsentwurf wurden nach und nach Verbesserungen vorgenommen, sodass 1942 bei unveränderter Reichweite die Pene-

tration von Panzerplatten bis 120 mm Stärke möglich wurde. Obwohl die Wirkung im Vergleich zu allen Einmann-Panzerabwehrwaffen erheblich größer war, waren Gewehrgranaten keine zufrieden stellende Lösung für das Problem einer effektiven Nahkampfverteidigung gegen die immer stärker gepanzerten Fahrzeuge.

Der 8,8-cm-Raketenwerfer 43 »Puppchen«

1943 ging eine kleine Panzerabwehrrakete in Produktion, deren Wirksamkeit Erstaunen auslöste, durchschlug sie doch Panzerungen bis zu 200 mm Stärke. Der 8,8-cm-Raketenwerfer 43, bei der Truppe *Puppchen* genannt, hatte große Ähnlichkeit mit einer kleinen Pak. Für den operativen Einsatz

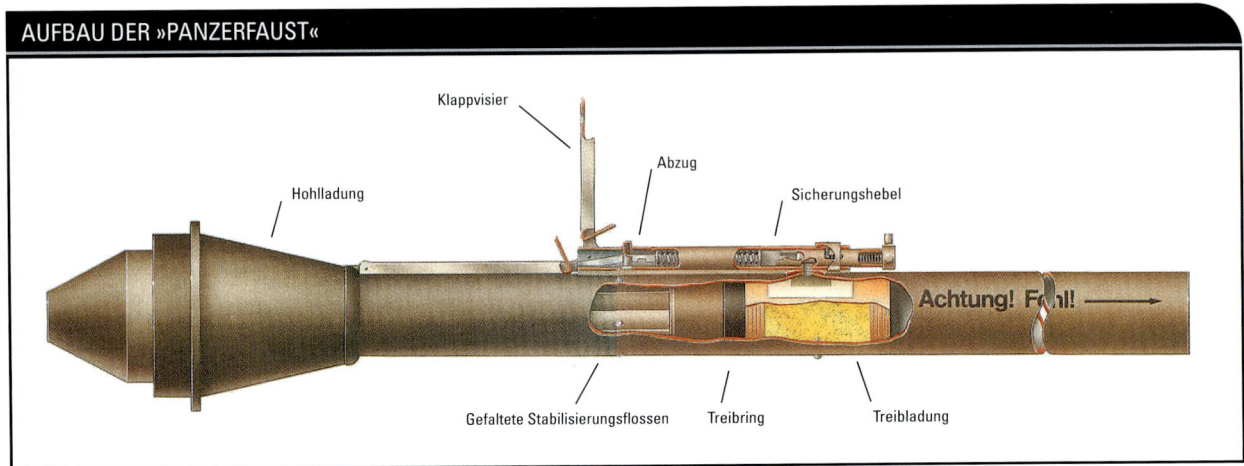

AUFBAU DER »PANZERFAUST«

Klappvisier

Abzug

Hohlladung

Sicherungshebel

Achtung! Fehl!

Gefaltete Stabilisierungsflossen

Treibring

Treibladung

»PANZERFAUST«-TYPEN IM VERGLEICH

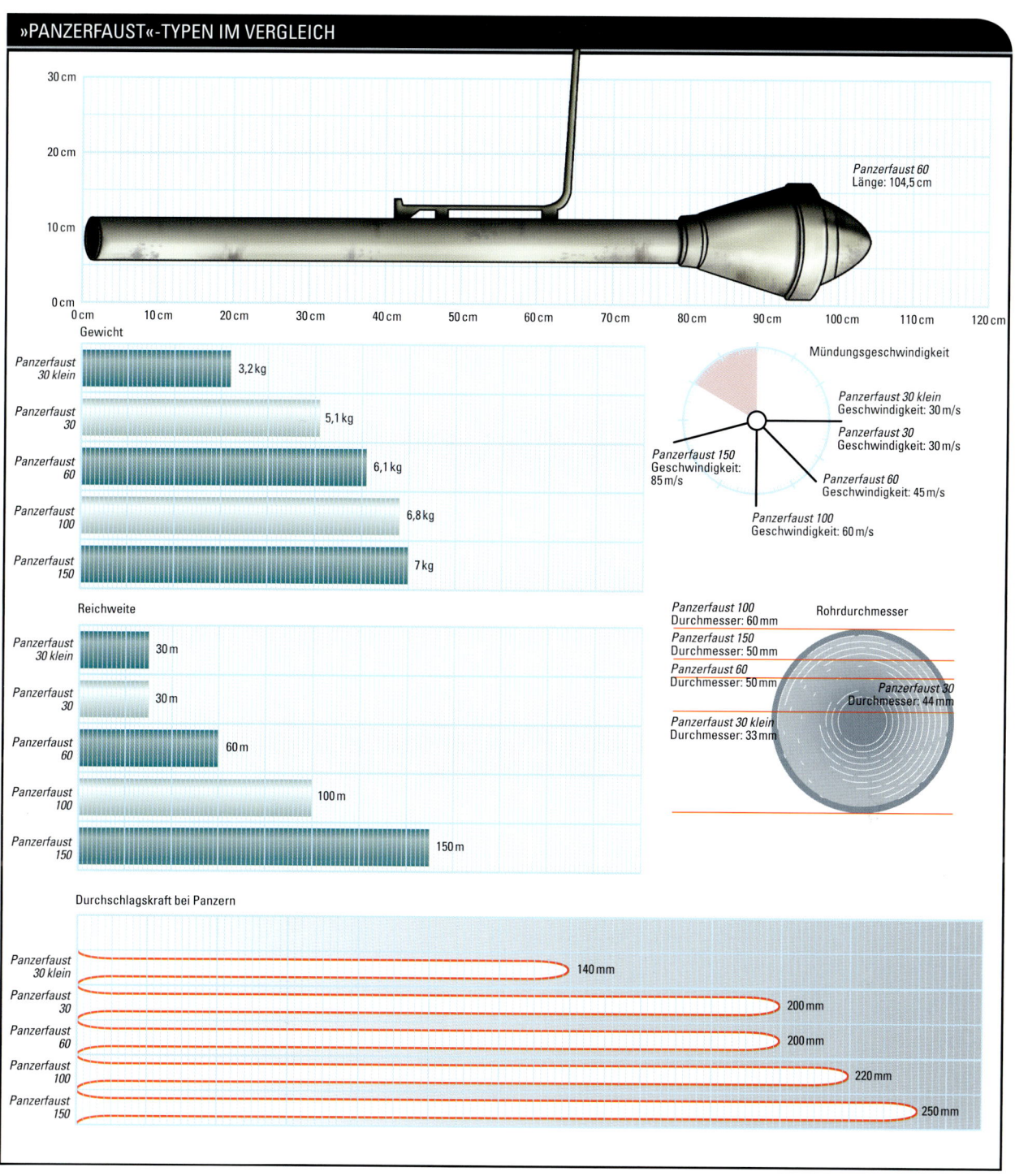

Panzerfaust 60
Länge: 104,5 cm

Gewicht

Panzerfaust 30 klein	3,2 kg
Panzerfaust 30	5,1 kg
Panzerfaust 60	6,1 kg
Panzerfaust 100	6,8 kg
Panzerfaust 150	7 kg

Mündungsgeschwindigkeit

Panzerfaust 30 klein
Geschwindigkeit: 30 m/s

Panzerfaust 30
Geschwindigkeit: 30 m/s

Panzerfaust 60
Geschwindigkeit: 45 m/s

Panzerfaust 100
Geschwindigkeit: 60 m/s

Panzerfaust 150
Geschwindigkeit: 85 m/s

Reichweite

Panzerfaust 30 klein	30 m
Panzerfaust 30	30 m
Panzerfaust 60	60 m
Panzerfaust 100	100 m
Panzerfaust 150	150 m

Rohrdurchmesser

Panzerfaust 100
Durchmesser: 60 mm

Panzerfaust 150
Durchmesser: 50 mm

Panzerfaust 60
Durchmesser: 50 mm

Panzerfaust 30
Durchmesser: 44 mm

Panzerfaust 30 klein
Durchmesser: 33 mm

Durchschlagskraft bei Panzern

Panzerfaust 30 klein	140 mm
Panzerfaust 30	200 mm
Panzerfaust 60	200 mm
Panzerfaust 100	220 mm
Panzerfaust 150	250 mm

»PANZERSCHRECK«-TYPEN IM VERGLEICH

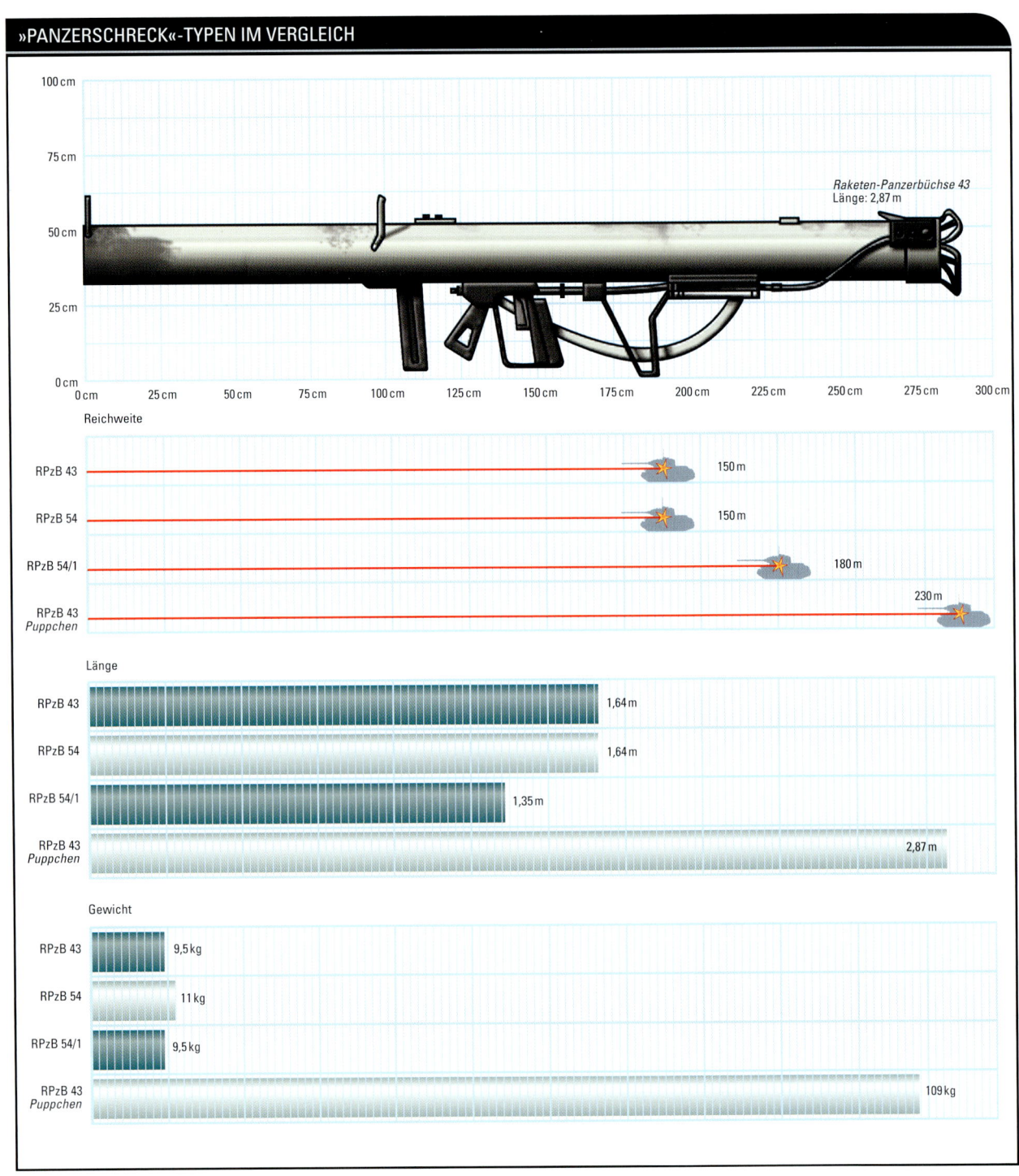

Raketen-Panzerbüchse 43
Länge: 2,87 m

Reichweite

RPzB 43	150 m
RPzB 54	150 m
RPzB 54/1	180 m
RPzB 43 *Puppchen*	230 m

Länge

RPzB 43	1,64 m
RPzB 54	1,64 m
RPzB 54/1	1,35 m
RPzB 43 *Puppchen*	2,87 m

Gewicht

RPzB 43	9,5 kg
RPzB 54	11 kg
RPzB 54/1	9,5 kg
RPzB 43 *Puppchen*	109 kg

als Panzerabwehrwaffe, seine Hauptaufgabe, verfügte er über eine Reichweite von 230 m, konnte aber auch zur Bekämpfung von Bunkern und befestigten Stellungen auf bis zu 700 m herangezogen werden. Obwohl der Raketenwerfer 43 wenig später vom viel einfacheren *Panzerschreck* abgelöst wurde, blieb die Waffe, vor allem in Italien, bis Kriegsende im Einsatz.

Raketen-Panzerbüchse 43 und 54 »Panzerschreck«

Die an den in Nordafrika erbeuteten Bazookas durchgeführten Untersuchungen führten zur Einstellung der Produktion des *Puppchens* zugunsten einer neuen Panzerabwehrwaffe nach amerikanischem Vorbild, die Mitte 1943 unter der Bezeichnung *Raketen-Panzerbüchse 43* oder *Panzerschreck* in Dienst gestellt wurde. Wegen des gewaltigen Feuerstrahls, der beim Abschuss aus dem Rohrende fegte, hieß das Geräte bei der Truppe auch »Ofenrohr«.

Das erste Modell war die RPzB 43 mit 164 cm Länge und einem Leergewicht von 9,25 kg. Das Geschoss hatte Ähnlichkeit mit dem des *Puppchens*, und weil das Rohr verhältnismäßig kurz war, brannte die Treibladung noch, wenn sie das Rohr verließ, sodass

der Schütze einen Asbestumhang und eine Gasmaske tragen musste, um keine Verbrennungen zu erleiden. Die maximale Schussweite beim Einsatz gegen gepanzerte Fahrzeuge betrug etwa 150 m, und bei der Wahl der Abschussposition musste der austretende Feuerstrahl berücksichtigt werden, der auf kurze Entfernung tödlich sein konnte.

Im Oktober 1943 wurde das Modell durch die schwerere RPzB 54 abgelöst, die vorn mit einem Schild ausgestattet war, sodass der Schütze keine Schutzkleidung mehr zu tragen brauchte. Es folgte die RPzB 54/1 mit einem kürzeren Rohr und verbesserter Rakete, die eine wirksame Schussweite von 180 m ermöglichte. Insgesamt wurden 315 000 *Panzerschrecks* produziert. Die Fertigung nahm zehn Arbeitsstunden in Anspruch, und die Stückkosten beliefen sich auf 70 Reichsmark.

Die »Panzerfaust«

Die *Panzerfaust* war eine rückstoßfreie Wegwerfwaffe von hoher Durchschlagskraft, die von der Infanterie und vom Volkssturm zur Bekämpfung feindlicher Panzer auf kurze Entfernung eingesetzt wurde. Das erste Modell mit der Bezeichnung *Faustpatrone* wurde im August 1943 an die Truppe ausgegeben. Bis Kriegsende überschritt die Gesamtproduktion aller Modelle die Sechsmillionenmarke. Die verbreitetsten Modelle waren:

- Die *Panzerfaust 30 klein* (Faustpatrone) verschoss ein 10-cm-Hohlladungsgeschoss, das auf maximal 30 m Entfernung 140 mm starke Panzerung durchschlug.
- Die *Panzerfaust 30* war die verbesserte Ausführung der *30 klein* und wurde ebenfalls im August 1943 ausgeliefert. Dank der stärkeren Hohlladung stieg die Durchschlagswirkung auf 200 mm.
- Die *Panzerfaust 60* war die verbreitetste Version und wurde im September 1944 ausgegeben. Die Durchschlagswirkung blieb bei 200 mm, aber die Reichweite verdoppelte sich auf 60 m.
- Die *Panzerfaust 100* war das letzte seit November 1944 in größerer Stückzahl produzierte Modell. Es hatte eine stärkere Treibladung, mit der eine Reichweite von 100 m

PANZERFAUST UND PANZERSCHRECK PRODUKTIONSZAHLEN

Typ	1943	1944	1945 (Jan.–März)	Gesamt
Faustpatrone	123 900	1 418 300	12 000	1 554 200
Panzerfaust 30 60 100 150	227 800	4 120 500	2 351 800	6 700 000
Panzerschreck RPzB.54 (Dez. 1944) und RPzB.54/1 (1945)	50 835	238 316	25 744	289 151
Panzerschreck-Munition (RPzB.Gr.4322 und 4992)	173 000	1 805 400	240 000	2 218 400

BESTÄTIGTE PANZERABSCHÜSSE, OSTFRONT 1944

Abschüsse	Januar	Februar	März	April	Gesamt
Gesamtzahl der Abschüsse	4727	2273	2663	2878	12 541
Bekannte Fälle	3670	1905	1031	1524	8130
Durch *Faustpatrone/Panzerfaust*	58	45	51	110	262
Durch *Panzerschreck*	9	24	29	26	88
Durch *Hafthohlladung*	21	13	14	19	67
Durch *Handgranate*	6	5	5	6	22
Durch *Tellermine*	20	4	43	11	78

möglich wurde. Die panzerbrechen-
de Wirkung erhöhte sich auf 220 mm.
- Die *Panzerfaust 150* ging erst im
  März 1945 in Produktion und wurde

in den letzten Wochen des Kriegs
in kleinen Stückzahlen ausgeliefert.
Die Reichweite wuchs noch einmal
auf 150 m, und das verbesserte

Hohlladungsgeschoss erhöhte die
Durchschlagskraft auf 250 mm. Die
Waffe konnte bis zu zehnmal nach-
geladen werden.

Panzerabwehrkanonen

*Deutsche Waffeningenieure entwickelten sowohl rückstoßfreie Kanonen als auch solche
mit konischem Lauf, die über das Potenzial verfügten, der Infanterie und den Luftlande-
truppen als leichte, aber wirksame Panzerabwehrwaffe zu dienen.*

Die ersten einsatzfähigen rückstoßfreien Waffen wurden während des
Ersten Weltkriegs von dem amerikani-

schen Marineoffizier Cleland Davis
entwickelt und zu Versuchszwecken
aus alliierten Flugzeugen abgefeuert.

Davis' Kanone hatte einen nach hinten offenen Verschluss und trieb ein
Gegengewicht (normalerweise aus

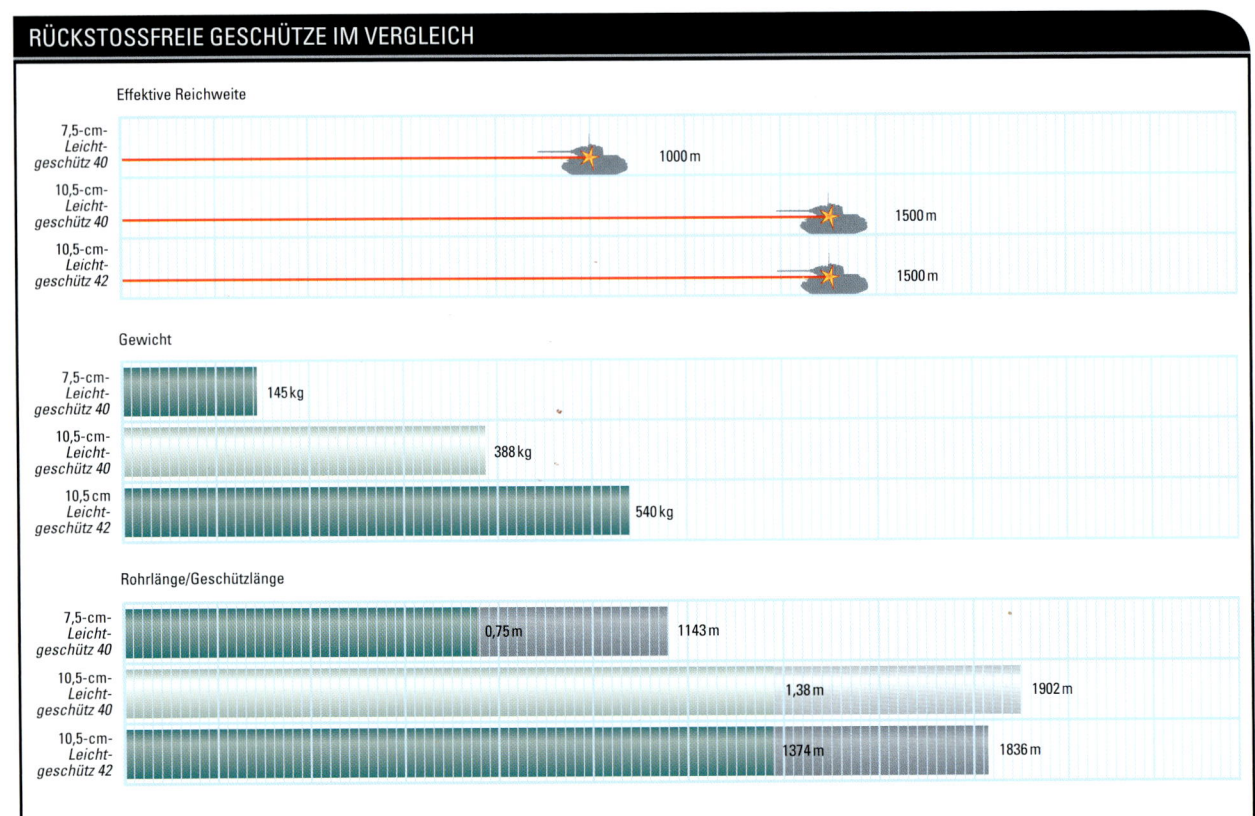

RÜCKSTOSSFREIE GESCHÜTZE IM VERGLEICH

Effektive Reichweite

7,5-cm-Leicht-geschütz 40	1000 m
10,5-cm-Leicht-geschütz 40	1500 m
10,5-cm-Leicht-geschütz 42	1500 m

Gewicht

7,5-cm-Leicht-geschütz 40	145 kg
10,5-cm-Leicht-geschütz 40	388 kg
10,5 cm Leicht-geschütz 42	540 kg

Rohrlänge/Geschützlänge

7,5-cm-Leicht-geschütz 40	0,75 m	1143 m
10,5-cm-Leicht-geschütz 40	1,38 m	1902 m
10,5-cm-Leicht-geschütz 42	1374 m	1836 m

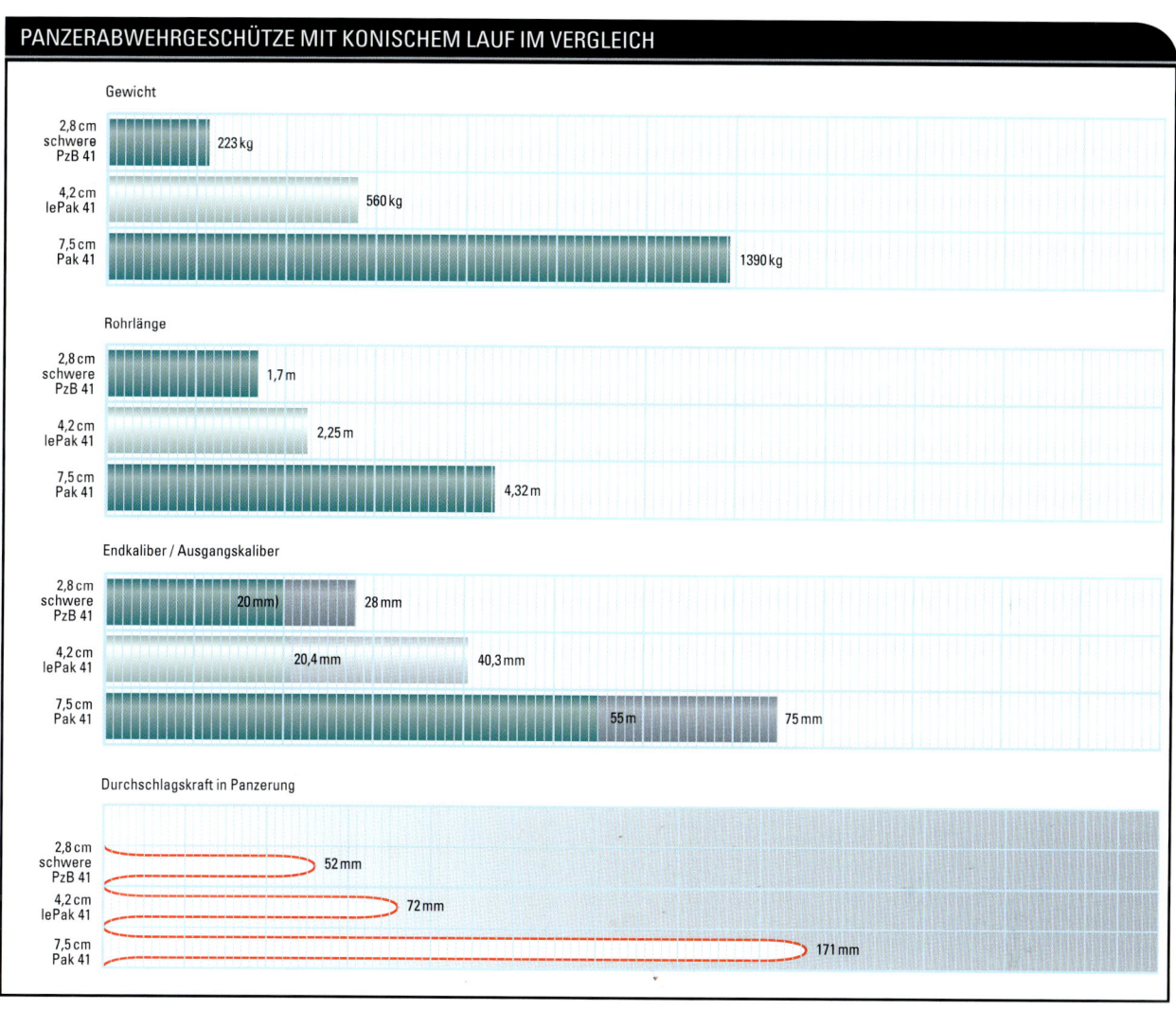

PANZERABWEHRGESCHÜTZE MIT KONISCHEM LAUF IM VERGLEICH

Gewicht

2,8 cm schwere PzB 41 — 223 kg
4,2 cm lePak 41 — 560 kg
7,5 cm Pak 41 — 1390 kg

Rohrlänge

2,8 cm schwere PzB 41 — 1,7 m
4,2 cm lePak 41 — 2,25 m
7,5 cm Pak 41 — 4,32 m

Endkaliber / Ausgangskaliber

2,8 cm schwere PzB 41 — 20 mm) / 28 mm
4,2 cm lePak 41 — 20,4 mm / 40,3 mm
7,5 cm Pak 41 — 55 m / 75 mm

Durchschlagskraft in Panzerung

2,8 cm schwere PzB 41 — 52 mm
4,2 cm lePak 41 — 72 mm
7,5 cm Pak 41 — 171 mm

Blei) aus dem Rohrende, das so schwer war wie das Projektil. Damit wurde die Rückstoßenergie ausgeglichen. In den 1930er-Jahren erkannte man, dass man das Gegengewicht auch mit einem Gasstrom ersetzen konnte, der der Treibladung beim Abschuss entgegenwirkte.
Die erste bei der Truppe eingeführte Waffe dieser Art war das 7,5-cm-Leichtgeschütz 40, das kurze Zeit spä-

ter vom 10,5-cm-L.G. 42 abgelöst wurde. Beide wurden vorwiegend von den deutschen Fallschirmjägern als Panzerabwehrwaffe und im Nahgefecht eingesetzt.

Pak
Das Prinzip des sich zur Mündung hin verjüngenden Rohrs wurde 1903 zum Patent angemeldet und in der Zwischenkriegszeit von dem deutschen

Ingenieur Hermann Gerlich zu einer 7-mm-Panzerabwehrwaffe für Versuchszwecke weiterentwickelt. Die Wirkung war so beeindruckend, dass man mit der Arbeit an einem stärkeren Kaliber begann, aus der 1941 die schwere Panzerbüchse 41 (PzB 41) von Kaliber 2,8 cm hervorging. Wie bei allen nachfolgenden Modellen wurde ein Hartkerngeschoss mit Wolframkern und einem Mantel aus

Leichtmetall verwendet, das beim Abschuss durch das sich verengende Rohr zusammengedrückt wurde. Das verlieh dieser leichten Waffe eine extrem hohe Mündungsgeschwindigkeit sowie außergewöhnliche panzerbrechende Eigenschaften.

Der erfolgreiche Einsatz der PzB 41 führte zur schnellen Entwicklung der stärkeren Kaliber 4,2 cm und 7,5 cm. Ab 1942 wurde das kostbare Schwermetall nur noch in der industriellen Fertigung verwendet, und nachdem die Munition aufgebraucht war, hat man die Waffen verschrottet.

Panzerabwehrwerfer

Die Notsituation zwang die deutschen Entwicklungsabteilungen zum radikalen Umdenken und zur Suche nach alternativen Möglichkeiten für den Bau leichter Panzerabwehrwaffen. Gegen Ende 1943 schlug Rheinmetall-Borsig ein Hoch-Niederdrucksystem vor, wobei zum Abschuss von flügelstabilisierten Hohlladungen ein schwerer Verschluss mit einem leichten, glatten Rohr kombiniert wurde. Das Geschoss war von der 8-cm-Mörser-Standardgranate abgeleitet und stand auf einer schweren Eisen-

platte, die genau in die Geschosshülse passte. Beim Abschuss entwich der von der Treibladung entwickelte hohe Gasdruck durch Bohrungen am Rand der Eisenplatte, bis er sich so weit aufgebaut hatte, um die Granate durch das Rohr zu treiben. Die Waffe war sehr wirkungsvoll, aber Probleme mit der Lafette verzögerten die Produktion bis Dezember 1944, sodass vom 8-cm-Panzerabwehrwerfer 600, wie er genannt wurde, nur 260 Stück ausgeliefert werden konnten. Ein stärkeres Modell PWK 10H64 kam über das Planungsstadium nicht hinaus.

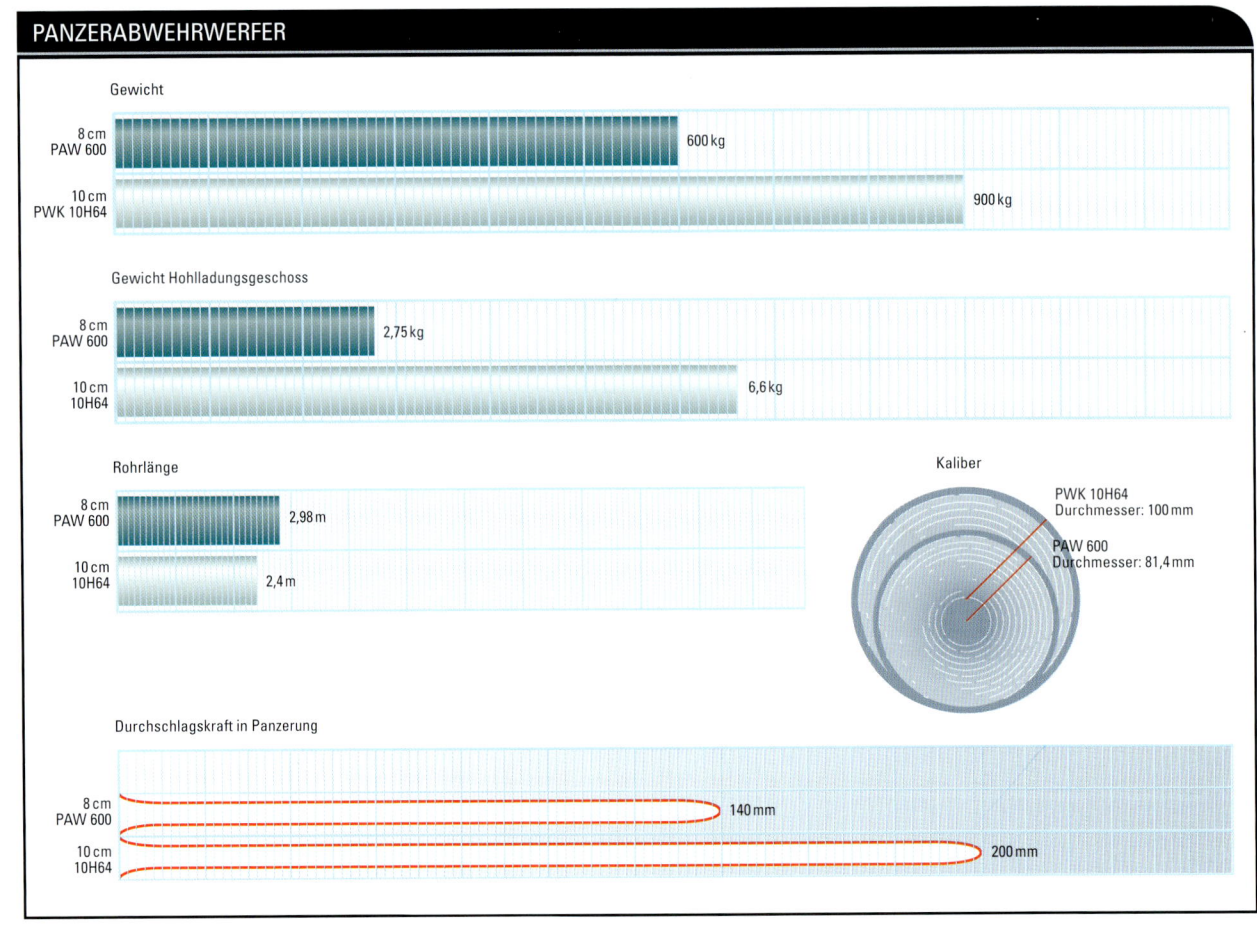

PANZERABWEHRWERFER

Gewicht

8 cm PAW 600 — 600 kg
10 cm PWK 10H64 — 900 kg

Gewicht Hohlladungsgeschoss

8 cm PAW 600 — 2,75 kg
10 cm 10H64 — 6,6 kg

Rohrlänge

8 cm PAW 600 — 2,98 m
10 cm 10H64 — 2,4 m

Kaliber

PWK 10H64 Durchmesser: 100 mm
PAW 600 Durchmesser: 81,4 mm

Durchschlagskraft in Panzerung

8 cm PAW 600 — 140 mm
10 cm 10H64 — 200 mm

Flugabwehrwaffen

1945 standen die deutschen Streitkräfte kurz davor, mit einer Reihe neu entwickelter Waffen die Auswirkungen der alliierten Luftüberlegenheit einzudämmen. Eine der bemerkenswertesten war die schultergestützte Einmann-Flugabwehrwaffe Luftfaust.

Die *Luftfaust* war ein einfaches Gerät, ließ sich kostengünstig produzieren und erwies sich als durchaus wirksam. Der Raketenwerfer bestand aus acht ringförmig um ein Zentralrohr angeordneten Rohren, die von vier Metallschellen zusammengehalten wurden. Mithilfe von zwei Handgriffen konnte man sie auf der Schulter auflegen und über einen Abzugbügel abfeuern. Die Munition steckte in einem neunschüssigen trommelförmigen Magazin und wurde von hinten unmittelbar in die Rohre eingeführt. Die 20-mm-Munition mit Stabilisierungsflügeln war auf einen Raketentreibsatz aufgesetzt und wurde in zwei Salven mit 0,2 Sekunden Abstand verschossen. Dabei erreich-

ten sie eine maximale Geschwindigkeit von 380 m/sec und bildete in 500 m Entfernung eine Splitterwolke. Die Produktion der *Luftfaust* begann Anfang 1945 in dezentralisierten Werkstätten mit ungelernten Kräften. Trotz der ungünstigen Voraussetzungen wurden bis zur Kapitulation etwa 10 000 Stück erzeugt, von denen jedoch nur wenige – wenn überhaupt – an die Truppe gingen. Es gibt keine zuverlässigen Berichte, ob sie jemals eingesetzt wurden. Die *Fliegerfaust* war eine Weiterentwicklung der *Luftfaust* mit sechs Rohren von 30-mm-Kaliber und verschoss ein etwas größeres Projektil als die *Luftfaust*: das 30-mm-Minen-Geschoss der Flugzeugbordwaffe MK 108.

Fliegerschreck

Auch diese aus dem *Panzerschreck* entwickelte Waffe zur Tieffliegerabwehr stand in den letzten Wochen des Kriegs kurz vor dem Erprobungsstadium. Das Besondere daran war die neue Munition, die aus einem Raketentreibsatz mit Hohlladungssprengkopf bestand mit davor montierter Ladung aus 144 kleinen Phosphor-Brandsplittern, die zeitversetzt gezündet wurden. Hinzu kam ein neues Visier mit speziellem Kreiskorn zur Bekämpfung von Tieffliegern, ähnlich wie beim MG 42. Im Januar 1945 waren die Entwicklungsarbeiten abgeschlossen. Die erste Charge von 500 Raketen wurde nicht mehr an die Truppe ausgegeben.

»LUFTFAUST«

Technische Daten

Werfer Gewicht: 6,6 kg	Werfer Durchmesser: 135 mm	Effektive Reichweite: 210–500 m
Werfer Länge: 1,3 m	Geschosskaliber: 20 mm	

6. KAPITEL

Geheime Luftwaffen- projekte

Schon der Aufbau der Luftwaffe als solche war eine Art Geheimunternehmen. Denn gemäß den Bestimmungen des Versailler Vertrags war der Bau von Kampfflugzeugen verboten. Aber schon zu Beginn der 1920er-Jahre wurde die Entwicklung wieder aufgenommen, und es fanden auch Übungsflüge statt. Das geschah im Rahmen eines Geheimabkommens mit der Sowjetunion überwiegend in Russland, wo zwischen 1924 und 1933 in Lipetsk eine Fliegerschule existierte. Rund 1200 deutsche Piloten wurden im Umgang mit militärischem Fluggerät in der Taktik des Luftkriegs ausgebildet.

Im Januar 1934 erteilte Hitler die Genehmigung für ein umfangreiches Entwicklungsprogramm zur Herstellung von Flugzeugen. Insgesamt 4021 Fluggeräte wurden in Auftrag gegeben, darunter nicht weniger als 1760 Schulflugzeuge. Anfänglich fanden die Flüge unter dem Deckmantel ziviler Organisationen statt, aber der Schleier der Geheimhaltung fiel, nachdem Hitler am 1. März 1935 die Existenz der Luftwaffe öffentlich verkündet hatte.

■ **Rümpfe der HE 162 in den unterirdischen Heinkelwerken in der Seegrotte in Hinterbrühl bei Wien**

Die Produktionsschlacht

1935 wurden in Deutschland mehr Militärflugzeuge gebaut als in irgendeinem anderen Land. Zwar waren von den 3183 fertiggestellten Maschinen die meisten Schulflugzeuge , aber sie zeigten, welch hoher Stellenwert der Luftwaffe inzwischen zugemessen wurde.

1939 hatte sich der Ausstoß mit 7350 Maschinen, meist Kampfflugzeuge, mehr als verdoppelt. In den folgenden vier Jahren kamen über 40 000 Einheiten dazu. Es erwies sich als Glücksfall für Deutschlands zukünftige Gegner, dass Göring bei aller Entschlossenheit zum Aufbau einer überlegenen Luftstreitmacht den sich abzeichnenden technischen Wandel nicht erkannte. Dessen ungeachtet lief die Entwicklung innovativer Flugzeuge auf Hochtouren, nicht zuletzt dank der Erfahrungen der Legion Condor im Spanischen Bürgerkrieg. Dennoch lagen die Schwerpunkte nicht auf der Entwicklung schwerer Bomber und Aufklärer mit hoher Reichweite, die sich auf den Verlauf des Zweiten Weltkriegs entscheidend ausgewirkt hätten, sondern man konzentrierte

GESAMTPRODUKTION KRIEGFÜHRENDER LÄNDER (1939-45)	
Land	*Stückzahl*
Vereinigte Staaten	324 750
Großbritannien	131 549
Sowjetunion	157 261
Deutschland	119 307
Japan	76 320
Kanada	16 431
Italien	11 122
Frankreich (Sept. 1939 – Juni 1940)	4016
Andere Commonwealthländer	3081
Ungarn	1046
Rumänien	1000

sich auf Jagdmaschinen, Sturzkampf- und mittelschwere Bomber. Das beanspruchte die Kapazitäten der deutschen Rüstungsindustrie weit weniger und versetzte die Luftwaffe in die Lage, 1939 rund 4000 moderne Kampfflugzeuge einsetzen zu können. Die technisch ausgereiften Maschinen eigneten sich ausgezeichnet für Einsätze im Blitzkrieg, waren aber, wie sich herausstellte, den Belastungen eines anhaltenden Abnutzungskriegs nicht gewachsen. Tatsächlich war der stetige Verschleiß der Grund für die schwindende Zahl von einsatzbereiten Flugzeugen. Zusätzlicher Schwund entstand, als ältere Modelle, etwa die meisten Doppeldecker, in den späten 1930er-Jahren von Ganzmetalleindeckern abgelöst wurden. Die Lage verschlechterte sich nach Ausbruch des Kriegs, als die Luftwaffe knapp 4000 Maschinen verlor. Unter diesen Gegebenheiten wird verständlich, dass man sich dafür entschied, den Schwerpunkt der Produktion auf bewährte Modelle zu legen wie die Messerschmitt Bf 109, die Heinkel He 111 und die Junkers Ju 88, ohne jedoch Verbesserungen daran vorzunehmen, was durchaus möglich gewesen wäre. Aber Hitlers grenzenlose Siegesgewissheit veranlasste ihn dazu, alle Projekte einstellen zu lassen, bei denen nicht garantiert werden konnte, dass die Maschinen binnen zwölf Monaten

einsatzbereit sein würden. Auch bei der Fertigung bewährter Typen waren die Deutschen hinsichtlich der Ausweitung der Produktion weniger erfolgreich als die Alliierten. 1939 produzierte Deutschland 25 Prozent mehr Flugzeuge als England, aber schon 1941 hatten die britischen Fabriken gleichgezogen und hielten sogar einen Vorsprung bis Kriegsende. Die USA, die 1939 nur halb so viele Flugzeuge produziert hatten wie Deutschland, holten den Rückstand ebenfalls nicht nur schnell auf, sondern steigerten die Produktion bis 1945 stetig. Deutschlands Unvermögen, mit den Allliierten bei der Flugzeugproduktion Schritt zu halten, war einer der Hauptgründe für die militärische Niederlage. Ein weiteres Problem ergab sich aus der unüberschaubaren Menge neuer Entwürfe in den Jahren 1944/45. Der dringende Bedarf an Flugzeugen zur Eindämmung der immer größere Zerstörungen anrichtenden Luftangriffe der Alliierten mit Hunderten Bombern hatte eine verwirrend große Zahl von Vorschlägen für Maschinen mit Propellerantrieb sowie Strahl- und Raketenflugzeuge zur Folge, die über erste Planstudien nicht hinauskamen. Der Aufwand für Planungen ohne Aussicht auf Einsatzreife verzögerte die Entwicklung anderer Typen wie der Messerschmitt Me 262 und der Arado Ar 234, die im Luftkrieg eine wichtige Rolle hätten spielen können.

HANNA REITSCH

Nach dem Willen ihres Vaters hätte Hanna Reitsch Ärztin werden sollen, aber ihre Leidenschaft fürs Fliegen veranlasste sie dazu, 1933 das Medizinstudium abzubrechen und Fluglehrerin für Segelflieger zu werden. 1937 begann sie mit Testflügen für die Luftwaffe, und als der Krieg zu Ende ging, hatte sie die meisten vorhandenen Flugzeugtypen geflogen, darunter die Messerschmitt Me 163 mit Raketenantrieb und den gigantischen Transportgleiter Messerschmitt Me 321

GEBOREN:	29. März 1912
GESTORBEN:	24. August 1979
GEBURTSORT:	Hirschberg im Riesengebirge (heute Jelenia Gora in Polen)
VATER:	Dr. med. Willi Reitsch
MUTTER:	Emy Reitsch
GESCHWISTER:	Kurt Reitsch (*1910), Heidi Reitsch (*1914)
FAMILIENSTAND:	Ledig, Lebensgefährtin von General der Luftwaffe Ritter von Greim, der im April 1945 zum Oberkommandierenden der Luftwaffe ernannt wurde
BERUF:	Testpilotin der Lufwaffe 1937-45

■ **Hanna Reitsch gehörte zu den fähigsten Testpiloten aller Zeiten.**

Neue Jagdflugzeuge

Die Luftwaffe war von vornherein offensiv konzipiert; die Verteidigung des deutschen Luftraums stand im Hintergrund. Diese Aufgabe sollten starke Flakverbände übernehmen, die der Luftwaffe unterstellt waren.

Selbst als die alliierten Luftstreitkräfte 1943 die Bomberoffensive intensivierten, sah die Luftwaffe keine Notwendigkeit, dem Bau von *Abfangjägern* Vorrang vor den Bombern einzuräumen, obwohl die vorhandenen Maschinen zum Teil veraltet waren. Dieser Zustand änderte sich erst im Februar 1944, nachdem die Angriffe der amerikanischen Bomberflotte im Rahmen der Operation *Big Week* den deutschen Flugzeugwerken massive

Schäden zugefügt hatten. Man rief eine neue Dienststelle ins Leben, den *Jägerstab*, der die Produktion von Abfangjägern in neu errichteten dezentralisierten Fabriken vorantreiben sollte.

Das endgültige Eingeständnis, die Entwicklung verschlafen zu haben, kam im Juli 1944 mit der Verabschiedung des *Jägernotprogramms* zur Produktion einer neuen Generation von Jagdmaschinen. Die Herstellung

konventioneller Bomber wurde eingestellt, um die frei gewordenen Kapazitäten für den Bau von Jägern einsetzen zu können, wobei technisch hoch entwickelte Typen wie die Dornier Do 335 mit Kolbenantrieb sowie Maschinen mit Raketen- und Strahlantrieb wie die Messerschmitt Me 163 und Me 262 Vorrang haben sollten. Wichtige Forderung des Programms war die nach modernsten Antriebskonzepten, die den alliierten

JAGDFLUGZEUGPRODUKTION

Typ	1939	1940	1941	1942	1943	1944	1945	Gesamt
Dornier Do 335	–	–	–	–	–	23	19	42
Focke-Wulf Ta 152	–	–	–	–	–	34	46	80
Focke-Wulf Ta 154	–	–	–	–	–	8	–	8
Heinkel He 162	–	–	–	–	–	–	116	116
Heinkel He 219	–	–	–	–	11	195	62	268
Messerschmitt Me 163	–	–	–	–	–	327	37	364
Messerschmitt Me 262	–	–	–	–	–	564	730	1294
Messerschmitt Me 410	–	–	–	–	271	629	–	910

ERDKÄMPFERPRODUKTION KRIEGFÜHRENDER LÄNDER

Land	Stückzahl
Sowjetunion	37 549
Deutschland	12 539
Frankreich (Sept. 1939–Juni 1940)	280

JÄGERPRODUKTION KRIEGFÜHRENDER LÄNDER

Land	Stückzahl
Vereinigte Staaten	99 950
Sowjetunion	63 087
Deutschland	55 727
Großbritannien	49 422
Japan	30 447
Italien	4510
Frankreich (Sept. 1939–Juni 1940)	1597

Entwicklungen überlegen sein sollten. Noch nicht einmal in dieser kritischen Phase des Kriegsverlaufs gelang es, die Ressourcen auf einige wenige Flugzeutypen zu konzentrieren, was zeigt, wie uneins man innerhalb der politischen und militärischen Führung hinsichtlich der Bedeutung von Düsenflugzeugen war. Eine Fraktion unter Führung des Generals der Jagdflieger Adolf Galland plädierte dafür, der zahlenmäßigen Übermacht der Alliierten überlegene Technologien gegenüberzustellen, und forderte die vorrangige Produktion der Me 262 auf Kosten anderer Baumuster.

Die Gegenpartei verwies darauf, dass die Strahlturbinen der Me 262 nicht zuverlässig genug funktionierten und dass wegen der anhaltenden Schwierigkeiten bei der Logistik nur noch mehr Maschinen am Boden stehen und auf Treibstoff warten würden. Stattdessen befürwortete sie die Entwicklung eines neuen Abfangjägers, der so einfach konstruiert und in der Produktion so billig sein müsse, dass man ihn ohne großen Verlust würde ausmustern können.

Einmotorige Düsenjäger

Galland und andere Experten der Luftwaffe widersetzten sich diesem Konzept, aber Göring und Speer setzten sich durch, und am 10. September 1944 erging die Weisung zur kurzfristigen Entwicklung eines einmotorigen Düsenjägers für die Massenproduktion, des *Volksjägers*. Bei einer hastig durchgeführten Ausschreibung, an der fast alle deutschen Flugzeughersteller beteiligt waren, erhielt Heinkels leichter *Spatz*, die He 162, den Zuschlag. Am 6. Dezember 1944 hob der erste Prototyp ab, und bis Mai 1945 waren etwa 320 Maschinen fertig. Selbst wenn man berücksichtigt, dass man bei Heinkel schon seit Beginn des Jahres an entsprechenden Studien gearbeitet hatte, war es eine technische Meisterleistung. Ein weiteres Projekt, das *Miniaturjägerprogramm*, hatte zur Folge, dass die spärlichen Ressourcen noch wei-

ter gestreckt werden mussten. Es lief Ende 1944 an und verfolgte das Ziel, in kürzester Zeit einen sehr kleinen Abfangjäger zu entwickeln und mit geringem Kostenaufwand in hohen Stückzahlen zu produzieren. Als Antrieb war ein Pulsstrahltriebwerk vorgesehen, für dessen Bau weniger Arbeitsstunden als für eine Turbine erforderlich waren. Von dem ehrgeizigen Projekt waren weder die Luftwaffe noch die Flugzeughersteller begeistert, weil durch den Bau der Heinkel He 162 die noch vorhandenen Herstellungskapazitäten ohnehin schon an ihre Grenzen stießen. Außerdem wusste man inzwischen, dass Pulsstrahltriebwerke wegen der von ihnen erzeugten starken Schwingungen als Antrieb für bemannte Flugzeuge ungeeignet waren. Drei Entwürfe kamen in die engere Wahl, um den Anforderungen entsprechend modifiziert zu werden: Heinkels He 162 mit Pulsstrahltriebwerk, die kantige BV P.213 von Blohm & Voss sowie die EF126 *Elli* von Junkers. Berechnungen ergaben, dass die Stückkosten für die Ju EF126 30 000 Reichsmark betragen würden gegenüber 74 000 RM für die He 162 und 150 000 für die Me 262. Man entschied sich schließlich für die *Elli* von Junkers, die aber über die Fertigstellung einer Attrappe nicht hinauskam.

Jäger mit Kolbenmotoren

Die erste Messerschmitt Bf 109 hob 1935 ab, und das Baumuster blieb bis Kriegsende im Einsatz. Obwohl die Konstruktion modernisiert wurde und über 33 000 Einheiten aus den Hallen rollten, war klar, dass man einen leistungsfähigeren Abfangjäger brauchte.

Das einzige bedeutende Jagdflugzeug, das die Luftwaffe nach Kriegsausbruch neu in Dienst stellte, war die Focke-Wulf Fw 190. Zwar waren ihre Eigenschaften in geringen Höhen hervorragend, aber die Probleme der Luftwaffe waren damit nicht gelöst.

Die Messerschmitt Me 609

Am Ende der Entwurfsserie für ein Nachfolgemodell der Bf 109 stand die Me 609 mit Doppelrumpf. Sie sollte sowohl als schwerer Jäger als auch als Schnellbomber produziert werden, in beiden Fällen als Einsitzer mit der Pilotenkanzel im linken Rumpf. Für den Jäger waren eine Bewaffnung mit vier 3-cm-Maschinenkanonen – je zwei MK 108 und 103 – vorgesehen sowie Aufnahmen für zwei weitere MK 108 und Bomben unter den Tragflächen. Der Bomber sollte nur zwei MK 108, aber eine höhere Bombenlast tragen. Trotz der starken Bewaffnung und einer angestrebten Geschwindigkeit von 760 km/h war die Me 609 der Me 262 unterlegen, und das Projekt wurde 1944 abgebrochen.

Die Heinkel He 219

Die He 219 *Uhu* war der fortschrittlichste Nachtjäger mit Propellerantrieb, den die Luftwaffe in den Kampf schickte. Der Prototyp flog zum ersten Mal im November 1942. Mitte 1943 wurden die ersten einsatzfähigen Maschinen ausgeliefert und erwiesen sich als äußerst wirkungsvoll bei der Bekämpfung der britischen Nachtangriffe. In der Nacht des 11. Juni 1943 schoss Major Werner Streib bei einem einzigen Kampfeinsatz fünf *Lancaster*-Bomber ab. Es war Pech für die Luftwaffe, dass Generalfeldmarschall Milch ein entschiedener Gegner der He 219 war und alles daransetzte, dass die Produktion im Mai 1944 eingestellt wurde. Nichtsdestoweniger sollen an die 300 Maschinen in mehreren Varianten fertiggestellt worden sein.

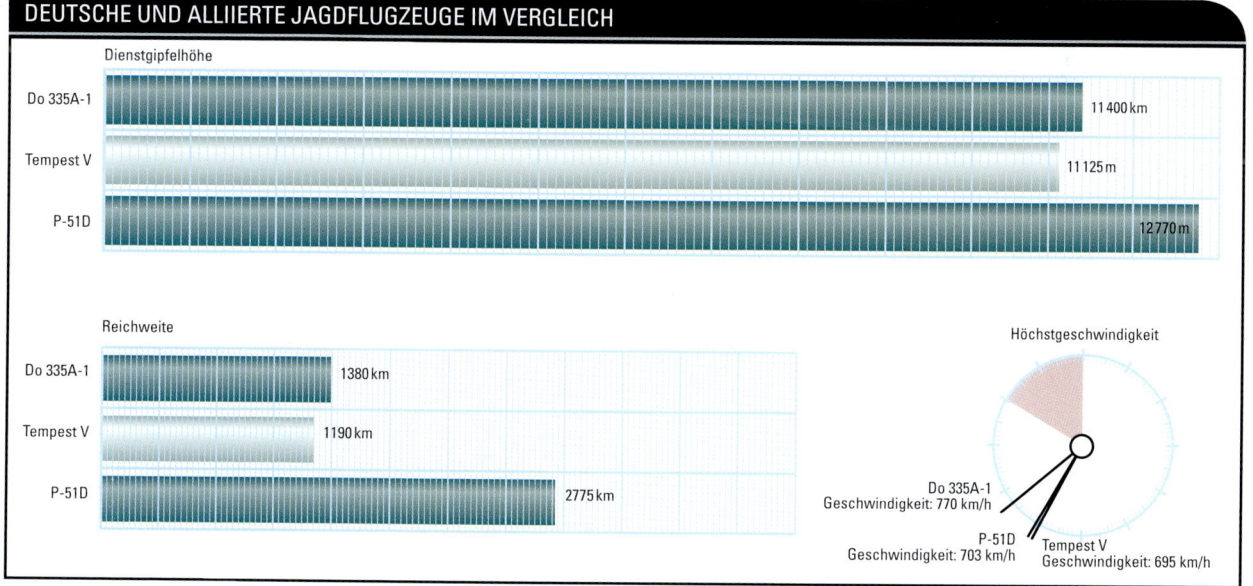

DEUTSCHE UND ALLIIERTE JAGDFLUGZEUGE IM VERGLEICH

Dienstgipfelhöhe

Do 335A-1 — 11 400 km
Tempest V — 11 125 m
P-51D — 12 770 m

Reichweite

Do 335A-1 — 1380 km
Tempest V — 1190 km
P-51D — 2775 km

Höchstgeschwindigkeit

Do 335A-1 Geschwindigkeit: 770 km/h
P-51D Geschwindigkeit: 703 km/h
Tempest V Geschwindigkeit: 695 km/h

JAGDFLUGZEUGE MIT KOLBENMOTOREN IM VERGLEICH

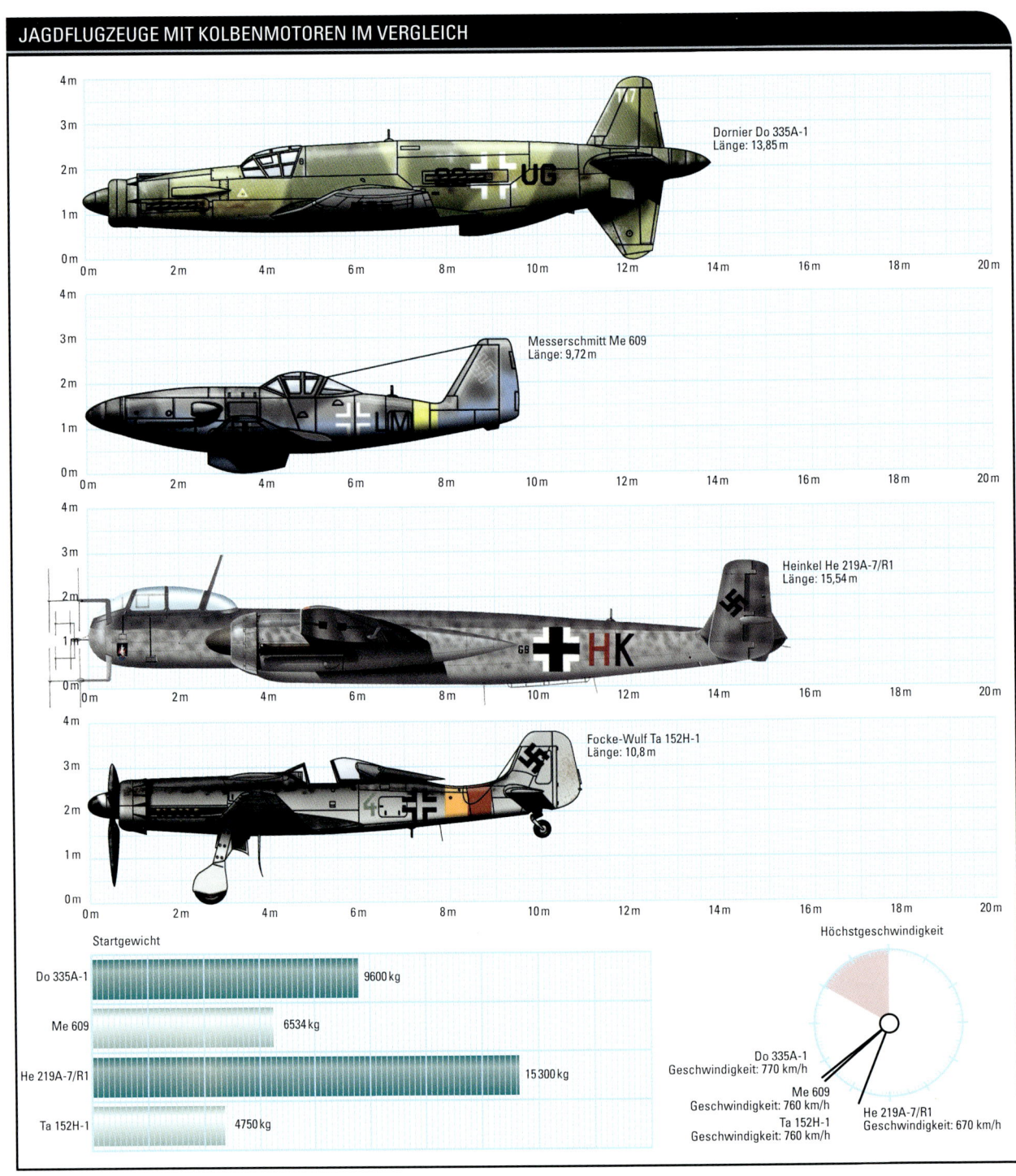

Dornier Do 335A-1
Länge: 13,85 m

Messerschmitt Me 609
Länge: 9,72 m

Heinkel He 219A-7/R1
Länge: 15,54 m

Focke-Wulf Ta 152H-1
Länge: 10,8 m

Startgewicht

Do 335A-1 — 9600 kg
Me 609 — 6534 kg
He 219A-7/R1 — 15 300 kg
Ta 152H-1 — 4750 kg

Höchstgeschwindigkeit

Do 335A-1
Geschwindigkeit: 770 km/h

Me 609
Geschwindigkeit: 760 km/h

Ta 152H-1
Geschwindigkeit: 760 km/h

He 219A-7/R1
Geschwindigkeit: 670 km/h

DORNIER DO 335 – PRODUKTIONSZAHLEN

Version	Stückzahl	Produktionsstätte	Zeitraum
Do 335V1 to V14	13+1*	Friedrichshafen	Mitte 1943 – Mitte 1944
Do 335A-0	10	Oberpfaffenhofen	Juli – Okt. 1944
Do 335A-1	11+9*	Oberpfaffenhofen	Nov. 1944 – April 1945
Do 335A-4	4*	Oberpfaffenhofen	Jan. – Febr. 1945
Do 335A-6	–	Heinkel, Wien Schwechat	–
Do 335A-10	1+1*	Oberpfaffenhofen	Okt. 1944 – April 1945
Do 335A-12	2+2*	Oberpfaffenhofen	Nov. 1944 – April 1945
Do 335B-1	1	Oberpfaffenhofen	Jan. – Febr. 1945
Do 335B-2	2	Oberpfaffenhofen	Febr. – März 1945
Do 335B-3	1*	Oberpfaffenhofen	Febr. – April 1945
Do 335B-6	2	Oberpfaffenhofen	Jan. – Febr. 1945
Do 335B-7	1*	Oberpfaffenhofen	Febr. – April 1945
Do 335B-8	2*	Oberpfaffenhofen	Febr. – April 1945
Gesamt:	**42+21***		

* nicht fertiggestellt

Die Focke-Wulf Ta 152

Die Ta 152 war eine Weiterentwicklung der Fw 190, nur das Präfix wurde zu Ehren von Kurt Tank, dem Leiter der Focke-Wulff-Entwicklungsabteilung, geändert. Geplant war die Ausführung in drei Modellvarianten: die Ta 152H als Höhenjäger zur Bekämpfung feindlicher Bomberpulks, die Ta 152C für den Einsatz als Erdkampfflugzeug und die Ta 152E als Jagdaufklärer. Die ersten Versuche begannen Ende 1944, und im Januar 1945 wurden die ersten Maschinen, bewaffnet mit einer 3-cm-MK 108 sowie zwei 2-cm-MK 151, in Dienst gestellt.

Die Dornier Do 335

Im Mai 1942 legte Dornier Pläne für ein Flugzeug mit hintereinander liegenden Motoren vor, das alle Anforderungen an einen einsitzigen Schnellbomber erfüllen sollte: die Do P.331. Ende 1942 wurde die Spezifikation geändert und ein schweres Kampfflugzeug verlangt. Die Arbeit an der Do P.331 wurde unterbrochen, bis neue Konstruktionspläne vorlagen. Der erste Prototyp, die Do 335 V1, ging im Oktober 1943 an den Start und überraschte die Testpiloten mit ihrer Geschwindigkeit, ihrer Beschleunigung und ihrer Manövrierfähigkeit – die schwere Maschine ließ sich wie ein leichter Abfangjäger fliegen. Beanstandet wurden lediglich die schlechten Sichtverhältnisse nach hinten und das zu schwache Bugfahrwerk. Im Rahmen des Jägernotprogramms erhielt die Do 335 Vorrang. Die ersten Einheiten sowie die aus der Serie A waren mit einer 3-cm-MK 103 und zwei 1,5-cm-MG 151 bewaffnete Jagdbomber. Für die Serie B wurde die Bewaffnung um zwei weitere MK 103 verstärkt. Einige Prototypen kamen beim Erprobungskommando 335 zum Einsatz, aber die Bombenangriffe brachten die Produktion zum Erliegen, sodass nur 42 Maschinen fertiggestellt wurden.

Strahljäger

Die durch den Großeinsatz alliierter Bombergeschwader sich zunehmend verschärfende Lage spornte die deutschen Konstrukteure dazu an, Jagdflugzeuge zu entwickeln, die ihrer Zeit technisch weit voraus waren. Aber sie kamen zu spät zum Einsatz.

Die Heinkel He 280

Nachdem man für die erste flugfähige Düsenmaschine He 178 von den zuständigen Dienststellen keine Unterstützung erhalten hatte, wurde bei Heinkel Ende 1939 ohne offiziellen Auftrag mit der Arbeit am Projekt He 280 begonnen. Im Sommer 1940 stand der erste Prototyp bereit, aber die Fertigstellung des Triebwerks HeS 8 zögerte sich hinaus, sodass die Maschine als Segelflugzeug im Schleppflug erprobt werden musste. Erst im März 1942 flog der zweite Prototyp mit Strahltriebwerk, machte aber auf Ernst Udet, den Chef der Entwicklungsabteilung des Luftfahrtministeriums, keinen Eindruck. Heinkel setzte die Arbeiten fort und veranlasste gemeinsame Probeflüge mit der Fw 190, dem damals besten deutschen Jäger. Bei einem dieser Tests drehte die He 280 vier Runden um einen ovalen Kurs, bevor die Fw 190 drei zurückgelegt hatte, und unter Gefechtsbedingungen erwies sie sich der Focke-Wulf eindeutig als überlegen. Das genügte, um einen Auftrag über 20 Maschinen zu erhalten mit der Aussicht auf 300 weitere, die mit drei MG 151 bewaffnet sein sollten.

Die chronischen Probleme mit dem Triebwerk belasteten den Fortgang des Projekts weiterhin, sodass man mehrere Alternativen ausprobierte, darunter das Argus-As 014-Pulsstrahltriebwerk, das aber für bemannte Flugkörper ungeeignet war. Im März 1943 wurde das Projekt zugunsten der fortschrittlicheren Me 262 eingestellt.

Die Messerschmitt Me 262

Die Me 262 war das Ergebnis eines 1938 an Messerschmitt erteilten Auftrags für den Entwurf eines Flugzeugs für Strahltriebwerke, die von BMW entwickelt wurden. Wie bei fast allen deutschen Düsenflugzeugen dieser Zeit ergaben sich auch hier Probleme mit dem Triebwerk, und der Prototyp der Me 262 ging am 18. April 1941 mit Jumo 210G an den Start. Als die Triebwerke von BMW eintrafen, behielt man die Jumo 210G als Reserve für alle Fälle, was sich auszahlte, als beide BMW-Triebwerke kurz nach dem Start ausfielen. Nach weiteren Versuchen wurde beschlossen, die störanfälligen Triebwerke durch Junkers-Jumo-004A-Turbinen zu ersetzen, und der erste Testflug damit fand am 18. Juli 1942 statt.

Aber auch bei der Entwicklung des Jumo-Triebwerks traten Schwierigkeiten auf, und das Programm dümpelte vor sich hin, bis Adolf Galland im Frühjahr 1943 mit einem der Prototypen einen Testflug unternahm. Der General zeigte sich tief beeindruckt und schrieb später: »Auf die Frage, wie es sich angefühlt habe, anwortete ich: ›Als ob ein Engel schiebe‹«. Gallands Fürsprache bewirkte, dass man sich auf offizieller Seite wieder für das Programm zu interessieren begann, und nach einer Vorführung in Anwesenheit Hiltlers im November 1943 erging der Befehl, das Muster als *Blitzbomber* zu verwenden. Damit wurde der Einsatz der Me 262 als Abfangjäger weiter verzögert, aber niemand wagte gegen Hitlers Fehlentscheidung aufzubegehren. Galland schrieb dazu sinngemäß:

In den vergangenen vier Monaten [Januar 1943 bis April 1944] haben unsere Tagjäger 1000 Piloten verloren … wir sind zahlenmäßig unterlegen und werden es immer bleiben … Ich glaube, dass mit einer kleinen Zahl technisch weit überlegener Flugzeuge wie die [Me] 262 und 163 viel erreicht werden könnte … Zur Zeit sähe ich lieber eine Me 262 im Einsatz als vier oder fünf Bf 109. Früher pflegte ich drei 109 zu sagen, aber die Situation entwickelt und ändert sich.

Fronteinsatz

Fast acht Monate nachdem Hitler das Flugzeug zum ersten Mal gesehen hatte, wurden die Exemplare aus der ersten Produktionsreihe der Luftwaffe übergeben und bewährten sich hervorragend im Kampf gegen die bei Tag durchgeführten Bombereinsätze der US Army Airforce (USAAF). Nur die Triebwerke erwiesen sich weiter-

MESSERSCHMITT-ME-262-VARIANTEN	
Typ	Beschreibung
Me 262A-1a *Schwalbe*	Hauptversion, gebaut als Jagdflugzeug wie als »Blitzbomber«
Me 262A-1a/R-1	Umgebaut zur Bestückung mit vier R4M-Luft-Luft-Raketen
Me 262A-1a/U1	Prototyp mit sechs Maschinenkanonen in der Nase: zwei 20-mm-MG 151/20, zwei 30-mm-MK 103 und zwei 30-mm-MK 108
Me 262A-1a/U2	Prototyp eines Nachtjagdeinsitzers, ausgerüstet mit einem FuG 220-*Lichtenstein*-SN-2-Radargerät
Me 262A-1a/U3	Unbewaffnete Aufklärerversion, in kleiner Stückzahl produziert, ausgerüstet mit zwei Reihenbildkameras RB 50/30 in der Nase
Me 262A-1a/U4	Zum Panzerjäger umgerüstete Version mit einer in der Nase montierten 50-mm-MK 214-Panzerabwehrkanone
Me 262A-1a/U5	Zur Bomberbekämpfung mit verstärkter Bewaffnung (sechs 30-mm-MK 108)
Me 262A-2a *Sturmvogel*	Die Bomberausführung, bewaffnet mit zwei 30-mm-MK 108 und Abwurfvorrichtungen für eine 500-kg- oder zwei 250-kg-Bomben
Me 262A-2a/U2	Zwei Prototypen mit verglaster Nase für den Bombenschützen
Me 262A-5a	Die endgültige Aufklärerversion, in wenigen Exemplaren bis Kriegsende im Einsatz
Me 262B-1a	Zweisitziges Schulflugzeug für Fortgeschrittene
Me 262B-1a/U1	Me 262 B-1a-Schulflugzeuge, umgerüstet als Hilfsnachtjäger und ausgestattet mit einem FuG 218-*Neptun*-Radargerät

FLUGZEUGE MIT STRAHLTURBINENANTRIEB IM VERGLEICH

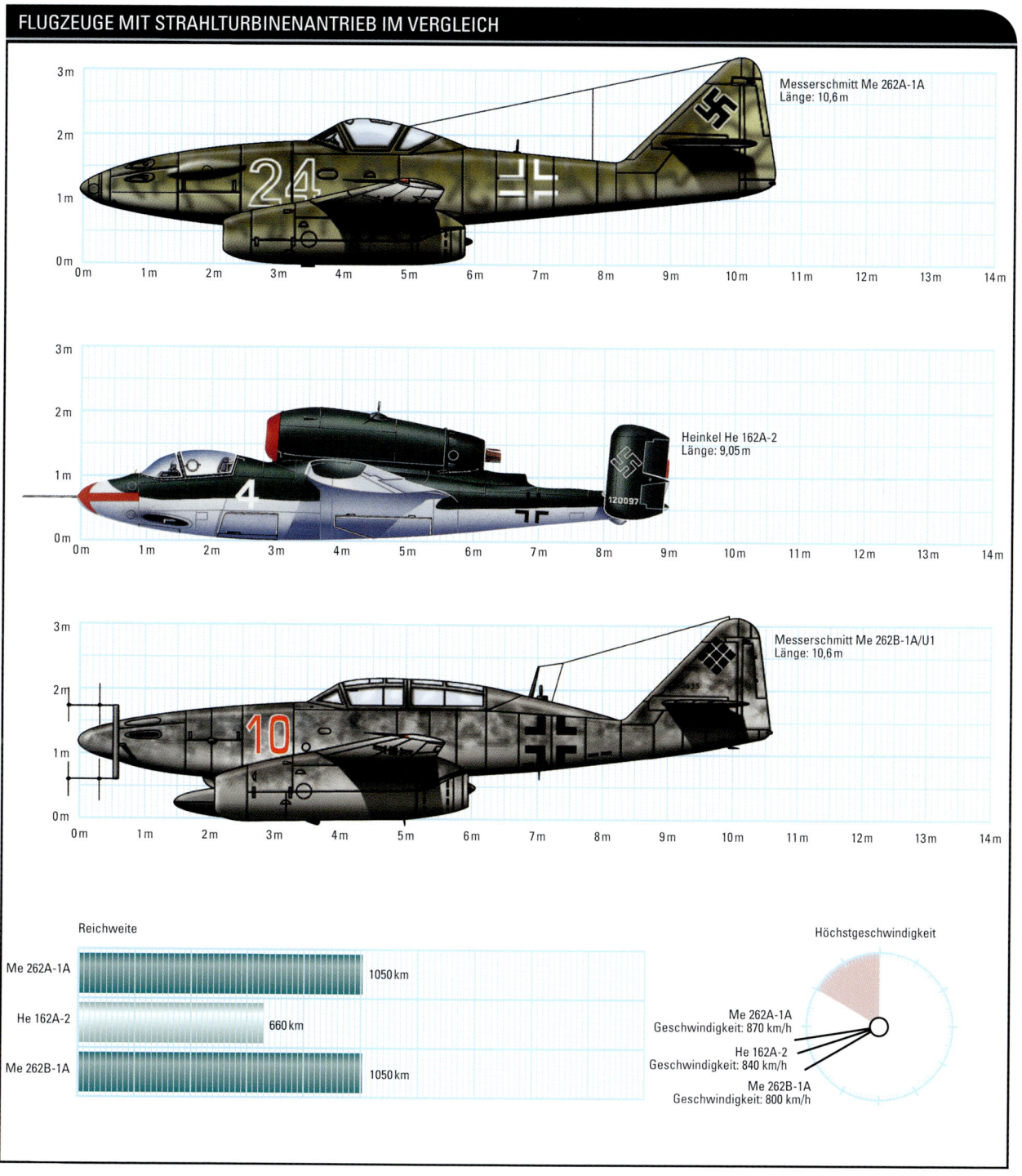

Messerschmitt Me 262A-1A
Länge: 10,6 m

Heinkel He 162A-2
Länge: 9,05 m

Messerschmitt Me 262B-1A/U1
Länge: 10,6 m

Reichweite

Me 262A-1A   1050 km

He 162A-2   660 km

Me 262B-1A   1050 km

Höchstgeschwindigkeit

Me 262A-1A
Geschwindigkeit: 870 km/h

He 162A-2
Geschwindigkeit: 840 km/h

Me 262B-1A
Geschwindigkeit: 800 km/h

FLUGZEUGE MIT STRAHLTURBINENANTRIEB IM VERGLEICH (FORTSETZUNG)

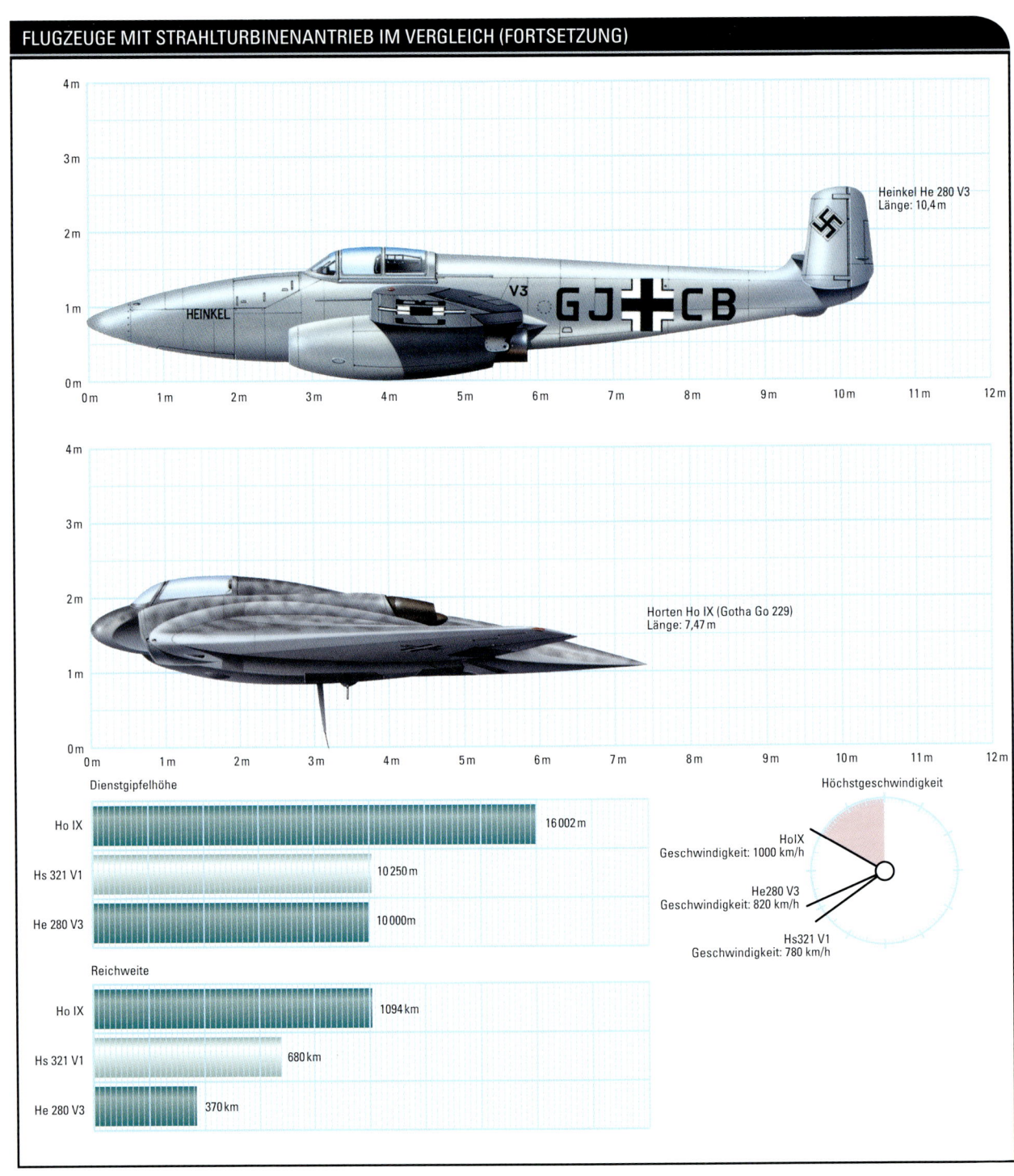

Heinkel He 280 V3
Länge: 10,4 m

Horten Ho IX (Gotha Go 229)
Länge: 7,47 m

Dienstgipfelhöhe

Ho IX — 16 002 m

Hs 321 V1 — 10 250 m

He 280 V3 — 10 000 m

Reichweite

Ho IX — 1094 km

Hs 321 V1 — 680 km

He 280 V3 — 370 km

Höchstgeschwindigkeit

HoIX
Geschwindigkeit: 1000 km/h

He280 V3
Geschwindigkeit: 820 km/h

Hs321 V1
Geschwindigkeit: 780 km/h

HEINKEL HE 162

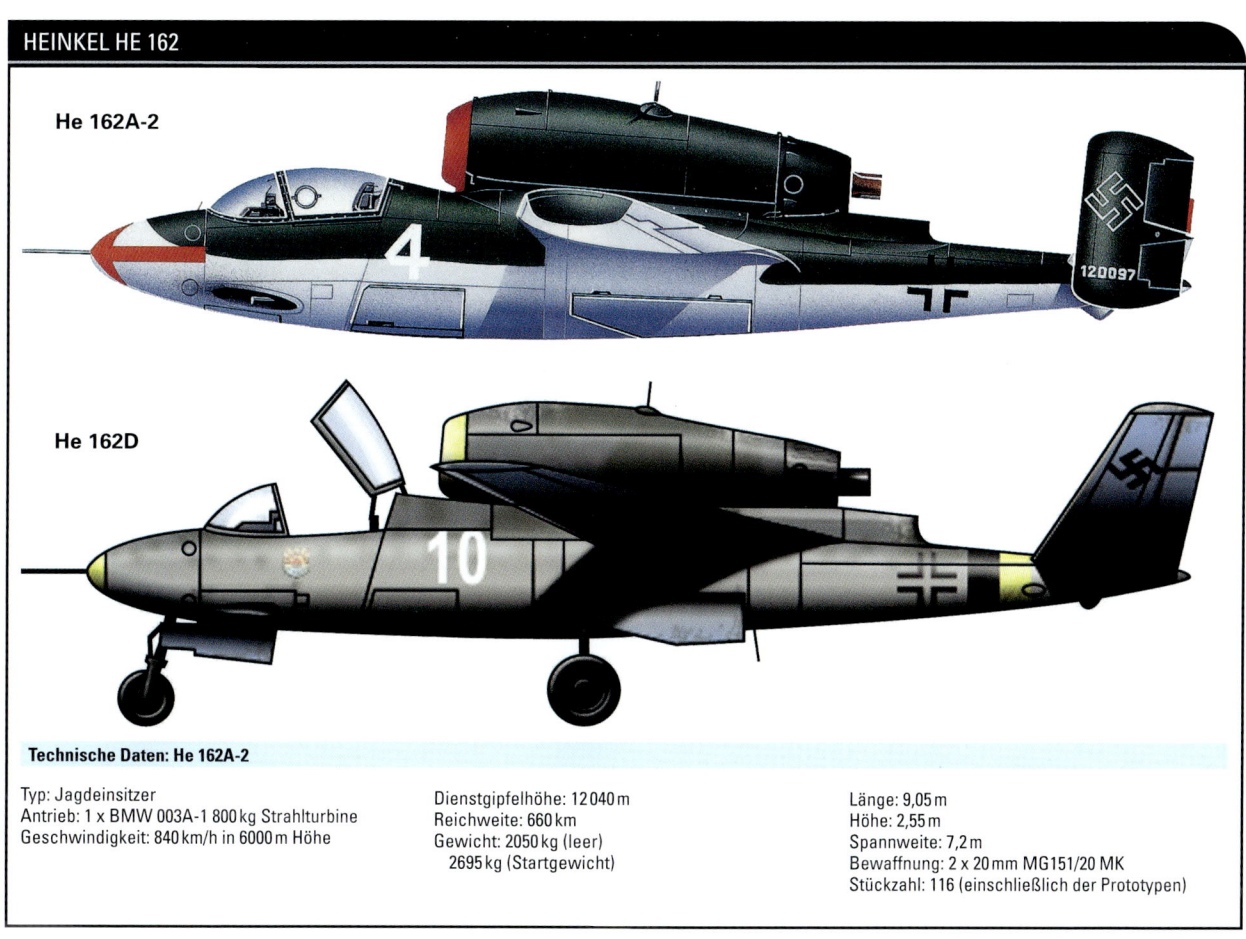

He 162A-2

He 162D

Technische Daten: He 162A-2

Typ: Jagdeinsitzer
Antrieb: 1 x BMW 003A-1 800 kg Strahlturbine
Geschwindigkeit: 840 km/h in 6000 m Höhe

Dienstgipfelhöhe: 12 040 m
Reichweite: 660 km
Gewicht: 2050 kg (leer)
2695 kg (Startgewicht)

Länge: 9,05 m
Höhe: 2,55 m
Spannweite: 7,2 m
Bewaffnung: 2 x 20 mm MG151/20 MK
Stückzahl: 116 (einschließlich der Prototypen)

hin als störanfällig, sodass die meisten der 1294 hergestellten Maschinen am Boden bleiben mussten.

Die Heinkel He 162

Heinkels kleine He 162 war das Ergebnis einer am 8. September 1944 herausgegebenen Spezifikation und ein reiner Verzweiflungsakt. Der Prototyp flog zum ersten Mal am 6. Dezember 1944, wobei eine der aus Sperrholz bestehenden Fahrgestellklappen verloren ging, weil sie unsachgemäß befestigt worden war. Flugkapitän Gotthard Peter konnte die Maschine

unversehrt zu Boden bringen, kam aber beim zweiten Übungsflug ums Leben, als die Maschine abstürzte, weil die Tragflächennase wegen eines ungeeigneten Klebstoffs brach. Die hastig modifizierten Prototypen drei und vier gingen im Januar 1945 an den Start, und die Produktion begann noch im gleichen Monat. Die erste Baureihe war die He 162A-1 mit einer Bewaffnung aus zwei 3-cm-MK 108, deren Rückstoß aber für die leichte Bauweise zu stark war. Deshalb stellte man die Produktion unverzüglich auf die Baureihe He 162A-2

um und baute zwei leichtere MG 151/20 ein. Insgesamt 116 He 162 wurden fertiggestellt, über 800 weitere befanden sich im Bau, als das Deutsche Reich kapitulierte. Obwohl die Maschine überstürzt in den Kampf geworfen wurde, hatte sie das Potenzial zu einem sehr wirkungsvollen Abfangjäger. Ein Jagdpilot der Luftwaffe bezeichnete sie als »erstklassig für den Kampfeinsatz«.

Die Horten H IX/Gotha Go 229

Der Horten-H IX-Kampfbomber war eine von mehreren Nurflügelkonstruktionen der Gebrüder Horten. Ein als Gleiter konstruierter Prototyp flog im März 1944; dann übernahm die Gothaer Waggonfabrik den Bau der motorisierten Version, die zum ersten Mal im Februar 1945 abhob. Die Versuche fielen vielversprechend aus,

und bei Kriegsende wurde an weiteren Prototypen gebaut.

Die Henschel Hs 132 V1

Die Hs 132 war als Sturzkampfbomber ausgelegt. Äußerlich hatte sie große Ähnlichkeit mit der He 162, aber der

Pilot lag flach auf dem Boden der Kanzel, um die hohen Belastungen beim Sturzflug besser ertragen zu können. Mit dem Bau des ersten Prototyps wurde im März 1945 begonnen, und als die Rote Armee ihn im Mai 1945 erbeutete, war er noch nicht vollendet.

Fronteinsatz

Ab März 1944 schwächten die anhaltenden hohen Verluste an Material und Menschen die Kampfstärke der Luftwaffe dramatisch.

Adolf Galland sah sich veranlasst, an Freiwillige zu appellieren, um die Lücken in den Reihen der Jagdpiloten aufzufüllen, und erklärte sinngemäß: *Die angespannte Personallage in den Einheiten zur Luftverteidigung des Reichs verlangt dringend die weitere Überstellung von erfahrenem Flugpersonal aus anderen Abteilungen, insbesondere von ... kampferprobten Piloten aus den Geschwadern der Schlachtflieger und Jagdbomber.* Obwohl die Zahl der neu ausgebildeten Jagdpiloten von 1662 im Jahr 1942 auf 3276 im Jahr 1943 angewachsen war, konnte damit der Verlust von 2870 Mann im gleichen Zeitraum nicht ausgeglichen werden. Um diese Zahlen erreichen zu können, hatte man in der Ausbildung die Anzahl der Flugstunden auf weniger als die Hälfte dessen herabgesetzt, was britischen und amerikanischen Nachwuchspiloten zugestanden wurde. 1944/45 war durch die Verschlechterung des Ausbildungsniveaus eine Art Zweiklassengesellschaft entstanden: auf der einen Seite eine geringe Zahl von »Assen«, auf der anderen eine weit

»LUFTFLOTTE REICH«, ERDKAMPFFLUGZEUGE (JANUAR 1945)			
Luftwaffeneinheit	*Typ*	*Anzahl*	*Einsatzfähig*
NSGr. 1	Ju 87D	8	1
NSGr. 2	Ju 87D	5	5
NSGr. 20	Fw 190	27	11
I/KG 200	Verschiedene	k. A.	k. A.
II/KG 200	*Mistel*	Ju 188	Ju 188
	Ju 88		
	Ju 188		
III/KG 200	Fw 190	31	21
KG 200	Gesamt	ca. 100	ca. 60

größere Zahl von Piloten, die im Kampfeinsatz nicht lange überleben würden. Bezeichnenderweise kamen nur acht der 107 deutschen Jagdflieger mit über 100 Abschüssen nach Mitte 1942 zum Ersteinsatz. Die Luftangriffe der Alliierten auf die deutschen Hydrierwerke Anfang 1944 führte zu so großen Engpässen bei der Treibstoffversorgung, dass die Übungsflüge noch weiter eingeschränkt werden mussten. Dies war der Anlass für Gallands Aufruf, Piloten der Bomber- und Erdkampfverbände sollten sich freiwillig zu den

KG 76 DÜSENFLUGZEUGE (JUNI 1944–APRIL 1945)		
Einheit	*Zeitraum*	*Basis*
Stab	Juni 1944	Alt-Lönnewitz
	Febr. 1945	Achmer
	März 1945	Karstädt
II/KG 76	Aug. 1944	Burg
	März 1945	Scheppern
III/KG 76	Juni 1944	Alt-Lönnewitz
	Dez. 1944	Burg, Münster-Handorf
	Jan. 1945	Achmer
	März 1945	Marx
	April 1945	Kaltenkirchen
IV/KG 76	Okt. 1944	Alt-Lönnewitz

»LUFTFLOTTE REICH«, TAGJÄGER (JANUAR 1945)

Luftwaffeneinheit	Typ	Stärke	Einsatzfähig
I/JG 2	Fw 190	5	3
II/JG 2	Fw 190	8	4
III/JG 2	Fw 190	12	9
Stab/JG 4	Fw 190	6	4
II/JG 4	Fw 190	50	34
III/JG 4	Bf 109	61	56
Stab/JG 7	Me 262A-1	5	4
I/JG 7	Me 262A-1	41	36
II/JG 7	Me 262A-1	30	23
Stab/JG 26	Fw 190	4	3
I/JG 26	Fw 190	44	16
II/JG 26	Fw 190	57	29
III/JG 26	Fw 190	35	15
I/JG 27	Bf 109	29	13
II/JG 27	Bf 109	48	27
III/JG 27	Bf 109	19	15
I (J.)/KG 54	Me 262A-1	37	21
Stab/JG 301	Ta 152H	3	2
I/JG 301	Fw 190	35	24
II/JG 301	Fw 190	32	15
II/JG 400	Me 163A	38	22
JGr. 10	Fw 190	15	9
Jagdverband 44	Me 262A-1	ca. 30	ca. 15

Jagdfliegern melden. Aber auch erfahrene Bomberpiloten hätten erst auf Jagdmaschinen umschulen müssen, und die Alliierten waren nicht bereit, es so weit kommen zu lassen, wie aus einem Bericht *Luftflotte Reich* vom 22. März 1944 hervorgeht: *Wiederholt haben feindliche Jäger Maschinen angegriffen, die sich im Landeanflug befanden oder auf dem Rollfeld standen. Dabei simulieren sie den Landeanflug deutscher Kampfflieger oder nutzen das Überraschungsmoment, indem sie mit hoher Geschwindigkeit und in geringer Höhe anfliegen. Die Schwierigkeiten, Freund und Feind zu unterscheiden, machen es der Flak oft unmöglich, das Feuer zu eröffnen.*

Neue Jagdverbände

Im April 1944 wurde im Lechfeld südlich von Augsburg das Jäger-Erprobungskommando 262 unter dem Kommando von Werner Thierfelder aufgestellt, um die Me 262 im Dienst zu erproben und einen Kader von Piloten an der Maschine auszubilden. Am 25. Juli 1944 gelang Leutnant Alfred Schreiber der erste Abschuss mit einem Düsenjäger, als er einen Mosquito-Aufklärer beschädigte, der bei der Bruchlandung auf einem Feldflugplatz in Italien zerstört wurde. Nachdem Thierfelder im Juli 1944 gefallen war, übernahm Major Walter Nowotny die Leitung des Erprobungskommandos. Bei den ersten operativen Einsätzen im August 1944 sollen 19 alliierte Flugzeuge abgeschossen worden und sechs Me 262 verloren gegangen sein.

Nowotny fiel bei einem Luftkampf am 8. November 1944, und das Kommando flog keine Kampfeinsätze mehr, sondern konzentrierte sich auf die Ausbildung in auf die Me 262 abgestimmten Einsatztaktiken. Im Januar wurde das Jagdgeschwader (JG) 7 für Strahljäger aufgestellt, aber bis es eingesetzt werden konnte, vergingen noch mehrere Wochen. Inzwischen wurde die I. Gruppe des Kampfgeschwaders (KG) 54 mit dem Me 262A-2a Jagdbomber ausgerüstet, aber das Geschwader hatte nur geringen Erfolg und verlor zwölf Maschinen innerhalb von nur zwei Wochen.

»LUFTWAFFENKOMMANDO WEST«, TAGJÄGER UND BOMBER (JANUAR 1945)

Luftwaffeneinheit	Typ	Stärke	Einsatzfähig
Stab/JG 53	Bf 109	1	1
II/JG 53	Bf 109	39	24
III/JG 53	Bf 109	40	24
IV/JG 53	Bf 109	54	27
I/KG 51	Me 262A-2	15	11
II/KG 51	Me 262A-2	6	2
Stab/KG 76	Ar 234B	2	2
II/KG 76	Ar 234B	5	1
III/KG 76	Ar 234B	5	1

JV 44

Der im Februar 1945 aufgestellte Jagdverband 44 (JV 44) unter dem Kommando von Generalleutnant Adolf Galland war ebenfalls mit der Me 262 ausgerüstet. Galland war kurz zuvor als Inspekteur der Jagdflieger abgelöst worden, nachdem er sich mit Herrmann Göring über die zukünftige Taktik der Luftwaffe zerstritten hatte. Es gelang ihm, viele erfahrene und hochdekorierte Jagdpiloten von anderen Einheiten, die wegen Teibstoffmangels am Boden bleiben mussten, für seinen Verband abzuwerben. Berichten zufolge soll die Einheit im April und Mai 1945 etwa 47 alliierte Flugzeuge abgeschossen haben. Mit 16 Abschüssen war Oberstleutnant Heinz Bär der erfolgreichste Pilot, gefolgt von Hauptmann Georg Peter mit mindestens zwölf Abschüssen. Galland soll es bis zu seiner Verwundung auf sieben gebracht haben.

JAGDFLIEGERASSE DER LUFTWAFFE UND IHRE MIT STRAHLJÄGERN ERZIELTEN ABSCHÜSSE

Name	Rang	Luftsiege Me 262	Einheit	Luftsiege gesamt	Bemerkung
Kurt Welter	Oberleutnant	20+*	Kdo Welter, 10./NJG 11	63	Vielleicht erfolgreichster Jetpilot aller Zeiten
Heinrich Bär	Oberstleutnant	16	EJG 2, JV 44	220	
Franz Schall**	Hauptmann	14	Kdo Nowotny, JG 7	137	Bei einem Flugunfall getötet am 10. April 1945
Hermann Buchner	Oberfeldwebel	12	Kdo Nowotny, JG 7	58	
Georg-Peter Eder	Major	12	Kdo Nowotny, JG 7	78	Verwundet am 16. Februar 1945
Erich Rudorffer	Major	12	JG 7	222	
Karl Schnörrer	Leutnant	11	EKdo 262, Kdo Nowotny, JG 7	46	Verwundet am 30. März 1945
Erich Büttner**	Oberfeldwebel	8	EKdo 262, Kdo Nowotny, JG 7	8	Gefallen am 20. März 1945
Helmut Lennartz	Feldwebel	8	EKdo 262, Kdo Nowotny, JG 7	13	Erster Luftsieg eines Düsenjägers über eine B17 Fortress am 15. August 1944
Rudolf Rademacher	Leutnant	8	JG 7	126	
Walther Schuck	Oberleutnant	8	JG 7	206	
Günther Wegmann	Oberleutnant	8	EKdo 262, JG 7	14	Verwundet am 18. März 1945
Hans-Dieter Weihs	Leutnant	8	JG 7	8	Kollision im Flug mit Hans Waldmann am 18. März 1945, der dabei den Tod findet
Theodor Weissenberger	Major	8	JG 7	208	
Alfred Ambs	Leutnant	7	JG 7	7	
Heinz Arnold**	Oberfeldwebel	7	JG 7	49	Gefallen am 17. April 1945. Arnolds Me 262 A-1a W.Nr. 500491 »Gelbe Sieben« II./JG 7 ist heute mit allen Abschussmarken in der Smithsonian Institution, Washington, D.C., USA, zu besichtigen.
Karl-Heinz Becker	Feldwebel	7	10./NJG 11	7	
Adolf Galland	Generalleutnant	7	JV 44	104	Verwundet am 26. April 1945
Franz Köster	Unteroffizier	7	EJG 2, JG 7, JV 44	7	
Fritz Muller	Leutnant	6	JG 7	22	
Johannes Steinhoff	Oberst	6	JG 7, JV 44	176	Verwundet am 18. April 1945
Helmut Baudach**	Oberfeldwebel	5	Kdo Nowotny, JG 7	20	Gefallen am 22. Februar 1945*
Heinrich Ehrler**	Major	5	JG 7	206	Gefallen am 4. April 1945
Hans Grünberg	Oberleutnant	5	JG 7, JV 44	82	
Joseph Heim**	Gefreiter	5	JG 7	5	Gefallen am 10. April 1945
Klaus Neumann	Leutnant	5	JG 7, JV 44	37	
Alfred Schreiber**	Leutnant	5	Kdo Nowotny, JG 7	5	Erstes Fliegerass auf einem Düsenjäger. Bei Flugunfall umgekommen am 26. Nov. 1944
Wolfgang Späte	Major	5	(JG 400), JV 44	99	

*Kurt Welter werden mindestens 20 Luftsiege auf Me 262 zugerechnet, aber die genaue Anzahl ist umstritten. ** Gefallen oder bei einem Flugunfall umgekommen.*

ADOLF »DOLFO« JOSEPH FERDINAND GALLAND

1933 trat Galland in die streng geheim gehaltene Luftwaffe ein. Am Spanischen Bürgerkrieg nahm er als Staffelkapitän der Jagdgruppe J 88 in der Legion Condor teil. 1940 wechselte er zu den Jagdfliegern und konnte 94 bestätigte Abschüsse erzielen, bevor er zum General der Jagdflieger ernannt wurde. Er führte Testflüge mit Prototypen des Düsenjägers Me 262 durch und drang energisch auf die Einführung dieses Typs. Über die zukünftige Ausrichtung der Luftwaffe kam es zu »unüberwindlichen Differenzen« mit Göring, woraufhin Galland Anfang 1945 seines Postens enthoben wurde. In den letzten Monaten des Kriegs erhielt er auf Hitlers Drängen den Befehl zur Aufstellung des Jagdverbands 44, einer mit der Me 262 ausgerüsteten Eliteeinheit. Bis Kriegsende konnte Galland noch sieben Abschüsse erzielen.

GEBOREN:	19. März 1912
GESTORBEN:	9. Februar 1996
GEBURTSORT:	Westerholt in Westfalen
VATER:	Adolf Galland
MUTTER:	Anne Galland
GESCHWISTER:	Fritz, Paul und Wilhelm Ferdinand
FAMILIENSTAND:	Verheiratet seit 12. Februar 1954 mit Sylvina Gräfin von Dönhoff; in zweiter Ehe seit 1966 mit Hannelies – zwei Kinder: Andreas-Hubertus (*1966) und Alexandra-Isabella (*1969); in dritter Ehe seit 1984 mit Heidi Horn
AUSBILDUNG:	Hindenburg-Gymnasium, Buer
POSITIONEN:	Staffelkapitän der 3. Staffel der Jagdgruppe 88 in der Legion Condor. Versetzung vom Lehrgeschwader 2 (Schlachtflieger) zum Jagdgeschwader 27 (1940). Aufstieg vom Leutnant zum Generalmajor (1941). 94 bestätigte Abschüsse (1940/41). General der Jagdflieger (November 1941). Ende Januar 1945 abgesetzt und zum Kommandeur des Jagdverbands 44 ernannt (März bis Mai 1945)

■ Trotz seiner Funktion als Kommandeur der Jagdflieger und seiner Ernennung zum General blieb Galland allzeit ein begeisterter Flieger und ein von seinen Leuten hoch geschätzter Frontkamerad.

Im März 1945 begann der Angriff der Strahljäger auf alliierte Bomberverbände. Am 18. März trafen 37 Me 262 des JG 7 auf einen Verband aus 1221 Bombern und 632 Begleitjägern. Zwölf Bomber und ein Jäger wurden abgeschossen, drei Me 262 gingen verloren. Dieses Verhältnis 4:1 war genau das, was die Luftwaffe brauchte, um im Luftkampf ebenbürtig zu werden,

aber der Erfolg war trotzdem minimal, weil die Verluste des Angreifers nur ein Prozent ausmachten. In den Jahren 1943/44 war es der USAAF gelungen, die Bomberoffensive fortzuführen, obwohl die Verlustrate fünf Prozent und mehr betrug. Es gab einfach zu wenige Me 262, um sich gegen die erdrückende Übermacht zu behaupten.

Mehrere zweisitzige Me 262-Schulflugzeuge wurden zu Nachtjägern umgebaut und bei der 10. Staffel des Jagdgeschwaders 11 eingesetzt. Diese Hand voll Flugzeuge, zu denen noch einige einsitzige Me 262 kamen, war für den Abschuss der meisten der 13 Mosquitos verantwortlich, die in den ersten drei Monaten des Jahres 1945 über Berlin verloren gingen.

DEUTSCHE UND ALLIIERTE STRAHLJÄGER IM VERGLEICH

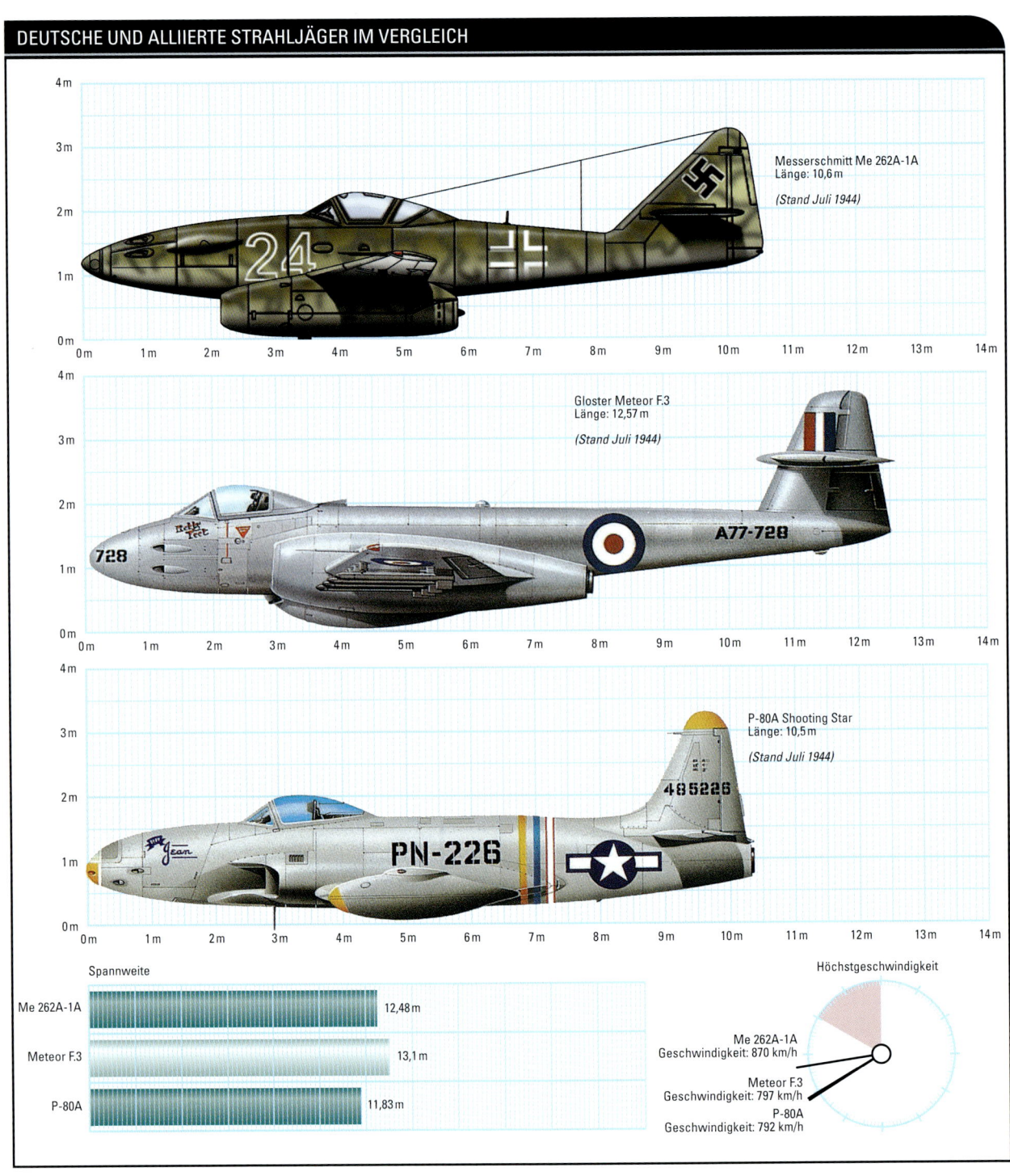

Messerschmitt Me 262A-1A
Länge: 10,6 m

(Stand Juli 1944)

Gloster Meteor F.3
Länge: 12,57 m

(Stand Juli 1944)

P-80A Shooting Star
Länge: 10,5 m

(Stand Juli 1944)

Spannweite

Me 262A-1A   12,48 m

Meteor F.3   13,1 m

P-80A   11,83 m

Höchstgeschwindigkeit

Me 262A-1A
Geschwindigkeit: 870 km/h

Meteor F.3
Geschwindigkeit: 797 km/h

P-80A
Geschwindigkeit: 792 km/h

Angriffstaktik

Die hohe Geschwindigkeit der Me 262 verlangte für den Angriff auf Bomberformationen eine neue Taktik. Am wirkungsvollsten war die Methode, von hinten unter den Verband zu tauchen und im anschließenden Steigflug das Feuer zu eröffnen. Dagegen waren die Bordschützen der alliierten Bomber nahezu machtlos, weil die Drehtürme mit den Maschinengewehren zu langsam waren, um sich auf die mit hoher Geschwindigkeit anfliegenden Düsenmaschinen einschießen zu können. Die offensichtliche Überlegenheit der Me 262 veranlasste das alliierte Bomberkommando zu rasch eingeführten Gegenmaßnahmen. Die Begleitjäger setzten sich hoch über die Bombergeschwader, um auf die angreifenden Düsenmaschinen herabstoßen zu können, wobei sie eine Geschwindigkeit erreichten, die den Vorteil der Me 262 teilweise ausglich.

Wie sich aber schon bald herausstellte, bestand die einzige funktionierende Taktik gegen die deutschen Düsen- und Raketenjäger darin, sie auf dem Boden oder beim Starten und Landen auszuschalten. Man begann die Flugplätze in kurzen Abständen zu bombardieren und schickte Jäger aus, die sich auf die Lauer legten und die Düsenmaschinen beim Landeanflug angriffen. Die Luftwaffe reagierte darauf, indem sie Flak entlang der wichtigen Einflugschneisen in Stellung brachte und den Luftraum während der Starts und Landungen der Me 262 durch konventionelle Jagdmaschinen wie die Fw 190 und die Ta 152 überwachen ließ. Dennoch gelang es den Flugplatzpatrouillen der Alliierten im Lauf des März und April 1945, den Deutschen hohe Verluste zuzufügen und die Wirksamkeit ihrer Düsenjäger zu verringern.

Raketenjäger

Raketenjäger schienen das geeignete Mittel zu sein, um die Rüstungsindustrie und militärische Anlagen gegen alliierte Bombenangriffe zu verteidigen. Doch nach dem damaligen Stand der Technik konnte man nur Maschinen mit sehr geringer Reichweite bauen, die ein größeres Risiko für die Piloten als für den Gegner darstellten.

Messerschmitt Me 163 »Komet«

1941 flog der erste Prototyp noch ohne Triebwerk im Schleppflug und im August des gleichen Jahres mit eigenem Antrieb. Dabei stellten sich sowohl die überragenden Flugeigenschaften als auch die Schwachstellen der neuen Technik heraus. Einerseits erreichte man Fluggeschwindigkeiten bis zu 885 km/h, andererseits war der flüssige Raketentreibstoff in höchstem Maße instabil und korrodierend. Auch der Treibstoffverbrauch war weit höher als erwartet, und keiner dieser Nachteile ließ sich während der gesamten Einsatzdauer des Flugzeugs beheben.

Die Weiterentwicklung zog sich bis Mitte 1943 hin, als die erste Me 163B in die Erprobung ging. Aber auch bei der modifizierten Me 163 B1a gab es noch Schwierigkeiten mit dem Raketentriebwerk, einem HWK 509A-2 der Walter-Werke in Kiel, das nicht viel zuverlässiger war als das alte, und das Fehlen eines konventionellen Fahrwerks sorgte für weitere Probleme. Der Start erfolgte auf einem zweirädrigen Abwurffahrgestell, das nur einmal verwendet werden konnte. Gelandet wurde auf einer einziehbaren Kufe.

Die ersten Einheiten aus der Serienproduktion gingen im Mai 1944 ans Jagdgeschwader (JG) 400 unter dem Kommando von Major Wolfgang Späte. Aber schon bald stellten sich einige Schwachstellen heraus, eine davon während eines Einsatzes am 28. Juli bei Merseburg, als fünf *Komet* einen USAAF-Bomberverband erfolglos angriffen. Sie näherten sich den *Fliegenden Festungen* mit einer Geschwindigkeit von etwa 900 km/h, sodass sie nur drei Sekunden Zeit hatten, einen Feuerstoß aus den beiden 3-cm-MK 180 abzugeben, bevor die Maschinen abdrehen mussten, um eine Kollision zu vermeiden. Unter solchen Bedingungen konnten nur einige wenige erfahrene Piloten

RAKETENJÄGER IM VERGLEICH

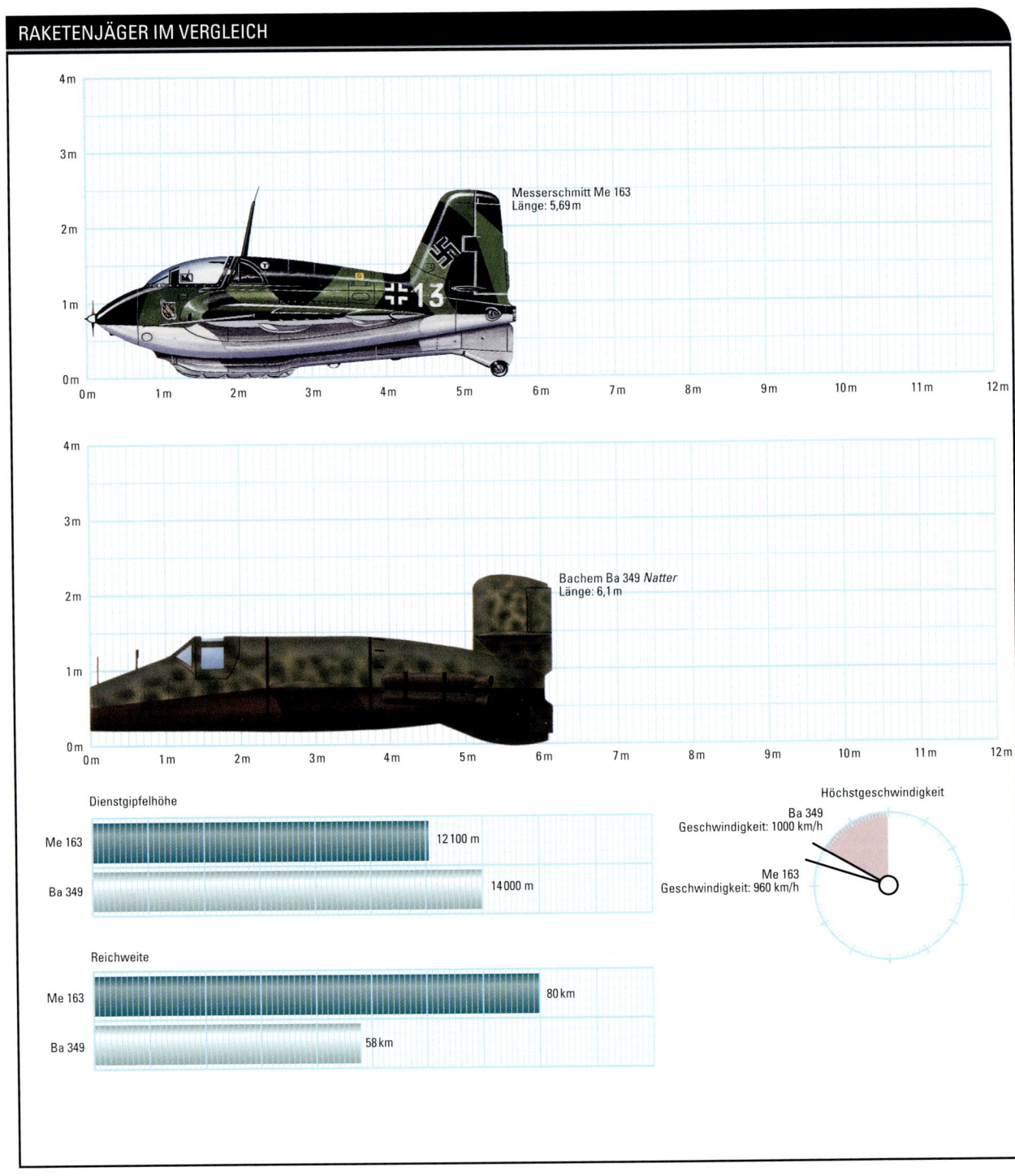

Messerschmitt Me 163
Länge: 5,69 m

Bachem Ba 349 *Natter*
Länge: 6,1 m

Dienstgipfelhöhe

Me 163   12 100 m

Ba 349   14 000 m

Reichweite

Me 163   80 km

Ba 349   58 km

Höchstgeschwindigkeit

Ba 349
Geschwindigkeit: 1000 km/h

Me 163
Geschwindigkeit: 960 km/h

STRAHL- UND RAKETENJÄGEREINHEITEN DER LUFTWAFFE

Flugzeugtyp	Einheit	Datum	Bewegungen
Heinkel He 162	JG1 *Stab*	8. April 1945	Neu ausgerüstet mit He 162A in Ludwigslust, Mecklenburg-Schwerin
		30. April 1945	Verlegt nach Leck, Schleswig-Holstein
		8. Mai 1945	Kapitulation vor den britischen Streitkräften
	I/JG1	9. Februar 1945	Beginn der Einweisung auf He 162 in Parchim, Mecklenburg-Vorpommern
		9. April 1945	Verlegt nach Ludwigslust, Mecklenburg-Schwerin
		15. April 1945	Zurückverlegt nach Leck, Schleswig-Holstein
		8. Mai 1945	Kapitulation vor den britischen Streitkräften
	II/JG1	7. April 1945	Wieder ausgerüstet mit He 162 in Warnemünde, Mecklenburg Vorpommern
		30. April 1945	Verlegt nach Leck, Schleswig-Holstein
		8. Mai 1945	Kapitulation vor den britischen Streitkräften
Messerschmitt Me 262	*Kommando Nowotny*	26. September 1944	Aufgestellt in Achmer and Hesepe
		3. Oktober 1944	Erreicht Einsatzfähigkeit mit etwa 40 Me 262A-1a Jägern
		19. November 1944	Wieder aufgestellt als III/JG7
	JG 7 *'NowotnyStab*	Dezember 1944	Neu ausgerüstet mit Me 262 in Brandenburg-Briest, westlich von Berlin
		11. April 1945	Zurückverlegt nach Saatz, Sudetenland
		8. Mai 1945	Kapitulation vor den Alliierten
	I/JG7	1. Dezember 1944	Beginn der Umstellung auf Me 262 in Unterschlauersbach/Lechfeld, Bayern
		8. Januar 1945	Verlegt nach Brandenburg-Briest
		9. Februar 1945	Verlegt nach Kaltenkirchen
		1. April 1945	Rückverlegt nach Brandenburg-Briest
		11. April 1945	Verlegt nach Brandis bei Leipzig
		17. April 1945	Zurückverlegt nach Prag-Rusin und Saatz
		8. Mai 1945	Kapitulation vor den Alliierten
	II/JG7	7. Februar 1945	Erneut ausgrüstet mit Me 262 in Brandenburg-Briest
		10. April 1945	Verlegt nach Parchim, Mecklenburg-Vorpommern
		20. April 1945	Zurückverlegt nach Prag-Rusin und Saat
		8. Mai 1945	Kapitulation vor den Alliierten
	III/JG7	19. November 1944	Aufgestellt in Lechfeld bei Augsburg mit Me 262 und dem Personal des *Kommandos Nowotny*
		10. Dezember 1944	Verlegt nach Brandenburg-Briest
		20. Februar 1945	Verlegt nach Parchim, Mecklenburg-Vorpommern
		11. April 1945	Zurückverlegt nach Brandis bei Leipzig
		20. April 1945	Evakuiert nach Prag-Rusin
		7. Mai 1945	Kapitulation vor den Alliierten
	IV/JG7	3. Mai 1945	Aufgestellt in Salzburg-Maxglam, Österreich, mit Me 262 und Personal von JV44
		8. Mai 1945	Kapitulation vor den Alliierten
	Jagdverband 44	10. Januar 1945	Aufgestellt in Brandenburg-Briest mit 60 Me 262A und zahlreichen Elitepiloten
		3. April 1945	Verlegt nach München-Riem
		29. April 1945	Zurückverlegt nach Salzburg-Maxglan
		3. Mai 1945	Umbenannt in III/JG7
	III/NJG11	28. Januar 1945	Aufgestellt in Burg bei Magdeburg aus den Beständen des *Sonderkommandos Welter*, eine Einheit erprobt die Me 262A-1a als *Wilde-Sau-Nachtjäger*
		12. April 1945	Verlegt nach Lübeck
		21. April 1945	Zurückverlegt nach Reinfeld
		7. Mai 1945	Evakuiert nach Schleswig-Jagel
		8. Mai 1945	Kapitulation

STRAHL- UND RAKETENJÄGEREINHEITEN DER LUFTWAFFE (FORTSETZUNG)

Flugzeugtyp	Einheit	Datum	Bewegungen
Messerschmitt Me 262	Sonderkommando Braunegg	November 1944	Aufgestellt in Münster-Handorf mit Me 262A-1a/U3 Aufklärern als Versuchsverband OKL
		6. Februar 1945	Umbenannt in Stab und 2/NAGr.6
	KG 6 Stab	Januar 1945	Beginn der Einführung von Me 262A in Prag-Rusin
		April 1945	Zurückverlegt nach Graz, Östrreich
	III/KG6	Oktober 1944	Beginn der Einführung von Me 262A in Prag-Rusin
		9. April 1945	Zurückverlegt nach Graz
		5. Mai 1945	Kapitulation
	KG 51 'Edelweiss' Stab	August 1944	Beginn der Einführung von Me 262A in Landsberg/Lech
		November 1944	Verlegt nach Rheine/Hörstel/Hopsten
		20. März 1945	Verlegt nach Giebelstadt
		30. März 1945	Zurückverlegt nach Leipheim
		21. April 1945	Evakuiert nach Memmingen
		24. April 1945	Verlegt nach Holzkirchen
		30. April 1945	Aufgelöst
	I/KG51	23. Mai 1944	Beginn der Einführung von Me 262A anstelle von Me 410 in Lechfeld/Leipheim
		20. Juli 1944	Verlegt nach Chateaudun
		12. August 1944	Verlegt nach Etampes
		15. August 1944	Verlegt nach Creil
		27. Aug.–5. Sept. 1944	Zurückverlegt nach Rheine/Hörstel/Hopsten
		20. März 1945	Verlegt nach Giebelstadt
		30. März 1945	Verlegt nach Leipheim
		21. April 1945	Zurückverlegt nach Memmingen
		24. April 1945	Wieder zurückverlegt nach München-Riem
		30. April 1945	Evakuiert nach Prag-Rusin
		6. Mai 1945	Verlegt nach Saaz
		8. Mai 1945	Kapitulation
	II/KG51	15. August 1944	Beginn der Einführung von Me 262A anstelle von Me 410 in Schwäbisch-Hall
		31. Dezember 1944	Verlegt nach Achmer
		10. Januar 1945	Verlegt nach Essen-Mülheim
		21. März 1945	Zurückverlegt nach Schwäbisch-Hall
		30. März 1945	Evakuiert nach Fürth und Linz/Hörsching
	KG 54 Totenkopf Stab	22. August 1944	Umgerüstet auf Me 262A von Ju 88 in Giebelstadt
	I/KG54	22. August 1944	Umgerüstet auf Me 262A von Ju 88 in Giebelstadt
		28. März 1945	Verlegt nach Zerbst
		14. April 1945	Zurückverlegt nach Prag-Rusin
		7. Mai 1945	Evakuiert nach Saaz
		8. Mai 1945	Kapitulation
	II/KG54	5. Januar 1945	Erste Einsätze mit Me 262A in Gardelegen
		13. Januar 1945	Verlegt nach Kitzingen
		28. März 1945	Weiterverlegt nach Fürstenfeldbruck
		21. April 1945	Zurückverlegt nach Waltersdorf-Miesbach
		30. April 1945	Evakuiert nach Fischbachau-Schliersee
		3. Mai 1945	Kapitulation

Flugzeugtyp	Einheit	Datum	Bewegungen
Messerschmitt Me 262	III/KG54	6. September 1944	Umgerüstet auf Me 262 von Ju 88 in Neuburg/Donau
		21. April 1945	Verlegt nach Erding
		1. Mai 1945	Weiterverlegt nach Prien/Chiemsee
		3. Mai 1945	Kapitulation
Messerschmitt Me 163	JG 400 *Stab*	Dezember 1944	Aufgestellt in Brandis bei Leipzig
		7. März 1945	Aufgelöst
	I/JG400	Juli 1944	Beginn der Ausrüstung mit Me 163 in Venlo, Holland
		August 1944	Verlegt nach Brandis
		19. April 1945	Aufgelöst
	II/JG400	November 1944	Aufgestellt in Stargard-Klutzow, Mecklenburg-Vorpommern
		Dezember 1944	Verlegt nach Brandis
		Februar 1945	Verlegt nach Salzwedel, Sachsen-Anhalt
		April 1945	Evakuiert nach Nordholz bei Cuxhaven
		Mai 1945	Zurückverlegt nach Husum, Schleswig-Holstein
	III/JG400	21. Juli 1944	Aufgestellt in Brandis als *Erg.Staffel/JG400* aus *Ausb.Kdo./Erprobungskommando 16*
		September 1944	Verlegt nach Udetfeld, Polen
		März 1945	Zurückverlegt nach Brandis
Arado Ar 234	Sonderkommando Götz	September 1944	Aufgestellt in Rheine mit vier Ar 234B-1-Aufklärern mit Besatzungen des *1/Versuchsverbands OKL.* Hauptaufgabe des Verbands war die strategische Aufklärung über Großbritannien.
		Januar 1945	Aufgelöst
	Sonderkommando Hecht/ Sonderkommando Sommer	November 1944	Aufgestellt in Udine, Italien, als *Sonderkommando Hecht* mit vier Ar 234B-1-Aufklärern
		Februar 1945	Neu aufgestellt als *Sonderkommando Sommer* beim Überrgang des Kommandos an Olt. Erich Sommer. Die drei verbliebenen einsatzfähigen Arados setzten ihre Einsätze von Udine aus fort bis Kriegsende.
	Sonderkommando Sperling	November 1944	Aufgestellt in Rheine mit Ar 234B-Aufklärern und bemannt mit Besatzungen des *1/Versuchskommandos OKL*
		Januar 1945	Aufgelöst und aufgegangen im 1(F)/Aufkl.Gr.100
	KG 76 *Stab*	10. Juni 1944	Beginn der Umrüstung von Ju 88 auf Ar 234s in Alt-Lönnewitz
		13. Februar 1945	Verlegt nach Achmer
		März 1945	Weiterverlegt nach Karstädt
	II/KG76	August 1944	Umgerüstet von Ju 88 auf Ar 234 in Burg
		März 1945	Verlegt nach Scheppern
	III/KG76	10. Juni 1944	Beginn der Umrüstung von Ju 88 auf Ar 234 in Alt-Lönnewitz
		Dezember 1944	Verlegt nach Burg
		23. Januar 1945	Verlegt nach Achmer
		März 1945	Weiterverlegt nach Marx
		April 1945	Kaltenkirchen
	IV/KG76	August 1944	Umgerüstet von Ju 88 auf Ar 234s in Alt-Lönnewitz
		31. Dezember 1944	Aufgelöst

Treffer erzielen, und man ging in aller Eile daran, eine andere Art der Bewaffnung zu entwickeln. Wahrscheinlich wurden einige Maschinen mit der R4M-Luft-Luft-Rakete bewaffnet und mindestens eine *Komet* mit der SG500 *Jägerfaust*. Diese bestand aus fünf nach oben gerichteten rückstoßfreien 5-cm-Kanonen mit je einem Schuss. Beim Unterfliegen des Bomberverbands wurden die Salven mittels eines Infrarotsenders und einer Fotozelle ausgelöst. Berichten zufolge soll mindestens ein Bomber während eines Tagangriffs auf Leipzig am 10. April 1945 abgeschossen worden sein.

Zwischen Mai 1944 und Kriegsende wurden nur schätzungsweise 100 der 400 fertiggestellten *Kometen* tatsächlich an die Jagdgeschwader ausgeliefert. 16 alliierte Bomber wurden abgeschossen, 15 Me 163 gingen dabei verloren. Der erfolgreichste Pilot war Feldwebel Siegfried Schubert mit drei Abschüssen.

Die Bachem Ba 349 »Natter«

Die Entwicklung von Erich Bachems *Natter* erfolgte unter dem Jägernotprogramm, nachdem es ihm gelungen war, sich der Unterstützung des Reichsführers SS Heinrich Himmler zu versichern. Der kleine Abfangjäger bestand fast gänzlich aus Sperrholz und wurde von einem Walter-Raketentriebwerk 509A-2 angetrieben. Der Start erfolgte senkrecht an einem 15 m hohen Gerüst mithilfe von vier Schmidding-Feststoffstarthilfsraketen, die das Flugzeug in zehn Sekunden auf 700 km/h beschleunigten. Für den Fall, dass der Pilot wegen der hohen Gravitationskraft vorübergehend das Bewusstsein verlieren könnte, wurde für den Start ein Autopilot verwendet. Erst wenn die *Natter* ihre Position über und vor dem Bomberverband erreicht hatte, übernahm der Pilot die Steuerung und warf die Schutzhaube vor der Bugbewaffnung ab, die aus einer Batterie von R4M-Orkan- oder RZ-73-Raketen bestand.

Die Zielerfassung erfolgte über ein einfaches Ringvisier, und während die *Natter* auf die Bomber herabstieß, sollte die Salve auf kurze Entfernung abgefeuert werden. Ursprünglich war geplant, das Flugzeug anschließend auf Rammkurs zu setzen, bevor der Pilot mit dem Fallschirm absprang, was aber einem Selbstmordkommando gleichgekommen wäre.

Das Aussteigen war ohnehin gefährlich genug. Erst musste der Pilot die Sicherheitsgurte lösen, um die Verschlüsse der Kabinenhaube vor dem Sitz öffnen zu können. Die Maschine zerbrach in zwei Teile, von denen der hintere – weil man das Walter-Raketentriebwerk wieder verwenden wollte – sowie der Pilot an separaten Fallschirmen zu Boden schwebten.

Testprogramm

Zwischen November 1944 und Februar 1945 wurden mehrere bemannte und unbemannte Prototypen in Neuburg an der Donau einer Tragschlepp-

■ **Gegen Ende 1944 begann man mit der Entwicklung mehrerer Varianten der Arado Ar E.381, die auf Ar 234C-3 Düsenbomber montiert, in Gefechtshöhe gebracht und gegen alliierte Bomberverbände eingesetzt werden sollten. Die Jäger sollten 1000 m über den Bombern ausklinken und im flachen Gleitflug einen ersten Angriff durchführen, anschließend den Walter-Raketenmotor 509B für einen zweiten Angriff zünden. Anschließend sollte die Maschine in einem langen Gleitflug zum Standort zurückkehren und dort mithilfe einer einziehbaren Kufe aufsetzen. Als das Projekt Anfang 1945 gestrichen wurde, war erst eine Attrappe fertiggestellt.**

KLEINJÄGER »PARASIT«: TECHNISCHE DATEN IM VERGLEICH			
	Arado Ar E.381 I	*Arado Ar E.381 II*	*Arado Ar E.381 III*
Typ	Einsitziger Kleinjäger mit Raketenantrieb	Einsitziger Kleinjäger mit Raketenantrieb	Einsitziger Kleinjäger mit Raketenantrieb
Antrieb	1 x 2000 kg Walter HWK 109-509B Flüssigkeitsraketentriebwerk	1 x 2000 kg Walter HWK 109-509B Flüssigkeitsraketentriebwerk	1 x 2000 kg Walter HWK 109-509B Flüssigkeitsraketentriebwerk
Geschwindigkeit	900 km/h	885 km/h	895 km/h
Reichweite	100 km nach dem Ausklinken in einer Höhe von 7000 m	100 km nach dem Ausklinken in einer Höhe von 7000 m	100 km nach dem Ausklinken in einer Höhe von 7000 m
Gewicht, beladen	1200 kg	1265 kg	1500 kg
Länge	4,69 m	4,95 m	5,7 m
Höhe	1,29 m	1,15 m	1,51 m
Spannweite	4,43 m	5 m	5,05 m
Bewaffnung	1 x 30 mm MK 108 Kanone	1 x 30 mm MK 108 Kanone	6 x 73 mm *Föhn*-Raketen

erprobung unterzogen. Dann bestand die SS auf Testflügen mit Starthilfsraketen und dem Raketenmotor. Am 1. März stürzte der Testpilot Lothar Sieber mit einer *Natter* ab, die wegen einer verklemmten Starthilfsrakete außer Kontrolle geraten war. Trotz der offensichtlichen Mängel der Konstruktion wurden im April 1945 zehn fertiggestellte *Nattern* zwar für den Kampfeinsatz erprobt, aber niemals eingesetzt.

Bomber, Aufklärer, Transporter

Der oberste Stabschef der Luftwaffe, Generalmajor Walther Wever, war von der Bedeutung strategischer Bomberangriffe überzeugt und leitete das Projekt Uralbomber in die Wege, das zu zwei Prototypen viermotoriger Bomber führte, der Do 19 und der Ju 89.

Die Entwicklung dieser zukunftweisenden Großflugzeuge wurde mit dem Tod Wevers 1936 unterbrochen, und bei Kriegsausbruch verfügte die Luftwaffe über eine Reihe unausgereifter Pläne, mit denen die Vorstellungen von einem Flugzeug hoher Reichweite nicht erfüllt werden konnten.

Die Junkers-Baureihe Ju 90/ Ju 290/Ju 390

Das Bomberprojekt Ju 89 war 1937 eingestellt worden, aber die Konstruktionspläne bildeten die Grundlage für die Entwicklung des Passagierflugzeugs Ju 90, von dem die Deutsche Lufthansa in den Jahren 1937 bis 1939 einige Maschinen einsetzte. Bei Kriegsausbruch übernahm die Luftwaffe die Flugzeuge und verwendete sie als militärische Transporter. Von der Ju 90 wurden zwar nur 18 Stück hergestellt, aber der erfolgreiche Ein-

satz hatte die Luftwaffe davon überzeugt, dass sie einen Langstreckentransporter brauchte. Weil sich der Typ auch zum Bomber und Aufklärer eignete, begann man mit der Entwicklung eines Nachfolgers, der Ju 290. Der Prototyp Ju 290 V1 flog zum ersten Mal am 16. Juli 1942. Er sah fast genauso aus wie die Ju 90, hatte aber einen verlängerten Rumpf, stärkere Motoren und eine hydraulische *Trapoklappe* für die Beladung mit großen Lasten durch den Rumpfboden. Sowohl die V1 als auch die ersten acht Maschinen der Transportserie A1 waren unbewaffnet und wurden,

■ **Anfang 1939 wurde die Ju 90V-5** *Württemberg* **aus dem Liniendienst der Lufthansa abgezogen und als Bomber neu aufgebaut. Sie bildete den ersten Schritt in der Entwicklung des Ju 290-Programms.**

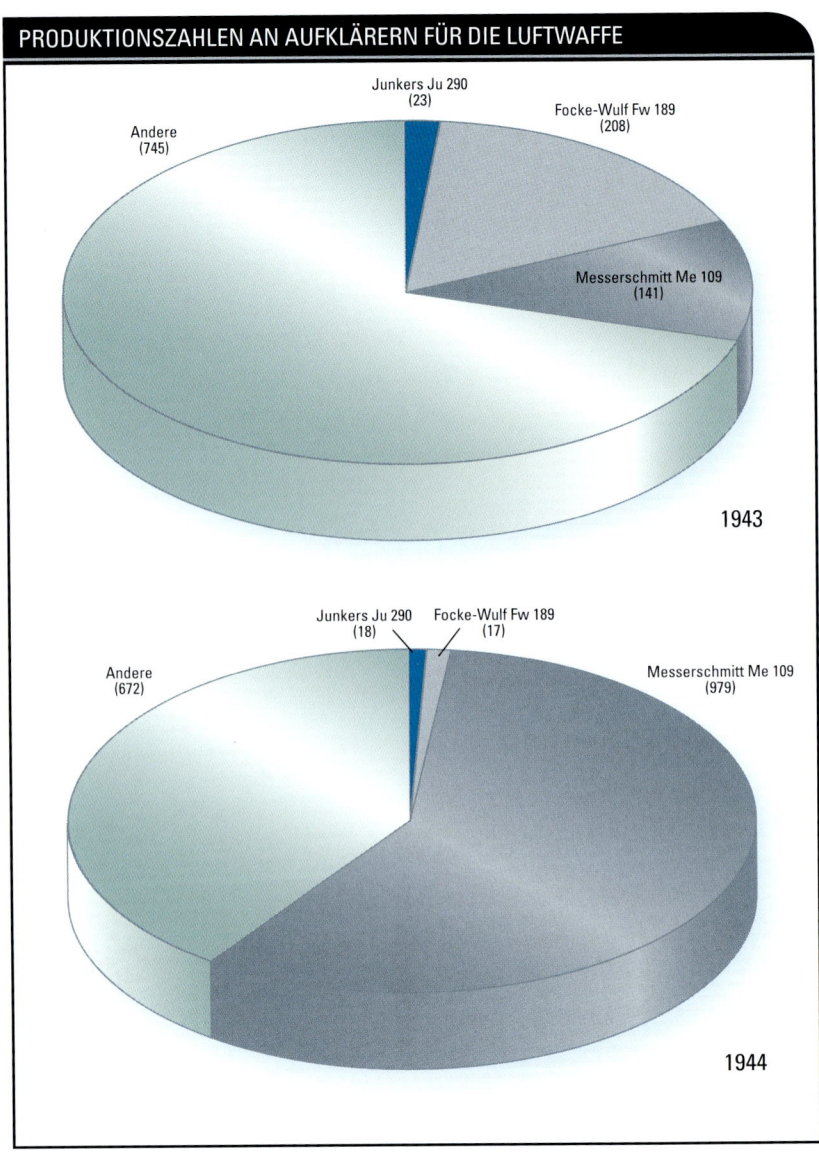

PRODUKTIONSZAHLEN AN AUFKLÄRERN FÜR DIE LUFTWAFFE

Junkers Ju 290
(23)

Focke-Wulf Fw 189
(208)

Andere
(745)

Messerschmitt Me 109
(141)

1943

Junkers Ju 290
(18)

Focke-Wulf Fw 189
(17)

Andere
(672)

Messerschmitt Me 109
(979)

1944

1000 m Höhe orten ließen – weit außerhalb der Reichweite der feindlichen Flak.

Das Modell Ju 290 A3
Die wenig später entwickelte Variante A3 verfügte über zusätzliche Navigationshilfen und war stärker bewaffnet als jeder andere Flugzeugtyp im Zweiten Weltkrieg. In zwei hydraulisch angetriebenen HDL 151-Drehtürmen auf dem Rumpf waren je eine 20-mm-Maschinenkanone MG 151 eingebaut, in der Gondel unter dem Bug ein MG 151 sowie ein 13-mm-MG 131 und in der Heckkanzel eine weitere Maschinenkanone MG 151. Zwei zusätzliche MG 131-Maschinengewehre befanden sich an den Rumpfseiten. Sowohl die A2 als auch die A3 verfügten über große Zusatztanks für Treibstoff im Rumpf und die *Trapoklappe* der Ju 290 V1 im Heck, sodass sie im Bedarfsfall auch als Transporter eingesetzt werden konnten.
Die A2 und A3 sowie die in kleiner Stückzahl gebauten späteren Varianten A4, A5 und A7 wurden der am 1. Juli 1943 aufgestellten Fernaufklärungsgruppe 5 (FAGr 5) zugeteilt, deren Basis der Flugplatz Mont-de-Marsan bei Bordeaux war. Im Spätsommer 1943 erhielt die 1. Staffel drei neue Ju 290 A2. Der erste Feindflug über dem Atlantik erfolgte im November 1943. Die Maschinen konnten bis zu 18 Stunden in der Luft bleiben und zur Unterstützung der U-Boote feindliche Schiffsbewegungen verfolgen. Im November 1943 wurde eine weitere Staffel aufgestellt, deren Ju 290 mit einer Reichweite von über 6100 km weit auf den Atlantik hinausflogen und den U-Booten die Position und den Kurs der feindlichen Geleitzüge

kaum dass sie vom Fließband kamen, in Dienst gestellt. Als Anfang 1943 drei Maschinen durch alliierte Flak verloren gingen, wurden die folgenden Baureihen bewaffnet.
Der dringende Bedarf an einem Seeaufklärer mit großer Reichweite führte zur Entwicklung der Ju 290 A2.

Drei Maschinen der Transport-Serie A1 wurden noch auf dem Fließband entsprechend der Spezifikation A2 umgebaut. Die A2 erhielt das Schiffssuchgerät FuG 200 *Hohentwiel*, mit dem sich alliierte Konvois auf 80 km Entfernung aus einer Höhe von 500 m oder auf 100 km Entfernung aus

meldeten. Die Fernaufklärer waren so erfolgreich, dass Admiral Dönitz alle Ju 290, die vom Band liefen, für seine U-Boote beanspruchte. Aber lediglich 20 Maschinen kamen für diesen Zweck zum Einsatz, bevor die Produktion 1944 eingestellt wurde, weil der Herstellung von Abfangjägern Vorrang eingeräumt wurde.

Als nach der Landung der Alliierten in der Normandie die Flugplätze in Frankreich verloren gingen, wurden die meisten der noch vorhandenen Maschinen dem im Februar 1944 aufgestellten Kampfgeschwader 200 übergeben, das sie unter anderem dafür verwendete, Agenten im feindlichen Hinterland abzusetzen und zu versorgen.

Die letzte Variante der Bauserie war die Ju 390, eine vergrößerte Weiterentwicklung der Ju 290 mit sechs 1700 PS (1268 kW) starken 801D-Doppelsternmotoren von BMW. Als 1943 alle Aufträge für Transporter, Bomber und Seeaufklärer storniert wurden, waren zwei Prototypen fertiggestellt.

Messerschmitt Me 321 und 323

Die Me 321 und 323 wurden im Oktober 1940 im Zusammenhang mit dem *Unternehmen Seelöwe*, der Invasion Englands, als Lastensegler für den Transport von Truppen und Material in Auftrag gegeben. Zwar hatte man schon diesem Zeitpunkt die Invasionspläne endgültig aufgegeben, aber es bestand nach wie vor Bedarf an einem leistungsfähigen Lastensegler für den Einsatz beim *Unternehmen Barbarossa*, dem Überfall auf die Sowjetunion. Am 18. Oktober 1940 erhielten Junkers und Messerschmitt den Auftrag, binnen 14 Tagen Vorschläge für einen großen Lastensegler zu machen, der

in der Lage wäre, schwere Lasten zu transportieren, darunter die 8,8-Kanone samt Halbkettenzugmaschine oder den mittelschweren Panzerkampfwagen IV. Der Prototyp der Junkers Ju 322 *Mammut* wurde sogleich verworfen, weil er die Anforderungen

nicht erfüllte, doch die Me 321 *Gigant* ging in Produktion.

Ihr größter Nachteil war das hohe Gewicht. Zum Schleppen der voll beladenen Maschine waren drei Bf 110 erforderlich und für den Start Starthilfsraketen. Obwohl bis zur Einstel-

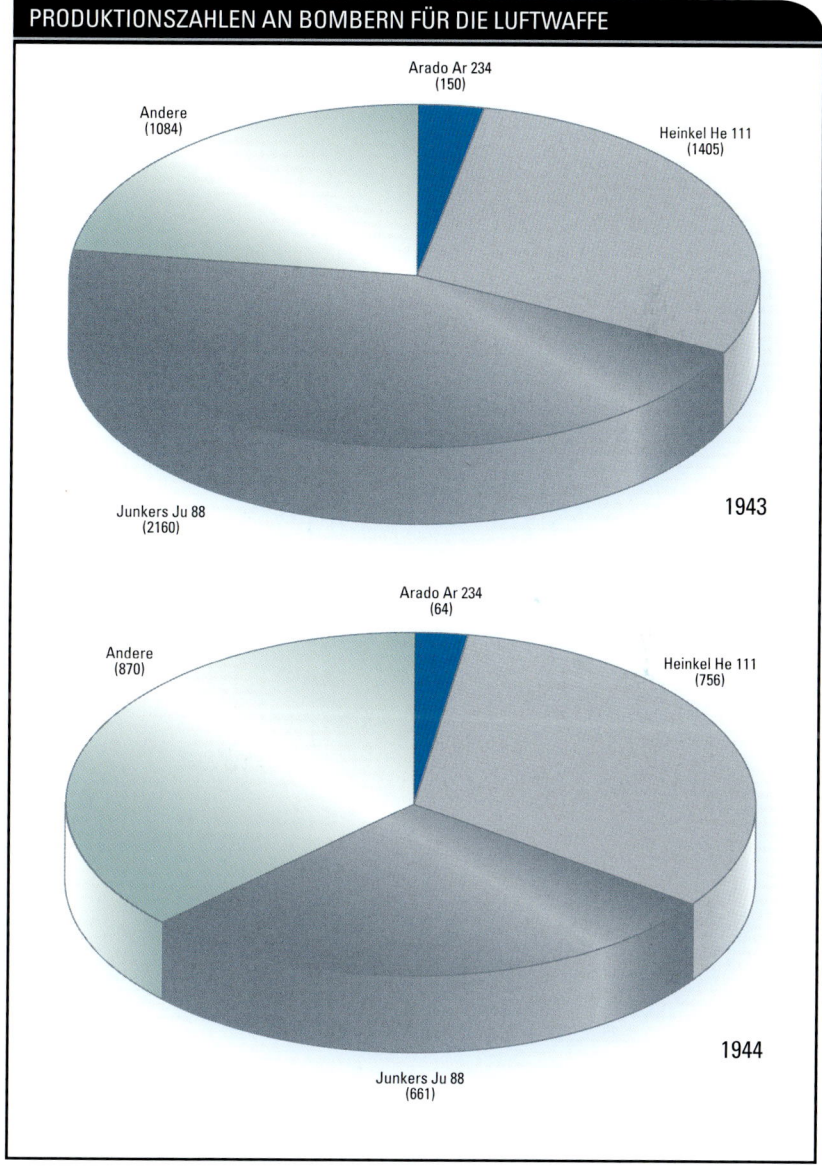

PRODUKTIONSZAHLEN AN BOMBERN FÜR DIE LUFTWAFFE

lung der Produktion 1942 etwa 200 Me 321 gebaut worden waren, stand fest, dass man Ersatz für sie brauchte. Man entschied sich für eine motorisierte Version der Me 321 und entwickelte die Me 323 mit französischen Gnôme-Rhône-GR14N-Sternmotoren zur Entlastung der deutschen Kriegswirtschaft. Zwei Varianten mit vier beziehungsweise sechs Motoren wurden erprobt, wobei sich die viermotorige Ausführung als zu schwach erwies, sodass man die sechsmotorige Me 323 V2 weiterentwickelte und als Me 323D in Dienst stellte. Diese konnte zwar aus eigener Kraft abheben, brauchte aber in voll beladenem Zustand weiterhin Starthilfsraketen. Vor Einstellung der Produktion im April 1944 wurden einschließlich der Nachfolgemuster insgesamt 198 Maschinen fertiggestellt. Zwar war der Lastensegler wegen seiner großen Abmessungen und des enormen Gewichts sehr langsam und bot feindlichen Jägern ein leichtes Ziel, aber er verfügte über eine für die damalige Zeit enorme Ladekapazität und spielte bei der Versorgung der Truppen der Achsenmächte an der Ostfront eine wichtige Rolle. So reichte der Platz aus für 120 gefechtsmäßig ausgerüstete Soldaten oder 60 Tragen für Verwundete einschießlich Sanitätern oder 9750 kg Versorgungsgüter.

Blohm & Voss BV 222 und BV 238

Die BV 222 *Wiking* war das größte Flugboot, das im Krieg zum Einsatz kam. Ursprünglich waren die 1937 entwickelten Entwürfe für eine zivile Lufthansa-Maschine vorgesehen, die mit 16 Passagieren an Bord in 20 Stunden von Berlin nach New York hätte fliegen sollen. Im September 1937 wurden drei Flugboote BV 222 bestellt, aber der Erstflug des Prototyps V1 verzögerte sich bis 7. September 1940.

Die Tauglichkeit der Maschine für militärische Aufgaben lag auf der Hand, sodass man sie kurzerhand zum Langstreckentransportflugzeug umrüstete. Zusammen mit mehreren Prototypen wurden insgesamt nur etwa 30 Maschinen gebaut und während des Kriegs als Truppentransporter für bis zu 76 gefechtsmäßig ausgerüstete Soldaten oder als Seeaufklärer eingesetzt.

PRODUKTIONSZAHLEN BOMBER UND TRANSPORTER NACH LÄNDERN

Italien Frankreich
(2063) (712)
Großbritannien (34 689)
Japan (15 117)
Deutschland (18 449)
Sowjetunion (21 116)
Vereinigte Staaten (97 810)
Bomber

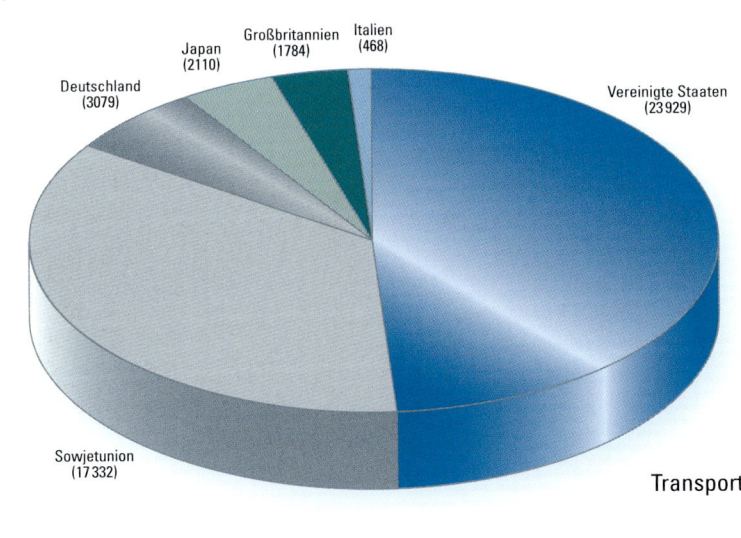

Japan (2110)
Großbritannien (1784)
Italien (468)
Deutschland (3079)
Sowjetunion (17 332)
Vereinigte Staaten (23 929)
Transporter

BOMBEN- UND TRANSPORTFLUGZEUGE MIT KOLBENMOTOREN IM VERGLEICH

12m
9m
6m
3m
0m
0m
3m
6m
9m
12m
15m
18m
21m
24m
27m
30m
33m
36m
39m
42m
45m
Messerschmitt Me 323E-2
Länge: 28,5m
Reichweite
Ju 290A7
6090km
Me 323E-2
1300km
BV 238
7200km
Höchstgeschwindigkeit
Me 323E-2
Geschwindigkeit: 240 km/h
BV 238
Geschwindigkeit: 425 km/h
Ju2 90A7
Geschwindigkeit: 440 km/h

PRODUKTIONSZAHLEN VON TRANSPORTFLUGZEUGEN FÜR DIE LUFTWAFFE

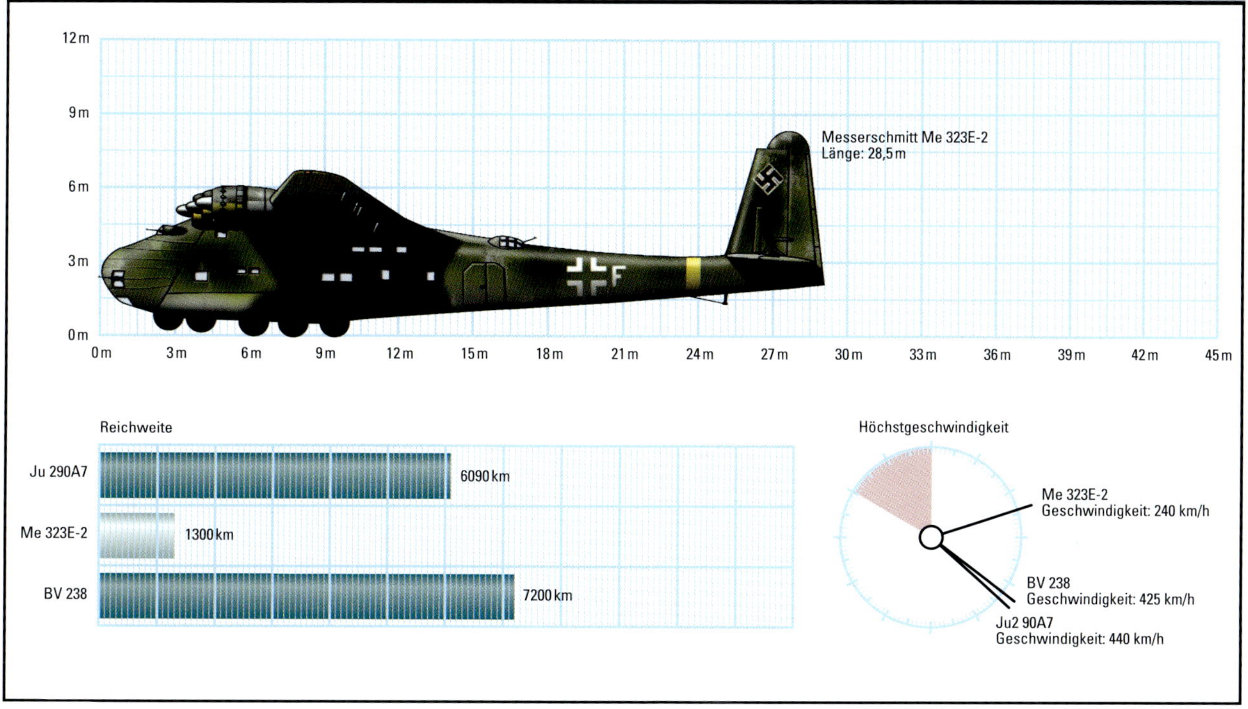

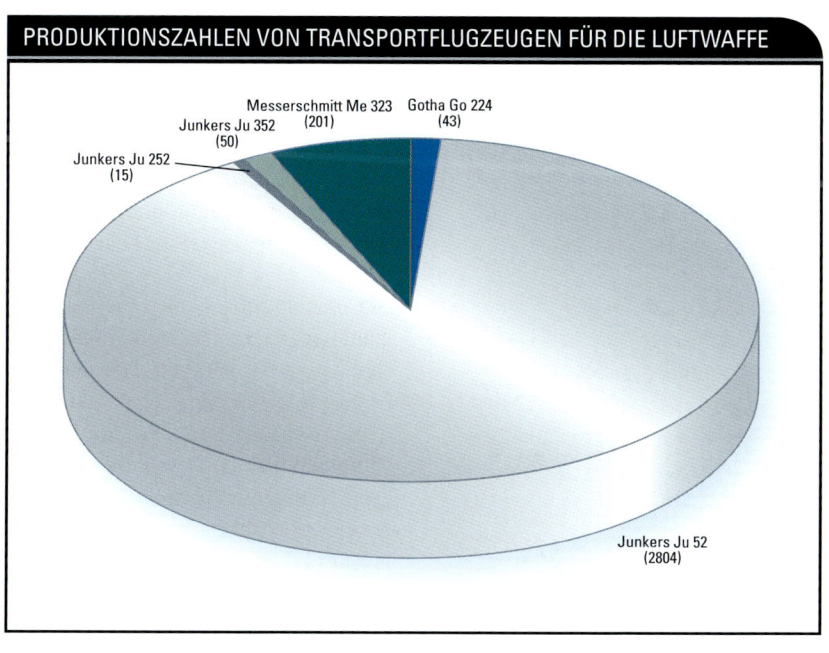

Messerschmitt Me 323
(201)
Gotha Go 224
(43)
Junkers Ju 352
(50)
Junkers Ju 252
(15)
Junkers Ju 52
(2804)

Die BV 222 erwies sich als so nützlich, dass ein noch größeres Flugboot gefordert wurde, die BV 238. Der Prototyp war zum Zeitpunkt des Erstflugs am 11. März 1944 das schwerste Flugzeug der Welt und mit einer Nutzlast von 20 t und einer Reichweite von 3750 km wohl auch das leistungsfähigste. Aber er wurde an der Anlegestelle auf dem Schaalsee zwischen Schleswig-Holstein und Mecklenburg bei Hamburg von *Mustangs* versenkt. Bei Blohm & Voss war man vom Potenzial der BV 238 überzeugt und erstellte Planstudien für eine landgestützte Version BV 250. Sie sollte von sechs 1950 PS starken Motoren angetrieben werden und 45 t Bomben bis 2500 km weit oder 20 t Bomben über 7000 km weit tragen können.

Bomber mit Strahltriebwerken

Als sich der Krieg dem Ende zuneigte, beschäftigte man sich bei der Luftwaffe mit der Entwicklung hochmoderner strahlgetriebener Bomber, von denen kaum einer über das Planungsstadium hinauskam. Aber die Leistungsfähigkeit der Typen, die an den Start gingen, machte offenkundig, dass dies die Bomber der Zukunft waren.

Arado Ar 234

Gegen Ende 1940 erging die Anforderung des Reichsluftfahrtministeriums (RLM) nach einem Hochgeschwindigkeits-Aufklärungsflugzeug. Die Arado Flugzeugwerke waren der einzige Hersteller, der eine Maschine mit zwei Jumo-004-Strahltriebwerken vorschlug, die E.370. Daraus entstand die einsitzige Ar 234, die am 15. Juni 1943 zum Erstflug abhob.

Der sechste und der achte Prototyp waren an Stelle der Jumo 004 mit vier BMW-003-Triebwerken ausgerüstet, die bei Nummer sechs in Einzelgondeln, bei Nummer acht paarweise unter den Tragflächen angeordnet waren. Um Gewicht einzusparen und die Ladekapazität für Treibstoff möglichst gering zu halten, verzichtete man auf ein konventionelles Fahrgestell und verwendete stattdessen einen dreirädrigen Startwagen, der nach dem Abheben abgeworfen wurde. Die Landung erfolgte auf Kufen, von denen eine am Rumpf angebracht war und die übrigen an den Turbinengondeln.

Die Ar 234-Schnellbomber

Im Juli 1943 erhielt Arado die Aufforderung, auf der Grundlage der Ar 234 zwei Prototypen eines Schnellbombers herzustellen. Weil der Rumpf der Ar 234 B für einen Bombenschacht zu schlank war, mussten die Bomben in

außen liegenden Aufhängevorrichtungen transportiert werden, sodass sich wegen des zusätzlichen Gewichts und des Luftwiderstands der Bomben die Fluggeschwindigkeit von 742 km/h auf 668 km/h verringerte. Hinzu kamen zwei fest eingebaute 2-cm-Maschinenkanonen MG 151 im Heck. Das Zielen erfolgte über ein Periskop-Sichtgerät, was sich jedoch nicht bewährte, sodass viele Piloten die Bewaffnung ausbauen ließen.

Die Ar 234 B war statt mit Kufen mit einem normalen Bugradfahrwerk ausgerüstet. Der Erstflug erfolgte am 10. März 1944, wobei die Maschine trotz der etwas geringeren Geschwindigkeit beeindruckende Flugleistungen zeigte. Von der Vorserie B-0 wurden bis Ende Juni 1944 20 Einheiten ausgeliefert, aber die Serienproduktion des Aufklärers B-1 und des Bombers *Blitz* B-2 verzögerte sich wegen der alliierten Luftangriffe.

Die Ar 234-Aufklärer

Bereits einige der Prototypen mussten als Fernaufklärer eingesetzt werden, als erster der Prototyp V7 am 2. August 1944. In vielen Fällen blieben die Maschinen unentdeckt, weil sie etwa 740 km/h schnell und in über 9100 m Höhe flogen.

Im Herbst wurden einige wenige Ar 234 B der Luftwaffe zugeteilt und beeindruckten die Piloten mit ihrer

Geschwindigkeit und Manövrierfähigkeit. Die reguläre Bombenlast bestand aus zwei 500-kg-Bomben unter den Antriebsgondeln bzw. einer 1000-kg-Bombe, die halb versenkt im Rumpfboden mitgeführt wurde. Maximal konnten 1500 kg Bomben geladen werden.

Weil die Ar 234 lange Start- und Landebahnen brauchte, kam es zu mehreren Unfällen. Deren Ursachen konnten durch bessere Ausbildung der Piloten sowie durch Starthilfsraketen behoben werden, aber das Problem als solches bestand weiterhin. Die größten Schwierigkeiten bereiteten die Jumo-004 B-Triebwerke, die wiederholt ausfielen und nach zehn Stunden Betriebszeit überholt oder ausgewechselt werden mussten. Zur Unterstützung der Ardennenoffensive wurden mehrere Bombeneinsätze geflogen, der erste an Heiligabend 1944, als neun Ar 234 B, beladen mit je einer 500-kg-Bombe, Lüttich angriffen. Es folgten noch mehrere Einsätze dieser Art, bis wegen schlechten Wetters keine Starts mehr möglich waren.

Das wohl bekannteste Ziel der Ar 234 als Bombenflugzeug war die Ludendorff-Brücke bei Remagen am Rhein. Zwischen dem 7. März 1945, als die Eisenbahnbrücke von der U.S. 9th Armored Division eingenommen wurde, und dem Einsturz am 17. März

DÜSENBOMBER UND -AUFKLÄRER IM VERGLEICH

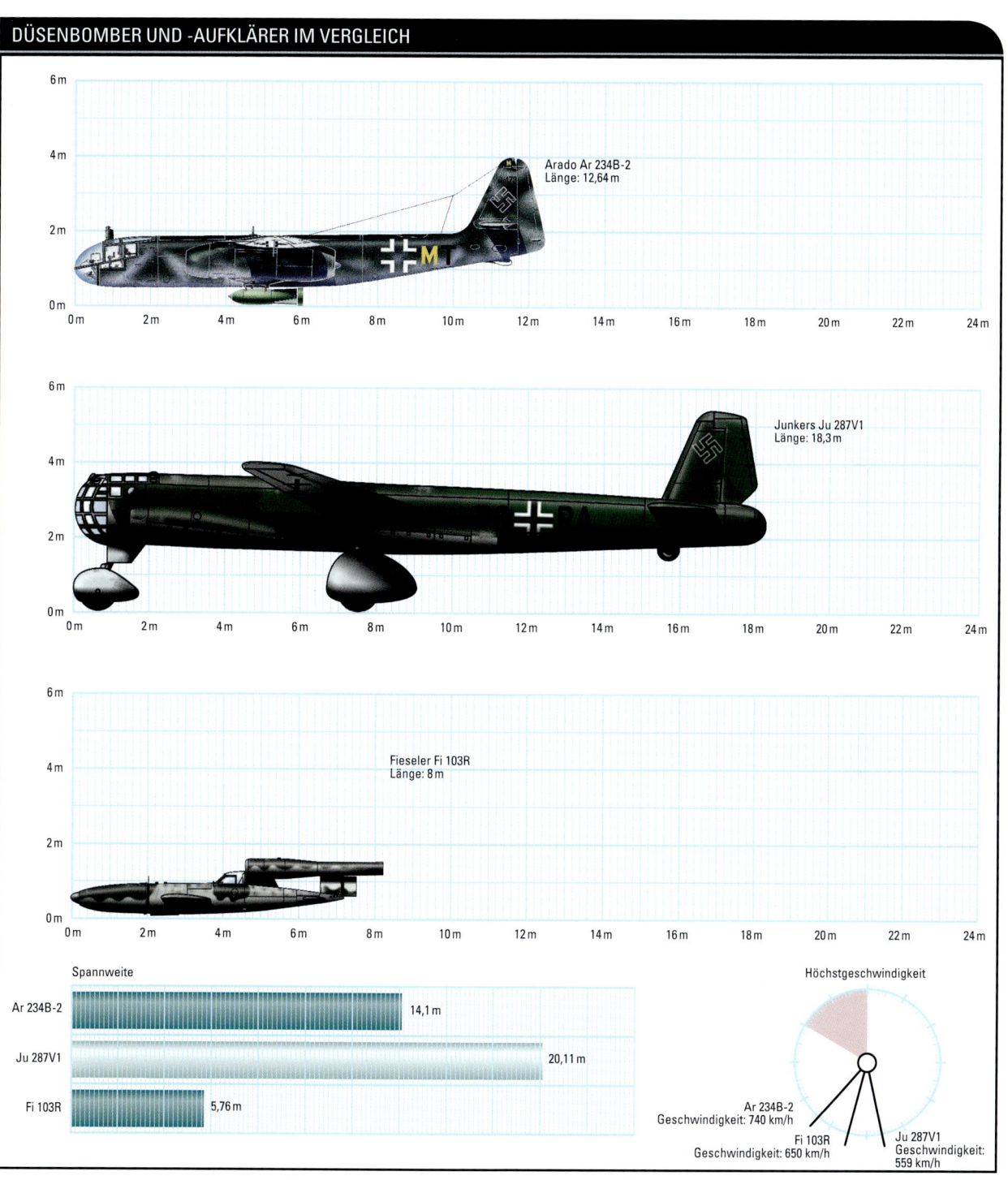

Arado Ar 234B-2
Länge: 12,64 m

Junkers Ju 287V1
Länge: 18,3 m

Fieseler Fi 103R
Länge: 8 m

Spannweite

Ar 234B-2	14,1 m
Ju 287V1	20,11 m
Fi 103R	5,76 m

Höchstgeschwindigkeit

Ar 234B-2
Geschwindigkeit: 740 km/h

Fi 103R
Geschwindigkeit: 650 km/h

Ju 287V1
Geschwindigkeit:
559 km/h

ARADO AR 234 – VARIANTEN

Typ	Beschreibung
Ar 234B-0	20 Vorserienmodelle
Ar 234B-1	Aufklärer, ausgerüstet mit zwei Rb 50/30- oder Rb 75/30-Kameras
Ar 234B-2	Bomberversion mit einer maximalen Bombenlast von 2000 kg
Ar 234C	Die Ar 234C wurde angetrieben von vier BMW-003A-Strahltriebwerken, die in zwei Doppelgondeln angeordnet waren. Hauptgrund für die Umstellung war der Umstand, dass die vorhandenen Junkers Jumo 004s den Me 262 vorbehalten sein sollten. Außerdem versprachen die leichteren BMW-Triebwerke eine Leistungssteigerung. Tatsächlich lag die Geschwindigkeit um 20 % über der B-Serie, und die Reichweite wuchs ebenso wie die Steigleistung. Obwohl 14 Ar 234C-Prototypen fertiggestellt wurden, kam die Baureihe nicht mehr zum Einsatz.
Ar 234C-1	Viermotorige Ausführung der Ar 234B-1
Ar 234C-2	Viermotorige Ausführung der Ar 234B-2
Ar 234C-3	Mehrzweckausführung, bestückt mit zwei 20-mm-MG 151
Ar 234C-3/N	Zweisitzige Nachtjägerausführung, bestückt mit zwei 20-mm-MG 151 und zwei 30-mm-MK 108-Kanonen, ausgestattet mit FuG 218-*Neptun* V-Radar
Ar 234C-4	Bewaffnete Aufklärerversion, ausgestattet mit zwei Kameras, bewaffnet mit vier 20-mm-MG 151
Ar 234C-5	Doppelsitzige Version mit nebeneinander liegenden Sitzen. Der 28. Prototyp wurde in dieser Weise umgebaut.
Ar 234C-6	Doppelsitzige Aufklärerversion, aus dem 29. Prototyp aufgebaut
Ar 234C-7	Zweisitziger Nachtjäger mit nebeneinander liegenden Sitzen für die Besatzung und ausgestattet mit einem verbesserten FuG 245-*Bremen*-Radar
Ar 234C-8	Einsitzige Bomberversion, angetrieben von zwei Jumo-004D-Strahltriebwerken mit 1080 kg Schub
Ar 234D	Unter Verwendung des B-Serienrumpfs sollte ein zweisitziges Flugzeug entstehen, das von zwei Heinkel-HeS 011-Strahltriebwerken angetrieben wurde. Es kam nicht einmal zum Prototyp.
Ar 234D-1	Geplante Aufklärerversion
Ar 234D-2	Geplante Bomberversion
Ar 234P	Projektstudie zu einem zweisitzigen Nachtjäger mit außerordentlicher Leistung von Triebwerken und Radar, der aber nie über das Reißbrettstadium hinauskam

Obwohl bis Kriegsende 210 Exemplare dieses Baumusters fertiggestellt wurden, kamen höchstens 40 davon zum Einsatz.

unternahm das Kampfgeschwader (KG) 76 ununterbrochen Angriffe mit Ar 234, wobei jede Maschine mit einer 1000-kg-Bombe beladen war.

Die Junkers Ju 287

Neben der Ar 234 war die Ju 287 der einzige deutsche Bomber mit Strahlantrieb, der bis Kriegsende zum Fliegen kam. Bei Junkers hatte man 1943 mit der Arbeit am Projekt begonnen.

Bedenken wegen der Flugeigenschaften bei niedriger Geschwindigkeit führten zur Änderung des ursprünglichen Konzepts mit um 25° nach hinten (positiv) gepfeilten Tragflächen, an deren Stelle nach vorn gepfeilte eingebaut wurden. Der Vorteil dieser negativen Pfeilung besteht darin, dass die Grenzschicht nicht zur Flügelspitze abwandert, was zu einem Auftriebsverlust führt. Versuche im

Windkanal bestätigten die Vorteile der negativen Pfeilung, und der erste Prototyp startete im August 1944. Um die Produktion zu beschleunigen, wurden Bauteile von verschiedenen anderen Flugzeugtypen verwendet, unter anderem Rumpf und Kabine der Heinkel He 177 und das Leitwerk einer Ju 188. Die Bugräder des starren Fahrwerks einer Ju 352 stammten von einem erbeuteten B-24-*Liberator*. Am 16. August 1944 begannen die ersten Probeflüge mit ausgezeichneten Flugeigenschaften und -leistungen. Für die endgültige Version rechnete man bei einer Bombenlast von 4000 kg mit einer Höchstgeschwindigkeit von etwa 885 km/h und einer Reichweite von 14 430 km. Daraufhin erfolgte die Bestellung von 75 Maschinen, von denen bis Kriegsende keine einzige fertiggestellt wurde.

Fieseler Fi 103 R »Reichenberg«

Die Idee einer bemannten Variante der Flügelbombe V1 kam erstmals Ende 1943 zur Sprache, wurde aber zugunsten der Messerschmitt Me 328 nicht weiter verfolgt. Nachdem dieses Projekt Mitte 1944 eingestellt worden war, wurde das Konzept überdacht und auf Anraten einflussreicher Personen, darunter Hanna Reitsch und Otto Skorzeny, wieder aufgegriffen. Man baute die V1 um, indem man Querruder an den Flügeln anbrachte und unmittelbar vor dem Pulso-Schubrohr eine kleine Pilotenkanzel mit einfachsten Instrumenten einbaute. Das aus einem Stück bestehende Kabinendach mit Seitenscharnieren, das umständlich aufgeklappt werden musste, hatte eine Frontscheibe aus Panzerglas mit eingravierten Markierungen für verschiedene Sturzflug-

NUTZLAST VON DÜSENBOMBERN IM VERGLEICH

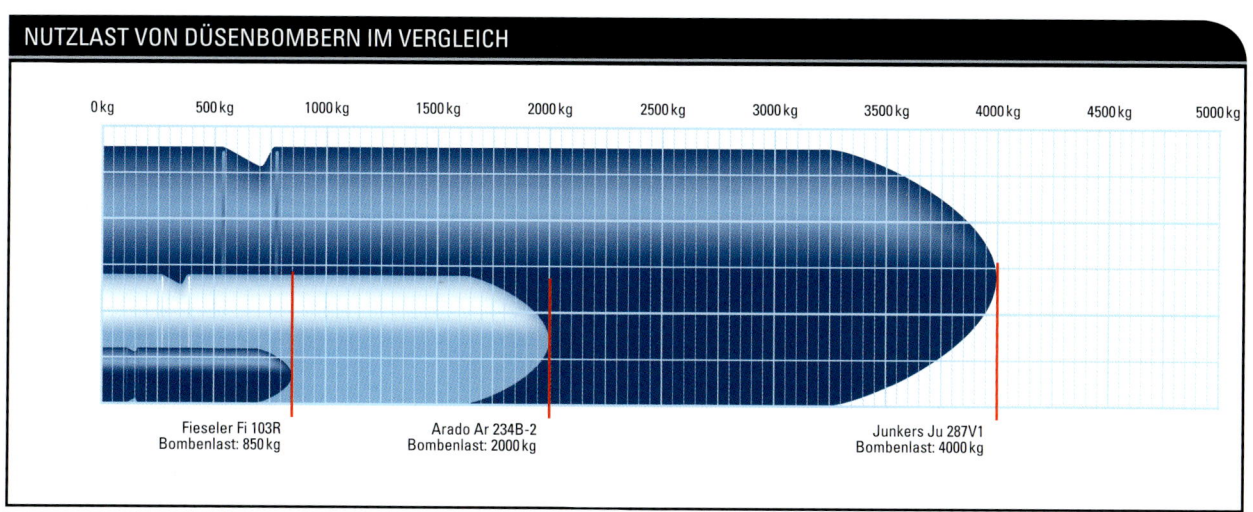

| 0 kg | 500 kg | 1000 kg | 1500 kg | 2000 kg | 2500 kg | 3000 kg | 3500 kg | 4000 kg | 4500 kg | 5000 kg |

Fieseler Fi 103R
Bombenlast: 850 kg

Arado Ar 234B-2
Bombenlast: 2000 kg

Junkers Ju 287V1
Bombenlast: 4000 kg

winkel. Die fronttaugliche Version R-IV mit einem 850 kg schweren Gefechtskopf hätte von einer Heinkel He 111 in Zielnähe geschleppt werden sollen. Beim Erreichen des Ziels sollte

der Pilot den Gefechtskopf scharfmachen, in den Sturzflug übergehen und bei einer Geschwindigkeit von etwa 850 km/h aussteigen. In der Praxis hätte das kaum einer überlebt.

Nachdem es schon bei Übungsflügen ohne Schubrohr zu mehreren tödlichen Unfällen gekommen war, wurden die Arbeiten am *Projekt Reichenberg* im März 1945 eingestellt.

Langstreckenbomber

Trotz der vielen Vorschläge deutscher Entwicklungsingenieure für mehrmotorige Langstreckenbomber wurden nur wenige gebaut. Aber neben diesen eher konventionellen Entwürfen gab es auch einige sehr fortschrittliche Projekte.

Junkers Ju 88 »Mistel«

Die *Mistel*, auch *Vater und Sohn* oder *Huckepack* genannt, lief unter dem Tarnnamen *Beethoven* und war eine zur unbemannten Bombe umgebaute Ju 88. Gesteuert wurde sie vom Piloten eines als Führungsmaschine über der Rumpfmitte aufmontierten Jägers. Nach dem Start sollte der Jäger aus dem Treibstoffvorrat des Bombers für den Rückflug auftanken. Dann würde der Pilot mit seinem Zielgerät das

Gespann auf das Ziel ausrichten, die Jagdmaschine ausklinken und zur Basis zurückkehren, während die *Mistel* mithilfe der automatischen Kurssteuerung ins Ziel stürzte.

Erste Feindberührung

Der Probeflug der ersten *Mistel* mit einer Bf 109 F-4 als Führungsmaschine im Juli 1943 war so vielversprechend, dass man sich zum Bau des Bombers entschloss. Der 3800 kg

schwere Sprengsatz war für den Einsatz gegen große Ziele wie Schlachtschiffe gedacht, und gegen diese richtete sich auch der erste Angriff des Kampfgeschwaders 101 auf die alliierte Invasionsflotte vor der Normandie. Die Piloten der Führungsflugzeuge meldeten einige Treffer, die allerdings nicht offiziell bestätigt wurden. Vermutlich bezogen sich die Angaben auf das ausgediente französische Schlachtschiff *Courbet*, das

127

VERSCHIEDENE *MISTEL*-KOMBINATIONEN

Eine einsatzbereite *Mistel 1*. Die in die Ju 88 eingebaute 3800 kg schwere Hohlladung konnte eine sieben Meter dicke Panzerung ebenso durchschlagen wie 18 m dicken Beton.

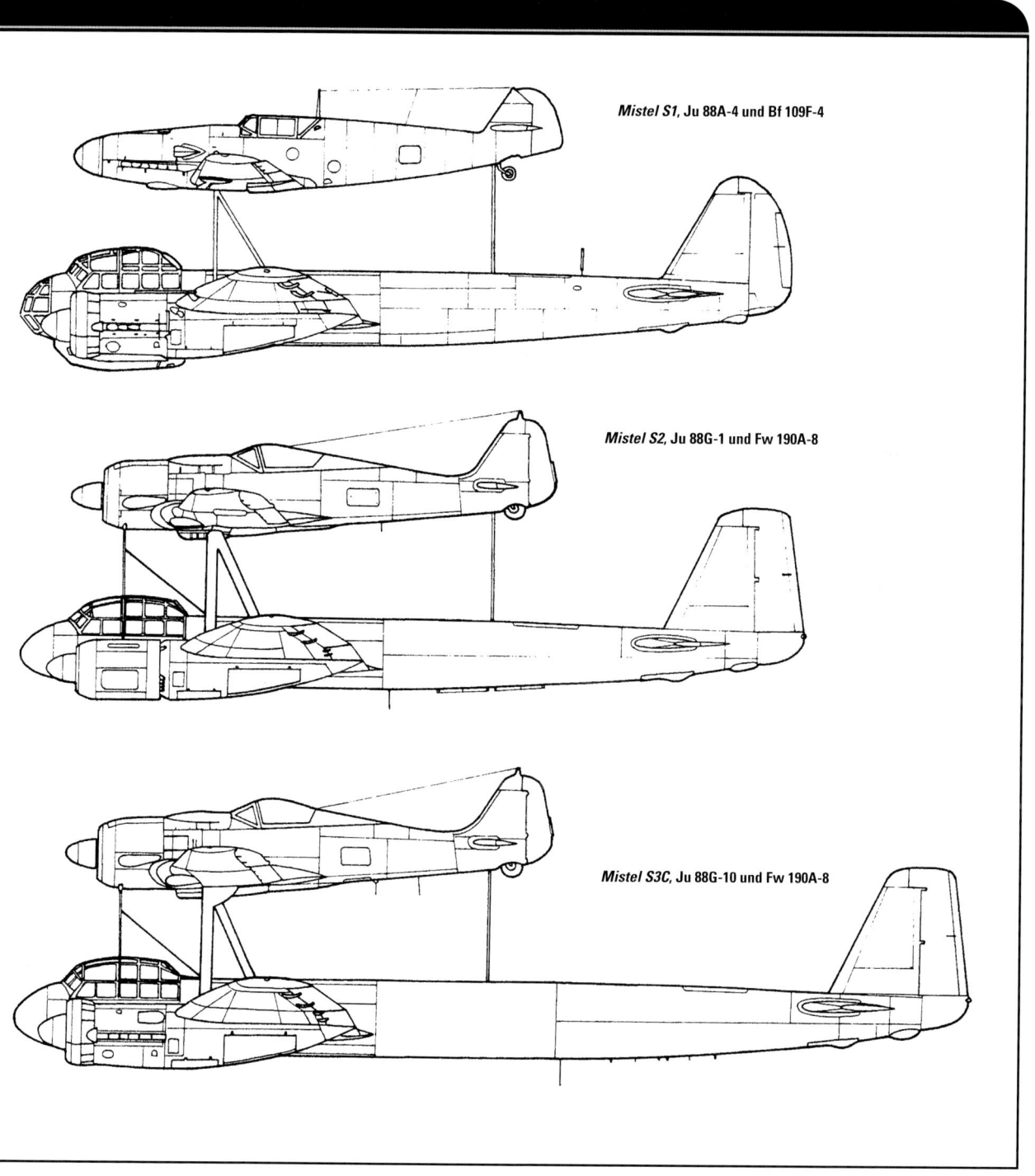

Mistel S1, Ju 88A-4 und Bf 109F-4

Mistel S2, Ju 88G-1 und Fw 190A-8

Mistel S3C, Ju 88G-10 und Fw 190A-8

»MISTEL«-KOMBINATIONEN

Typ	Flugzeuge
Mistel Prototyp	Ju 88A-4 and Bf 109F-4
Mistel 1	Ju 88A-4 and Bf 109F-4
Mistel S1	Schulungsversion der Mistel 1
Mistel 2	Ju 88G-I and Fw 190A-8 or F-8
Mistel S2	Schulungsversion der Mistel 2
Mistel 3A	Ju 88A-4 and Fw 190A-8
Mistel S3A	Schulungsversion der Mistel 3A
Mistel 3B	Ju 88H-4 and Fw 190A-8
Mistel 3C	Ju 88G-10 and Fw 190F-8
Mistel S3C	Schulungsversion der Mistel 3C
Mistel Führungsmaschine	Ju 88 A-4/H-4 and Fw 190 A-8
Mistel 4	Ju 287 and Me 262
Mistel 5	Arado E.377A and He 162

man zum Schutz des Brückenkopfs *Sword Beach* im seichten Küstengewässer auf Grund gesetzt hatte. Im Spätherbst 1944 wurde der Vorschlag zu einem Angriff auf die Schlachtschiffe und Flugzeugträger der britischen *Home Fleet* in Scapa Flow erneut aufgegriffen. Insgesamt 60 *Misteln* wurden für das Unternehmen auf Flugfeldern in Dänemark zusammengezogen, aber anhaltendes

SÄNGER-»AMERIKA«-BOMBER

	Technische Daten
Typ	Raketenbetriebener Weltraumbomber
Antrieb	1 x 101,6 t Schub Flüssigkeitsrakete
Geschwindigkeit	22 100 km/h
Dienstgipfelhöhe	280 km
Reichweite	23 500 km
Leergewicht	9979 kg
Länge	27,98 m
Höhe	—
Spannweite	15 m
Bewaffnung	3629 kg Bombenlast, vermutlich eine deutsche Atombombe

schlechtes Wetter im Dezember 1944 verhinderte die Ausführung, und danach waren die meisten der vorgesehenen Ziele ins Mittelmeer verlegt.

Einsatz an der Ostfront

Auf der Suche nach geeigneten Zielen griff man auf einen ebenfalls schon früher gefassten Plan zurück, das *Unternehmen Eisenhammer*, bei dem wichtige sowjetische Industrieanlagen um Moskau und Gorki zerstört werden sollten. Ursprünglich waren die Angriffe für Spätherbst 1943 geplant, aber die Rote Armee hatte die dafür vorgesehenen Feldflugplätze überrannt. Mit der hohen Flugleistungsfähigkeit der *Mistel* rückten die Angriffe nun wieder in den Bereich des Möglichen. Alle Vorbereitungen waren getroffen, und die Angriffe hätten Ende März 1945 beginnen sollen. Aber die Rote Armee hatte inzwischen Brückenköpfe am Westufer der Oder gebildet, knapp 60 km von Berlin entfernt, und die Pläne mussten in aller Eile geändert werden. Die meisten der rund

80 einsatzfähigen *Misteln* flogen Angriffe auf die Oderbrücken, die jedoch wenig bewirkten. Insgesamt wurden schätzungsweise 250 *Misteln* fertiggestellt, die meisten davon vom Typ 1. Ergänzt wurden sie möglicherweise um einige wenige vom Typ 2 und 3, aber spätere Varianten kamen über das Entwurfsstadium nicht hinaus.

Der »Silbervogel«

Der auch als *Amerika-Bomber* bezeichnete suborbitale Bomber *Silbervogel* beruhte auf Entwürfen von Eugen Sänger und Irene Sänger-Bredt aus den späten 1930er-Jahren. Das Fluggerät mit einer Flügelspannweite von 15 m hatte einen flachen Rumpf und war 28 m lang. Für den Antrieb sorgte ein 109 Tonnen schwerer regenerierender Schubraketenmotor – ein Konstruktionsprinzip, nach dem noch heute fast alle Flüssigkeitsraketen arbeiten. Der Pilot saß in einer Druckkabine im vorderen Teil des Rumpfs. Landen sollte das Fluggerät im Gleitflug auf einem Dreibeinfahrgestell. Der Bombenschacht in der Rumpfmitte enthielt eine einzige, 3639 kg schwere Bombe, von der angenommen wird, dass sie als deutsche Atombombe geplant war. Der *Silbervogel* sollte beim Start auf einer drei Kilometer langen Eisenbahnschiene mit Hilfe eines raketengetriebenen Schlittens auf 1850 km/h beschleunigt und in eine Höhe von 1500 m katapultiert werden. Dann würde der Schubraketenmotor zünden und das Langstreckenflugzeug innerhalb von acht Minuten auf eine Flughöhe von über 145 km und eine maximale Marschgeschwindigkeit von 22 100 km/h bringen. Beim anschließenden schrittweisen Abstieg in die Stratosphäre würde der Aufprall auf die dichteren Luftschichten den *Silbervogel* zum Springen bringen wie einen Kieselstein auf der Wasseroberfläche. Zwar würden sich die Sprünge wegen des Luftwiderstands allmählich verkürzen, aber man ging davon aus, dass der *Silbervogel* den Atlantik hätte überqueren und Ziele wie New York hätte bombardieren können, um anschließend nach einem 19 000 bis 24 000 km langen Flug auf einem japanischen Stützpunkt auf einer der Pazifikinseln zu landen.

Hubschrauber und Drehflügler

Die deutsche Forschung auf dem Gebiet der Hubschrauber war 1939 weit fortgeschritten. Auf der Berliner Autoschau 1938 hatte Hanna Reitsch mit einem Helikopter, dem Focke-Wulf Fw 61, in der Deutschlandhalle Probeflüge angestellt.

Der Flettner Fl 282 »Kolibri«

Der einsitzige Flettner Fl 282, der 1940 in Erprobung ging, war eine Weiterentwicklung des Fl 265 und hatte den gleichen ineinander kämmenden Doppelrotor wie sein Vorgänger. Der Rumpf bestand zum großen Teil aus einer mit Stoff bespannten Stahlrohrkonstruktion und hatte ein starres Fahrwerk. 1941 erprobte die Marine das ganze Jahr über den *Kolibri* bei ausgedehnten Versuchsflügen als Bordaufklärer und U-Boot-Jäger vom leichten Kreuzer *Köln* aus, auf dem ein kleiner Landeplatz montiert worden war. Die Flugleistungen überzeugten, und die Marineführung bestellte 15 Prototypen sowie eine Serie von 30 Maschinen. 1943 befanden sich über 20 schiffsgestützte *Kolibris* in der Ostsee, im Mittelmeer und in der Ägäis im Einsatz. Die Vorteile des kleinen Hubschraubers überzeugten auch die Wehrmacht, und es wurden Überlegungen angestellt, den Fl 282 für den Landeinsatz umzubauen. Die Modifikation sah einen zweiten Sitz für den Beobachter vor, und 1944 wurden 1000 Einheiten der neuen Version in Auftrag gegeben. Davon waren 24 fertig, als die Fabrik durch Bomben zerstört wurde. Der *Kolibri* eignete sich hervorragend als Artilleriebeobachter, sodass 1944 eine Feuerleiteinheit mit drei Fl 282- und drei Focke-Achgelis-Fa 223-Hubschraubern aufgestellt wurde. Wahrscheinlich operierten in den letzten Kriegsmonaten von Rangsdorf bei Berlin aus noch weitere Maschinen in dieser Rolle.

Der Focke-Achgelis Fa 223 »Drache«

Der *Drache* ging aus einem Modell hervor, für das sich die Lufthansa als ziviler Kurzstreckenflieger für sechs Passagiere interessierte. Die Bodenerprobung des ersten Doppelrotor-Prototyps Fa 223 V1 begann im Oktober 1939, aber die noch nicht ausgereifte Technik sowie Probleme mit Schwingungen zögerten die Freiflugerprobung bis August 1940 hinaus. Nach weiteren Versuchen wurden verschiedene Versionen, unter anderem als U-Boot-Jäger, Aufklärer, Rettungs-, Transport und Trainingshubschrauber, bestellt. Aber schon bald entschloss man sich dazu, einen Mehrzweckhubschrauber zu bauen, und 1942 begann bei Focke-Achgelis in Delmenhorst die Serienproduktion des Fa 223 E. Kurze Zeit später wurden die Fabrik sowie zwei Prototypen und die ersten sieben Maschinen der Vorserie bei einem Luftangriff zerstört. Acht *Drachen* wurden noch gebaut, aber alle Versuche, die Fertigung in Delmenhorst wieder aufzunehmen, scheiterten, und die Produktion wurde ins Werk Laupheim bei Ulm verlegt. Aber auch hier liefen nur sieben Maschinen vom Band, bevor das Werk im Juli 1944 bei einem weiteren Luftangriff schwer getroffen wurde. Schließlich verlegte man die Fertigung zur Weser Flugzeugbau in Berlin-Tempelhof. Die ursprüngliche Absicht, 400 Maschinen im Monat auszuliefern, erwies sich angesichts der zunehmend problematischen Versorgungslage und der verheerenden Zerstörungen in den letzten Kriegsmonaten als Wunschdenken, und es wurde keine Maschine gebaut.

Focke-Achgelis Fa 284 »Fliegender Kran«

Dieses war das ehrgeizigste Projekt eines Militärhubschraubers. Als *fliegender Kran* war die Machine größer als alle anderen vor 1950 gebauten Muster. Das Konzept sah zwei gegenläufige Rotoren auf Auslegern zu beiden Seiten des Rumpfs vor. Die beiden Motoren an den Auslegern leisteten 1600 PS (1193,12 kW) oder 2000 PS (1491,4 kW) und ermöglichten das Heben von Lasten bis zu sieben Tonnen. Die Entwicklungsarbeiten waren Ende 1942 abgeschlossen, und es wurden auch einige Komponenten gebaut, aber bis zum Prototyp reichte es nicht mehr.

Focke-Achgelis Fa 225

Bei deutschen Luftlandeangriffen mit Lastenseglern in den ersten Kriegsjahren hatten sich die Unzulänglichkeiten dieses Transportmittels herausgestellt, das zum Landen große ebene Flächen ohne Hindernisse benötigte. Man ging davon aus, dass ein Drehflügelgleiter für taktische Einsätze viel besser geeignet sein würde, weil er nahezu senkrecht von oben herabschweben könne. 1942 wurde mit einem Projekt begonnen, das den Umbau des Standardgleiters DFS 230 in die Drehflüglerkonfiguration in die Wege leiten sollte. Die Tragflächen des DFS 230 wurden durch Fa 223-Rotoren ersetzt, ein starres Fahrgestell sollte das bei fast vertikaler Landung unvermeidliche harte Aufsetzen abfedern. 1943 fand ein Probeflug im Schlepp einer Heinkel He 45 statt, bei dem für die Landung nur 18 m erforderlich waren. Obwohl der Entwurf allen Anforderungen gerecht wurde, kam er nicht zur serienmäßigen Ausführung.

Focke-Achgelis Fa 300 »Bachstelze«

Der Fa 300 war ein kleiner ultraleichter Drehflügelgleiter für den Einsatz auf U-Booten, wo er zusammengeklappt in zwei an den Turm montierten, mit wasserdichten Deckeln verschließbaren Behältern untergebracht war. Beim Einsatz schleppte das U-Boot die *Bachstelze* an einem Drahtseil hinter sich her. Der Beobachter hatte aus der Höhe eine größere Sichtweite als vom Turm des U-Boots und konnte beispielsweise den Anflug feindlicher Flugzeuge schon auf weite Entfernung erkennen. Bei ruhiger See brauchten vier Mann der Besatzung nur sieben Minuten, um die *Bachstelze* startklar zu machen. Der Start von einem Starttisch im »Wintergarten« des U-Boots erfolgte mit einfachen Mitteln. Ein Besatzungsmitglied zog an einem um die Nabe des Rotors gewickelten Seil, um diesen zum Drehen zu bringen. Das Schleppseil lief über eine elektrische Winde. Die Sprechverbindung zwischen Pilot und U-Boot erfolgte über ein Telefonkabel am Schleppseil. Bei einer Landung unter normalen Verhältnissen wurde der Gleiter mit der Winde eingeholt. Im Moment des Aufsetzens auf dem Startisch betätigte der Pilot die Bremse, um den Rotor anzuhalten. Binnen zwei Minuten war das Gerät wieder verstaut.
Für den Fall, dass das U-Boot alarmtauchen musste, löste der Pilot die Verbindung zum Schleppseil. Gleichzeitig lösten sich die Rotorblätter von der Nabe am Rumpfgerüst. Beim Davonfliegen zogen die Rotorblätter ein Kabel hinter sich her, das den Fallschirm des Piloten entfaltete. Dann öffnete der Pilot den Sicherheitsgurt

und stieg aus, während der Gleiter ins Meer stürzte. Wenn die Gefahr vorüber war, fischte das U-Boot den Piloten wieder auf.
Nur U-Boote vom Typ IX D 2 waren schnell genug, um die *Bachstelze* bei günstigen Windverhältnissen am 300-m-Schleppseil auf eine Höhe bis zu 220 m zu bringen. Von dort konnte der Pilot bei gutem Wetter Schiffe bis auf 53 km Entfernung ausmachen. Als die *Bachstelze* in Dienst gestellt wurde, war die Zahl der alliierten Konvoibegleitschiffe und Flugzeuge so groß, dass der Einsatz gegen Geleitzüge im Atlantik nicht mehr vertretbar war. Aber im Indischen Ozean fuhren Handelsschiffe immer noch ohne Begleitschutz, und auf diesem Kriegsschauplatz konnte die Fa 330 zusammen mit U-Booten vom Typ IX D 2 gut eingesetzt werden.
Eine motorgetriebene Variante der Fa 330 für Schiffe wurde zwar erwogen, kam aber über die Planungsphase nicht hinaus.

Der Focke-Wulf-Triebflügeljäger

Im Gegensatz zu den anderen Drehflüglern handelt es sich hier um ein Hochleistungs-Jagdflugzeug mit Schubflügeln. Die drei Flügel waren an einem Schwungring hinter der Pilotenkanzel montiert und drehten sich um den Rumpf. Der Antrieb erfolgte über drei Pabst-Staustrahltriebwerke, die beim Start von kleinen Feststoffraketen unterstützt wurden. Beim Abheben und bei der Landung wirkten die Triebflügel wie die Rotorflügel eines Hubschraubers, beim horizontalen Flug wie überdimensionierte Propeller. Die Maschine startete und landete auf dem Heck. Sie hatte dazu ein einzelnes Fahrwerksrad an der Unterseite des Rumpfs sowie vier Stützräder an den Flossen. Beim Flug waren alle Räder durch stromlinienförmige Schutzhüllen ver-

deckt. Damit sollte der *Triebflügeljäger* fast 1000 km/h erreichen. Die Entwicklungsarbeiten bei Focke-Wulf waren im September 1944 abge-

schlossen. Ein Modell wurde im Windkanal bei Geschwindigkeiten bis zu Mach 0,9 getestet, zum Bau eines Prototyps kam es aber nicht mehr.

DEUTSCHE HUBSCHRAUBER IM VERGLEICH

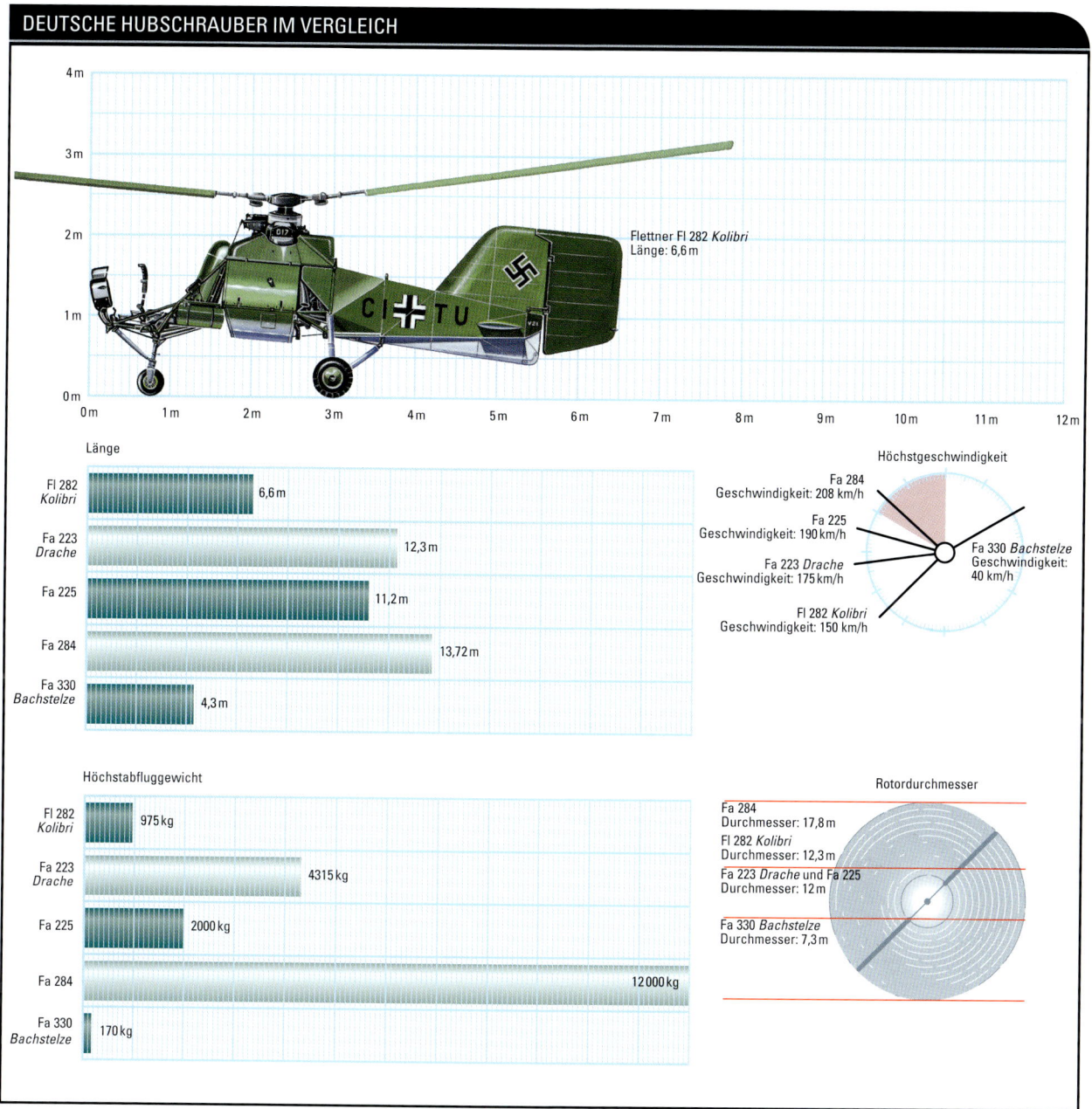

Flettner Fl 282 *Kolibri*
Länge: 6,6 m

Länge

Fl 282 *Kolibri*	6,6 m
Fa 223 *Drache*	12,3 m
Fa 225	11,2 m
Fa 284	13,72 m
Fa 330 *Bachstelze*	4,3 m

Höchstgeschwindigkeit

Fa 284 Geschwindigkeit: 208 km/h
Fa 225 Geschwindigkeit: 190 km/h
Fa 223 *Drache* Geschwindigkeit: 175 km/h
Fa 330 *Bachstelze* Geschwindigkeit: 40 km/h
Fl 282 *Kolibri* Geschwindigkeit: 150 km/h

Höchstabfluggewicht

Fl 282 *Kolibri*	975 kg
Fa 223 *Drache*	4315 kg
Fa 225	2000 kg
Fa 284	12 000 kg
Fa 330 *Bachstelze*	170 kg

Rotordurchmesser

Fa 284 Durchmesser: 17,8 m
Fl 282 *Kolibri* Durchmesser: 12,3 m
Fa 223 *Drache* und Fa 225 Durchmesser: 12 m
Fa 330 *Bachstelze* Durchmesser: 7,3 m

FOCKE-WULF »TRIEBFLUGELJÄGER«

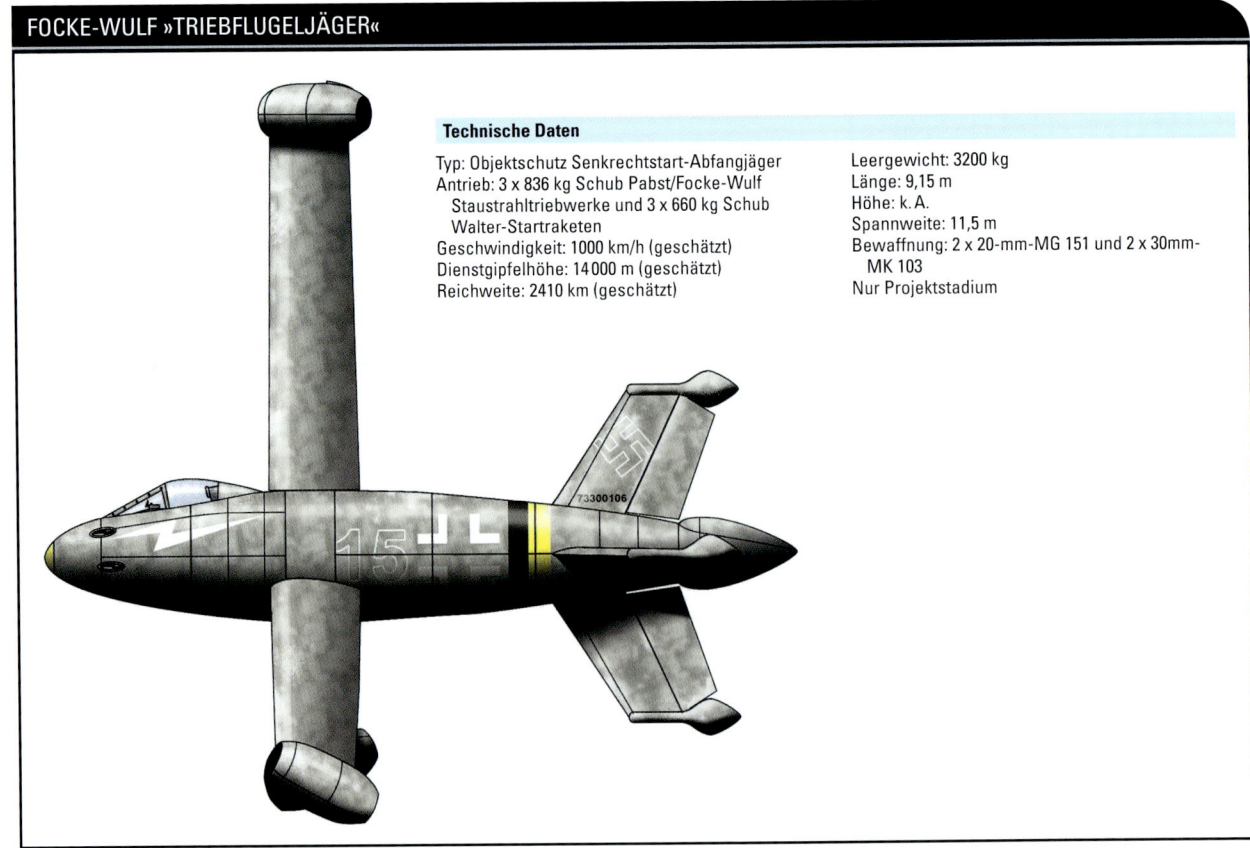

Technische Daten

Typ: Objektschutz Senkrechtstart-Abfangjäger
Antrieb: 3 x 836 kg Schub Pabst/Focke-Wulf
    Staustrahltriebwerke und 3 x 660 kg Schub
    Walter-Startraketen
Geschwindigkeit: 1000 km/h (geschätzt)
Dienstgipfelhöhe: 14 000 m (geschätzt)
Reichweite: 2410 km (geschätzt)

Leergewicht: 3200 kg
Länge: 9,15 m
Höhe: k. A.
Spannweite: 11,5 m
Bewaffnung: 2 x 20-mm-MG 151 und 2 x 30mm-
    MK 103
Nur Projektstadium

Radar und Funk-Leitstrahlsysteme

In den 1930er-Jahren hatte die deutsche Forschung auf den Gebieten Radar und Leitstrahlsysteme einen hohen Stand erreicht. Das Lorenz-Blindflugsystem lieferte die Grundlage für die Entwicklung wirksamer Geräte für Präzisionsangriffe der Luftwaffe bei Nacht oder schlechter Sicht.

Funk-Leitstrahlsysteme
KNICKEBEIN
Dieses System benutzte die Technik des von der Lorenz AG in Berlin 1934 entwickelten Blindelandeverfahrens für den zivilen Flugverkehr und war

das erste Bombenabwurfsystem, das 1940 operativ eingesetzt wurde. Beim Lorenz-Verfahren strahlt ein Funkfeuer, auf das die landende Maschine zufliegt, zwei Richtfunkstrahlen aus. Die Signale des linken sind im Funk-

empfänger der Maschine als kurze Morsezeichen – Punkte – zu hören, die des rechten als lange – Striche. Fliegt die Maschine auf die rechte Seite der Landebahn zu, ertönen die Striche lauter als die Punkte; nähert sie sich der linken, sind die Punkte deutlicher zu hören. Auf einer relativ schmalen Linie in der Mitte der Landbahn überlappen sich die Funkstrahlen. Punkte und Striche klingen gleich laut und ergeben einen Dauerton. Das Lorenz-Gerät hatte eine Reichweite von etwa 48 km, die es den anfliegenden Maschinen ermöglichte, mithilfe des Dauertons die Pistenmitte anzusteuern und selbst bei eingeschränkter Sicht zu landen.

Knickebein musste aber erheblich leistungsstärker werden, um Zielpunkte in England zu erfassen. Zwei Sendestellen wurden eingerichtet, eine auf dem Stollberg in Nordfriesland, die andere in Kleve, einer der am weitesten westlich gelegenen Städte Deutschlands. Die Antennen wurden so ausgerichtet, dass die Funkstrahlen sich über dem Ziel kreuzten. Die anfliegenden Bomber folgten einem der Leitstrahlen, bis sie auf einem zweiten Empfänger die Signale des anderen empfingen. Das war das Zeichen zum Abwurf der Bomben. Zum Glück für die Briten war es verhältnismäßig einfach, die Knickebein-Sender auszuschalten, indem man auf der gleichen Frequenz Störsignale aussandte. Im September 1940 war die von Knickebein ausgehende Gefahr weitgehend gebannt.

X-GERÄT

Auf Knickebein folgte sehr schnell das weitaus genauere X-Gerät, das mit einer viel höheren Frequenz arbeitete und zusätzlich zu den beiden Richtfunkstrahlen einen Querstrahl aussandte, auf dessen Signal hin der Funker an Bord einen Bombenabwurfautomaten betätigte, der wiederum den Auslösemechanismus

in Gang setzte. Die Zielgenauigkeit des Geräts lag bei einer Kampfentfernung von 320 km bei rund 90 m, was ausreichte, um große Fabrikanlagen zu treffen. Auch in diesem Fall entwickelten die Engländer Störmaßnahmen, aber bevor sie eingesetzt werden konnten, erfolgte am 14./15. November 1944 der deutsche Angriff auf Coventry, bei dem fünf große Fabrikanlagen und weite Teile der Innenstadt zerstört wurden.

Y-GERÄT

Als Antwort auf die Störmaßnahmen der Briten entwickelten die Deutschen das Y-Gerät, ein noch wirksameres automatisches Funkleitsystem, das nur einen Richtstrahl benutzte. Aber weil es auf der Sendefrequenz von 45 Megahertz arbeitete, die vor dem Krieg von der BBC für ihren Fernsehkanal benutzt worden war, hatten die Engländer leichtes Spiel.

Radar
FREYA

1940 verfügten die Deutschen über acht Frühwarnradarsysteme. Diese waren dem britischen Radar Chain Home technisch weit überlegen, dafür besaßen die Briten aber weitaus mehr Geräte. Außerdem hatte man es auf deutscher Seite versäumt, das Radar in ein wirksames umfassendes Frühwarnsystem zu integrieren. Das Freya-Radar bildete die Ausgangsbasis für die Entwicklung der noch leistungsstärkeren Geräte Mammut und Wassermann, die 1942 in Dienst gestellt wurden.

WÜRZBURG UND WÜRZBURG-RIESE

Das Gerät Würzburg und seine Modellreihen waren technisch hoch ent-

wickelte Feuerleit-Radarsysteme. Sie wurden 1941 in Dienst gestellt und vorrangig bei der Flugabwehr eingesetzt. Zwischen 1940 und 1945 wurden fast 4000 Würzburg-Geräte hergestellt, darunter das Würzburg-Riese mit einer Reichweite von 70 km.

JAGDSCHLOSS

So leistungsfähig die deutschen Radargeräte waren, so schnell erblindeten sie auch, als die Alliierten Window einzusetzen begannen. Das waren lange Streifen aus Aluminiumfolie, die von den Bombern in Abständen bündelweise abgeworfen wurden. Die Streifen waren so auf die Sendefrequenz aller bekannten deutschen Radargeräte abgestimmt, dass sie auf den Radarschirmen starke Störungen erzeugten, die die von den Flugzeugen zurückgeworfenen schwächeren Signale überlagerten. Jagdschloss war ein Rundsicht-Radargerät mit einer Reichweite von 120 km und kam 1944 zum Einsatz. Gebaut wurden 62 Stück.

LICHTENSTEIN B/C

Das seit Frühjahr 1942 eingesetzte Funkgerät (FuG) 202 Lichtenstein B/C war das erste Bordradar für Nachtjäger. Es hatte eine Reichweite von maximal 4 km, war aber anfällig für Störungen durch Aluminiumstreifen.

LICHTENSTEIN SN-2

Das verbesserte FuG 220 hatte eine noch größere Antenne – der Spitzname dafür war Hirschgeweih – am Bug. Die Einführung bei der Luftwaffe erfolgte im Sommer 1943. Dank der niedrigen Frequenz von 90 MHz war das FuG 220 weitgehend immun gegen Düppelstörungen.

7. KAPITEL

Raketen und Flugkörper

In diesem Teilbereich der Kriegsrüstung führten die deutschen Entwicklungsingenieure im Vergleich zu allen anderen wahrscheinlich die meisten Innovationen ein wie den ersten Marschflugkörper, die erste ballistische Kurzstreckenrakete, die ersten ferngelenkten Boden-Luft-Raketen und die ersten Flugkörper gegen Seeziele. Allein die Anzahl der Raketenprojekte, an denen bis 1945 gearbeitet wurde, war überwältigend: Es waren schätzungsweise 90.

Wie schon bei vielen anderen Rüstungsprogrammen wurde auch hier mehrgleisig verfahren, weil Luftwaffe, Heer, Marine und SS ihre eigenen Ziele verfolgten. Viele aussichtsreiche Projekte wie die Boden-Luft-Raketen, die in der Lage gewesen wären, die Bomber der Alliierten wirksam zu bekämpfen und den Verlauf des Kriegs zu verändern, kamen nie zum Einsatz, weil die vorhandenen Ressourcen für den Bau der Vergeltungswaffen V1 und V2 abgezogen wurden.

■ **Probestart einer V2. Testraketen erhielten einen auffälligen Schwarzweiß-anstrich, um die Flugbahn nach dem Abheben besser verfolgen zu können.**

Boden-Boden-Raketen

Sie waren zwar nicht die kriegsentscheidene Waffe, die Hitler sich vorgestellt hatte, aber V1 und V2 richteten an den Einschlagstellen große Verwüstungen an und zwangen die Alliierten zu umfangreichen Maßnahmen, um der Bedrohung zu begegnen.

V1

In den Jahren zwischen den beiden Weltkriegen experimentierte man in Deutschland wie auch in vielen anderen Ländern mit unbemannten Luftfahrzeugen, ohne ernsthaft an eine militärische Verwendung zu denken. 1939 und 1941 wurden entsprechende Vorschläge noch zurückgewiesen, aber schon 1942 sah sich die Luftwaffe angesichts des Verlusts der Luftüberlegenheit dazu veranlasst, ihre Haltung zu überdenken und die Voraussetzungen für den Bau billiger kleiner Flugbomben mit einer Reichweite von etwa 250 km und einem 800 kg schweren Gefechtskopf zu schaffen, die so niedrig und so schnell flogen, dass sie weder vom Boden aus abgeschossen noch in der Luft abgefangen werden konnten. Das Projekt erhielt den Decknamen *Flakzielgerät (FZG) 76*.

Als Antrieb des FZG 76 diente ein Pulsstrahltriebwerk *Argus As 014*, ein einfaches Rohr mit Einspritzpumpe und Zündkerze, dessen Lufteinlass mit einem Flatterventil verschlossen war. Während des Flugs öffnete der Luftstrom das Ventil, das mit der Einspritzdüse gekoppelt war, Treibstoff wurde ins Rohr gesprüht und durch den Funken der Zündkerze gezündet. Unter dem Druck der Verpuffung schloss sich dasVentil, und der kurze Schub beschleunigte den Flugkörper, bevor sich das Ventil durch den Luftstrom wieder öffnete und der Prozess von neuem begann. Bei Marschgeschwindigkeit zündete das Schubrohr ungefähr 40-mal pro Sekunde. Dieser einfache Antrieb funktionierte nur in geringer Flughöhe zuverlässig, verlangte nur nach minderwertigem Treibstoff, brauchte Benzin von geringem Oktangehalt und eignete sich hervorragend als Antrieb für einen Marschflugkörper.

Anfang Dezember 1942 erfolgte der Erstflug eines antriebslosen Prototyps, und schon an Weihnachten flog ein von einer Focke-Wulf Fw 200 *Condor* in Peenemünde in der Luft gestarteter Flugkörper aus eigener Kraft.

Neue Startrampe

Mitte 1943 stand ein einsatzfähiges Katapult zu Verfügung. Ein automatischer Kreiselkompass diente zur Kurskorrektur und sorgte dafür, dass der Flugkörper das vorgesehene Ziel mit leidlicher Genauigkeit ansteuerte. Es begann die Suche nach geeigneten Abschussstellungen. Davon gab es weniger als erwartet, weil der Flugkörper inzwischen viel schwerer geworden war als geplant und sich die Flugeigenschaften geändert hatten. Man war von einer Reichweite von 480 km und einer Marschgeschwindigkeit von 720 bis 800 km/h ausgegangen, aber in der Praxis verringerten sich diese Werte auf etwa 240 km und 560 bis 640 km/h.

In die Nase der V1 wurde ein von einem Propeller angetriebener Wegstreckenmesser eingebaut, der bestimmte, wann das Zielgebiet erreicht war. Vor dem Abschuss wurde er unter Berücksichtigung der Windverhältnisse so eingestellt, dass er bei Ankunft über dem Ziel auf null zurückgelaufen war. Nach jeweils 30 Umdrehungen wurde das Zählwerk um einen Wert zurückgesetzt. Nach etwa 60 km Flugstrecke aktivierte das Zählwerk den Gefechtskopf. Sobald es bei null angekommen war, brachte ein auf das Leitwerk wirkender Mechanismus die V1 in Sturzflug. Ursprünglich waren fünf befestigte Bunkeranlagen für Lagerung, Wartung und Abschuss der Flugbomben

»RHEINBOTE«, V1, V2 UND A9/A10 IM GRÖSSENVERGLEICH			
Rakete	Länge	Durchmesser	Spannweite
Rheinbote	11,5 m	0,535 m	1,49 m
V1	8 m	0,84 m	5 m
V2	14 m	1,68 m	3,5 m
A9/A10 *Amerikarakete*	25,8 m	4,3 m	9 m

BODEN-BODEN-FLUGKÖRPER IM VERGLEICH

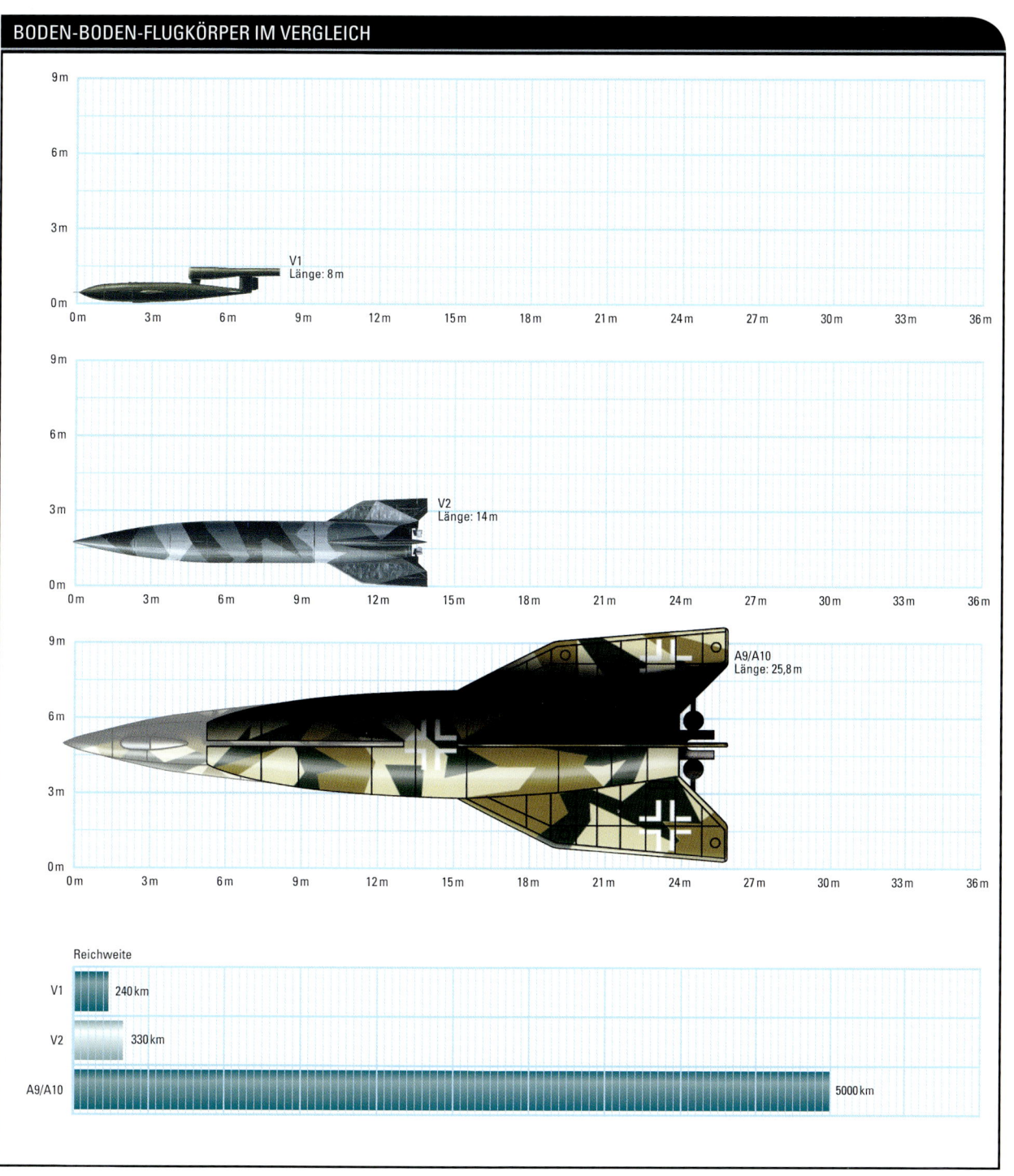

V1
Länge: 8 m

V2
Länge: 14 m

A9/A10
Länge: 25,8 m

Reichweite

V1   240 km

V2   330 km

A9/A10   5000 km

vorgesehen sowie darüber hinaus weitere 100 kleinere Startrampen in einem Bogen dicht hinter der Kanalküste zwischen Le Havre und Calais. Diese kleinen Anlagen wurden von der alliierten Feindaufklärung *ski sites* genannte, weil die Feldspeicher, in denen die Flugbomben lagerten, auf Luftaufnahmen wie auf den Kanten liegende Skier aussahen. Wegen dieses einprägsamen Aussehens waren sie bevorzugtes Ziel alliierter Luftangriffe, sodass man sie ständig verlegte und durch unauffälligere Gebäude ersetzte.

Fieseler Fi 103

Die Flugbombe hatte die militärische Bezeichnung Fieseler Fi 103 oder FZG 76, aber der gebräuchlichere Name dafür war Vergeltungswaffe 1, kurz V1. Die Konstruktion war so einfach, dass der Zusammenbau keine Facharbeiter erforderte. Die Serienproduktion begann im September 1943. Bis Januar 1944 stieg der monatliche Ausstoß auf 1400 Stück und im September auf 8000 pro Monat. Es war vorgesehen, Mitte Februar 1944,

wenn mindestens 1400 Flugbomben bereitlagen, mit ununterbrochenen Angriffen auf Ziele in England – insbesondere auf London – zu beginnen. Die Herstellung verlief weitgehend reibungslos, aber die Bombardierungen der Entwicklungszentren in Peenemünde und den Fabriken, in denen die V1 zusammengebaut wurde, sorgten für Rückschläge, sodass die ersten 1000 V1 erst im April 1944 zur Verfügung standen. Nachdem man die Produktion in den unterirdischen Fabrikanlagen der Mittelwerke GmbH bei Nordhausen konzentriert hatte, verbesserte sich die Lage, und als im Juni 1944 mit dem Abschuss begonnen wurde, lagen fast 12 000 V1 bereit. Das für den Einsatz der V1 zuständige Flakregiment (FR) 155(W) war schon

im August 1943 aufgestellt worden. Es hatte eine Personalstärke von 3500 Mann, aufgeteilt in vier Batterien. Jede bestand aus zwei Zügen für Wartung und Nachschub sowie vier Zügen für den Abschuss, von denen jeder vier Startrampen bediente.

Luftgestützte V1

Etwa um die gleiche Zeit wurde die III. Gruppe des Kampfgeschwaders 3 mit den ersten Maschinen vom Typ He 111 H-22 ausgerüstet, die eine V1 während des Flugs abfeuern konnten. Obwohl die He 111 mit dieser Last sehr schwerfällig war, gab es in diesem Teilbereich des Projekts kaum Rückschläge, und das KG 3 wurde ausgebaut, je mehr Maschinen und Flugbomben zur Verfügung standen.

»RHEINBOTE«-, V1-, V2- UND A9/A10-GEFECHTSKÖPFE IM VERGLEICH		
Rakete	Gewicht des Gefechtskopfs	Reichweite
Rheinbote	40 kg	220 km
V1	830 kg	240 km
V2	975 kg	330 km
A9/A10 *Amerikarakete*	1000 kg	5000 km

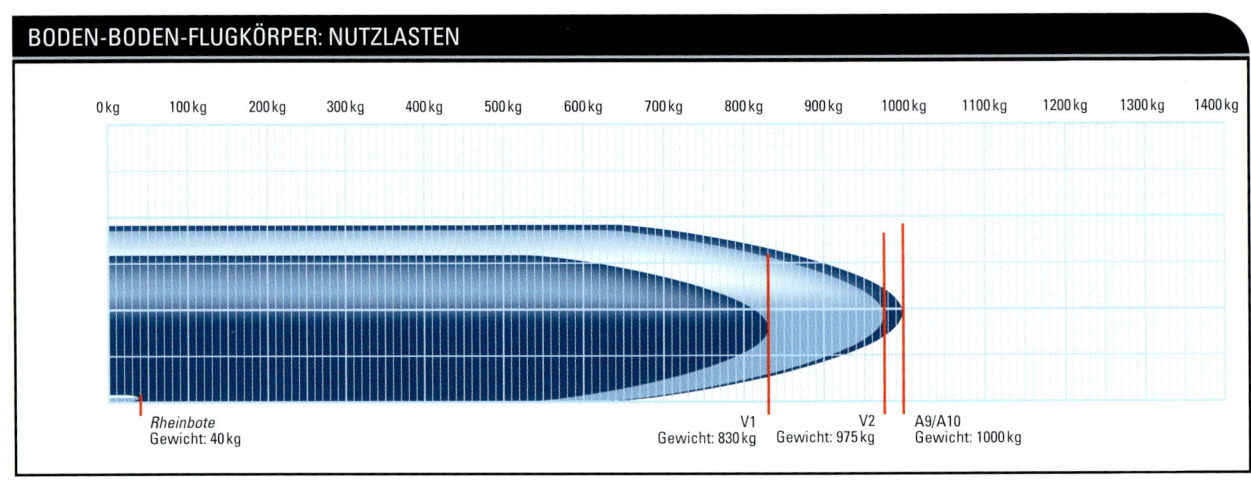

BODEN-BODEN-FLUGKÖRPER: NUTZLASTEN

Rheinbote
Gewicht: 40 kg

V1
Gewicht: 830 kg

V2
Gewicht: 975 kg

A9/A10
Gewicht: 1000 kg

Nach der Landung der Alliierten in der Normandie verlangte Hitler von der Luftwaffe Vergeltungsmaßnahmen, und die ersten Angriffe des in den Niederlanden stationierten III/KG 3 mit V1 begannen am 9. Juni 1944. Um bei Nacht über der Nordsee vom britischen Radar nicht erfasst zu werden, näherten sich die Heinkel dem Zielgebiet im Tiefflug dicht über den Wellen, um dann auf 450 m Höhe zu steigen, die V1 abzusetzen und im Tiefflug wieder an ihren Standort zurückzukehren. Die Angriffe wurden bis Anfang September fortgesetzt, als der Vormarsch der Alliierten das III/KG 3 dazu zwang, sich auf deutsches Reichsgebiet zurückzuziehen. Im Verlauf dieser ersten Angriffswelle wurden 300 V1 auf London abgefeuert, 90 auf Portsmouth und Southampton, 20 auf Bristol und 23 auf Paris. Trotz des hohen Risikos – beim Abschuss der V1 war das Trägerflugzeug im Schein der Stichflamme deutlich zu erkennen und ein leichtes Ziel für alliierte Nachtjäger – verlor das III/KG 3 nur zwei Maschinen.

Erste landgestützte Starts

Am Abend des 12. Juni 1944 starteten zum ersten Mal einige wenige Flugbomben von Abschussrampen. Die Zahl erhöhte sich stetig, und in der Nacht des 15./16. Juni flogen 244 V1 Richtung London und weitere 53 nach Portsmouth und Southampton. Versager beruhten zumeist auf technischen Problemen. 45 der am 15./16. Juni auf London abgefeuerten Projektile stürzten kurz nach dem Start ab, 25 wurden durch britische Flak zerstört und sieben von Jägern abgeschossen. Trotz mangelhafter Flugeigenschaften und Zielgenauigkeit verfügte die V1

über ein großes Zerstörungspotenzial. 100 000 Gebäude wurden von ihr zerstört oder beschädigt. Der Einschlag des 830 kg schweren Gefechtskopfs löschte im Umkreis von 15 m jedes Leben aus, zerstörte alle Gebäude im Umkreis von 70 m und verursachte noch bis auf 180 m schwere Schäden.

Abwehrmaßnahmen

Die Alliierten erhöhten die Zahl der Bombenangriffe auf die Lagerhallen und Startrampen der V1, verstärkten die Luftabwehr und setzten mehr Abfangjäger ein. Anfangs gingen die Anstrengungen zumeist ins Leere. Häufig musste die Flak das Feuer einstellen, um die eigenen Maschinen bei der Jagd nach der V1 nicht zu gefährden. Sowohl Flakbedienungsmannschaften als auch die Kampfpiloten mussten die Erfahrung machen, dass die V1 schwer zu treffen war. Für die leichte Flak flog sie zu hoch, für die schwere zu niedrig. Außerdem flog sie mit so hoher Geschwindigkeit, dass nur die schnellsten Abfangjäger wie *Tempest*, *Meteor* und *Mustang* imstande waren, sie einzuholen. Und auch der Beschuss der V1 war eine riskante Sache, weil stets die Gefahr bestand, dass der Gefechtskopf getroffen wurde und detonierte. Schließlich konzentrierte man die Flak in einem Verteidigungsgürtel, dessen Luftraum für Jagdflieger gesperrt war. Dieser Ring wurde mehrmals verlegt und an die sich ändernde Angriffstaktik angepasst. Mitte Juni 1944 reichte er von Stellungen in den North Downs bis an die Südküste Englands, um das Mündungsgebiet der Themse vor Angriffen aus Osten zu schützen. Im September 1944 entstand eine neue Abwehrfront an der Küste von East

Anglia (Norfolk und Suffolk), in die im Dezember das Küstengebiet der Grafschaften Lincolnshire und Yorkshire einbezogen wurde. Schon in der ersten Woche nach Errichtung des Verteidigungsgürtels im Südosten zerstörte die britische Flak 17 Prozent der in ihren Luftraum eingedrungenen V1. Am 23. August waren es 60 Prozent und in der Woche darauf 70 Prozent, als an einem Tag 82 V1 abgeschossen wurden.

Anfangs mussten 2500 Schuss abgegeben werden, um eine V1 zu treffen, wenig später waren es nur noch 100. Die Wirksamkeit der Flak verbesserte sich nach Einführung des US SCR-548-Radars zur Zielerfassung, das mit einem frühen analogen Computer zu einem der ersten automatischen Feuerleitsysteme kombiniert wurde. Auch bei der Munition gab es erhebliche Fortschritte, indem man elektrische Annäherungszünder verwendete, die die Detonation auslösten, sobald sich das Geschoss in wirksamer Nähe des Ziels befand. Zuvor hatte man mit Zeitzündern gearbeitet, die vor dem Abschuss eingestellt werden mussten. Wegen ihrer geraden Flugbahn war die V1 ein verhältnismäßig leichtes Ziel für die neuen automatischen Flugabwehrgeschütze, und je vertrauter die Bedienungsmannschaften mit ihren modernen Geräten wurden, desto mehr Abschüsse erzielten sie. Der Abwehrgürtel wurde um 20 SCR-258 verstärkt, dazu kamen 80 9-cm-Geschütze und große Mengen an Granaten mit Annäherungszünder. An einem einzigen Tag im August 1944 meldeten die damit ausgerüsten Flakbatterien den Abschuss von 97 V1. Nachdem die Alliierten den Brückenkopf in der Normandie verlassen hat-

V2/A4b-ENTWÜRFE

V2

Länge: 14 m
Durchmesser: 168 m
Spannweite: 3,5 m
Startgewicht: 12 870 kg
Gefechtskopf: 975 kg
Reichweite: 330 km

A4b (unbemannt)

Länge: 14 m
Durchmesser: 1,68 m
Spannweite: 3,99 m
Startgewicht: 13 000 kg
Gefechtskopf: 975 kg
Reichweite: 600 km

ten und auf breiter Front nach Osten vorrückten, standen sie Anfang September 1944 auch vor den Flugplätzen, von denen aus die He 111 mit der V1 starteten. Die Deutschen zogen sich in sichere Stellungen hinter der Reichsgrenze zurück und begannen die Flugbombenoffensive erneut. Das III/KG 3 wurde mit dem KG 53 zusammengelegt und verfügte nun über rund 100 einsatzfähige Maschinen. Anders als bei den ersten Einsätzen mussten die *Heinkel* schwere Verluste hinnehmen, sowohl durch alliierte Nachtjäger als auch durch Havarien und technisches Versagen. Um die auf »Wellenhöhe« unter dem Bodenradar durchfliegenden He 111 besser bekämpfen zu können, wurde ein *Wellington*-Bomber zu einem Frühwarnaufklärer, einer Art Vorläufer der modernen AWACS-Maschinen, umgebaut. Als Mitte Januar 1945 die Angriffe mit luftgestützten V1 wegen der hohen Verluste an Maschinen – insgesamt 75 He 111 – und wegen Treibstoffmangels abgebrochen werden mussten, waren 1776 Flugbomben in der Luft abgesetzt worden, von denen aber nur 388 auf englischem Boden eingeschlagen hatten, 66 davon in London.

Neue Ziele

Im Herbst 1944 geriet der Vormarsch der Alliierten ins Stocken, und die landgestützten V1 wurden zur Bekämpfung neuer Ziele eingesetzt. Die Deutschen begannen mit der Beschießung von Brüssel und Lüttich, aber vorrangiges Ziel war der wichtige Nachschubhafen Antwerpen. Als die Angriffe im März 1945 eingestellt wurden, waren insgesamt 8896 Flugbomben auf Antwerpen abgefeuert worden,

3141 auf Lüttich und 151 auf Brüssel. Die letzten V1, die zum Einsatz kamen, die Fi 103 E-1, hatten einen größeren Tank und einen kleineren Gefechtskopf, um bis zu 400 km weit fliegen zu können. Damit geriet London wieder in die Reichweite der Abschussrampen in Dänemark. Der verbesserte Typ stand Anfang 1945 zur Verfügung. Im März wurden insgesamt 275 Fi 103 E-1 auf London abgefeuert, aber nur 13 detonierten im Stadtgebiet. Es waren die letzten der etwa 10 000 V1, die nach England flogen. 2419 schlugen in London ein, töteten 6184 Menschen und verletzten 17 981.

Von der A1 zur V2

Das deutsche Raketenprogramm hatte Anfang der 1930er-Jahre im Kreis des Berliner *Vereins für Raumschiffahrt* begonnen, zu dessen Mitgliedern auch Wernher von Braun gehörte. Als sich das Militär dafür zu interessieren begann, erhielt Hauptmann Walter Dornberger den Auftrag, das militärische Potenzial von Raketen zu untersuchen. 1933 bildete Dornberger eine Gruppe von Wissenschaftlern und Ingenieuren, zu denen auch von Braun gehörte, und bis Ende das Jahres war die A1, eine kleine, nur 300 kg schwere Flüssigkeitsrakete, einsatzbereit. Der Erstflug fand auf dem Artillerieschießgelände in Kummersdorf statt, aber die Rakete erwies sich im Flug als instabil. Man begann mit der Arbeit an einem verbesserten Typ mit im Geräteteil eingebauten Gyroskopen, der A2, von der im Dezember 1934 auf Borkum zwei Prototypen erfolgreich gestartet wurden. Die Entwicklung wurde fortgesetzt, und 1936 war Dornbergers Gruppe auf 150 Raketenspezialisten

angewachsen, die bei einer eindrucksvollen Vorführung in Anwesenheit des Oberbefehlshabers des Heeres Generaloberst von Fritsch eine neue 1500 kg schwere Schubdüsenrakete zündeten. Daraufhin wurden die Mittel für den Bau eines Forschungszentrums in Peenemünde bereitgestellt. In der Zwischenzeit hatte man die A3 mit einem anderen Antrieb entwickelt, die aber ein Fehlschlag war. Aus einer stark modifizierten A3 entstand die A5, die bis 1941 die Grundlage für Forschungen auf den Gebieten der Aerodynamik und Steuerung bildete.

Die erfolgreiche A4

Auf der Grundlage der aus der Entwicklung der A5 gewonnenen Erkenntnisse begann man mit der Arbeit am Aggregat 4. 1940/41 fanden Versuche mit den ersten Zellen im Windkanal statt, und die ersten flugtauglichen Prototpen standen 1942

zur Verfügung. Nach zwei fehlgeschlagenen Starts im Juni und August 1942 hob am 3. Oktober 1942 in Peenemünde die erste A4 ab und erreichte eine Flughöhe von 96,5 km. Bei einem zweiten Versuch betrug die Reichweite 296 km – beim ersten 201 km –, und die Geschwindigkeit lag bei 5280 km/h. Die Rakete näherte sich dem vorgesehenen Ziel bis auf 4 km. Am 22. November 1942 erklärte Hitler die A4 für einsatztauglich, und Rüstungsminister Albert Speer ernannte Gerhard Degenkolb zum Leiter des A4-Fertigungsprogramms – einen Mann, der die Jahresproduktion von Lokomotiven bei Krupp und Henschel von 1900 Stück 1941 auf 5500 im Jahr 1943 gesteigert hatte. Degenkolbs Fähigkeiten als Organisator stand jedoch gegenüber, dass die A4 nicht für die Serienproduktion ausgelegt war. Alle bis dahin entstandenen A4 waren von hochspezialisierten Facharbeitern in Handarbeit gebaut

KOSTEN-NUTZEN-RECHNUNG: V1 GEGEN KONVENTIONELLEN BOMBENKRIEG (BERECHNUNGEN DES US-GEHEIMDIENSTES, DEZEMBER 1944)		
Kosten für Deutschland	*Bombenkrieg*	*V1*
Einsätze	90 000	8025
Bombengewicht in t	67 631	14 834
Treibstoffverbrauch in t	72 847	4756
Flugzeugverluste	3075	–
Personalverluste	7690	–
Ergebnisse	*Bombenkrieg*	*V1*
Zerstörte oder beschädigte Häuser	1 150 000	1 127 000
Opfer	92 566	22 892
Verhältnis Opfer/Bombengewicht in t	1.63	1.63
Aufwand der Alliierten	*Bombenkrieg*	*V1*
Einsätze	86 800	44 770
Flugzeugverluste	1260	351
Personalverluste	2233	805

V2-PRODUKTIONSZAHLEN	
Zeitraum	*Produktion*
Bis 15. Sept. 1944	1900
15. Sept.–29. Okt. 1944	900
29. Okt.–24. Nov. 1944	600
24. Nov. 1944–15. Jan. 1945	1100
15. Jan.–15. Febr. 1945	700
Gesamt	**5200**

worden, für deren Ersatz es keine Werkzeugmaschinen gab. Aber man hatte bereits damit begonnen, Pläne für neu zu errichtende Produktionsstätten in Peenemünde sowie bei Zeppelin in Friedrichshafen und bei Henschel in Wiener Neustadt zu entwickeln.

Produktion und Kosten

Ziel der Planung war die Fertigstellung von 300 Raketen im Oktober 1943. Bis Dezember sollte die Zahl auf monatlich 900 Stück ansteigen. Im Juli 1943 wurde die Stückzahl von 900 auf 2000 angehoben. Die zusätzlichen Raketen sollten von Demag in Falkensee geliefert werden. Nach der Bombardierung von Friedrichshafen, Wiener Neustadt und Peenemünde im August 1943 durch die RAF wurde die Produktion ins *Mittelwerk* in den Stollen des Kohnstein bei Nordhausen im Harz verlegt. Die Fabrikanlagen in Peenemünde waren jedoch weitgehend verschont geblieben und wurden für die Montage von Übungs-

raketen für die Lehr- und Versuchsbatterie 444 genutzt, die aufgestellt worden war, um Feldversuche mit der A4 durchzuführen, die nun immer öfter als Vergeltungswaffe 2 – V2 – bezeichnet wurde. In der Folge kamen aus Peenemünde insgesamt rund 250 V4 für Forschungszwecke.

Anfangs hatte man 100 000 Reichsmark für den Bau einer V2 einschließlich Gefechtskopf veranschlagt. Diese Kosten konnten auf 75 110 RM verringert werden. In Peenemünde mussten für den Bau einer V2 10 000 bis 20 000 Arbeitsstunden aufgewendet werden, im Mittelwerk waren es nur um die 7500. Die Belegschaft des Mittelwerks bestand aus 2000 Zivilbeschäf-

DR. WERNHER MAGNUS MAXIMILIAN FREIHERR VON BRAUN

■ **Wernher von Braun mit eingegipstem Arm kurz nach der Gefangennahme durch US-Truppen im Mai 1945.**

Dr. phil. Wernher Magnus Maximilian Freiherr von Braun entdeckte sein Interesse für Raketen und Weltraumflug als Heranwachsender und wurde Mitglied im Verein für Raumschifffahrt in Berlin-Plötzensee. Er beschäftigte sich mit der Erforschung der militärischen Anwendung von Feststoffraketen und stieg zum technischen Direktor des Raketenwaffenprojekts der Heeresversuchsanstalt in Peenemünde auf, wo er eine führende Rolle bei der Entwicklung der V2 und der Boden-Luft-Rakete *Wasserfall* bekleidete.

GEBOREN:	23. März 1912
GESTORBEN:	16. Juni 1977
GEBURTSORT:	Wirsitz in Ostpreußen, heute Wyrzysk
VATER:	Magnus Alexander Maximilian Freiherr von Braun
MUTTER:	Emmy von Braun
GESCHWISTER:	Sigismund (1911–1998), Magnus (1919–2003)
FAMILIENSTAND:	Verheiratet seit 1. März 1947 mit Marie Louise von Quistorp. Drei Kinder: Iris Careen (*1948), Margit Cecile (*1952) und Peter Constantine (*1960)
MILITÄRDIENST:	k. A.
POSITIONEN:	1932-37 Zivilangestellter im Heereswaffenamt
	1937-45 Technischer Direktor des Raketenwaffenprojekts der Heeresversuchsanstalt in Peenemünde

tigten und rund 10 000 Zwangsarbei-
tern aus dem nahe gelegenen *Arbeits-
lager Dora*, aus dem im Oktober 1944
das *Konzentrationslager Mittelbau*
hervorging. Vor Errichtung der Bara-
cken des Arbeitslagers hatten die
Zwangsarbeiter unter entsetzlichen
Bedingungen in den Seitenstollen des
Kohnsteins leben müssen. In den letzten Kriegsmonaten verschlechterte
sich die Lage erneut, weil die Verpflegung knapp wurde und viele Häftlinge
aus Auschwitz und anderen Konzen-
trationlagern ins KZ Mittelbau einge-
wiesen wurden. Schätzungen zufolge
geht die Hälfte der 20 000 Todesfälle
im Lager auf das Konto des V2-Pro-
gramms.

Operativer Einsatz

Neben der Lehr- und Versuchsbatterie 444 waren Ende 1943 drei weitere
Einheiten für den Abschuss der V2
aufgestellt worden: die motorisierten
Artillerieabteilungen 485, 836 und
191. Im Frühjahr 1944 begann auch die
SS-Werfer-Batterie 500 mit der Ausbildung an der V2. Es war vorgesehen,
die Raketen aus mehreren befestigten
Bunkeranlagen hinter der Kanalküste
abzufeuern, die jedoch von alliierten
Bombern zerstört wurden, sodass
alle Geschosse von mobilen Start-
tischen abgefeuert werden mussten.
Wie bei allen Flüssigkeitsraketen
waren die Abschussvorbereitungen
komplex und nahmen zwischen vier
und sechs Stunden in Anspruch,
wobei 90 Minuten auf die Endphase
vor dem Abheben entfielen. Jede
Abteilung verfügte über 32 Fahrzeuge
für den Transport, die Wartung und
das Auftanken der Raketen, die auf
der Schiene angeliefert und auf Meillerwagen in die Feldspeicher in der

A10 »AMERIKARAKETE«

Technische Daten

Länge: 25,8 m	Startgewicht: 101 000 kg
Durchmesser: 4,3 m	Gefechtskopf: 1000 kg
Spannweite: 9 m	Reichweite: 5000 km

Nähe der Feuerstellung gebracht wurden. Dann überprüften Angehörige der technischen Batterie jede Rakete und setzten den Gefechtskopf ein. Danach erfolgte der Weitertransport zum Starttisch.

Dort stellte der Kran des Meillerwagens die Rakete senkrecht, worauf sie aufgetankt und einer letzten Inspektion unterzogen wurde. Die Wartungsfahrzeuge zogen sich in sichere Entfernung zurück. Nach dem Start wurde die Feuerstellung geräumt, um eventuellen Luftangriffen kein Ziel zu bieten.

Die V2 war von Anfang an mit schweren technischen Mängeln behaftet, die den Gefechtseinsatz bis zum Spätsommer 1944 hinauszögerten. Erst am 8. September konnte die Ausbildungsbatterie 444 aus ihrem Einsatzraum in den Ardennen zwei V2 auf Paris abfeuern. Die erste scheint sich während des Flugs zerlegt zu haben, aber die zweite erreichte Paris und schlug nahe der Porte d'Italie ein. Später am Tag startete die Abteilung 485 zwei weitere Raketen mit Ziel London.

Während der ersten zehn Einsatztage hoben 43 V2 ab: 26 Richtung London und 17 zu anderen, hauptsächlich französischen Zielen.

Antwerpen und London

Die alliierte Luftlandeoperation *Market Garden* bei Arnheim beendete die deutsche Raketenoffensive, weil die V2-Batterien in den Niederlanden vorübergehend zurückverlegt werden mussten. Aber nachdem sich die Lage beruhigt hatte, kehrten sie in ihre Feuerstellungen bei Den Haag zurück. Im August befahl Hitler die Einstellung des Beschusses nachrangiger Ziele und die Konzentration auf London und den strategisch bedeutenden Nachschubhafen Antwerpen.

Im Dezember 1944 wurden zur Unterstützung der Ardennenoffensive die Angriffe auf Antwerpen, eines der Hauptziele des deutschen Vormarsches, verstärkt. In der zweiten Dezemberhälfte schlugen durchschnittlich 100 Raketen pro Woche in der belgischen Hafenstadt ein. Im gleichen Zeitraum wurden weitere

Ziele in Belgien unter Beschuss genommen, und bis Ende des Monats waren insgesamt 1561 V2 abgeschossen worden. 491 davon waren auf London gerichtet, 924 auf Antwerpen und der Rest auf verschiedene Städte in Frankreich und Belgien.

Im Februar 1945 erreichten Einsätze aus Starträumen in den Niederlanden ihren Höhepunkt. Danach ging die Zahl zurück, weil die Raketenproduktion durch alliierte Luftangriffe stark behindert wurde. Am 27. März 1945 flogen die letzten V2 nach London und Antwerpen. Kurz zuvor hatte man die V2 zum ersten Mal gegen ein Punktziel eingesetzt, als elf Raketen auf die Ludendorff-Brücke bei Remagen abgefeuert wurden, die am 7. März von amerikanischen Truppen eingenommen worden war. Zwei der am 17. März gestarteten Raketen verfehlten ihr Ziel nur knapp, und die Brücke stürzte noch am gleichen Tag in sich zusammen. Möglicherweise hatte die Druckwelle der mit dreifacher Schallgeschwindigkeit fliegenden Raketen in Verbindung mit der Detonation die

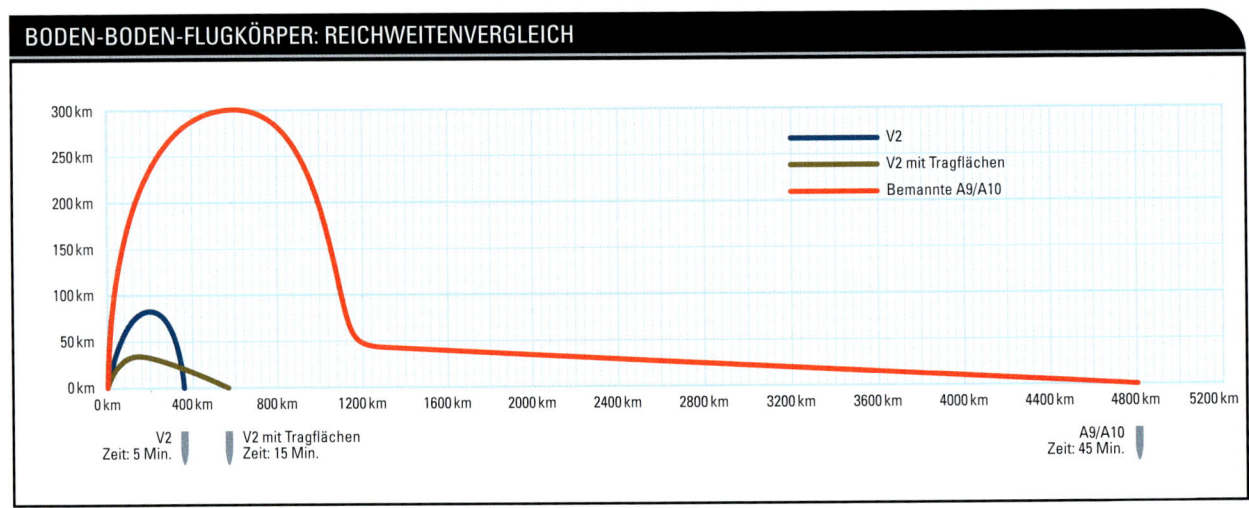

BODEN-BODEN-FLUGKÖRPER: REICHWEITENVERGLEICH

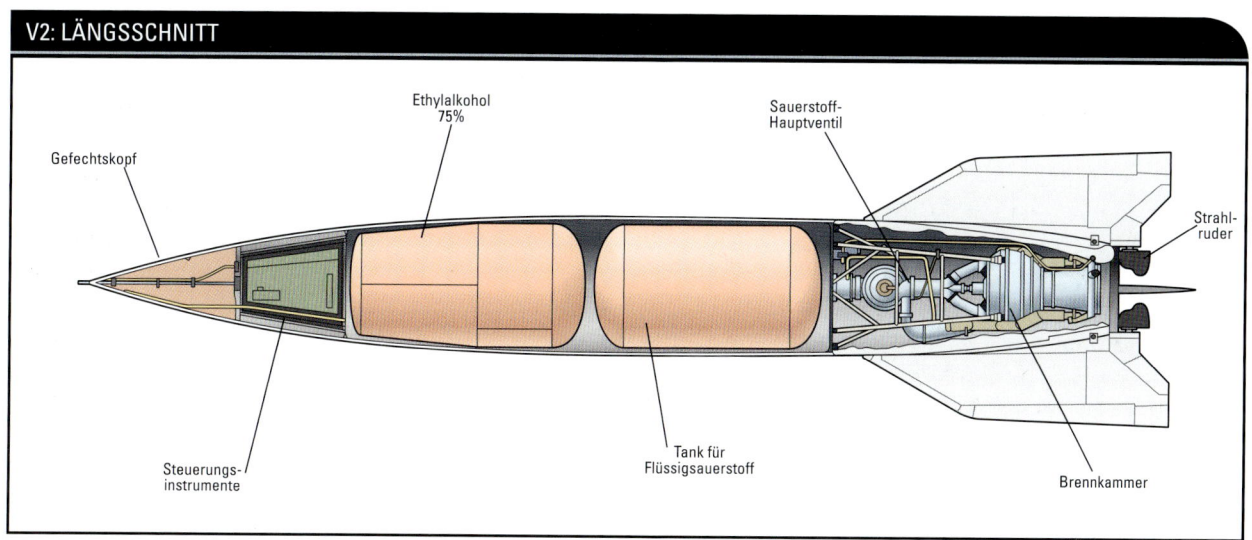

V2: LÄNGSSCHNITT

Gefechtskopf

Ethylalkohol
75%

Sauerstoff-
Hauptventil

Strahl-
ruder

Steuerungs-
instrumente

Tank für
Flüssigsauerstoff

Brennkammer

Fundamente der ohnehin geschwäch-
ten Stahlkonstruktion erschüttert.

Mangelhafte Zielgenauigkeit
Für den taktischen Einsatz war die V2
eine in vielerlei Hinsicht untaugliche
Waffe. Die Eigenschaften einer mit
Kreiselinstrumenten gesteuerten
Rakete reichten nicht aus, um mit
einem konventionellen Gefechtskopf
von unter 1000 kg an einem Punktziel
nennenswerten Schaden anzurichten.
Die hohe Fluggeschwindigkeit
bewirkte, dass sich die Rakete beim
Aufschlag tief in den Untergrund
bohrte, wo die Sprengladung ziemlich
wirkungslos verpuffte.
Bis zu 20 Prozent der V2 waren mit
einer Leitstrahlstellung verbunden,
einem funkgesteuerten Zielfindesys-
tem, das für größere Treffgenauigkeit
sorgte und den Einsatz gegen Punkt-
ziele ermöglichte. Es war aber wohl
nur die im Gebiet Dalfsen/Hennen-
doorn in den Niederlanden stationier-
te SS-Werfer-Batterie 500 damit
ausgerüstet, deren Raketen am

17. März die Ludendorff-Brücke bei
Remagen nur knapp verfehlten.

V2-Weiterentwicklungen auf dem Reißbrett
Einer der bemerkenswertesten Vorschläge für Modifikationen der V2
erfolgte 1944. Dabei ging es um die
Bombardierung propagandawirksa-
mer Ziele an der Ostküste der USA
wie New York und Washington. Bei
diesem Projekt mit der Bezeichnung
Prüfstand XII handelte es sich um
einen 500 t schweren wasserdichten
Behälter mit einer geringfügig modifizierten V2, von denen drei im Schlepp
eines getauchten U-Boots Typ XXI
über den Atlantik gezogen werden
sollten. An der Startposition sollten
die Behälter durch Fluten der Ballast-
tanks in senkrechte Stellung gebracht
werden. Dann würde man die Ziel-
parameter eingeben, die Raketen auftanken und abfeuern. Die Behälter
wollte man anschließend versenken.
Im Dezember 1944 erging der Bauauf-
trag für drei dieser Behälter, und es

wird vermutet, dass zumindest einer
vor Beendigung des Kriegs fertiggestellt wurde. Die Idee war genial,
nur war kaum damit zu rechnen, dass
ein U-Boot mit drei sperrigen Contai-
nern im Schlepp der alliierten U-Boot-
abwehr entgangen wäre. Noch
unwahrscheinlicher ist die Vorstel-
lung, dass das U-Boot dicht vor der
amerikanischen Küste 90 Minuten
aufgetaucht hätte liegen können,
ohne entdeckt zu werden.

A9/A4b/A10
Die Entwicklung dieser Raketen
begann Ende 1939 mit Untersuchungen über die Reichweite der A4. Man
hatte berechnet, dass die Rakete mit
entsprechend gestaltetem Leitwerk
schätzungsweise 500 km weit fliegen
würde. Versuche im Windkanal
brachten vielversprechende Ergebnisse, und der neue Entwurf erhielt
die Typenbezeichnung A9. Daneben
entstanden Pläne für eine bemannte
Variante, die in nur 17 Minuten ein
600 km von der Startposition entfern-

ANZAHL VON V2-ABSCHÜSSEN AUF ZIELE IN EUROPA

Ort	Gesamtzahl
Belgien	**1664**
Antwerpen	1610
Lüttich	27
Hasselt	13
Tournai	9
Mons	3
Diest	2
Großbritannien	**1402**
London	1358
Norwich	43
Ipswich	1
Frankreich	**76**
Lille	25
Paris	22
Tourcoing	19
Arras	6
Cambrai	4
Niederlande (Maastricht)	**19**
Deutschland (Remagen)	**11**

struktion ausgereift sei. Die sich rapide verschlechternde militärische Lage erzwang jedoch die Evakuierung von Peenemünde, bevor weitere Versuche angestellt werden konnten. Eine letzte Variante der A4b sollte einen Kranz aus zehn Starthilfe-Feststoffraketen erhalten und damit in einer Höhe von 20 km eine Fluggeschwindigkeit von Mach 6 erreichen, mit der sie 950 bis 1000 km weit hätte fliegen können.

Die erste Interkontinentalrakete

Für die erste Stufe der geplanten ICBM, die A10, war ein Antrieb aus sechs modifizierten V2-Raketenmotoren vorgesehen; die aus einer A4b/A9 bestehende zweite Stufe sollte in die Nase eingebaut werden. Kopfzerbrechen bereitete die Frage, wie man es mit der Technik der 1940er-Jahre schaffen könnte, Ziele in den USA halbwegs zuverlässig zu treffen. Zwei Möglichkeiten standen zur Debatte: ein Funkleitsystem, das von Agenten in den USA eingerichtet werden sollte, und eine bemannte Variante der A4b/A9. In letzterem Fall sollte der Pilot mit dem Fallschirm abspringen, nachdem er die Rakete auf Zielkurs gebracht hatte.

Hatte man die Kombination A4b/A10 parallel mit der der Zweistufenvariante A4b/A9 entwickelt, so wurden 1943 beide eingestellt, weil das V2-Programm Vorrang hatte. Aber es gibt Hinweise, dass trotzdem daran weitergearbeitet wurde. Zwei Steinbrüche, der eine in Haut Mesnil bei Caen, der andere in La Meauffe nahe Saint-Lô, waren 1942 als Lager für die V2 ausgesucht worden, und bis 1943 wurde daran kaum gearbeitet. Das änderte sich Anfang 1944. Nach der

Einnahme durch die Alliierten entdeckte der militärische Geheimdienst dort ein Netz aus Stollen sowie Transportgeräte für Raketen von fast doppelter Größe der V2. Unter diesem Aspekt ist nicht auszuschließen, dass die Arbeiten an der A4b/A10 weiter fortgeschritten waren, als es die schriftlichen Quellen vermuten lassen.

»Rheinbote«

In den späten 1930er-Jahren verfügte der Rüstungskonzern Rheinmetall-Borsig über große Erfahrung bei der Entwicklung einer Kurzstrecken-Feststoffrakete für das Heer mit der Typenbezeichnung 28/32 cm NbW 41. Scheinbar gab es zu dieser Zeit Bedenken, ob die in Peenemünde entwickelten Flüssigkeitsraketen jemals funktionieren würden, sodass man sich an Rheinmetall-Borsig mit der Bitte wandte, eine Feststoffrakete zu entwickeln, falls die Konstruktionen der V1 und der V2 zu keinem brauchbaren Ergebnis führen würden. Im Mai 1942 lagen die Pläne für eine mehrstufige Feststoffrakete vor, die einen 1225 kg schweren Gefechtskopf maximal 241 km weit tragen konnte. Der Auftrag war schon erteilt, als sich herausstellte, dass sich die Entwicklung bis zur Serienreife noch hinziehen würde. Man entschied sich für eine kleinere Ausführung der Rakete, die kurzfristig in Dienst gestellt werden könnte. Die Rh-Z-61/9 mit dem Namen *Rheinbote* war ein vierstufiger Flugkörper mit angesetzten Stabilisierungsflossen ohne Leit- oder Steuersystem, der vor dem Start auf das Ziel gerichtet werden musste. Walter Dornberger hatte große Zweifel an der Tauglichkeit eines Entwurfs, bei dem eine 1715 kg schwere mehr-

tes Flugfeld erreichen und dort mit einer Geschwindigkeit von 160 km/h landen könnte. Die Arbeit an der A9 wurden 1943 eingestellt, um die V2 möglichst schnell einsatzbereit zu machen. Insgeheim aber scheint man an diesem Projekt, das nun unter der Bezeichnung A4b lief, weitergearbeitet zu haben. Jedenfalls griff man 1944 von offizieller Seite wieder auf den Entwurf A9 zurück, nicht zuletzt mit der Absicht, ihn zu einer Interkontinentalrakete weiterzuentwickeln. Im Dezember 1944 und Januar 1945 wurden zwei Prototypen der A4b zu Versuchszwecken gestartet. Die erste stürzte kurz nach dem Abheben ab, die zweite ging verloren, als einer der Flügel brach, als die Rakete in den Sinkflug überzugehen begann. Trotz dieser Rückschläge war Wernher von Braun davon überzeugt, dass die Kon-

stufige Rakete ohne Zielfindeinrichtung dazu benutzt werden sollte, einen 40 kg schweren Gefechtskopf zu transportieren, der noch dazu nur 25 kg Sprengstoff enthielt. Aber die SS war davon überzeugt, dass der Flugkörper in der Lage sein würde, feindlichen Zielen großen Schaden zuzufügen, und setzte ihren zunehmenden Einfluss auf die Raketenproduktion dazu ein, dass der *Rheinbote* im November 1944 in Auftrag gegeben wurde.

Die Batterie, die erste Versuche mit dem *Rheinboten* angestellt hatte, wurde als Artillerieabteilung 709 nach Nunspeet in den Niederlanden verlegt und beteiligte sich an der massiven Bombardierung des Nachschubhafens Antwerpen. Von den ursprünglich vorgesehenen zwölf Abschusseinrichtungen, dem FR-Wagen, einer Modifikation des Meillerwagens für die V2, wurden anscheinend nur vier geliefert. Der Abschuss erfolgte nicht von einem

Starttisch wie bei der V2, sondern von einer Schiene am Startgerüst.

Fronteinsatz

Die geringe Zahl von Starteinrichtungen verringerte zusätzlich die Wirkung des Beschusses mit dem *Rheinboten*, der am Weihnachtsabend 1944 begann und bis Januar 1945 andauerte. Von jeder Rampe konnte durchschnittlich nur eine Rakete pro Stunde abgefeuert werden. Insgesamt dürften es nicht mehr

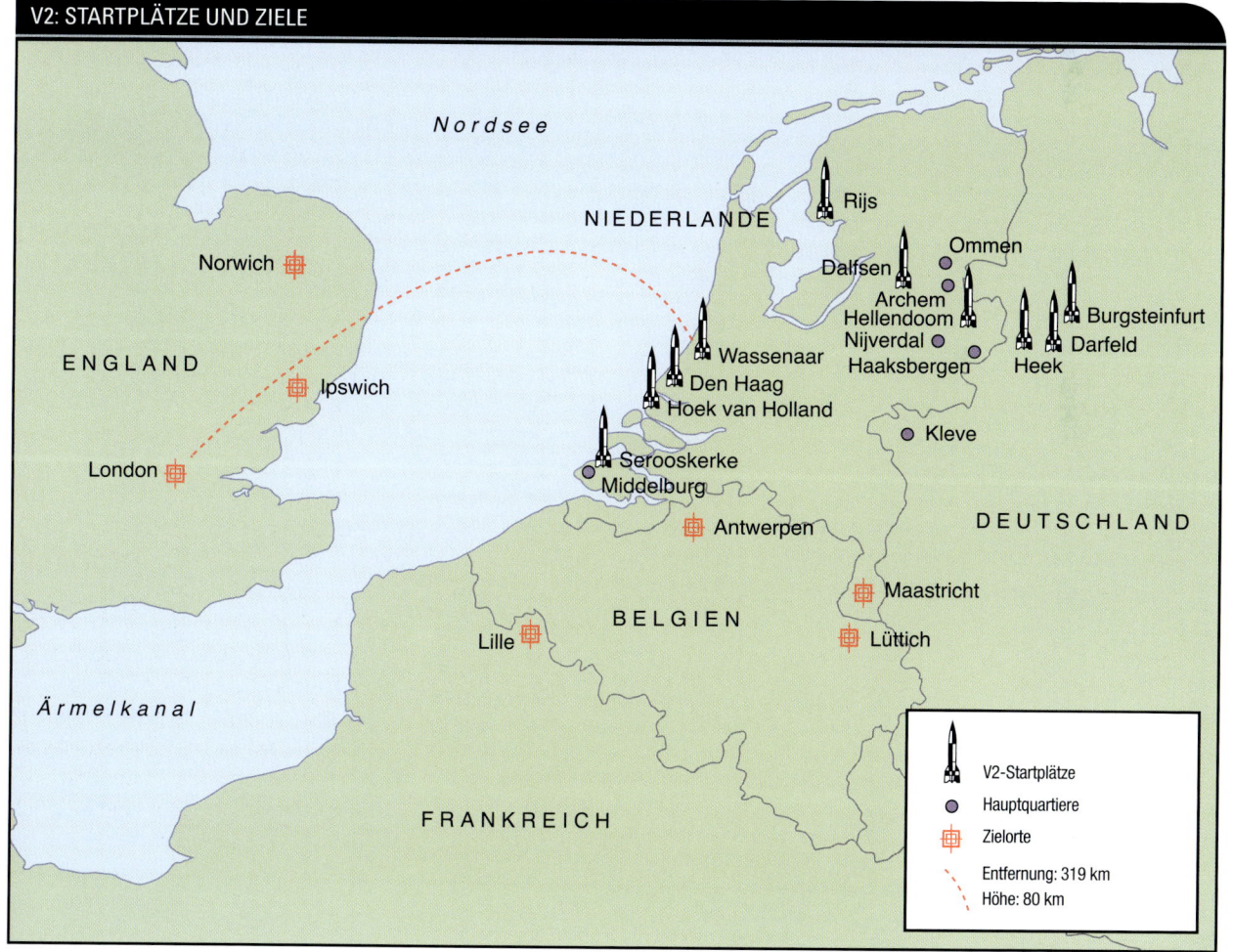

V2: STARTPLÄTZE UND ZIELE

Nordsee

ENGLAND

NIEDERLANDE

Rijs

Norwich

Dalfsen   Ommen

Archem
Hellendoom   Burgsteinfurt
Nijverdal   Darfeld
Haaksbergen   Heek

Ipswich

Wassenaar
Den Haag
Hoek van Holland

Kleve

London

Serooskerke
Middelburg

DEUTSCHLAND

Antwerpen

Maastricht

BELGIEN

Lüttich

Lille

Ärmelkanal

FRANKREICH

🚀 V2-Startplätze
⬤ Hauptquartiere
⊞ Zielorte
- - - Entfernung: 319 km
Höhe: 80 km

ABSCHUSSPLAN: V2-RAKETEN, BATTERIE 444 (OKTOBER 1944)

Datum	Zeit	Abschussort	Schaden
1. Okt.	18.50 Uhr	Rijsterbos, Middenlaan	Rakete abgefeuert, Einschlag in Farm Bedingham bei Sycamore-Farm, vier Verwundete. Größere Schäden, Krater 9 m breit und 1,5 m tief
3. Okt.	09.30 Uhr	Rijsterbos, Middenlaan	Rakete abgefeuert, Einschlag in einem Waldstück bei dem Dorf Beeston St Lawrence
3. Okt.	10.15 Uhr	Rijsterbos, Middenlaan	Rakete abgefeuert, Einschlag in der Nordsee
3. Okt.	13.30 Uhr	Rijsterbos, Middenlaan	Rakete abgefeuert, Einschlag auf einer Weide bei Lowestoft, drei Schwerverwundete, größere Schäden an der Farm. 5 Leichtverwundete
3. Okt.	16.50 Uhr	Rijsterbos, Middenlaan	Rakete abgefeuert, Einschlag bei Great Witchingham, ohne Schäden. Krater 15 m breit und 6 m tief
3. Okt.	19.45 Uhr	Rijsterbos, Middenlaan	Rakete abgefeuert, Einschlag in Norwich, großer Schaden. Die Rakete zerbarst über dem Mile-Cross-Viertel, der Sprengkopf traf den Royal Norwich Golf Club, Hellesdon. 400 Häuser wurden beschädigt, eine Person getötet.
3. Okt.	20.00 Uhr	Rijsterbos, Middenlaan	Rakete abgefeuert, Einschlag in Denton rund zehn Minuten später (später als normal) große Schäden
4. Okt.	12.19 Uhr	Rijsterbos, Middenlaan	Rakete abgefeuert, Einschlag an einem California genannten Strandabschnitt, 8 km nördlich von Great Yarmouth
4. Okt.	13.36 Uhr	Rijsterbos, Middenlaan	Rakete abgefeuert, Einschlag nahe der Schule Rockland St Mary, ein Schwerverwundeter
4. Okt.	16.43 Uhr	Rijsterbos, Middenlaan	Rakete abgefeuert, Einschlag in Crostwick nahe dem Air-Force-Stützpunkt Rackheath. Sie ging nieder in einer Gegend, die Mud Corner genannt wird, nur 400 m vom Bombenlager
4. Okt.	17.33 Uhr	Rijsterbos, Middenlaan	Rakete abgefeuert, Einschlag in Spixworth, keine Schäden. Diese Rakete brach vor dem Einschlag auseinander. Das gesamte Triebwerk, Teile der Steueranlage usw. wurden geborgen und an das Research Institute for Air Travel in Farnborough geschickt.
5. Okt.	09.59 Uhr	Rijsterbos, Middenlaan	Rakete abgefeuert, Einschlag in einem Waldstück bei Taverham
5. Okt.	12.37 Uhr	Rijsterbos, Middenlaan	Rakete abgefeuert, Einschlag im Meer bei Great Yarmouth
5. Okt.	14.40 Uhr	Rijsterbos, Middenlaan	Rakete abgefeuert, Einschlag in Surlingham. Zehn Verwundete, 36 beschädigte Häuser
5. Okt.	–	Rijsterbos, Middenlaan	Rakete abgefeuert, Einschlag unbeobachtet. Diese Rakete stieg nach dem Start nicht in die Höhe und zerschellte beim Mirnser Cliff im IJsselmeer, wie Lokalzeitungen berichteten.
6. Okt.	10.20 Uhr	Rijsterbos, Middenlaan	Rakete abgefeuert, Einschlag im Sumpf bei Shotesham All Saints, 43 Häuser beschädigt
9. Okt.	10.40 Uhr	Rijsterbos, Middenlaan	Rakete abgefeuert, Einschlag bei Cantley, zwei Kühe getötet
9. Okt.	10.42 Uhr	Rijsterbos, Middenlaan	Rakete abgefeuert, Einschlag bei Brooke
9. Okt.	18.00 Uhr	Rijsterbos, Middenlaan	Rakete abgefeuert, stürzte südlich von Orfordness ins Meer
10. Okt.	07.20 Uhr	Rijsterbos, Middenlaan	Rakete abgefeuert, Einschlag in der Nordsee bei Frinton (Explosion in der Luft)
10. Okt.	09.29 Uhr	Rijsterbos, Middenlaan	Rakete abgefeuert, Einschlag unbeobachtet
10. Okt.	15.57 Uhr	Rijsterbos, Middenlaan	A4 abgefeuert, explodierte in 1200 m Höhe über dem Hafen von Harwich
10. Okt.	17.50 Uhr	Rijsterbos, Middenlaan	Rakete abgefeuert, Einschlag in Woods End, zwei Leichtverwundete
11. Okt.	08.05 Uhr	Rijsterbos, Middenlaan	Rakete abgefeuert, Einschlag in Haddiscoe. Geringfügiger Schaden auf einem Grundstück
11. Okt.	10.49 Uhr	Rijsterbos, Middenlaan	Rakete abgefeuert, Einschlag in Rübenfeld bei Rockland St Mary, Norfolk. Geringer Schaden
11. Okt.	13.55 Uhr	Rijsterbos, Middenlaan	Rakete abgefeuert, Einschlag unbeobachtet
11. Okt.	14.19 Uhr	Rijsterbos, Middenlaan	Rakete abgefeuert, Einschlag in Feld bei Playford, Suffolk. Geringer Schaden
11. Okt.	18.07 Uhr	Rijsterbos, Middenlaan	Rakete abgefeuert, zerschellte nahe dem Startplatz zwischen Rijs und Bakhuizen, zwei Kühe tot
*11. Okt.	+18.00 Uhr	Rijsterbos, Middenlaan	Rakete abgefeuert (Einschlag nicht beobachtet)
12. Okt.	+/-07.35 Uhr	Rijsterbos, Middenlaan	Rakete abgefeuert, Einschlag bei Ingworth, Norfolk. Geringfügiger Schaden
13. Okt.	09.40 Uhr	Rijsterbos, Middenlaan	Rakete abgefeuert, erster V2-Einschlag in Antwerpen Ecke Schildersstraat und Karel Rogierstraat; 32 Tote, 45 Verwundete und 80 beschädigte Häuser, darunter ein Museum. Drei Häuser total zerstört
13. Okt.	13.11 Uhr	Rijsterbos, Middenlaan	Rakete abgefeuert, Einschlag Borsbeek. Keine Opfer
13. Okt.	15.45 Uhr	Rijsterbos, Middenlaan	Rakete abgefeuert, Einschlag unbeobachtet
13. Okt.	16.10 Uhr	Rijsterbos, Middenlaan	Rakete abgefeuert, Einschlag Lange Loebroekstraat, Antwerpen; zwölf Tote, 20 Verwundete
13. Okt.	19.05 Uhr	Rijsterbos, Middenlaan	Rakete abgefeuert, Einschlag unbeobachtet

als 200 gewesen sein. Wie vorhergesagt war ihre Wirkung sehr begrenzt, und Ende Januar sah auch die SS-Führung ein, dass die Rakete für militärische Zwecke untauglich war, woraufhin im Monat darauf das Projekt abgebrochen wurde. Obwohl der *Rheinbote,* so wie er zum Einsatz gekommen war, sich als totaler Versager erwiesen hatte, besaß das Projekt ein hohes Entwicklungspotenzial, mit dem sich möglicherweise eine noch größere Wirkung als mit der V2 hätte erreichen lassen können. Die am weitesten fortgeschrittene Variante war wohl der *Rheinbote III* mit einem 771-kg-Gefechtskopf und einer Reichweite von 241 km.

ABSCHUSSPLAN: V2-RAKETEN, BATTERIE 444 (OKTOBER 1944)

Datum	Zeit	Abschussort	Schaden
14. Okt.	08.00 Uhr	Rijsterbos, Middenlaan	Rakete abgefeuert, Einschlag unbeobachtet
14. Okt.	15.00 Uhr	Rijsterbos, Middenlaan	Rakete abgefeuert, Einschlag unbeobachtet
14. Okt.	16.00 Uhr	Rijsterbos, Middenlaan	Rakete abgefeuert, Einschlag unbeobachtet
14. Okt.	17.00 Uhr	Rijsterbos, Middenlaan	Rakete abgefeuert, Einschlag unbeobachtet
15. Okt.	08.00 Uhr	Rijsterbos, Middenlaan	Rakete abgefeuert, Einschlag unbeobachtet
15. Okt.	09.30 Uhr	Rijsterbos, Middenlaan	Rakete abgefeuert, Einschlag unbeobachtet
15. Okt.	11.30 Uhr	Rijsterbos, Middenlaan	Rakete abgefeuert, Einschlag unbeobachtet
15. Okt.	12.15 Uhr	Rijsterbos, Middenlaan	Rakete abgefeuert, Einschlag unbeobachtet
16. Okt.	08.00 Uhr	Rijsterbos, Middenlaan	Rakete abgefeuert, Einschlag unbeobachtet
16. Okt.	13.00 Uhr	Rijsterbos, Middenlaan	Rakete abgefeuert, Einschlag unbeobachtet
16. Okt.	15.30 Uhr	Rijsterbos, Middenlaan	Rakete abgefeuert, Einschlag unbeobachtet
16. Okt.	18.00 Uhr	Rijsterbos, Middenlaan	Rakete abgefeuert, Einschlag vermutlich in einem Dock im Hafen
17. Okt.	07.00 Uhr	Rijsterbos, Middenlaan	Rakete abgefeuert, Einschlag unbeobachtet
17. Okt.	09.45 Uhr	Rijsterbos, Middenlaan	Rakete abgefeuert, Einschlag wahrscheinlich in der Bouwhandelstraat in Borgerhout; 25 Häuser beschädigt, keine Opfer
17. Okt.	12.00 Uhr	Rijsterbos, Middenlaan	Rakete abgefeuert, Einschlag unbeobachtet
19. Okt.	07.30 Uhr	Rijsterbos, Middenlaan	Rakete abgefeuert, Einschlag in der Fonteinstraat und Engelschelei in Borgerhout; zwei Tote, acht Verwundete, zwei zerstörte und 34 beschädigte Häuser
19. Okt.	10.50 Uhr	Rijsterbos, Middenlaan	Rakete abgefeuert, Einschlag unbeobachtet
19. Okt.	13.45 Uhr	Rijsterbos, Middenlaan	Rakete abgefeuert, Einschlag unbeobachtet
19. Okt.	16.25 Uhr	Rijsterbos, Middenlaan	A4-Rakete zerschellt nahe dem Startplatz
27. Okt.	06.46 Uhr		Rakete abgefeuert, Einschlag im Windsor Great Park bei Egham, Surrey
27. Okt.	10.15 Uhr		Rakete abgefeuert, Einschlag in Swanley, Kent. Zwei Leichtverwundete
27. Okt.	11.15 Uhr		Rakete abgefeuert, Einschlag Leyton. Volltreffer in ein Haus. Sechs Tote, 30 Schwerverwundete, Anwesen verwüstet
27. Okt.	12.00 Uhr		Rakete abgefeuert, Einschlag im Waldland bei Chingford. Hotel und historisches Jagdhaus beschädigt, zwei Leichtverwundete. Der Krater existierte noch heute.
27. Okt.	13.55 Uhr	Wassenaar, Beukenhorst	Rakete abgefeuert, steigt auf 90 m und stürzt dann auf den Startplatz zurück. Zwölf deutsche Soldaten getötet, Fahrzeuge und Ausrüstung zerstört. Der schwerste Startunfall während der Nutzung des Startplatzes Den Haag/Wassenaar. Beukenhorst wurde geräumt.
27. Okt.	16.00 Uhr		Rakete abgefeuert (Fehlschuss)
27. Okt.	18.55 Uhr		Rakete abgefeuert, Einschlag auf freiem Feld bei Wanstead. Keine Schäden, aber ein Toter und ein Schwerverwundeter
27. Okt.	23.15 Uhr	Einsatzort 176	Rakete abgefeuert, Einschlag in West Ham. 14 Schwerverwundete. Sechs Anwesen verwüstet
27. Okt.	23.40 Uhr	Einsatzort 164	Rakete abgefeuert, Einschlag auf freiem Feld in Lewisham. Geringfügiger Schaden. Ein Schwerverwundeter

* Quelle und Rechte: http://www.v2rocket.com/start/deployment-start.html

Boden-Luft-Raketen

Die deutschen Boden-Luft-Raketen und Marschflugkörper hatten hoch entwickelte Bauteile wie abwerfbare Booster und Mehrfachsteuersysteme, die nach dem Krieg von Raketentechnikern westlicher Staaten und der Sowjetunion übernommen wurden.

Trotz dieses Vorsprungs stand bei diesen Programmen die Auslegung des Flugkörpers zu sehr im Vordergrund, und der Entwicklung noch wichtigerer technischer Aspekte wie Radar und Feuerleitsysteme wurde zu wenig Aufmerksamkeit geschenkt.

Henschel Hs 117 »Schmetterling«

Grundlage der Hs 117 war ein Entwurf von 1941. Dieser wurde jedoch nicht weiterverfolgt, weil man damals davon ausgegangen war, dass der Krieg vorbei sein würde, bevor solche Raketen Serienreife erlangt hätten. Als sich die militärische Lage auf den Kriegsschauplätzen änderte, wurde der Gedanke 1943 wieder aufgegriffen und die Einführung der Waffe in der Truppe für Anfang 1945 vorgesehen. Anfang 1944 stand der erste Prototyp bereit und sah mit seinen kurzen gepfeilten Tragflächen und dem kreuzförmigen Leitwerk aus wie ein kleines Flugzeug. Den Antrieb lieferte ein 109-558-Flüssigkeitsraketenmotor von BMW, der bei späteren Exemplaren durch einen Walter HWK 109-729 ersetzt wurde, der einen hypergolischen Zweikomponenten-Flüssigtreibstoff benutzte. Für den Start wurden zwei Schmidding-Feststoffraketen ober- und unterhalb des Rumpfs eingesetzt, die fünf Sekunden lang für Schub sorgten und nach dem Brennschluss abgeworfen wurden.

Flugversuche begannen im Mai 1944 mit den ersten 28 mit BMW-Aggregaten ausgestatteten Prototypen. Bei allen Versuchen kam das *Strassburg-Kehl*-Funkleitstrahlsystem zum Einsatz, und der Gefechtskopf wurde über den elektromagnetischen Annäherungszünder *Fuchs* von der AEG gezündet. Es fanden insgesamt 59 Starts statt, von denen 29 erfolgreich verliefen und niedrig fliegende Ziele auf bis zu 32 km Entfernung erreichten. Bei Versuchen mit hoch fliegenden Zielen erreichte man eine Gipfelhöhe von 10 976 m, und der *Schmetterling* wurde für einsatzfähig erklärt. Monatlich sollten 3000 Stück gebaut werden, aber zum Einsatz kam es weger der Kriegslage nicht mehr.

»Wasserfall«

Die Planung für die Flugabwehrrakete *Wasserfall* begann 1941 und war im November 1942 abgeschlossen. Im Grunde handelte es sich um eine ver-

■ **Teststart einer *Wasserfall*-Rakete.**

»WASSERFALL« W-10	
Technische Daten	*Wert*
Länge	6,13 m
Durchmesser	0,72 m
Spannweite	1,58 m
Startgewicht	3500 kg
Gefechtskopf	306 kg
Reichweite	26,4 km

kleinerte Ausführung der V2 mit im Prinzip gleicher Konfiguration, aber Flügeln in der Rumpfmitte zur Verbesserung der Manövrierfähigkeit. Prototypen des Flüssigkeitsraketenmotors

HENSCHEL Hs 117 »SCHMETTERLING«

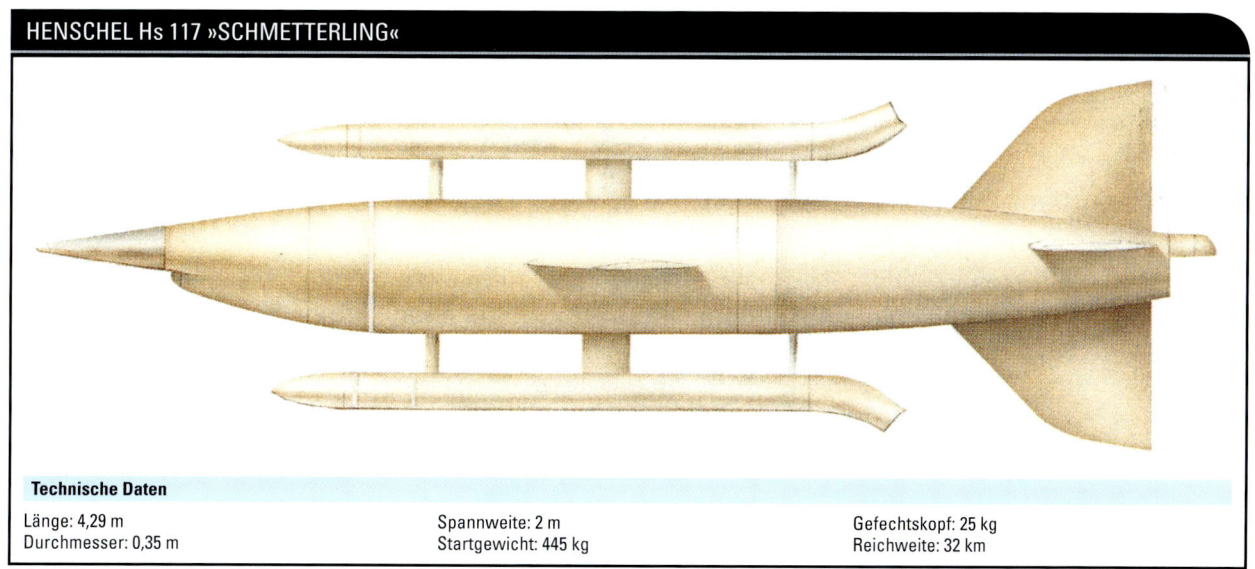

Technische Daten

Länge: 4,29 m
Durchmesser: 0,35 m

Spannweite: 2 m
Startgewicht: 445 kg

Gefechtskopf: 25 kg
Reichweite: 32 km

gingen Anfang 1943 in die Testphase, aber das Programm verzögerte sich um Monate, nachdem Projektleiter Dr. Walter Thiel von der Heeresversuchsanstalt Peenemünde bei einem Bombenangriff im August 1943 ums Leben gekommen war.

Als Flugabwehrrakete sollte die *Wasserfall* zu jeder Zeit startklar sein und über einen längeren Zeitraum hinweg aufgetankt auf der Abschussrampe stehen können. Dafür eigneten sich weder Antriebe mit Flüssigsauerstoff wie bei der V2 noch Feststoffraketen. Man entschied sich daher für eine Mischung aus Visol und SV-Stoff, eine Mischung aus 10 % Schwefel- und 90 % Salpetersäure. Dieser hypergolische Flüssigtreibstoff wurde mithilfe von Stickstoff aus einer Druckluftflasche in die Brennkammer gespritzt. Die Steuerung erfolgte über einen einfachen Kursrechner wie bei einem Torpedo, zwei Kreisel hielten die Rakete senkrecht und verhinderten Rollbewegungen. Für den Einsatz bei Nacht

und bei schlechtem Wetter war der Einbau eines Infrarotsuchkopfs geplant. Während der Startphase wurde die Rakete durch vier Strahlruder aus Grafit auf Kurs gehalten, ehe bei höheren Geschwindigkeiten die Ruderflossen die Steuerung übernahmen. Dabei konnten über eine modifizierte Version der *Straßburg-Kehl*-Funkfernsteuerung Steuerbefehle an die Rakete übermittelt werden. Im ursprünglichen Entwurf war ein 100 kg schwerer Gefechtskopf vorgesehen, aber nachdem Zweifel an der Treffgenauigkeit der Rakete aufgekommen waren, ersetzte man ihn durch einen größeren von 306 kg. Der erste erfolgreiche Start erfolgte am 8. März 1944, 35 weitere schlossen sich an, bis Peenemünde im Februar 1945 vor der anrückenden Roten Armee geräumt werden musste. *Wasserfall* verfügte zweifellos über ein hohes Potenzial an Entwicklungsfähigkeit. In seinen Erinnerungen schrieb Albert Speer später sinngemäß:

Bis auf den heutigen Tag bin ich davon überzeugt, dass der massierte Einsatz der Wasserfall *ab Frühjahr 1944, zusammen mit dem kompromisslos vorangetriebenen Aufbau der Abfangjägerflotte mit Düsenantrieb, die strategische Bombenoffensive der Alliierten gegen unsere Industrieanlagen nachhaltig zum Stehen gebracht hätte. Wir wären durchaus in der Lage gewesen, das zu erreichen. Schließlich war es uns später, als weitaus weniger Ressourcen zur Verfügung standen, noch gelungen, 900 V2-Raketen im Monat zu bauen.*

Enzian

Die *Enzian*, eine enorm kampfstarke Flugabwehrrakete, hatte große Ähnlichkeit mit dem Messerschmitt-Raketenjäger Me 163, nur im Kleinformat. Begonnen hatte ihre Entwicklung im Juni 1943 als *Fla-Rakete (FR) 1,* von der mehrere Modelle entwickelt wurden, bevor man sie Anfang 1944 in *Enzian* umbenannte.

Der Start erfolgte auf fast 7 m langen Schienen, die auf eine modifizierte Lafette der 8,8-cm-Flak montiert waren. Für den Schub beim Start sorgten vier Rheinmetall-Borsig-RI-503-Feststoff-Hilfstriebwerke, die nach vier Sekunden Brenndauer abgeworfen wurden. Den Hauptantrieb bildete der HWK 109-739-Flüssigkeitsraketenmotor von Walter. Wegen häufiger Verzögerungen bei der Bereitstellung der Walter-Aggregate wurde schließlich der billigere und einfachere VFK 613-A10 eingebaut. Ursprünglich war vorgesehen, den Flugkörper mit einer Funkfernsteuerung dicht vor den anfliegenden Bomberverbänden in Position zu bringen und den Gefechtskopf über Funk zu zünden, wobei man davon ausging, dass die gewaltige Detonation von 500 kg Sprengstoff ausreichen würde, mehrere Flugzeuge gleichzeitig zu zerstören, sodass auf ein kompliziertes Feuerleitsystem für den Endanflug verzichtet werden könnte. Weitere Studien ergaben jedoch, dass diese Annahme falsch war, und die Prototypen flogen mit der Funkfernsteuerung des Typs *Strassburg-Kehl*.

Bei der Serienproduktion sollte das *Kogge*-Fernsteuergerät von Telefunken zum Einsatz kommen, das im 24-cm-Band arbeitete. Für den Endanflug waren mindestens zwei Suchsysteme geplant: das Infrarot-Lenksystem *Madrid* von Kepka und das *Elsass*, ein aktives Zielfinderadar. Drei Gefechtsköpfe standen zur Wahl. Der erste bestand aus einer dünnen Blechhülle mit 25 mm großen Stahlschrapnellen und einer eingebetteten Sprengladung in der Mitte. Der zweite war ein Mehrfachsprengkopf, der 550 winzige Schwarzpulverraketen kegel-

■ **Eines der wenigen Bilder, die eine *Rheintochter*-Rakete im Flug zeigen**

förmig in Flugrichtung abfeuerte, von denen jede eine Reichweite von ungefähr 500 m hatte. Und der dritte war ein gewöhnlicher Sprengsatz mit einem geschätzten Wirkungsradius von 45 m.

Mehrere bildgebende und elektrische Annäherungszünder wurden vorgeschlagen, darunter der *Marabu* von Siemens-Halske, abgeleitet von dem Funkhöhenmesser FuG101a, von dem nur einige wenige Demonstrationsmodelle gefertigt wurden, oder der funkmessgesteuerte *Fuchs* von der AEG sowie der Infrarotzünder Pablitz, von dem ebenfalls nur eine kleine Serie zu Testzwecken entstand. Eine durchaus erfolgreich verlaufende Serie von 38 Flugtests begann im Mai 1944, aber im Januar 1945 wurde das Projekt im Rahmen des Jägernotprogramms gestrichen, um alle verfügbaren Ressourcen auf die Mas-

»RHEINTOCHTER«	
Technische Daten	*Wert*
Länge	4,75 m
Durchmesser	0,537 m
Spannweite	2,65 m
Startgewicht	1746 kg
Gefechtskopf	150 kg
Reichweite	12,1 km

senproduktion der Me 262 und des *Volksjägers* Heinkel He 162 zu konzentrieren.

»Rheintochter«

Die Entwicklung der Zweistufen-Flugabwehrrakete R1 bei Rheinmetall-Borsig begann 1942, und im August 1943 flog der erste Prototyp. Das für die damalige Zeit Ungewöhnliche an der *Rheintochter* war die Verwendung von Feststoffraketentriebwerken für beide Stufen. Dies vereinfachte Herstellung und Wartung. Die Steuerung erfolgte vom Boden aus über Funkimpulse, wobei sich der Pilot an der Rückstoßflamme orientierte. Der 150 kg schwere hochbrisante Sprengsatz wurde durch einen akustischen Zünder vom Typ *Kranich* zur Detonation gebracht, der über das Dopplerradar Frequenzverschiebungen der vom Ziel ausgehenden Propellergeräusche erfasste.

Insgesamt 82 R1 wurden zu Versuchszwecken von umgebauten 8,8-cm-Flak-Lafetten aus gestartet, wobei es nur vier Ausfälle gab. Aber die Reichweite betrug nur 6098 m in der Höhe, wohingegen mindestens 8232 m erfor-

derlich gewesen wären, um den zu diesem Zeitpunkt des Kriegs vorgegebenen Einsatzbedingungen gerecht zu werden. Im Zuge der Weiterentwicklung entstand die Variante R3, bei der die zweite Stufe der R1 weitgehend beibehalten wurde. Die erste Stufe der R1 wurde durch einfachere kreuzförmige Tragflächen und zwei außen liegende Starthilfsraketen ersetzt.

Für die verschiedenen Varianten der *Rheintochter* wurden nicht weniger als fünf unterschiedliche Steuersysteme entwickelt:

- *Burgund:* bildgebende Zielverfolgung und Funkfernsteuerung
- *Franken:* optische Zielverfolgung und Funksteuerung im 10-m-Band
- *Elsass:* Zielverfolgung und Funkfernsteuerung im UHF-Band
- *Brabant:* Funksteuerung im 10-m-Band
- *Ganza:* Weitwinkelradar und Funkfernsteuerung im 10-m-Band.

Alle Anzeichen deuteten darauf hin, dass die *Rheintochter R3* alle Spezifikationen erfüllen würde. Aber auch sie wurde im Januar 1945 Opfer des Jägernotprogramms.

»ENZIAN«-RAKETE

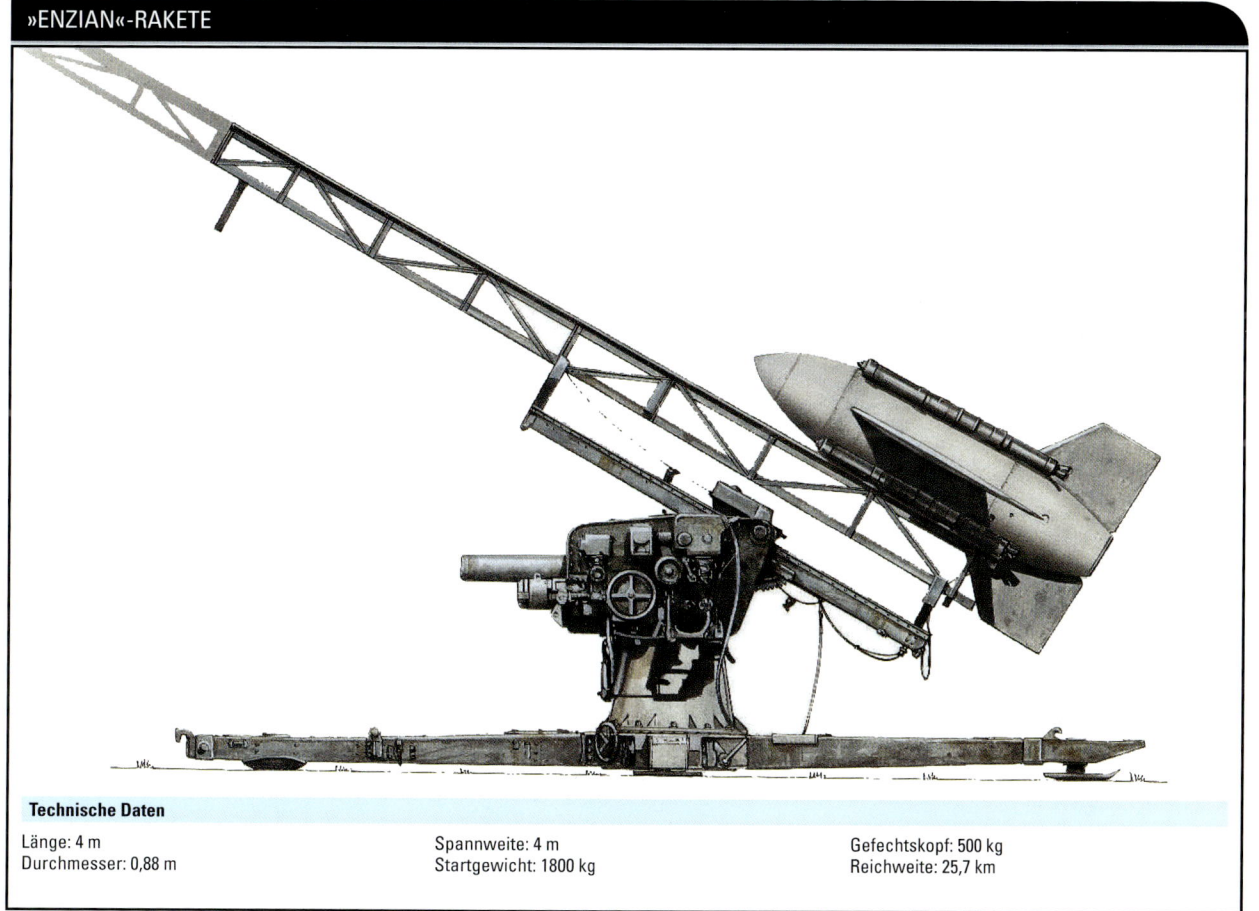

Technische Daten

Länge: 4 m	Spannweite: 4 m	Gefechtskopf: 500 kg
Durchmesser: 0,88 m	Startgewicht: 1800 kg	Reichweite: 25,7 km

Luft-Boden-Flugkörper

Die Modellreihen Henschel Hs 293/294 und die Lenkbombe Fritz X waren technisch hoch entwickelte Waffensysteme, deren Wirkung konterkariert wurde, indem man sich auf störanfällige Steuersysteme verließ.

Henschel Hs 293

Im Juli 1940 begannen die Planungsarbeiten für die Hs 293 auf der Basis eines Entwurfs für eine Gleitbombe der Gustav Schwartz Propellerwerke. Die ersten Prototypen der Hs 293 V1 waren antriebslose Gleitbomben mit Funkfernsteuerung und von der regulären Sprengbombe Cylindrisch SC 500 abgeleitet, die zu diesem Zweck mit Flügeln und Leitwerk ausgerüstet wurde. Nachdem die Prototypen die Erprobung erfolgreich bestanden hatten, baute man mehrere Exemplare der sehr ähnlichen Hs 293 V3 mit modifiziertem Leitwerk. In die letzten Prototypen dieser Modellreihe wurde die Funkfernsteuerung *Strassburg-Kehl* zu Testzwecken eingebaut.

Die in Peenemünde durchgeführten Versuche ergaben, dass es sehr schwierig war, eine Gleitbombe fernzulenken, weil sie vom Trägerflugzeug schnell überholt wurde, wobei der Bombenschütze das Ziel aus den Augen verlor. Um das zu verhindern, wurde der nächsten Variante Hs 293

A0 das Flüssigkeitsraketentriebwerk Walter 109-507 B unter den Rumpf montiert, wodurch die Reichweite ausgedehnt wurde und die Gleitbombe sich vor die Trägermaschine setzte, sodass diese außerhalb des Sperrfeuers der gegnerischen Flak bleiben konnte. Die Ergebnisse waren sehr zufriedenstellend, und nach einigen weiteren Modifikationen ging das Modell als Hs 293 A1 in Serienproduktion.

Die Hs 293 A1 benutzte die *Strassburg-Kehl*-Funkfernsteuerung, die im 48.50-MHz-Band auf jeweils eine von 18 verschiedenen Frenquenzen eingestellt werden konnte, sodass bis zu 18 Bomber gleichzeitig Gleitbomben abwerfen und steuern konnten. Der Bombenschütze lenkte die Gleitbombe mit einem Steuerknüppel, der mit dem Sender des *Strassburg-Kehl*-Geräts verbunden war, und verfolgte deren Flug mithilfe eines im Heck untergebrachten Leuchtsatzes (bei Tag) oder Scheinwerfers (bei Nacht). Der erste als Trägermaschine der

Hs 293 A operativ eingesetzte Flugzeugtyp war die Dornier Do 217, die später von der Focke-Wulf Fw 200 und der Heinkel He 177 abgelöst wurde. Die Heinkel He 111 wurde nur für die Erprobung der Gleitbombe verwendet. Die Abgase der Flugzeugmotoren wurden in die Bomben geleitet, um den Flüssigtreibstoff warm zu halten. Je nach Gleitwinkel erreichte der Lenkflugkörper nach dem Start in 4000 m Höhe eine Endgeschwindigkeit von 435 bis 900 km/h auf eine Entfernung von ungefähr 5000 m.

Gefechtseinsatz

Im Sommer 1943 verwendete die Luftwaffe die Hs 293 bei Angriffen auf alliierte Schiffe im Golf von Biskaya. Am 25. August wurden die britische Sloop HMS *Egret* versenkt und der kanadische Zerstörer HMCS *Athabascan* schwer beschädigt. Die britische Admiralität zog daraufhin alle Kriegsschiffe auf einen Abstand von mindestens 320 km von der französischen Küste zurück, bis wirksame Gegenmaßnahmen ergriffen werden konnten. Schnell stellte sich heraus, dass die *Strassburg-Kehl*-Fernsteuerung die Schwachstelle der Gleitbombe war. Mit dem britischen Sender vom Typ 650 gelang es, den Empfänger wirksam zu stören, vor allem deshalb, weil er diesen unabhängig von der für die einzelne Gleitbombe festgelegten Frequenz lahmlegte.

LUFT-BODEN-FLUGKÖRPER IM VERGLEICH			
Technische Daten	Fritz-X	*Hs 293*	*Hs 294*
Länge	3,32 m	3,82 m	6,12 m
Durchmesser	0,853 m	0,47 m	0,62 m
Spannweite	1,5 m	3,14 m	4,025 m
Startgewicht	1362 kg	1045 kg	2107 kg
Gefechtskopf	320 kg dickwandig	295 kg	656 kg
Reichweite	5 km	5 km	14 km

LUFT-BODEN-FLUGKÖRPER IM VERGLEICH

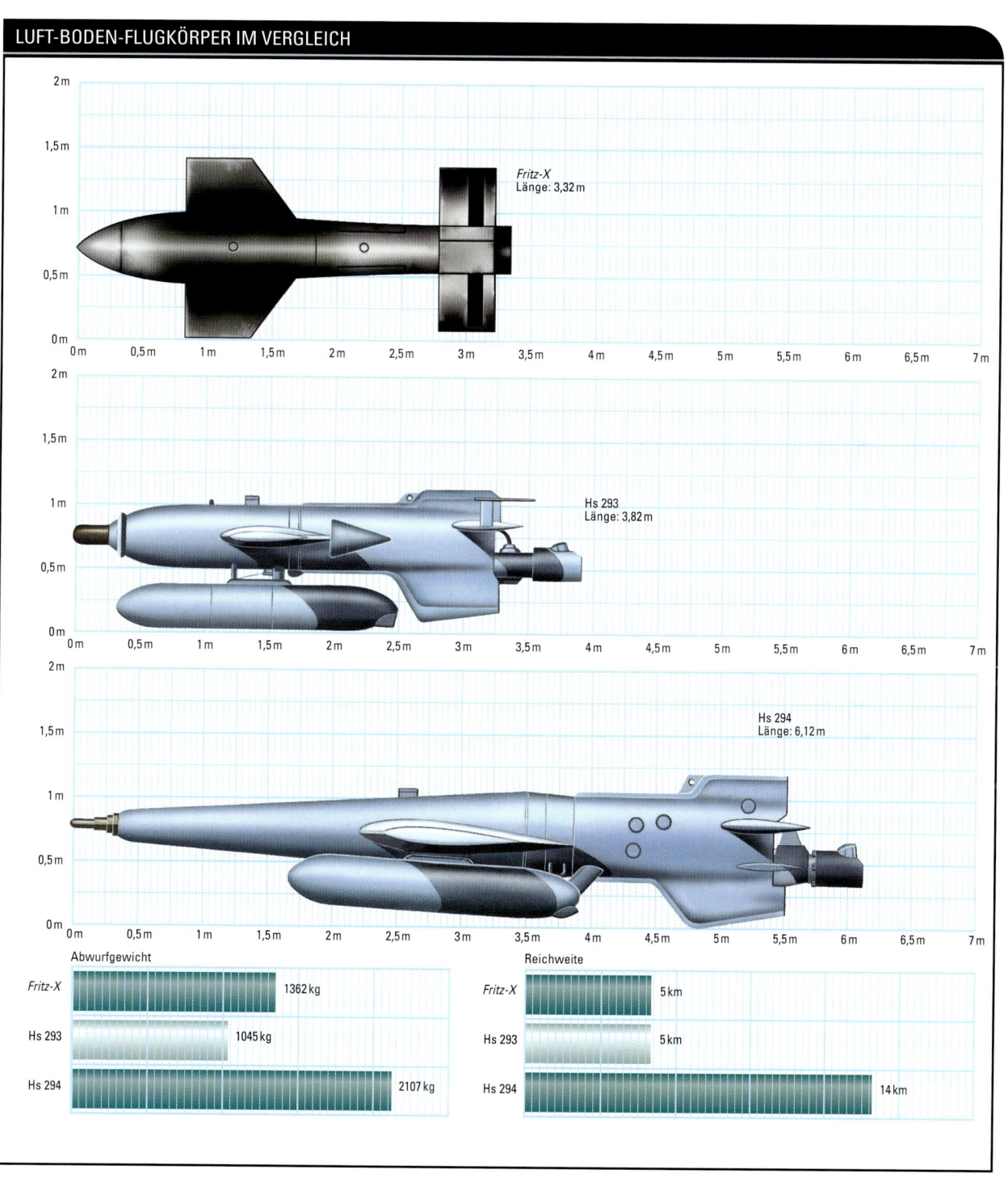

Fritz-X
Länge: 3,32 m

Hs 293
Länge: 3,82 m

Hs 294
Länge: 6,12 m

Abwurfgewicht		Reichweite	
Fritz-X	1362 kg	Fritz-X	5 km
Hs 293	1045 kg	Hs 293	5 km
Hs 294	2107 kg	Hs 294	14 km

Etwa zur gleichen Zeit entwickelte das US Naval Research Laboratory den Störsender XCJ, mit dem Ende Dezember 1943 die Begleitzerstörer USS *Herbert C. Jones* und *Frederick C. Davis* ausgerüstet wurden. Die Geräte erwiesen sich jedoch als unbrauchbar, weil man die zu störenden Frequenzen falsch eingegeben hatte. Rechtzeitig zur Landung der Alliierten auf Sizilien bei Anzio war das Nachfolgemodell XCJ-1 fertig und ersetzte das alte XCJ auf der *Herbert C. Jones* und *Frederick C. Davis*. Darüber hinaus wurde es auf den Zerstörern USS *Woolsey, Madison, Hilary P. Jones* und *Lansdale* installiert. Alle sechs Schiffe waren an den Kämpfen bei Anzio beteiligt, davon drei immer gleichzeitig.

Das XCJ-1 bewährte sich einigermaßen, obwohl es überfordert war, wenn eine größere Zahl von Gleitbomben im Anflug war und erst herausgefunden werden musste, auf welcher Fre-

quenz die jeweilige Bombe gelenkt wurde.

Trotz dieser verbesserten Gegenmaßnahmen richtete die Hs 293 bei gut geplanten Einsätzen verheerende Schäden an, wie beispielsweise am 26. November 1943, als eine von einer Heinkel He 177 abgeworfene Gleitbombe vor der algerischen Küste den britischen Truppentransporter HMT *Rohna* versenkte. Von den an Bord befindlichen 2000 US-Soldaten kamen 1038 ums Leben.

Varianten

Bei Henschel entstanden laufend neue Entwürfe für Varianten des Lenkflugkörpers. Bei der Hs 293 A2 wurden die Querruder der A1 durch eine einfache Störklappe an einer Tragfläche ersetzt. Auf die Erfolge der Alliierten beim Stören der *Strassburg-Kehl*-Funksteuerung reagierte man mit der Einführung der Hs 293 B mit der *Dortmund-Duisburg*-Drahtsteue-

rung FuG 207/FuG 237. Dazu wurden 200 Exemplare der Hs 293 A1 umgerüstet und gegen Ende des Kriegs von in Norditalien stationierten Trägerflugzeugen in beschränktem Umfang im Mittelmeer eingesetzt.

Die überwiegende Zahl der Hs 293-Lenkflugkörper war gegen Seeziele gerichtet, aber einige vom Typ B wurden auch für Angriffe auf Brücken über die Oder verwendet, um den Vormarsch der Roten Armee auf Berlin im April 1945 zu verlangsamen.

Weitere Varianten der Hs 293 wurden in kleiner Stückzahl gefertigt: Die Hs 293 C mit geänderter Funksteuerung sollte kurz vor dem Ziel ins Wasser tauchen und dieses wie ein Torpedo ansteuern. Die wenigen fertiggestellten Exemplare kamen aber nicht zum Einsatz.

Die Fernlenkung der Hs 293 D erfolgte über eine eingebaute Fernsehkamera und einen Bildempfänger im Trägerflugzeug. 1942 fanden erste Versuche

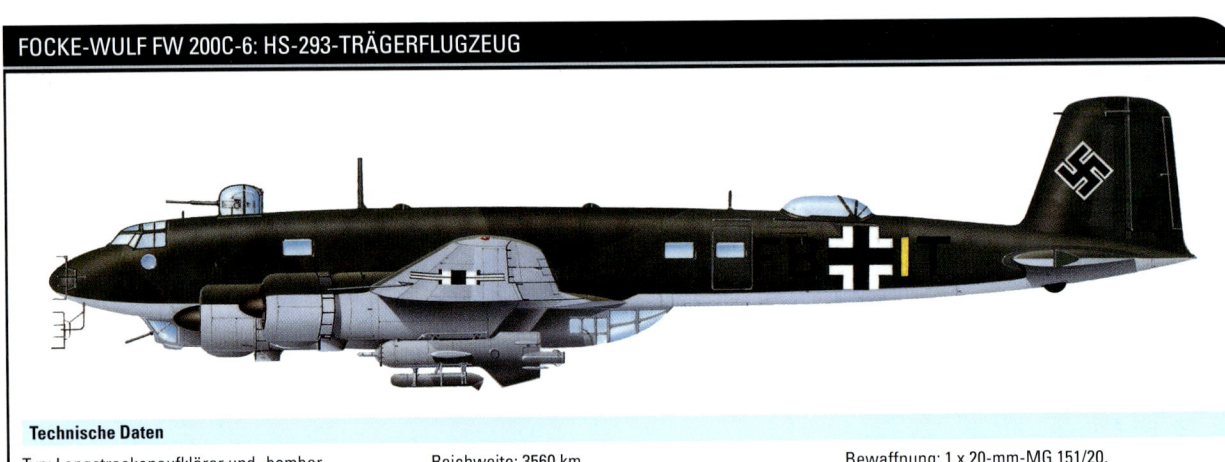

FOCKE-WULF FW 200C-6: HS-293-TRÄGERFLUGZEUG

Technische Daten

Typ: Langstreckenaufklärer und -bomber
Antrieb: 4 x 895 kW (1200 PS) Bramo 323R
    9-Zylinder-Sternmotoren
Geschwindigkeit: 360 km/h
Dienstgipfelhöhe: 6000 m

Reichweite: 3560 km
Gewicht: 17 005 kg Leergewicht
    24 520 kg maximales Startgewicht
Länge: 23,45 m
Höhe: 6,3 m
Spannweite: 32,85 m

Bewaffnung: 1 x 20-mm-MG 151/20,
    1 x 15-mm-MG 151, 3 x 13-mm-MG 131 und
    1 x 7,92-mm-MG 15
    sowie 2 x Henschel Hs-293 Gleitbomben
Stückzahl: 280 in mehreren Variationen
    einschließlich Prototypen

statt, aber die Übertragungstechnik steckte noch in den Kinderschuhen. Etwa 260 Stück sollen hergestellt worden sein.

Henschel Hs 294

Die Hs 294 war eine Variante der Hs 293 C für den Einsatz unter Wasser. Der 650 kg schwere Gefechtskopf war stromlinienförmiger gestaltet und wurde von zwei Walter-HWK 109-507-Flüssigkeitsraketenmotoren angetrieben. Die ersten Prototypen benutzten die übliche *Strassburg-Kehl*-Fernfunksteuerung. Beim Aufprall auf das Wasser 300 bis 400 m vor dem Ziel sollten Tragflächen, Heck und Triebwerke abgesprengt werden. Der Gefechtskopf würde auf geradem Kurs wie ein Torpedo den Weg unter Wasser bis zum Ziel fortsetzen. Erste Versuche überzeugten, aber beim Absprengen konnte es passieren, dass der Gefechtskopf vom Kurs abwich. Deshalb verzichtete man bei späteren Prototypen auf die Spreng-

kapseln und baute Sollbruchstellen ein, die sich beim Eintauchen ins Wasser von selbst lösten. Diese Methode funkionierte, aber es gab Bedenken wegen der Störanfälligkeit des *Strassburg-Kehl*-Systems, was zum Einbau einer Drahtlenkung führte. 1944, als es schien, als könnte die Serienfertigung endlich anlaufen, entschied man sich kurzfristig für die Fernlenkung mittels einer im Bug einer der Triebwerksgondeln eingebauten Fernsehkamera. Wie schon bei der Hs 293 D erwies sich auch hier die TV-Technologie als noch nicht genügend ausgereift für ein so komplexes System, und das Projekt Hs 294 wurde Anfang 1945 eingestellt.

»Fritz X«

1938 experimentierte Dipl.-Ing. Max Kramer von der Deutschen Versuchsanstalt für Luftfahrt (DVL) mit Lenksystemen für frei fallende Bomben. Die Entwicklungsarbeiten an *Fritz X* – weitere Bezeichnungen waren *Ruhr-*

stahl SD 1400X, *Kramer* X-1, PC 1400X und FX 1400 – begannen 1939, und im Jahr darauf wurde die Firma Ruhrstahl, die über große Erfahrungen im Bombenbau verfügte, in das Programm einbezogen.

Die Grundlage der Konstruktion von *Fritz X* bildete die panzerbrechende Splitterbombe SD 1400, die eine neue Spitze bekam sowie vier kreuzförmig angeordnete Stummelflügel im Schwerpunkt, aber keinen Starthilfsantrieb. Das kastenförmige Leitwerk trug fünf Leuchtsätze, an denen sich der Bombenschütze bei der Steuerung orientieren konnte. Wie bei der Hs 293 A erfolgte diese durch ein *Strassburg-Kehl*-System. Eine Kreiselsteuerung verhinderte das Rollen beim Flug.

Anders als die Gleitbombe Hs 293, die gegen Handelsschiffe und leichte Kriegsschiffe eingesetzt wurde, war die Fallbombe für die Bekämpfung gepanzerter Seeziele vorgesehen wie schwere Kreuzer und Schlachtschif-

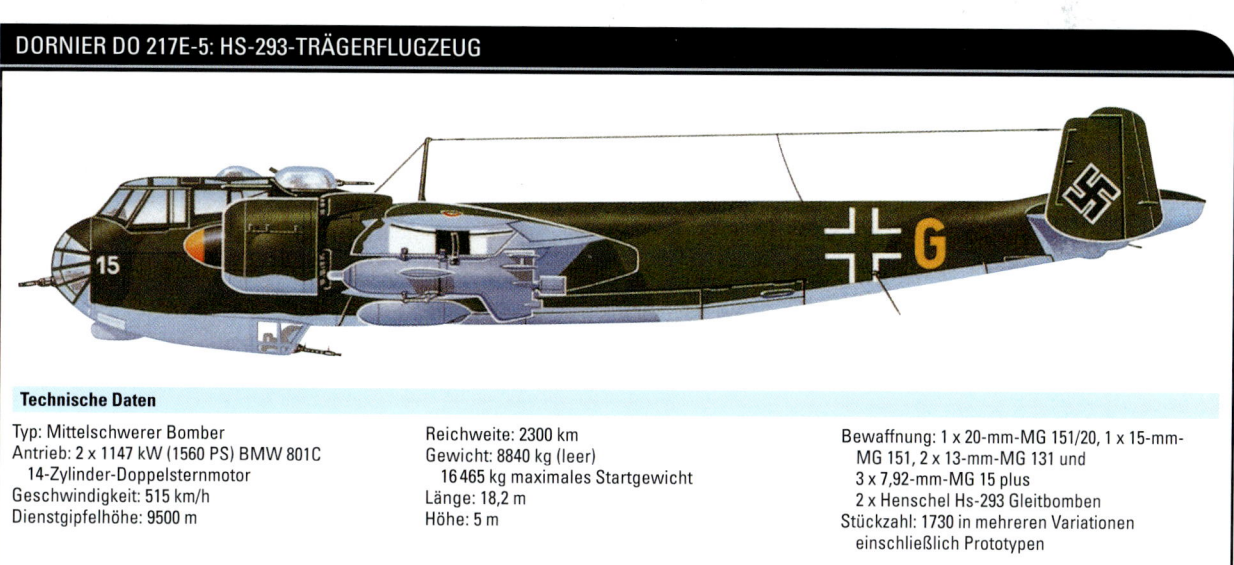

DORNIER DO 217E-5: HS-293-TRÄGERFLUGZEUG

Technische Daten

Typ: Mittelschwerer Bomber
Antrieb: 2 x 1147 kW (1560 PS) BMW 801C
    14-Zylinder-Doppelsternmotor
Geschwindigkeit: 515 km/h
Dienstgipfelhöhe: 9500 m

Reichweite: 2300 km
Gewicht: 8840 kg (leer)
    16 465 kg maximales Startgewicht
Länge: 18,2 m
Höhe: 5 m

Bewaffnung: 1 x 20-mm-MG 151/20, 1 x 15-mm-MG 151, 2 x 13-mm-MG 131 und 3 x 7,92-mm-MG 15 plus 2 x Henschel Hs-293 Gleitbomben
Stückzahl: 1730 in mehreren Variationen einschließlich Prototypen

LUFT-BODEN-FLUGKÖRPER: GEWICHT DES GEFECHTSKOPFS

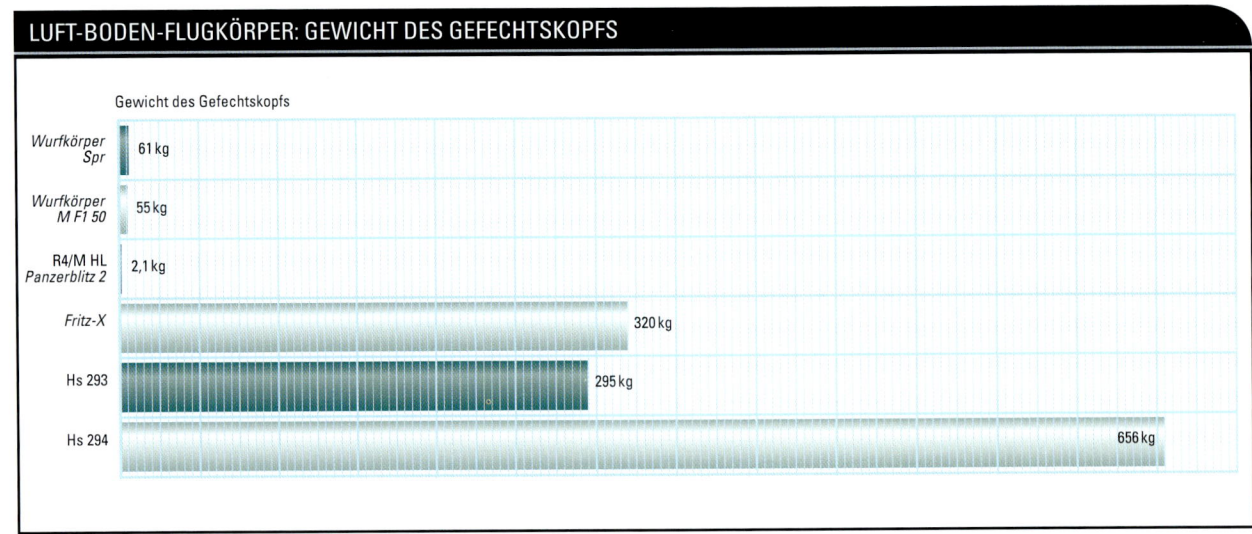

Gewicht des Gefechtskopfs

Wurfkörper Spr	61 kg
Wurfkörper M Fl 50	55 kg
R4/M HL Panzerblitz 2	2,1 kg
Fritz-X	320 kg
Hs 293	295 kg
Hs 294	656 kg

fe. Der Abwurf erfolgte aus mindestens 4000 m Höhe. Vorteilhafter war eine Höhe von 6100 m, damit die Bombe eine ausreichend hohe Aufschlaggeschwindigkeit erreichte, um gepanzerte Schiffsdecks von bis zu 130 mm Stärke zu durchschlagen. Als Zielgerät diente das reguläre Lotfernrohr (Lotfe) 7. Nach dem Abwurf drosselte der Pilot des Trägerflugzeugs die Motoren und zog die Maschine in die Höhe, um langsamer zu werden und das Flugzeug über der Flugbahn der Bombe zu halten, damit der Bombenschütze während der gesamten Flugzeit der Bombe Sichtkontakt hatte. Als einzige Einheit der Luftwaffe wurde die III. Gruppe des KG 100 mit Fritz X ausgerüstet und flog hauptsächlich mit dem Bomber Dornier Do 217 K-2, dessen Flotte später durch eine kleine Anzahl der Varianten Do 217 K-3 und Do 217 M-11 ergänzt wurde. In der Testphase verwendete man auch Heinkel He 111. Am 21. August 1943 erfolgte der erste Abwurf der Fritz X bei einem Luft-

LUFT-BODEN-FLUGKÖRPER: REICHWEITE DES GEFECHTSKOPFS

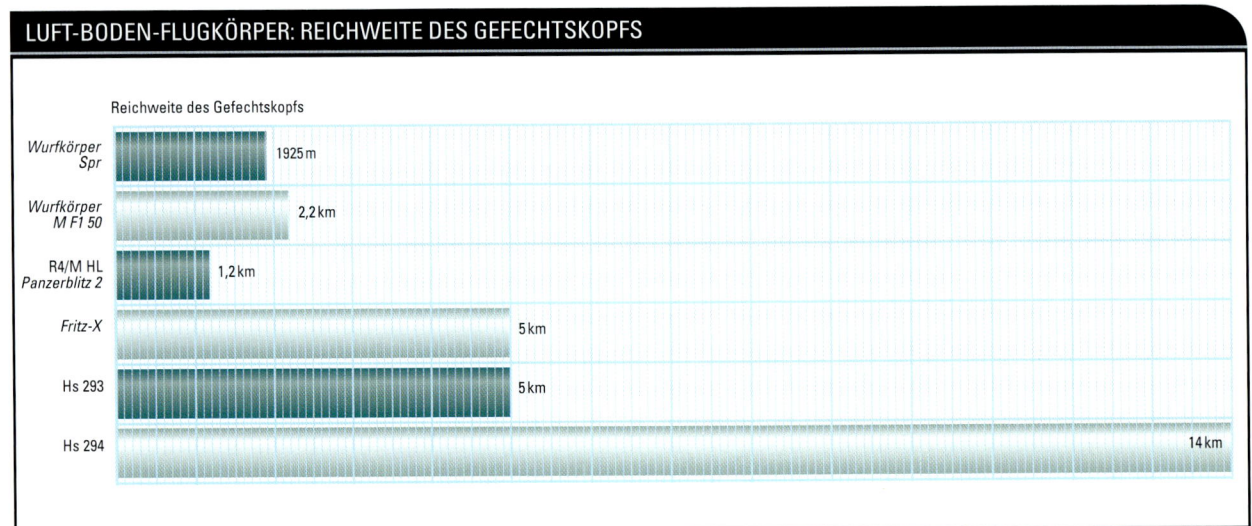

Reichweite des Gefechtskopfs

Wurfkörper Spr	1925 m
Wurfkörper M Fl 50	2,2 km
R4/M HL Panzerblitz 2	1,2 km
Fritz-X	5 km
Hs 293	5 km
Hs 294	14 km

angriff auf den Hafen Augusta in Sizilien. Weitere Einsätze gegen alliierte Schiffe vor Sizilien folgten, jedoch wurden keine Treffer erzielt, und wie es scheint, haben die Alliierten gar nicht bemerkt, dass sie mit funkferngesteuerten Bomben angegriffen wurden.

Erfolgreiche Einsätze

Der 9. September 1943 war ein überaus erfolgreicher Tag für die Luftwaffe. Der Angriff richtete sich gegen die Schiffe der italienischen Flotte, die von La Spezia aus Kurs auf Malta genommen hatte, um sich nach dem Waffenstillstand den Alliierten zu ergeben. In Marseille starteten zwölf Dornier Do 217 K-2 der III. Gruppe des KG 100, jede mit einer *Fritz X* an Bord, und entdeckten die italienische Flotte vor Sardinien. Das Flaggschiff, das Schlachtschiff *Roma*, erhielt zwei Treffer – eine dritte Bombe verfehlte ihr Ziel – und sank nach der Explosion eines Munitionsmagazins. 1352 Seeleute starben, darunter der Admiral Carlo Bergamini. Auch das Schwesterschiff *Italia* wurde getroffen, erreichte aber Malta.

Am 16. September verzeichnete die III. Gruppe des KG 100 einen weiteren Erfolg beim Angriff auf das britische Schlachtschiff HMS *Warspite*, das zur Artillerieunterstützung der alliierten Landung in Süditalien vor Salerno lag. Eine Bombe durchschlug sechs Decks, bevor sie im Kesselraum 4 explodierte, alle Kessel zerstörte und den doppelten Schiffsboden aufriss. 5000 Tonnen Wasser drangen ein, die Kraftanlagen fielen aus, aber die Verluste an Menschen waren gering. Die *Warspite* wurde nach England geschleppt und fiel neun Monate aus.

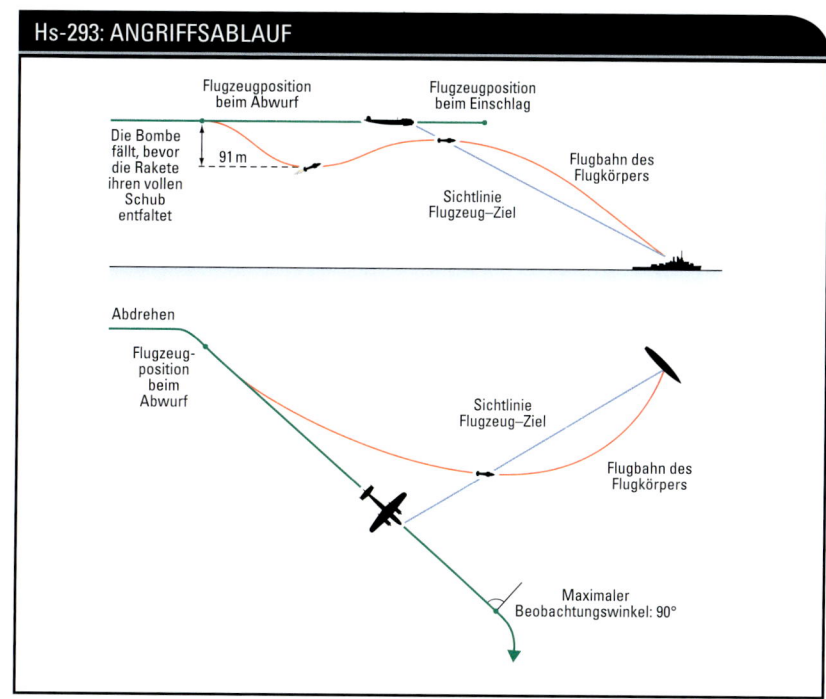

Hs-293: ANGRIFFSABLAUF

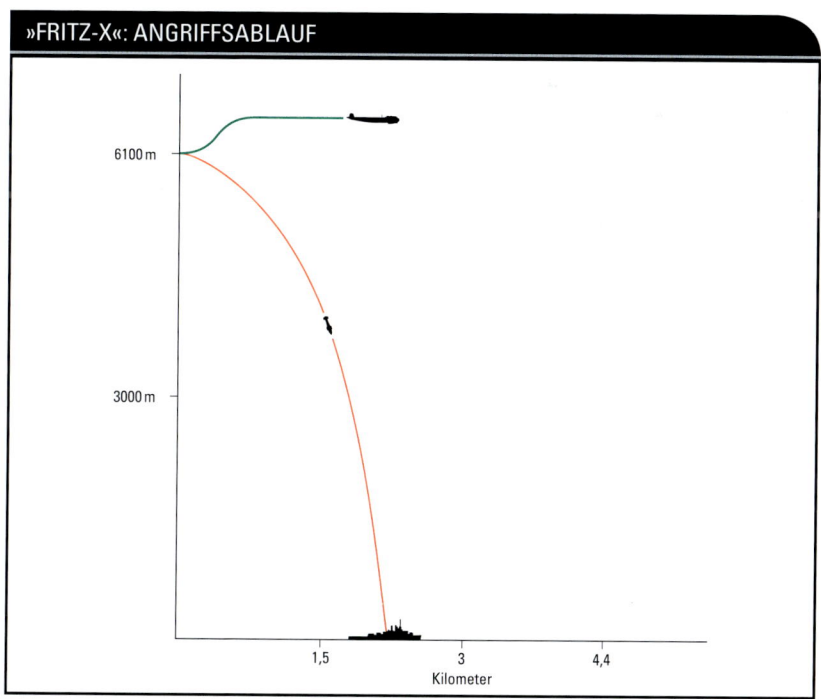

»FRITZ-X«: ANGRIFFSABLAUF

ALLIIERTE SCHIFFSVERLUSTE DURCH LUFT-BODEN-FLUGKÖRPER 1943

Schiff	Klasse	Operationsgebiet	Ursache	Schaden	Opfer
HMS *Bideford*	Sloop	Anti-U-Boot-Patrouille, Biskaya	Hs-293 Gleitbombe	Beschädigt	–
HMS *Landguard*	Sloop	Anti-U-Boot-Patrouille, Biskaya	Hs-293 Gleitbombe	Beschädigt	–
HMS *Egret*	Korvette	Anti-U-Boot-Patrouille, Biskaya	Hs-293 Gleitbombe	Versenkt	194
HMCS *Athabaskan*	Zerstörer	Anti-U-Boot-Patrouille, Biskaya	Hs-293 Gleitbombe	Beschädigt	–
HMS *Intrepid*	Zerstörer	Ägäis	Hs-293 Gleitbombe	Versenkt	–
RHS *Vasillisa Olga*	Zerstörer	Ägäis	Hs-293 Gleitbombe	Versenkt	–
HMS *Dulverton*	Zerstörer	Ägäis	Hs-293 Gleitbombe	Versenkt	–
HMS *Rockwood*	Zerstörer	Ägäis	Hs-293 Gleitbombe	Beschädigt	–
SS *Delius*	Transporter	Ägäis	Hs-293 Gleitbombe	Beschädigt	–
HMT *Rohna*	Truppentransporter	Konvoi KMF-26 Mittelmeer	Hs-293 Gleitbombe	Versenkt	1152
RN *Roma*	Schlachtschiff	Capo Testa – Sardinien	SD-1400X *Fritz-X* Lenkbombe	Versenkt	1352
RN *Littorio*	Schlachtschiff	Capo Testa – Sardinien	SD-1400X *Fritz-X* Lenkbombe	Beschädigt	–
USS *Philadelphia*	Kreuzer	Salerno	SD-1400X *Fritz-X* Lenkbombe	Beschädigt	–
HMS *Warspite*	Schlachtschiff	Salerno	SD-1400X *Fritz-X* Lenkbombe	Beschädigt	9
USS *Savannah*	Kreuzer	Salerno	SD-1400X *Fritz-X* Lenkbombe	Beschädigt	200
HMHS *Newfoundland*	Lazarettschiff	Salerno	Hs-293 Gleitbombe	Versenkt	–
SS *Bushrod Washington*	Transporter	Salerno	Hs-293 Gleitbombe	Versenkt	–
HMS *Uganda*	Kreuzer	Salerno	SD-1400X *Fritz-X* Lenkbombe	Beschädigt	16

ALLIIERTE SCHIFFSVERLUSTE DURCH LUFT-BODEN-FLUGKÖRPER 1944

Schiff	Klasse	Operationsgebiet	Ursache	Schaden	Opfer
HMS *Spartan*	Zerstörer	Anzio	Hs-293 Gleitbombe	Versenkt	35
SS *Elihu Yale*	Transporter	Anzio	Hs-293 Gleitbombe	Versenkt	12
SS *Samuel Huntingdon*	Transporter	Anzio	Hs-293 Gleitbombe	Versenkt	–
LCT-35	Landungsboot	Anzio	Hs-293 Gleitbombe	Versenkt	–
USS *Herbert C. Jones*	Zerstörer	Anzio	Hs-293 Gleitbombe	Beschädigt	–
HMS *Jervis*	Zerstörer	Anzio	Hs-293 Gleitbombe	Beschädigt	–
HMHS *St David*	Lazarettschiff	Anzio	Hs-293 Gleitbombe	Versenkt	–
HMHS *St Andrew*	Lazarettschiff	Anzio	Hs-293 Gleitbombe	Versenkt	–
USS *Prevail*	Minenräumer	Anzio	Hs-293 Gleitbombe	Beschädigt	–
HMS *Boadicea*	Zerstörer	Normandie	Hs-293 Gleitbombe	Versenkt	175
USS *Meredith*	Zerstörer	Normandie	Hs-293 Gleitbombe	Versenkt	–
LST-282	Landungsboot	St Raphael, France	Hs-293 Gleitbombe	Versenkt	–
LST-312	Landungsboot	Salerno	Hs-293 Gleitbombe	Beschädigt	–
HMS *Spartan*	Kreuzer	Anzio	SD-1400 *Fritz-X* Lenkbombe	Versenkt	46

Luft-Luft-Flugkörper

Die Notwendigkeit, gegen die Bombenangriffe der Alliierten vorzugehen, wurde immer dringlicher, sodass die Luftwaffe schwere Geschütze und Raketen entwickelte. Bei Kriegsende standen die ersten ferngelenkten Luft-Luft-Raketen kurz vor dem Einsatz.

Werfergranate 21 (WGr. 21)
Die Granate war der erste Luft-Luft-Flugkörper, der von der Luftwaffe 1943 eingesetzt wurde. Sie war von der 21-cm-Granate des Infanterie-Nebelwerfers 42 abgeleitet und erhielt einen größeren Gefechtskopf von 40,8 kg mit einem Zeitzünder. Dahinter stand die Absicht, die geschlossene Formation der US-Bomberverbände aufzubrechen, damit sich die Abfangjäger auf einzelne Maschinen konzentrieren konnten. Mehrere Bf 109 und Fw 190 wurden mit je einem Abschussrohr unter jeder Tragfläche ausgerüstet, einige Bf 110 und Me 410 mit jeweils zwei. Der früheste bekannte Gefechtseinsatz erfolgte am 29. Juli 1943 durch die Jagdgeschwader (JG) 1 und 11 gegen amerikanische Bomber, die Kiel und Warnemünde angriffen. Wenn die Granate ihr Ziel traf, hatte sie eine verheerende Wirkung. So soll in einem Fall die Granate un-

mittelbar unter einer B17 explodiert sein, die gegen den nächsten Bomber des Verbands geschleudert wurde. Die Trümmer beider Maschinen rissen eine dritte mit in die Tiefe.
Aber dergleichen geschah selten. Die Werferrohre verschlechterten die Flugeigenschaften der Trägerflugzeuge, was bei einer Begegnung mit feindlichen Begleitjägern fatale Folgen haben konnte. Die größte Unzulänglichkeit der *Werfergranate 21* war

Technische Daten	Werfergranate 21	R4M Orkan	X-4
Länge	1,177 m	0,812 m	2,01 m
Durchmesser	21,4 cm	5,5 cm	22 cm
Spannweite	keine, drallstabilisiert	keine, Faltleitwerk	0,726 m
Startgewicht	112,5 kg	3,85 kg	60 kg
Gefechtskopf	40,8 kg	0,815 kg	20 kg
Reichweite	1,2 km	1,1 km	3,5 km

LUFT-LUFT-FLUGKÖRPER: TECHNISCHE DAATEN IM VERGLEICH

LUFT-LUFT-WAFFEN IM VERGLEICH

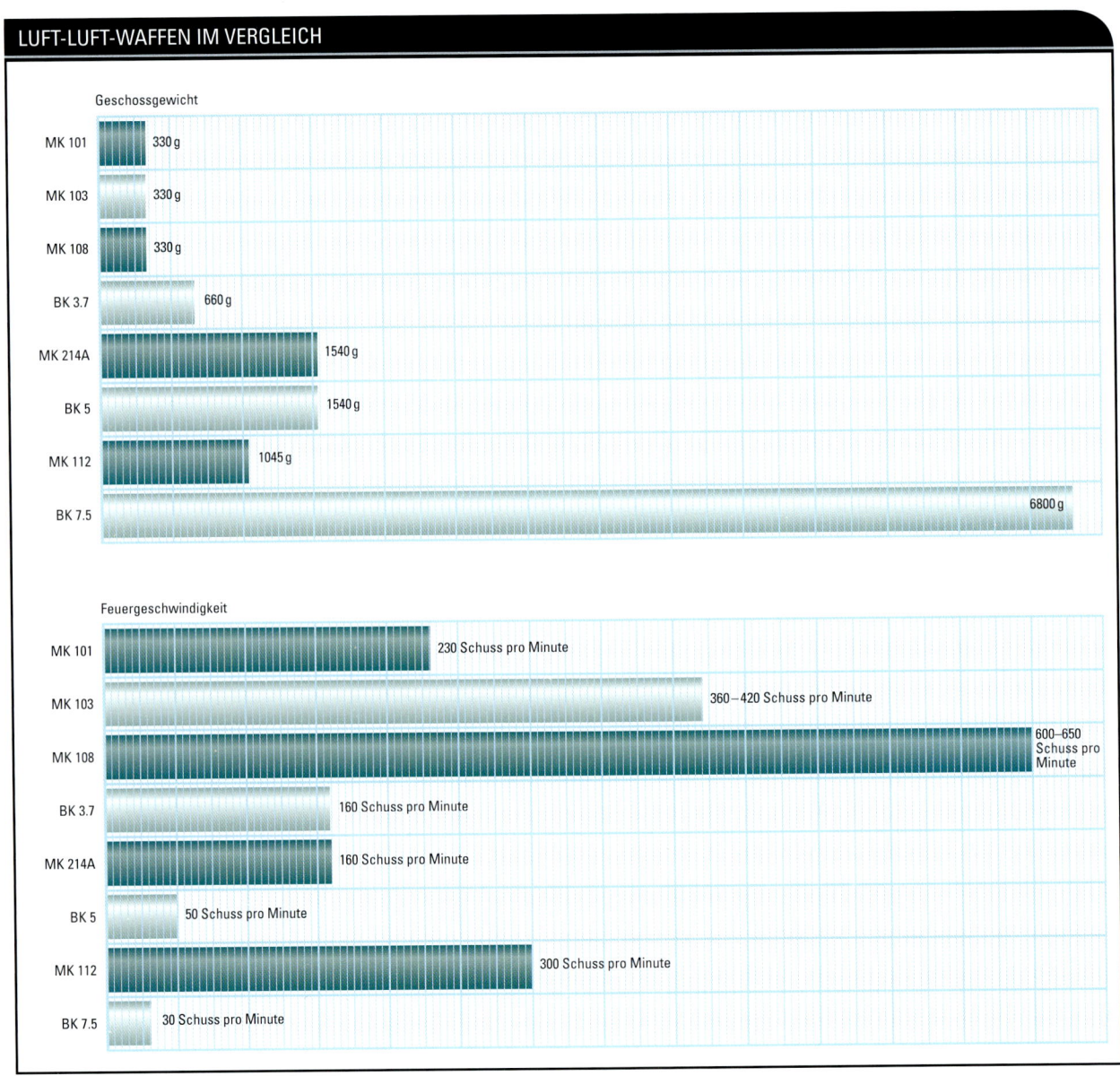

Geschossgewicht

MK 101	330 g
MK 103	330 g
MK 108	330 g
BK 3.7	660 g
MK 214A	1540 g
BK 5	1540 g
MK 112	1045 g
BK 7.5	6800 g

Feuergeschwindigkeit

MK 101	230 Schuss pro Minute
MK 103	360–420 Schuss pro Minute
MK 108	600–650 Schuss pro Minute
BK 3.7	160 Schuss pro Minute
MK 214A	160 Schuss pro Minute
BK 5	50 Schuss pro Minute
MK 112	300 Schuss pro Minute
BK 7.5	30 Schuss pro Minute

■ Die zunehmende Bedrohung durch die alliierten Luftangriffe 1942/43 und danach führte zur Entwicklung schwerer Bordkanonen, die bei der Bekämpfung viermotoriger Bomber größere Wirkung zeigten als die Maschinengewehre und 2-cm-Maschinenkanonen der Anfangsjahre. Einige dieser Modelle wie die MK 101, BK 3,7 und BK 5 erwiesen sich als zu schwer und hatten eine zu langsame Schussfolge, um im Luftkampf eingesetzt zu werden. Der Einsatz der großkalibrigen BK 7,5 gegen Bomber wurde vorübergehend in Erwägung gezogen, aber wegen der schlechten Erfahrungen mit der BK 3,7 und 5 wieder verworfen. Die Luftwaffe benutzte die drei Modelle nur zur Panzerbekämpfung. Die Entwicklung rückstoßfreier schwerer Maschinenkanonen wurde nach misslungenen Tests aufgegeben.

FLUGZEUG-BORDWAFFEN IM VERGLEICH

Technische Daten	MK 101	MK 103	MK 108	BK 3,7	MK 214A	BK 5	MK 112	BK 7,5
Munition	30 x 184B	30 x 184B	30 x 90RB	37 x 263B	50 x 419R	50 x 419R	55 x 175RB	75 X714R
Geschossgewicht in g	330	330	330	660	1540	1540	1045	6800
Feuergeschw. (Schuss/Minute)	230	360–420	600–650	160	160	50	300	30
Mündungsgeschwindigkeit (m/s)	920	860	505	810	920	920	595m/s	790
Waffengewicht (kg)	180	141	60	295	490	540	274	705

jedoch ihre mangelhafte Zielgenauig-keit. Es erwies sich als sehr schwie-rig, die Entfernung zum Ziel genau zu berechnen, sodass die meisten Gra-naten explodierten, ohne Schaden anzurichten.

RÜCKSTOSSFREIE FLUGZEUG-BORDWAFFEN IM VERGLEICH

Technische Daten	Gerät 104	Düsenkanone Duka 88
Gewicht	4837 kg	1000 kg
Länge	10 m	4,7 m
Lauflänge	10 m	–
Kaliber	356 mm	88 mm
Granatengewicht	635 kg	9,2 kg
Reichweite	3,54 km	1,5 km

R4/M »Orkan«

Mit der 1945 erfolgten Einführung der Luft-Luft-Bordrakete R4/M konnten die Mängel der Werfergranate 21 beseitigt werden. Es handelte sich um eine leitwerkstabilisierte Feststoff-rakete, die mit nur 4 kg leicht genug war, um auch für den Jägereinsatz verwendet zu werden, obwohl ver-mutlich nur die Me 262 damit ausge-rüstet worden ist.

Die reguläre R4/M hatte ein faltbares Leitwerk, das sich erst nach dem Abschuss öffnete. Die 520 g schwere Hexogen-Sprengladung garantierte einen Abschuss bei jedem Treffer. Eine Me 262 war mit zwölf Raketen bewaffnet, die in leichten Holzgestel-len unter den Tragflächen aufgehängt waren und die Flugeigenschaften der Maschine kaum beeinträchtigten. Zwar hatte die Rakete eine maximale Reichweite von 1000 m, aber sie wurde in der Regel erst um die 600 m vor dem Ziel abgefeuert, was der Reichweite der Bordkanone der Me 262, einer 3-cm-MK 108, entsprach, sodass deren Zieleinrichtung auch für die Rakete genutzt werden konnte.

Die wenigen Raketen, die noch ge-fechtsmäßig eingesetzt wurden, bewährten sich gut. Im März 1945 soll unbestätigten Berichten zufolge eine Staffel von sechs mit der R4/M bewaffneten Me 262 unter dem Kom-mando von General Gordon Gollob bei einem einzigen Kampfeinsatz zwölf B17 abgeschossen haben.

Ruhrstahl X4

Die X4 war die technisch fortschritt-lichste Luft-Luft-Rakete, die während des Kriegs zum Einsatz kam. Sie ging aus einer Reihe von Entwurfsstudien hervor, die Max Kramer, ein Ingenieur der Ruhrstahl AG, seit 1943 entwickelt hatte. Im Jahr darauf standen die ersten Prototypen bereit. Die Rakete sollte ein Flüssigkeitstrieb-werk bekommen, wurde aber anfangs von einem Feststoffmotor angetrie-ben. Leuchtsätze an zwei der vier Flü-gelspitzen halfen dem Piloten bei der Lenkung der Rakete mit einem kleinen Joystick in der Kabine. Die Übertra-gung der Steuerimpulse erfolgte über zwei dünne Drähte auf Spulen in zwei Gondeln an der Spitze zweier gegen-überliegender Flügel der Rakete. Die 20 kg schwere Sprengladung hatte einen Wirkungsradius von 8 m und wurde mit einem Annäherungszünder vom Typ *Kranich* gezündet. Der Zünder wurde 40 m vor dem Ziel aktiviert und löste die Detonation 5 m vor dem Ziel aus.

Die ersten Probeflüge wurden am 11. August 1944 mit einem Prototypen an Bord einer Fw 190 unternommen. Spätere Versuchsflüge mit Ju 88 und Me 262 zeigten, dass die X4 für Jagd-einsitzer ungeeignet war, weil der Pilot das eigene Flugzeug und die Rakete gleichzeitig steuern musste. Deshalb sollten nur Ju 88 damit bestückt werden.

Anfang 1945 hatte Ruhrstahl über 1000 X4 fertiggestellt und wartete auf die Raketenmotoren von BMW, die aber nie kamen, weil das Werk in Stargard bombardiert worden war.

8. KAPITEL

Chemische und Kern- waffen

Schon im Ersten Weltkrieg hatte die moderne chemische Industrie Deutschlands dem Kaiserreich einen Vorsprung beim taktischen Einsatz von Giftgas verschafft. Die sensationsheischende Darstellung dieser Ereignisse in den Printmedien der Zwischenkriegszeit sowie der Einsatz von Senfgas durch die Italiener beim Einfall in Abessinien im Oktober 1939 hatten in der Öffentlichkeit die Befürchtung geweckt, dass der nächste Krieg mit Gasangriffen durch massierte Bomberverbände auf die Zivilbevölkerung beginnen würde. Als diese Angriffe ausblieben, wurde viel über die Gründe spekuliert, aber allmählich erlosch das Interesse für dieses Thema, als die Auswirkungen der konventionellen Kriegführung sich als ebenso vernichtend erwiesen. Trotzdem vergrößerten die Deutschen ihre Lagerbestände an Nervengas, das weitaus todbringender war als alle Waffen des Ersten Weltkriegs.
Die potenzielle Anwendung der Kernspaltung für die Herstellung einer Bombe von bisher nie da gewesener Sprengkraft wurde von deutschen Wissenschaftlern seit 1939 untersucht, aber bei der Entwicklung einer einsatzfähigen Waffe lagen sie hinter den USA und England zurück, wenn auch nur knapp.

■ **Ein amerikanischer Waffentechniker bei der Inspektion einiger der 500 000 Tabun-Nervengasgranaten in einem bei Kriegsende entdeckten Lager**

Nervengifte

In den 1930er-Jahren experimentierten deutsche Chemiker mit organischen Phosphor-verbindungen für die Verwendung als Insektizide. Viele waren hochwirksame Mittel zur Schädlingsbekämpfung in der Landwirtschaft, andere tödliche Nervengifte.

Die Wirkung aller Neurotoxine besteht darin, dass sie die Neuro-transmitter blockieren, sodass sich die Muskeln zusammenziehen, aber nicht mehr entspannen. Erste Anzeichen nach Kontakt mit Nervengasen sind Nasenlaufen, Engegefühl im Brustkorb und Pupillenverengung. Wenig später treten Atembeschwerden und Übelkeit auf. Im weiteren Verlauf zeigen sich Symptome wie Sehstörungen, Speichelfluss und unkontrollierbarer Harn- und Stuhlabgang, oft in Verbindung mit Krämpfen in Magen und Darm sowie Erbrechen. Es kann auch zu Blasenbildung und Brennen der Augen und/oder Lungen kommen. Auf diese Zustände folgen Zuckungen und Verrenkungen, bis das Opfer das Bewusstsein verliert und als Folge der Muskelkrämpfe erstickt. Bei hohen Dosen tritt der Tod ein, bevor sich die meisten dieser Symptome entwickeln.

Tabun

Im Dezember 1936 entwickelte Dr. Gerhard Schrader bei den I.G. Farbenwerken in Leverkusen den Wirkstoff *Tabun* (Ethylester der Dimethyl-phosphoramidocyanidsäure) für die Verwendung als Schädlingsbekämpfungsmittel, wobei sich schon einen Monat später, als ein Tropfen des Gifts auf den Labortisch fiel, zeigte, welche Wirkung Tabun auf den menschlichen Organismus hatte.

Innerhalb von Minuten traten bei ihm und seinen Mitarbeitern Symptome wie Pupillenverengung, Schwindelgefühle und Atembeschwerden auf. Es dauerte drei Wochen, bis sie sich wieder erholt hatten, und sie hatten Glück, dass sie überlebten.

Im März 1937 schickte man eine Probe Tabun an die Abteilung für chemische Kriegführung im Heereswaffenamt in Berlin-Spandau. Schrader wurde zu einer Vorführung nach Berlin berufen, worauf man seinen Antrag auf Patenterteilung als geheim einstufte. Oberst Rüdiger, der Chef der Abteilung für chemische Kriegführung, gab den Befehl zum Bau von Forschungseinrichtungen für die Entwicklung von Tabun und anderer organischer Phosphorverbindungen, und Schrader übersiedelte wenig später in die neuen Labors in Wuppertal-Elberfeld.

1939 wurde in einem Versuchslabor in der Lüneburger Heide nachgewiesen, dass die industrielle Herstellung von Tabun durchführbar wäre. Darauf begannen im Januar 1940 in Dyhernfurth in Oberschlesien die Arbeiten an einer Fabrik mit der Tarnbezeichnung *Hochwerk*. Der Betrieb gehörte einer Tochtergesellschaft der I.G. Farben, der Anorgana GmbH. Zur Fabrik gehörte eine unterirdische Abfüllanlage für die Munitionierung von Granaten, die in ein Lager in Krappitz (heute Krapowice) verbracht wurden.

Die Bauarbeiten hatten im Januar 1940 begonnen, aber die Produktion lief erst im Juni 1942 an. Der Gesamtausstoß an Tabun lag zwischen 10 160 und 30 480 Tonnen. Die Verzögerung hatte sich deshalb ergeben, weil die verwendeten Chemikalien sehr gefährlich und korrosiv waren.

Die extrem toxische Wirkung von Tabun verlangte nach umfangreichen Sicherheitsvorkehrungen. Alle Produktionsstätten lagen hinter doppelten Glaswände und wurden über Druckluftleitungen entlüftet. Alle darin Beschäftigten wurden in regelmäßigen Abständen mit Dampf und Ammoniak dekontaminiert.

Die Gesamtbelegschaft im Werk Dyhernfurth umfasste 3000 Personen, alle deutsche Staatsbürger. Sie waren mit Atemschutzgeräten und Schutzanzügen aus gummibeschichtetem Textilgewebe ausgerüstet, die nach zehnmaliger Benutzung verbrannt wurden. Trotz dieser umfangreichen Sicherheitsvorkehrungen ereigneten sich noch vor Produktionsbeginn über 300 Unfälle, bei denen Beschäftigte den Tod fanden.

- Vier Installateure, die bei der Verlegung von Rohren mit austretendem Tabun in Berührung kamen, starben, bevor ihre Schutzanzüge entfernt werden konnten.
- Zwei Liter Tabun ergossen sich in den Halsausschnitt eines Arbeiters – er starb binnen weniger Minuten.

TOXIZITÄT MILITÄRISCHER NERVENGIFTE

Die Werte beziehen sich auf die geschätzte für Menschen tödliche Dosis. TD50 bedeutet , dass 50 Prozent der mit einem Kampfstoff in Berührung gekommenen Personen an den Folgen sterben. Für die Wirkungen des Gifts auf die Atemwege gelten andere Werte, die sich aus der Summe von Konzentration (C) und Dauer der Einwirkung (t) ergeben. Auch hier steht T für tödlich und die Zahl 50 für 50 Prozent. Die Toxizität ist für Hautkontakt und Inhalation gleich, nur sind die Werte bei Ersterem höher, weil die flüchtigeren Gifte durch die Haut verdunsten.

Kampfstoff	TD50 Hautkontakt mg/Person	Ct50 Inhalation mg/min/m³
Tabun	4000	200
Sarin	1700	100
Soman	300	100

• Sieben Arbeiter gerieten mit dem Gesicht in den Strahl unter Hochdruck stehender Tabundämpfe, die durch die Atemschutzmasken drangen. Trotz verzweifelter Rettungsversuche überlebten nur zwei.

Sarin

1938 entdeckte man eine weitere hochtoxische organische Phosphorverbindung, Methylfluorophosphonsäureisopropylester, die nach den Anfangsbuchstaben der Namen ihrer vier Erfinder – Schrader, Ambros, Rüdiger und van der Linde – *Sarin* genannt wurde. Im Juni 1939 schickte man die chemische Formel und eine Probe an die Abteilung für chemische Kriegführung im Heereswaffenamt. Bei allen denkbaren Herstellungsverfahren waren Wasserstofffluoride beteiligt, sodass, wie schon bei Tabun, innen mit Quarz oder Silber beschichtete Stahlfässer zur Lagerung verwendet werden mussten. Die experimentelle Herstellung erfolgte in Spandau, Munsterlager sowie im Bau 144 in Dyhernfurth. Gegen Kriegsende befand sich eine weitere Fabrik mit einer Kapazität von 508 Tonnen im Monat in Falkenhagen bei Berlin im Bau, aber man kann davon ausgehen, dass die Gesamtproduktion von Sarin über zehn Tonnen nicht hinauskam.

Soman

Im Frühjahr 1944 entdeckte Richard Kuhn, der im Auftrag des Heeres an der Entwicklung von Heilmitteln gegen Tabun und Sarin arbeitete, den chemischen Kampfstoff *Soman* (Methylfluorophosphonsäure-1,2,2-trimethylpropylester). Nach dem Krieg begannen die Sowjets mit der Herstellung von Soman auf der Grundlage von Laborberichten, die sie in einem Stollen in Berlin entdeckt hatten.

Kein Ersteinsatz

Bei Kriegsende lagerten an verschiedenen Orten 500 000 Granaten und 100 000 Bomben mit dem Kampfstoff Tabun, von denen keine jemals eingesetzt wurde, vermutlich weil die Deutschen glaubten, dass die Alliierten den gleichen Stand bei der Herstellung von Nervengiften hatten und bei einem Ersteinsatz durch Deutschland furchtbar zurückschlagen würden.

Nuklearwaffen

Nach der Entdeckung der Kernspaltung 1938 durch Otto Hahn und Fritz Straßmann hielten es mehrere deutsche Atomphysiker für möglich, auf der Grundlage der hohen kinetischen Energie im Innern eines Atomkerns eine Superbombe zu entwickeln.

Zu diesen Physikern gehörte auch Paul Harteck, Direktor des Institus für Physikalische Chemie an der Universität Hamburg und gleichzeitig Berater des Heereswaffenamts. Im April 1939 wandte er sich an das Reichskriegsministerium und verwies auf die prinzipielle Möglichkeit der technischen Nutzung nuklearer Kettenreak-

KERNWAFFEN IM VERGLEICH

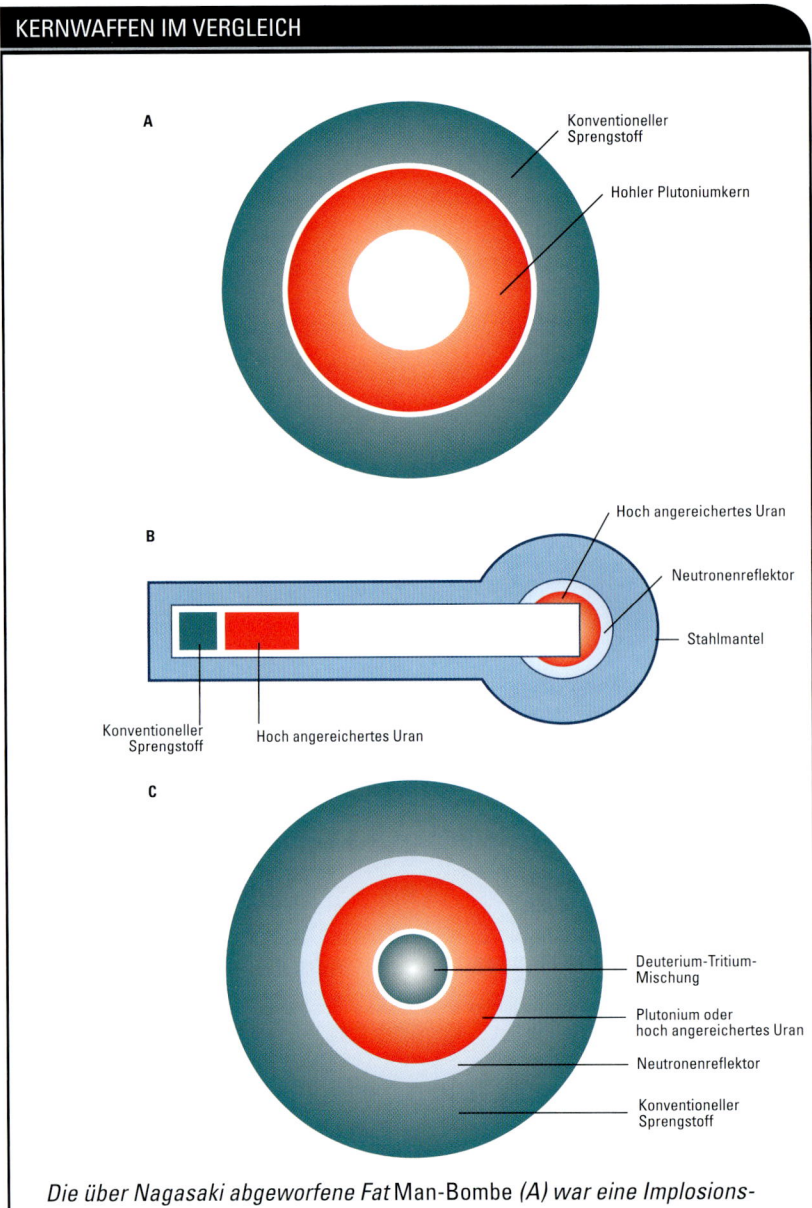

A
Konventioneller Sprengstoff
Hohler Plutoniumkern

B
Hoch angereichertes Uran
Neutronenreflektor
Stahlmantel
Konventioneller Sprengstoff
Hoch angereichertes Uran

C
Deuterium-Tritium-Mischung
Plutonium oder hoch angereichertes Uran
Neutronenreflektor
Konventioneller Sprengstoff

Die über Nagasaki abgeworfene Fat Man-Bombe (A) war eine Implosionsbombe mit einem Kern aus 6,4 gk Plutonium-239. Die Hiroshima-Bombe Little Boy (B) war eine Kanonenbombe mit 60 kg Uran-235. Bei der projektierten deutschen Atombombe (C) sollte zunächst eine Fusionsreaktion zwischen Deuterium und Tritium stattfinden. Die dabei freigesetzten Neutronen sollten dann die Kettenreaktion in dem umgebenden Plutonium oder hoch angereicherten Uran auslösen.

tionen als Energiequelle und für die militärische Anwendung. Zur gleichen Zeit meldeten sich auch mehrere andere Physiker mit ähnlichen Vorschlägen bei verschiedenen Dienststellen. Ebenfalls im April 1939 traf sich eine kleine Gruppe von Wissenschaftlern zu einer Expertenkonferenz und beschloss den Bau eines Kernreaktors und die Bildung einer Forschungsgruppe an der Universität Göttingen. Diese *Arbeitsgemeinschaft für Kernphysik*, auch *Uranverein* genannt, bestand nur kurz, weil die Mitglieder im Rahmen der Mobilmachung für den Einfall in Polen zum Kriegsdienst einberufen wurden.

Uranvorräte

Mitte 1939 verfügte die *Auergesellschaft* in Berlin, die unter anderem Glühlampen herstellte, über eine erhebliche Menge Uran, das damals als Nebenprodukt bei der Radiumgewinnung angesehen wurde. Nachdem er einen Bericht über die Möglichkeit der Verwendung von Uran als Energiequelle gelesen hatte, erkannte der wissenschafliche Direktor der Auergesellschaft, Nikolaus Riehl, den Wert dieses Schwermetalls. Er setzte sich mit dem Heereswaffenamt in Verbindung und versicherte sich dessen Unterstützung bei der Einrichtung von Anlagen zur Uranbearbeitung auf dem Werksgelände der Auergesellschaft. Von dort kamen die Uranwürfel für die experimentelle *Uranmaschine*, den Kernreaktor des Kaiser-Wilhelm-Instituts für Physik in Potsdam (KWIP) sowie der Kernforschungsabteilung des Heereswaffenamts.

Nachdem das Heereswaffenamt das deutsche Nuklearprogramm an sich gezogen hatte, trat am 1. September

1939 auf Weisung von oben der *zweite Uranverein* zusammen. Die erste Sitzung fand am 19. September in Berlin statt. Geleitet wurde sie von Kurt Diebner, Berater des HWA und Fachmann für Sprengstoffe und Kernphysik. Kurz danach fand eine weitere Sitzung statt, bei der neben anderen Klaus Clusius, Robert Döpel, Werner Heisenberg und Carl Friedrich von Weizsäcker anwesend waren. Gleichzeitig sicherte sich das Heereswaffenamt die alleinige Kontrolle über das Nuklearforschungsprogramm, indem es der Physikalisch-Technischen Reichsanstalt befahl, die Uranforschungsversuche einzustellen, und eine eigene Kernforschungsabteilung in Kummersdorf südlich von Berlin errichtete, zu deren Leiter Kurt Diebner ernannt wurde.

Als sich herausstellte, dass die Kernforschungsversuche keinen entscheidenden Beitrag zum deutschen Sieg leisten würden, wurde im Januar 1942 das KWIP wieder der Kaiser-Wilhelm-Gesellschaft unterstellt. Im Juli 1942 überließ das Heereswaffenamt die Federführung über das Uranprojekt dem Reichsforschungsrat, der es an die Physikalisch-Technische Reichsanstalt weiterverwies. Danach wurde das Kernforschungsprojekt weiterhin als kriegswichtig eingestuft und vom Heereswaffenamt finanziert. Allerdings wurde das Programm auf verschiedene Abteilungen aufgeteilt, deren wichtigste die Herstellung schweren Wassers, die Urananreicherung und der Reaktorbau waren.

Die »offizielle« Geschichte

Es wird allgemein vermutet, dass seit 1942 nur geringe Fortschritte bei der Konstruktion einer einsatzfähigen

DIE DEUTSCHE ATOMBOMBE

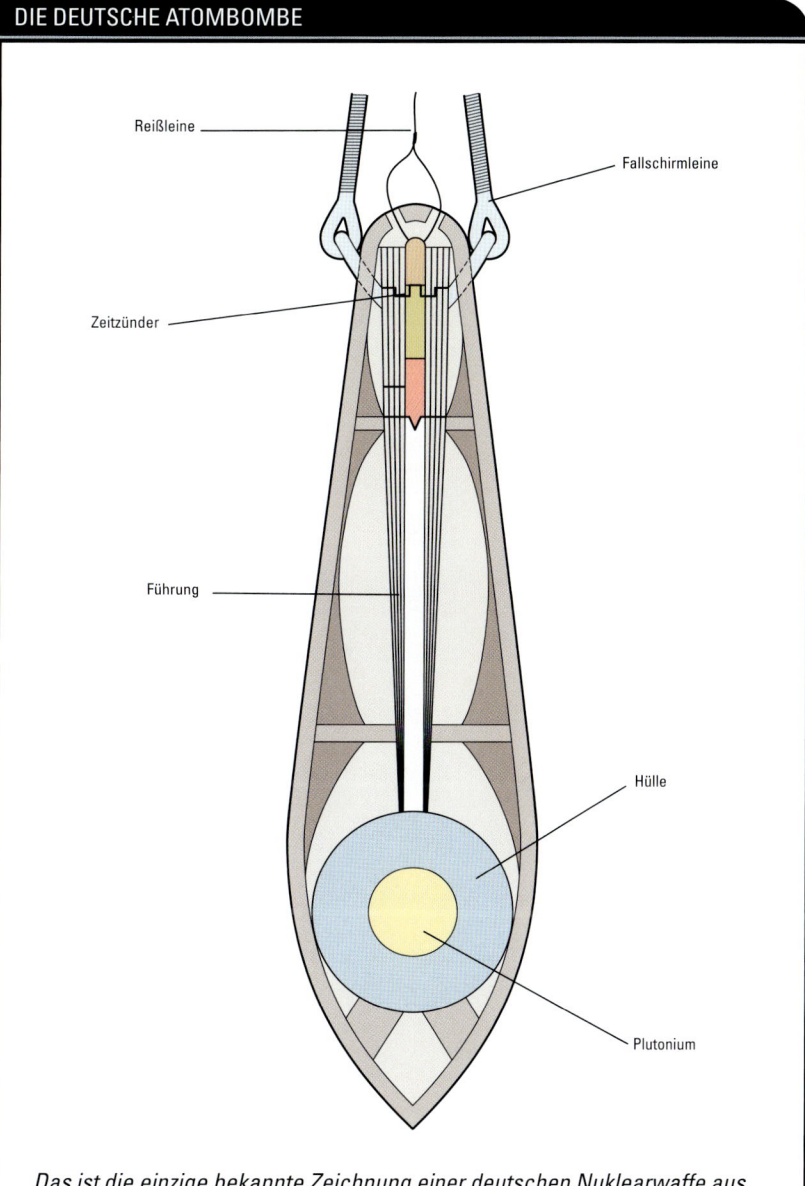

Reißleine · Fallschirmleine · Zeitzünder · Führung · Hülle · Plutonium

Das ist die einzige bekannte Zeichnung einer deutschen Nuklearwaffe aus einem unvollständigen Bericht, der kurz nach Kriegsende verfasst wurde. Zwar ist die Darstellung sehr schematisch, aber der Bericht enthält genaue Angaben über die für eine Plutoniumbombe erforderliche kritische Masse, die mit ziemlicher Sicherheit das Ergebnis deutscher Kernforschungsversuche während des Kriegs sind. Darüber hinaus gibt es Hinweise, dass an den theoretischen Grundlagen einer Wasserstoffbombe gearbeitet wurde.

Bombe gemacht wurden. Im Juni 1942 versuchte Albert Speer, der neu ernannte Reichsminister für Bewaffnung und Munition, von Werner Heisenberg, einem der führenden Kernphysiker Deutschlands, zu erfahren, welche Aussichten bestünden, eine einsatzfähige Atombombe innerhalb einer vertretbaren Zeitspanne zu entwickeln. Heisenberg soll geantwortet haben, dass es selbst bei großzügiger Finanzierung mindestens drei bis vier Jahre dauern würde. Darauf wurde, wie Speer sich später erinnerte, das Projekt zur Entwicklung einer Nuklearwaffe abgebrochen.

Im weiteren Verlauf konzentrierte sich die Forschung auf den Bau von Kernreaktoren, was aber durch zu geringe Vorräte an Materialien, hauptsächlich Uran und schweres Wasser, stark behindert wurde. Bei Kriegsende stießen amerikanische Techniker auf zwei kleine Versuchsreaktoren, die jedoch nicht kritisch geworden waren.

Verschleierungsversuche

Das geläufige Geschichtsbild geht von einer anhaltenden Unfähigkeit der Deutschen auf dem Gebiet der Kernforschung aus und steht damit in krassem Gegensatz zu den Berichten über Erfolge auf anderen Gebieten der Kriegswaffentechnologie. Wenn man jedoch genauer hinsieht, offenbart sich dieses klischeehafte Bild als zunehmend unwahrscheinlich und lässt Ungereimtheiten erkennen. 1941/42 investierte der deutsche Chemiekonzern I.G. Farben gewaltige Summen in den Bau einer von offizieller Seite sogenannten Buna-Fabrik zur Herstellung synthetischen Gummis im polnischen Monowitz, nur 6 km

vom KZ Auschwitz entfernt. Weil sich die Direktoren der I.G. Farbenwerke eine hohe Rendite aus der Investition erhofften, verwendeten sie dafür Eigenkapital, anstatt auf staatliche Zuschüsse zu warten oder Kredite aufzunehmen. Es ging dabei um rund 900 000 000 Reichsmark, nach heutiger Kaufkraft zwei Milliarden Dollar oder rund 1,4 Milliarden Euro, die in das Projekt gesteckt wurden.

Aber trotz des enormen finanziellen Aufwands und ausreichend abgestellter Arbeitskräfte aus dem nahe gelegenen Konzentrationslager scheint in der Fabrik zu keiner Zeit Buna hergestellt worden zu sein. Zwar waren die Werksanlagen 1944 mehrmals Ziel alliierter Luftangriffe, was aber nicht heißen muss, dass die Produktion unterbrochen war, zumal das Werk enorme Mengen an Strom verbrauchte, mehr als Großberlin. Das passt nicht zur Herstellung von synthetischem Gummi, wohl zu einer Urananreicherungsanlage. Die Spekulation wurde weiter angeheizt durch Berichte über die vielen offiziellen Besichtigungen des Lagers Auschwitz nach dem Krieg, bei denen das nahe gelegene Werksgelände nicht auf dem Besuchsprogramm stand. Angeblich sollen sogar bei privat organisierten Besichtigungen die Führer sich geweigert haben, die Besucher dorthin zu bringen. Man fragt sich also, was sich dort zugetragen haben mag. Etwa zur gleichen Zeit, als man sich bei den I.G. Farbenwerken mit den Plänen für die Fabrik in Monowitz beschäftigte, stellte Carl von Weizsäcker, einer der Mitglieder des Uranvereins, den Antrag zur Patentierung eines Verfahrens, aus dessen Beschreibung hervorgeht, dass man

sich über die militärische Bedeutung von Plutonium im Klaren war und seine Aufbereitung beherrschte. Der Antrag enthält folgende Zusammenfassung:

Die Herstellung des Elements 94 [Plutonium] *in ausreichenden Mengen für die praktische Verwendung geschieht am besten in der »Uranmaschine«* [Kernreaktor]. *Besonders günstig ist – und darin besteht der hauptsächliche Vorteil dieser Erfindung –, dass das dabei erzeugte Element 94 von Uran auf chemischem Weg leicht getrennt werden kann.*

Weiter heißt es im Dokument, und zwar ausdrücklich im Zusammenhang mit der Verwendung von Plutonium für den Bau einer Bombe:

Betreffend die freigesetzte Energie pro Gewichtseinheit wäre die Wirkung dieses Sprengstoffes rund 10 Millionen Mal größer als die eines anderen existierenden und vergleichbar nur mit der reinen Urans 235.

Und in einem der abschließenden Absätze steht zu lesen:

… ein Verfahren zur explosionsartigen Erzeugung von Energie durch Spaltung des Elements 94, wobei Element 94 … in entsprechender Menge an einem Ort gebracht wird, zum Beispiel in eine Bombe, so dass die überwiegende Anzahl der durch Spaltung erzeugten Neutronen neue Spaltungen bewirken, ohne die Substanz zu verlassen.

Mögliche Geheimhaltungsmaßnahmen

Im November wurde der Antrag auf Patenterteilung noch einmal eingereicht, diesmal vom Kaiser-Wilhelm-Institut für Physik, wobei alle Hinweise auf eine Verwendung für

EXPLOSION EINER ATOMBOMBE

ABLAUF

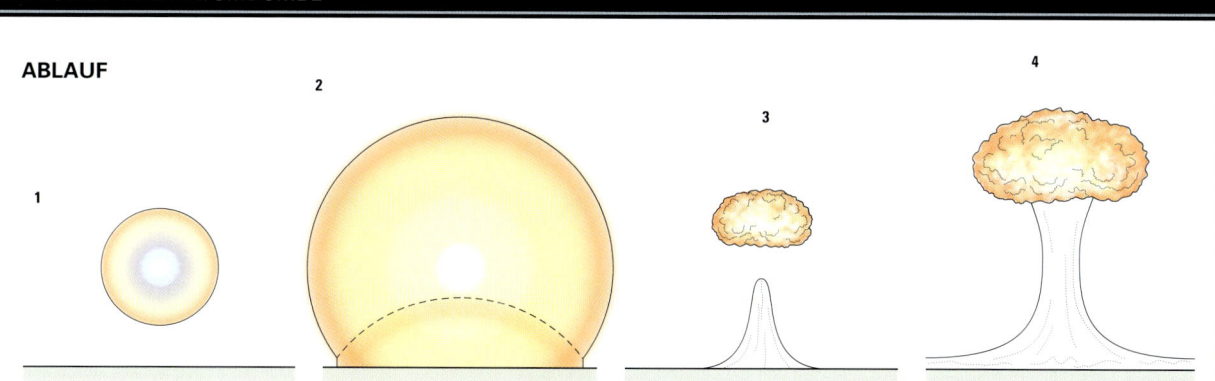

1. Ein greller Blitz aus blauweißem und ultraviolettem Licht; die Luft wird auf zehn Millionen Grad Celsius erhitzt; es entsteht ein Feuerball, dessen Hitzewelle sich mit Schallgeschwindigkeit ausdehnt.
2. Die entstehende Druckwelle pflanzt sich mit einer Geschwindigkeit von 350 m/s fort; Teile davon werden von der Erdoberfläche nach oben reflektiert.
3. Auf den Überdruck der Explosion folgt Unterdruck, der Windstärken bis 1078 m/h erzeugt.
4. Wenn der Feuerball mit der Erde in Berührung kommt, werden Trümmer in die aufsteigende Säule aus Rauch und heißen Gasen gesaugt und bilden den Atompilz.
5. Bei der Kernreaktion wird der Zusammenprall eines freien Neu-

ATOMBOMBEN

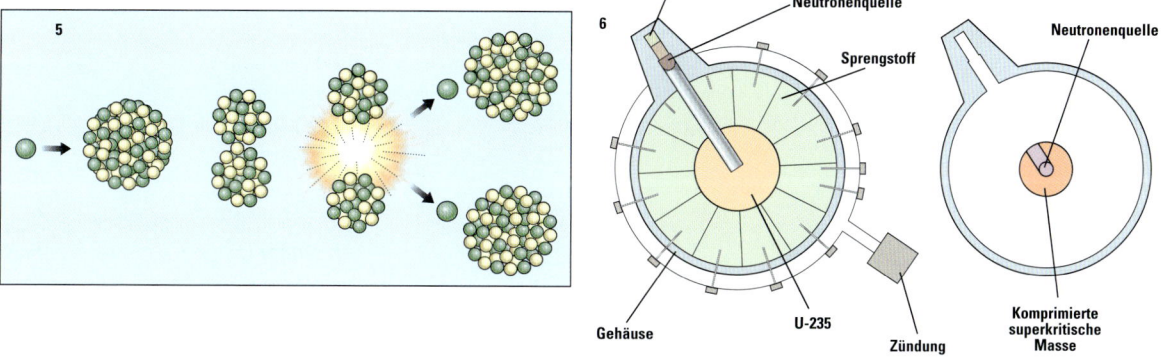

trons eines Atomkerns mit einem anderen Uranatom herbeigeführt. Dabei spaltet sich das Uranatom in zwei Bruchstücke. Dabei werden zwei Neutronen freigesetzt sowie kinetische Energie. Die freigesetzten Neutronen treffen ihrerseits auf zwei Atome, und der Vorgang setzt sich fort (Kettenreaktion). Auf diese Weise können 0,45 kg U-235 über 36 Millionen Watt Energie erzeugen.
6. Eine Atombombe enthält nicht angereichertes U-235 oder Plutonium, umschlossen von Sprengstoff in einem Gehäuse. Bei der Detonation wird die Neutronenquelle in das U-235 oder Plutonium geschossen, um die Kernspaltung auszulösen, die den Sprengstoff zündet. Dabei wird das U-235 oder Plutonium zu einer hochkritischen Masse komprimiert, und die Kettenreaktion setzt ein.

■ Nachzeichnung der 1943 entstandenen Karte einer Studiengruppe
der Luftwaffe mit potenziellen Zielen
an der Ostküste der Vereinigten
Staaten, darunter auch New York
City. Der Wirkungskreis der Explosion
ähnelt dem einer Atombombe von
15 bis 17 Kilotonnen Sprengkraft.

den Bau von Kernwaffen entfielen.
Vielleicht ist jemandem verspätet
eingefallen, dass es hier um ein hoch-
brisantes Staatsgeheimnis ging.
Es ist nicht auszuschließen, dass die
1942 angeordnete Aufsplittung des
deutschen Kernforschungspro-
gramms in mehrere Abteilungen der

Geheimhaltung dienen sollte. Für die
aussichtsreichsten Entwicklungsbe-
reiche galten die strengsten Sicherheitsvorkehrungen, und man verbarg
sie unter leicht zugänglichen, aber
weniger bedeutenden Forschungsergebnissen auf dem Gebiet der Ener-
giegewinnung. Prominente Wissen-

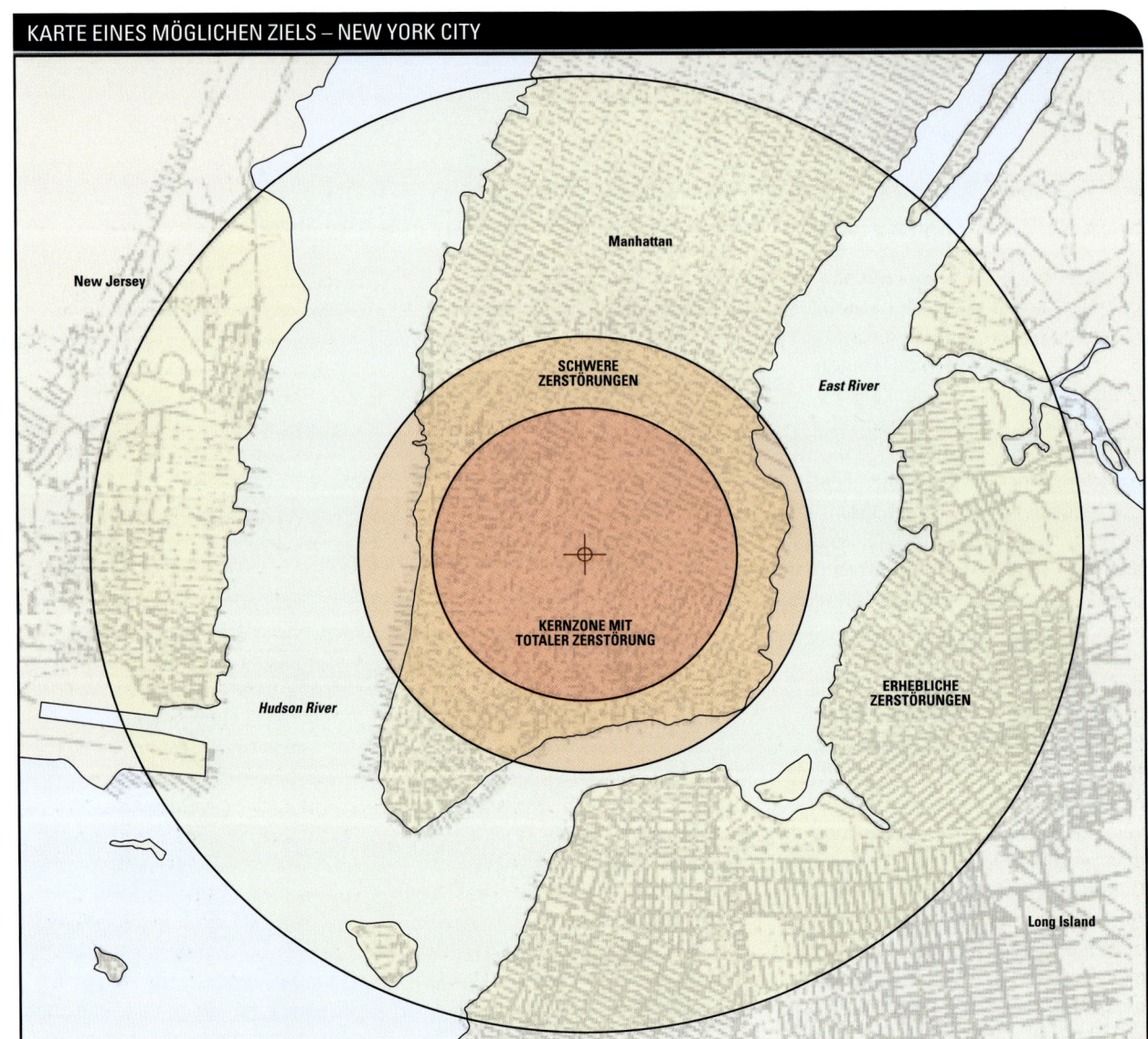

KARTE EINES MÖGLICHEN ZIELS – NEW YORK CITY

New Jersey

Manhattan

SCHWERE
ZERSTÖRUNGEN

East River

KERNZONE MIT
TOTALER ZERSTÖRUNG

ERHEBLICHE
ZERSTÖRUNGEN

Hudson River

Long Island

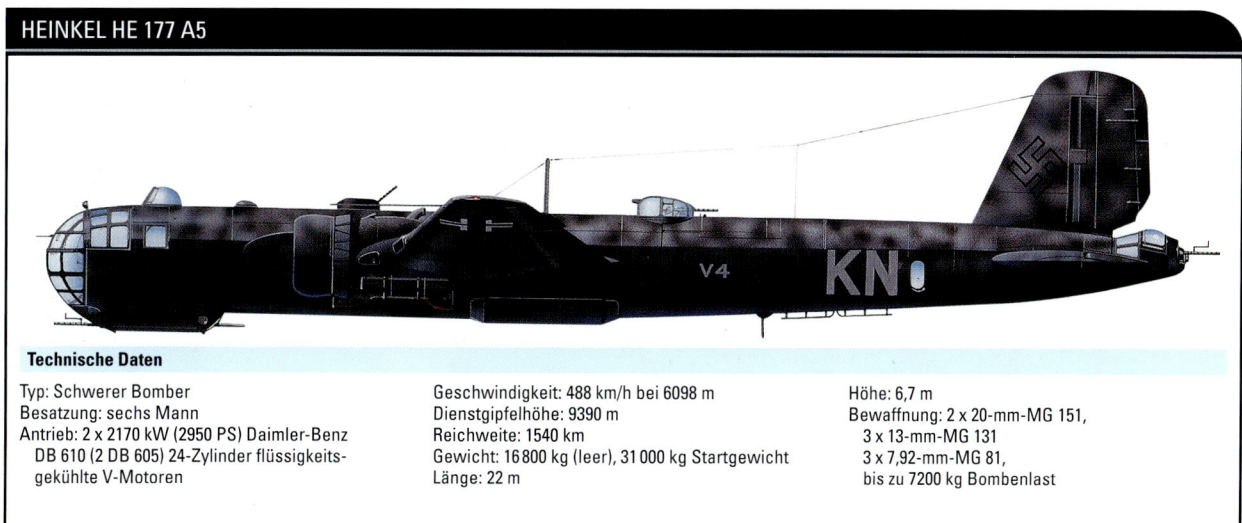

HEINKEL HE 177 A5

Technische Daten

Typ: Schwerer Bomber
Besatzung: sechs Mann
Antrieb: 2 x 2170 kW (2950 PS) Daimler-Benz
DB 610 (2 DB 605) 24-Zylinder flüssigkeits-
gekühlte V-Motoren

Geschwindigkeit: 488 km/h bei 6098 m
Dienstgipfelhöhe: 9390 m
Reichweite: 1540 km
Gewicht: 16 800 kg (leer), 31 000 kg Startgewicht
Länge: 22 m

Höhe: 6,7 m
Bewaffnung: 2 x 20-mm-MG 151,
3 x 13-mm-MG 131
3 x 7,92-mm-MG 81,
bis zu 7200 kg Bombenlast

schaftler wie Heisenberg wurden
ganz bewusst mit unverfänglichen
Aufgaben betraut, um damit von
den als streng geheim eingestuften
anderen Projekten abzulenken.
1943 stand radioaktives Material in
ausreichenden Mengen zur Verfügung, um über Transportmöglichkei-
ten nachzudenken. Im März 1943
entstanden Zeichnungen einer neuen
V2 mit einer Kammer für die Sprengladung in der Mitte des Flugkörpers,
die so weit wie möglich zum Heck hin
versetzt war, damit der Inhalt beim
Aufschlag im Ziel in einem möglichst
großen Radius verstreut wurde. Das
könnte darauf hindeuten, dass die
Rakete entweder mit einem chemischen Kampfstoff oder mit radioakti-
vem Abfall bestückt werden sollte –
einer »schmutzigen Bombe«.
Der nächste Entwurf belegt diese
Absicht noch eindeutiger. Im September 1944 entstanden Pläne für eine
modifizierte V1 mit der Typenbezeichnung D1. Die bedeutsamste Eigenschaft der D1 bestand in einem völlig

neuartigen Gefechtskopf mit der
Bezeichnung Behälter für K-Stoff-
Büchsen. Der neue Gefechtskopf war
mit einem außen liegenden Zünder
versehen, der ihn beim Aufschlag auf-
reißen und den Inhalt so weit wie
möglich im Umkreis des Ziels ver-
streuen sollte.

Fernziele in den USA
Eine schmutzige Bombe ist die ein-
fachste Methode zur Verwendung
radioaktiven Materials für militärische
Zwecke. Aber vieles deutet darauf
hin, dass Ende 1943 an der Entwicklung einer technisch fortschritticher-
en Bombe gearbeitet wurde. Damals
entwarf eine Studiengruppe der
Luftwaffe eine Karte der Südspitze
Manhattans mit Radien von Zerstö-
rungsgraden, die mit einer einzigen
Waffe bewirkt werden konnten. Der
Wirkungsgrad dieser Waffe deckt
sich mit den Folgen der Explosion
einer Atombombe im 15- bis 17-Kilo-
tonnen-Bereich, was in etwa dem des
über Hiroshima abgeworfenen *Little*

■ **Die He 177 war eine der wenigen
Bombermodelle der Luftwaffe, die als
Träger einer Atombombe infrage
gekommen wären. Einige Quellen
verweisen darauf, dass der Prototyp
He 177 V38 gegen Kriegsende zu
diesem Zweck umgerüstet wurde.**

Boy entspricht. Die Kartenstudie von
Manhattan legt die Vermutung nahe,
dass ein Angriff mit einem Langstreckenbomber wie der Messerschmitt
Me 264 oder der Junkers Ju 390
geplant war. Beide Modelle befanden
sich im Rahmen des von Hermann
Göring im Mai 1942 genehmigten
Amerikabomber-Projekts im Planungsstadium. Der Erstflug der
Me 264 erfolgte im Dezember 1942, der
des Prototyps Ju 390 V1 im Oktober
1943. Es könnte bedeutsam sein, dass,
wie aus dem Logbuch des Testpiloten
der Junkerswerke, Hans-Joachim
Pancherz, hervorgeht, die Ju 390 V1
im November 1943 nach Prag geflogen wurde, wo einige Versuche angestellt wurden, unter anderem mit

Bordeinrichtungen zum Auftanken während des Flugs.

Und es gibt noch einen weiteren, wenn auch umstrittenen Hinweis. Es heißt, dass Anfang 1944 eine einzige Ju 390 der in Mont-de-Marsan bei Bordeaux stationierten Fernaufklärungsgruppe (FAGr) 5 zugeteilt worden sei. Diese Maschine soll einen 32-stündigen Aufklärungsflug bis knapp 20 km vor die amerikanische Ostküste nördlich von New York City unternommen haben. Die für diesen Flug sprechenden Beweise dürfen angezweifelt werden, aber im *Amerikabomber*-Projekt sind unter anderem folgende Ziele aufgeführt:

■ **Bei dieser D1 genannten Version der V1 wurden der schwere Stahlkonus der Nase sowie die Tragflächen aus leichtem Holz ausgeführt. Es wäre durchaus möglich, dass sie entworfen wurde, um radioaktives Material in Form einer »schmutzigen Bombe« oder sogar chemische Kampfstoffe nach England zu transportieren.**

• Aluminum Corp. of America (Alcoa) im Bundesstaat Tennessee, Herstellung von Aluminum und Leichtmetalllegierungen
• Wright Aeronautical Corp. in Paterson, Bundesstaat New Jersey, Herstellung von Flugzeugmotoren
• Pratt & Whitney Aircraft in East Hartford, Bundesstaat Connecticut, Herstellung von Flugzeugmotoren
• Zweigwerk Allison von General Motors in Indianapolis, Bundesstaat Indiana, Herstellung von Flugzeugmotoren
• Wright Aeronautical Corp. in Cincinati, Bundesstaat Ohio, Herstellung von Flugzeugmotoren
• Curtis Wright Corp. in Beaver, Bundesstaat Pennsylvania, Flugzeugbau
• Sperry Gyroscope in Brooklyn, Bundesstaat New York, Herstellung von optischen und Zielgeräten
• Colt Manufacturing in Hartford, Bundesstaat Connecticut, Herstellung von Infanteriewaffen
• Chrysler Corp. in Detroit, Bundesstaat Michigan, Herstellung von Armeefahrzeugen

Nachdem selbst die optimistischsten Produktionspläne den Bau nur einer relativ kleinen Zahl von *Amerikabombern* vorsahen, hätte die Bombardierung solcher Industrieziele nur geringe Schäden angerichtet und lediglich für Propagandazwecke genutzt werden können – es sei denn, es wären Nuklearwaffen eingesetzt worden.

Deutsche Kernspaltversuche
Der verstörendste Aspekt an der Theorie über die deutsche Kernforschung ist die Möglichkeit, dass Kernwaffen hergestellt und in der Praxis getestet wurden. Die ersten Versuche dieser Art sollen nach Berichten von zwei Augenzeugen im Oktober 1944 auf der Ostseeinsel Rügen stattgefunden haben. Der eine Bericht stammt von Luigi Romersa, einem italienischen Kriegsberichterstatter, den Mussolini geschickt hatte, damit er sich die Geheimwaffen ansehe, von denen Hitler behauptete, sie würden den Sieg herbeiführen. Romersa erwähnte die Verwüstungen, die bei den Versu-

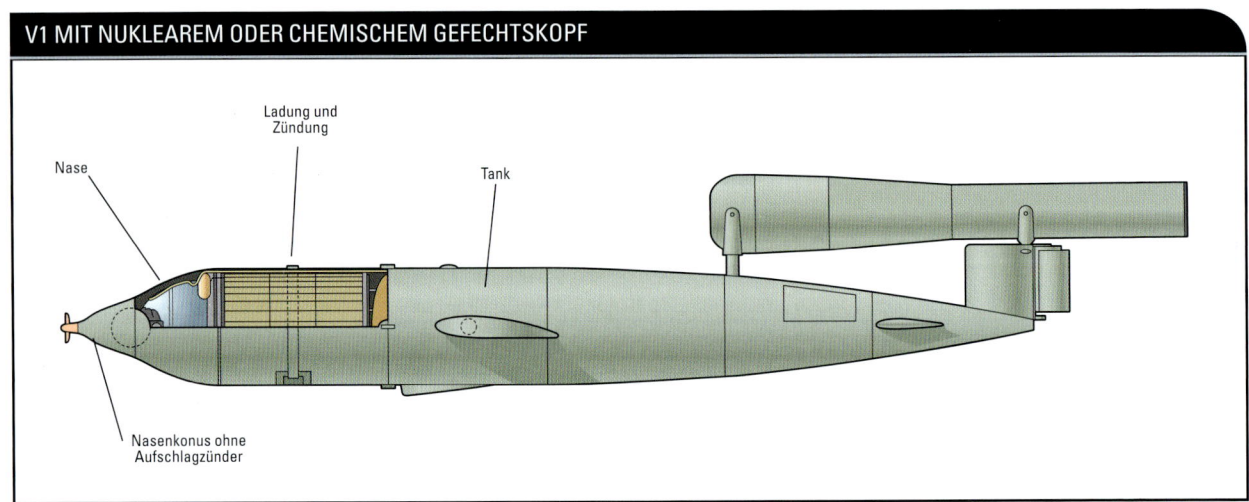

V1 MIT NUKLEAREM ODER CHEMISCHEM GEFECHTSKOPF

Ladung und Zündung

Nase

Tank

Nasenkonus ohne Aufschlagzünder

V2 MIT NUKLEAREM ODER CHEMISCHEM GEFECHTSKOPF

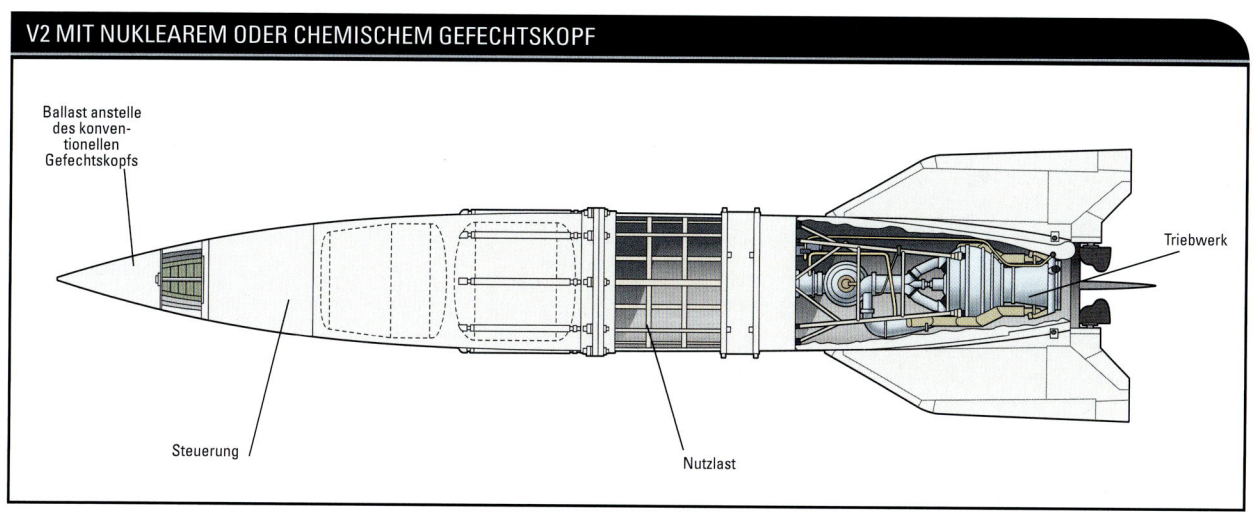

Ballast anstelle des konventionellen Gefechtskopfs

Steuerung

Nutzlast

Triebwerk

chen entstanden waren. Er erinnerte sich, nach der Explosion mehrere Stunden in einem Bunker gewartet zu haben, bis »die tödlichen Strahlen von absoluter Giftigkeit« verflogen waren, bevor er in einem Schutzanzug ins Freie treten durfte.

Der zweite Bericht enthält die Eindrücke des Luftwaffenoffiziers Hans Zinsser, der mit einer He 111 in diesem Luftraum unterwegs war: *Über der Stelle, wo die Explosion erfolgt war, stand in etwa 7000 m Höhe ohne erkennbare Verbindung zum Boden eine pilzförmige Wolke, in der sich heftige Turbulenzen abspielten. Starke elektrische Störungen setzten ein, und die Funkverbindung brach ab wie bei einem Gewitter.*

Diese Schilderungen decken sich mit der Beschreibung einer nuklearen Explosion. Sowohl die pilzförmige Wolke als auch der Ausfall der Funkverbindung, verursacht durch die bei der Explosion einer Atombombe ausgelösten elektromagnetischen Entladungen, sind eindeutige Anzeichen. Im Oktober 1944 kursierten Gerüchte

über einen längeren Ausfall des Berliner Telefonnetzes, damals eines der modernsten der Welt. Von offizieller Seite wurde das mit durch Bomben verursachte Schäden erklärt, aber der Telefon-Blackout hatte mindestens 60 Stunden gedauert, weitaus länger, als für Instandsetzungarbeiten dieser Art normalerweise erforderlich waren. Während dieses Blackouts im Oktober war selbst das schwedische Außenministerium nicht in der Lage, seine Vertretung in Berlin zu erreichen. Diese Situation unterschied sich grundlegend von jener während der erbitterten Kämpfe in Berlin im April 1945, als die Telefonverbindungen fast bis zum Ende der Kampfhandlungen bestehen blieben. Der Aufbau einigermaßen wirksamer Maßnahmen zum Schutz vor den zerstörerischen Auswirkungen des Elektromagnetismus auf kriegswichtige elektronische Geräte könnte die Erklärung dafür liefern, warum der zweite angebliche Versuch erst im März 1945 in Ohrdruf in Thüringen stattfand. Dabei scheint es sich um

■ Hier handelt es sich um eine stark modifizierte Variante der V2, bei der anstelle des Gefechtskopfs im hinteren Teil des Flugkörpers ein Behälter für radioaktives Material oder einen chemischen Kampfstoff eingebaut wurde.

eine sehr kleine Boosted-fission-Waffe gehandelt zu haben, deren Wirkung jener der nach dem Krieg erprobten taktischen Nuklearwaffen entsprochen haben könnte.

Spekulationen

Die volle Wahrheit über die Geschichte der deutschen Nuklearforschung wird wohl nie ans Licht kommen. Das Thema ist so umfangreich und komplex, dass es sich für abwegige Verschwörungstheorien geradezu anbietet. Die meisten davon sind unhaltbar. Aber auch in der akzeptierten Geschichtsschreibung finden sich etliche Ungereimtheiten. Deshalb empfiehlt es sich, die Materie mit einer gewissen Skepsis zu behandeln.

Wettlauf um die Geheimwaffen

Als sich das Ende des Kriegs abzuzeichnen begann, veranstalteten die Siegermächte einen Wettlauf um die modernen Waffensysteme und ihre Entwicklungsteams. Die Fabriken und Waffenlager waren verhältnismäßig leicht zu finden. Wichtiger war die Ergreifung der Wissenschaftler und Ingenieure, die sie entwickelt und gebaut hatten.

»Operation Paperclip«

Am 20. Juli 1945 fassten die U.S. Joint Chiefs of Staff die bisher unabhängig voneinander operierenden militärischen Nachrichtendienste unter dem Codenamen *Operation Overcast* zu einer gemeinsamen Organisation zusammen. Diese Bezeichnung wurde bald in *Operation Paperclip* (Büroklammer) geändert. Ziel war die Rekrutierung führender deutscher Wissenschaftler, die bei der Entwicklung neuer Waffensysteme nach dem Krieg helfen sollten. Im August 1945 genehmigte Präsident Truman die *Operation Paperclip* mit der Einschränkung, dass Mitglieder der NSDAP, die über die einfache Mitgliedschaft hinaus parteiamtlich tätig geworden waren, und Personen, die den nationalsozialistischen Militarismus aktiv unterstützt hatten, von dieser Amnestie ausgeschlossen seien. Davon wären viele der hochrangigen Wissenschaftler wie Werner von Braun, Arthur Rudolph und Hubertus Strughold betroffen gewesen. Nach ihrer »Entnazifizierung« durch amerikanische Militärinstanzen – Lebensläufe wurden umgeschrieben und Hinweise auf Verbindungen mit der NSDAP aus den Akten getilgt – erhielten schließlich alle einen »Persilschein« und durften in die USA einreisen. Spötter haben behauptet, die Bezeichnung *Operation Paperclip* beziehe sich auf die Büroklammern, mit denen die Persilscheine an den Personalakten befestigt waren.

Windkanäle und Raketen

Unmittelbar nach Waffenstillstand begannen die Amerikaner in höchster Eile, Personal und Einrichtungen, die sich auf von der U.S.-Army besetztem Gebiet, aber in den vorgesehenen Besatzungszonen der Engländer, Franzosen und Sowjets befanden, in die amerikanische Zone zu verlegen. Ein Knackpunkt war die *Luftfahrtforschungsanstalt Hermann Göring* in Völkenrode. Die riesige, gut getarnte Anlage am Stadtrand von Braunschweig war den alliierten Nachrichtendiensten bisher entgangen. Über den fast 80 unterirdischen Gebäuden, darunter sieben Windkanälen, hatte man Bäume gepflanzt, sodass sich das Gelände von den umliegenden Wäldern nicht unterschied. Nachdem Völkenrode in der britischen Besatzungszone liegen würde, räumten die Amerikaner die Anlage eilends aus, bevor die ersten britischen Truppen eintrafen. Noch 50 Jahre später waren einige Komponenten in amerikanischen Versuchszentren in Betrieb. Die wertvollste Kriegsbeute waren jedoch die deutschen Wissenschaftler, von denen viele von der britisch-amerikanischen *Alsos-III-Mission* verhaftet worden waren, sowie Fachleute für die Raketenentwicklung. Viele der Letzteren, darunter auch Wernher von Braun, unterstützten die Arbeit der *Operation Paperclip* und halfen bei der Sicherstellung von 100 voll einsatzfähigen V2 und von 14,2 Tonnen einschlägiger Akten. Ende der 1940er-Jahre arbeiteten fast 150 deutsche Spezialisten in militärischen Einrichtungen in den USA. Die Erprobung der ersten von mindestens 63 amerikanischen V2 erfolgte im April 1946. Die daraus gewonnenen Daten bildeten den Ausgangspunkt für den Bau des Boden-Boden-Marschflugkörpers *Redstone*. Das in den Jahren 1950 bis 1952 von Wernher von Brauns Team in Huntsville, Alabama, durchgeführte Projekt leitete unmittelbar über zur Entwicklung der Mittelstreckenrakete (IRBM) PGM-19 *Jupiter*.

»Operation Lusty« und die F-86

Operation Paperclip war das berühmteste der amerikanischen Unternehmen zur Sicherstellung deutscher Waffentechnologie, aber *Operation Lusty* (Luftwaffe Secret Technology) rangiert an Bedeutung gleich dahinter. Deutsches Wissen um die Vorteile gepfeilter Tragflächen führte zu einschneidenden Korrekturen bei der Entwicklung mehrerer Flugzeugtypen, die sich 1945 noch im Planungsstadium befanden, insbesondere der B-47 *Stratojet* und der F-86 *Sabre*. Die Pläne für die *Sabre* reichen ins Jahr 1944 zurück, als die USAAF einen einsitzigen Düsenjäger anforderte, der nach dem Muster der FJ-1 *Fury* mit geraden Flächen für die U.S. Navy geplant war. Tragflächen, Heck und Pilotenkanzel der *Fury* waren nahezu identisch mit denen der P-51 *Mustang*. Nach der *Operation Lusty* verzögerte sich die Entwicklung um sechs Monate, in denen die Pläne für die P-86 mit um 35° gepfeilten Tragflächen umgearbeitet wurden. Die bald danach in F-86 umbenannte P-86 war das erste amerikanische Jagdflugzeug, das in hohem Maße auf deutschen Forschungsergebnissen auf dem Gebiet der Aerodynamik beruhte. Das Modell wurde von der USAF 1949 in Dienst gestellt. Bis zur Beendigung der Produktion 1956 verließen über 9800 Maschinen die Fabrikhallen. Über 30 Länder rund um den Erdball verwendeten die F-86.

Junkers EF 132, B-47 Stratojet und Vickers Valiant

Die EF 132 gehörte zu den letzten Projekten deutscher Flugzeugbauer und bildete den Höhepunkt einer Entwicklungsreihe, zu der auch die Ju 287 gehörte. Der Schulterdecker hatte um 35° gepfeilte Tragflächen in negativer V-Stellung. Die sechs Jumo-012-Triebwerke waren in die Flügelwurzeln integriert, nachdem Versuche im Windkanal ergeben hatten, dass diese Anordnung vorteilhafter war als die Luftwiderstand erzeugenden Gondeln an der Unterseite der Tragflächen. Die hoch angesetzten Tragflächen erlaubten den Einbau eines 12 m langen Bombenschachts in der Rumpfmitte, der eine Bombenlast von mindestens 5000 kg aufnehmen konnte.
Das Fahrwerk bestand aus Bugrad, Tandemfahrwerk unter dem Rumpf und Stützrädern an den Tragflächenenden. Eine rundum verglaste Druckkabine im Bug bot Platz für fünf Besatzungsmitglieder. Die defensive Bewaffnung bestand aus drei fernbedienten Gefechtskuppeln mit je einer 2-cm-Zwillingskanone hinter der Kanzel, unter dem Rumpf und im Heck. Anfang 1945 wurde ein Modell im Windkanal getestet, und als die Rote Armee die Junkerswerke in Dessau besetzte, fand man eine maßstabsgetreue Holzattrappe. Alle Entwürfe und Komponenten wurden beschlagnahmt. Kurz nach dem Krieg wurden die schwer beschädigte Fabrik zum Teil wieder aufgebaut, die Windkanäle repariert und die Versuche mit Düsentriebwerken sowie die Produktion von Bauteilen wieder aufgenommen. Die beeindruckende Attrappe der EF 132 war Gegenstand häufiger

KONSTRUKTIONSPLAN DER FOCKE-WULF TA 183

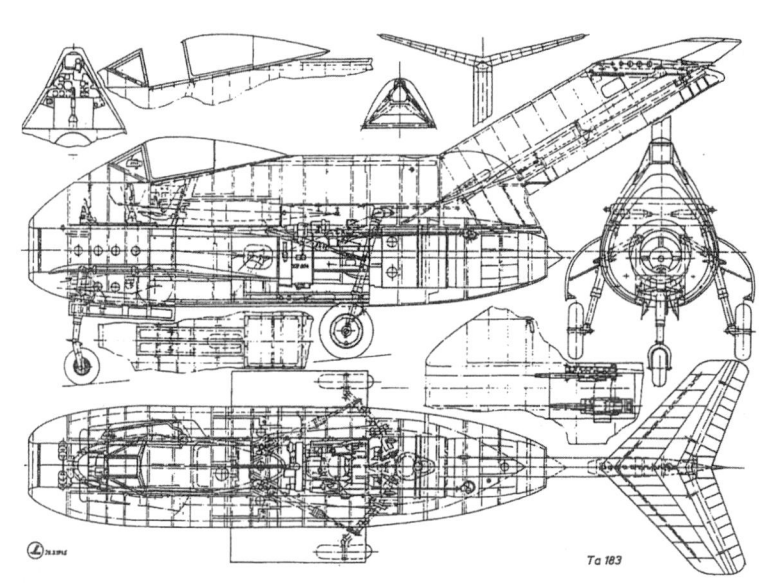

Die meisten nach dem Krieg gebauten Düsenjäger, vor allem die MiG-15, hatten erstaunlich große Ähnlichkeit mit dem Entwurf Ta 183 von Focke-Wulf. Offizielle Anerkennung fand der Typ im Februar 1945, als er zu den Modellen gehörte, die im Zuge des Jägernotprogramms in Serie gefertigt werden sollten. Der Erstflug des Prototyps war für Mai/Juni 1945 geplant, die Serienfertigung sollte im Oktober beginnen. Aber die Entwicklung endete abrupt, als britische Truppen die Focke-Wulf-Flugzeugwerke bei Bremen besetzten.

Besichtigungen durch hochrangige Sowjets, und im Oktober 1946 wurde der Fabrikkomplex samt Belegschaft in die Sowjetunion verlegt.

In der Versuchsanstalt GOZ 1 *(Gosudarstvennj Opitnij Zavod)* in Dobna bei Moskau ging die Entwicklung weiter. Das Team um Dr. Brunholff Baade im OKB 1, dem GOZ 1 unterstellten Planungsbüro, hatte einen Gleiter konstruiert, um die Flugeigenschaften der EF 132 zu testen, die außergewöhnlich gut gewesen sein sollen. Die Arbeiten am ersten Prototypen waren voll im Gang, als das Projekt im Juni 1948 plötzlich eingestellt wurde.

B-47 Stratojet

Die B-47 geht auf eine Ausschreibung der USAAF aus dem Jahr 1943 nach einem Bomber und Aufklärer mit Düsentriebwerken zurück, mit dem man von den USA aus deutsches Reichsgebiet erreichen konnte. Im Jahr darauf wurde die Anfrage zum ofiziellen Auftrag für einen strategischen Bomber hochgestuft, der mindestens 800 km/h schnell sein, eine Reichweite von 5600 km und eine Mindestflughöhe von 12 200 m haben sollte. Als Antrieb war das TG-108-Strahltriebwerk von General Motors vorgesehen, das damals noch in der Entwicklung steckte. Der erste Vorschlag, den Boeing unterbreitete, das Modell 424, war im Grunde nichts anderes als eine verkleinerte Variante der Boeing B-29 Superfortress, nur mit vier Düsentriebwerken.

Bei Versuchen im Windkanal stellte sich jedoch heraus, dass es einen extrem hohen Luftwiderstand aufwies. Beim daraufhin entwickelten Nachfolgemodell 432 waren die Triebwerke im Bugteil untergebracht, was

die Konstruktion verbesserte, aber nur geringe Auswirkungen auf die Aerodynamik hatte. In ihrer Ratlosigkeit griffen die Entwicklungsingenieure von Boeing auf die deutschen Ergebnisse mit gepfeilten Tragflächen zurück, die George Schairer, der Chefaerodynamiker der Firma, im Mai 1945 ausgewertet hatte. Auf der Grundlage dieser Daten wurde das Modell 432 als Modell 448 neu entworfen. Die um 35° gepfeilten Tragflächen und das Fahrwerk entsprachen in weiten Teilen der Junkers-Konstruktion. Im September waren die Planungsarbeiten für das neue Modell bei Boeing abgeschlossen. Man nahm noch einige Verbesserungen vor, und im April 1947 wurden zwei auf dem daraus hervorgegangenen Modell 450 basierende Prototypen mit der Bezeichnung XB-47 bestellt. Über 2000 B-47 wurden gebaut, und der Typ stand bei der USAF bis 1969 in Dienst.

Vickers Valiant

In den späten 1940er-Jahren verfügte das RAF Bomber Command hauptsächlich über Flugzeuge, die auf den Typen aus dem Zweiten Weltkrieg basierten, wie etwa die Avro Lincoln, eine Weiterentwicklung des Lancaster-Bombers. Man war sich darüber im Klaren, dass sie mit der Entwicklung nicht Schritt halten konnten, und gab 1947 die Spezifikation für einen Düsenbomber heraus, der den Flugzeugen der Amerikaner und Sowjets zumindest ebenbürtig sein sollte. Handley-Page und Avro unterbreiteten Vorschläge für technisch fortschrittliche Modelle, die später unter der Bezeichnung *Victor* und *Vulcan* in Dienst gestellt wurden; der einfachere Entwurf für die Vickers-Armstrong

Valiant wurde zunächst zurückgewiesen. George Edwards, Chefkonstrukteur bei Vickers, gelang es jedoch, seinen Entwurf durchzusetzen, weil er garantierte, dass sein Modell früher einsatzfähig sein würde als die *Victor* und die *Vulcan*, und weil er versprach, den Prototypen bis 1951 auszuliefern und mit der Serienfertigung 1953 zu beginnen. Vickers hielt das Versprechen. Am 18. Mai 1951 ging der Prototyp an den Start, und die ersten Serienmaschinen wurden im Dezember 1953 ausgeliefert. Zwar gibt es keine Hinweise darauf, dass man bei Vickers Teile der Junkers EF 132 übernommen hatte, aber die Konfigurationen stimmen weitgehend überein: Schulterdecker mit Triebwerken in den Tragflächenwurzeln. Die sichelförmige Tragfläche der *Valiant* war in vielerlei Hinsicht fortschrittlicher als die der EF 132 oder der B-47, erlaubte sie doch eine Fluggeschwindigkeit von Mach 0,76 bei einer Höhe von 15 240 m, was weit über der Dienstgipfelhöhe der B-47 lag. Die *Valiant* wurde 1955 in Dienst gestellt und beteiligte sich im Jahr darauf an der *Operation Musketeer* während der Sueskrise, in der insgesamt 856 Tonnen Bomben über ägptischen Militärflugplätzen abgeworfen wurden. Zusammmen mit der *Victor* und der *Vulcan* bildete sie seit 1954 die Grundlage der britischen nuklearen Abschreckung, bis Materialermüdung 1965 zur Ausmusterung zwang.

Sowjetische Nachbauten

Obwohl sich Amerikaner und Briten den Löwenanteil deutscher Waffentechnologie gesichert hatten, war es auch der Roten Armee gelungen, große Mengen wichtiger Informatio-

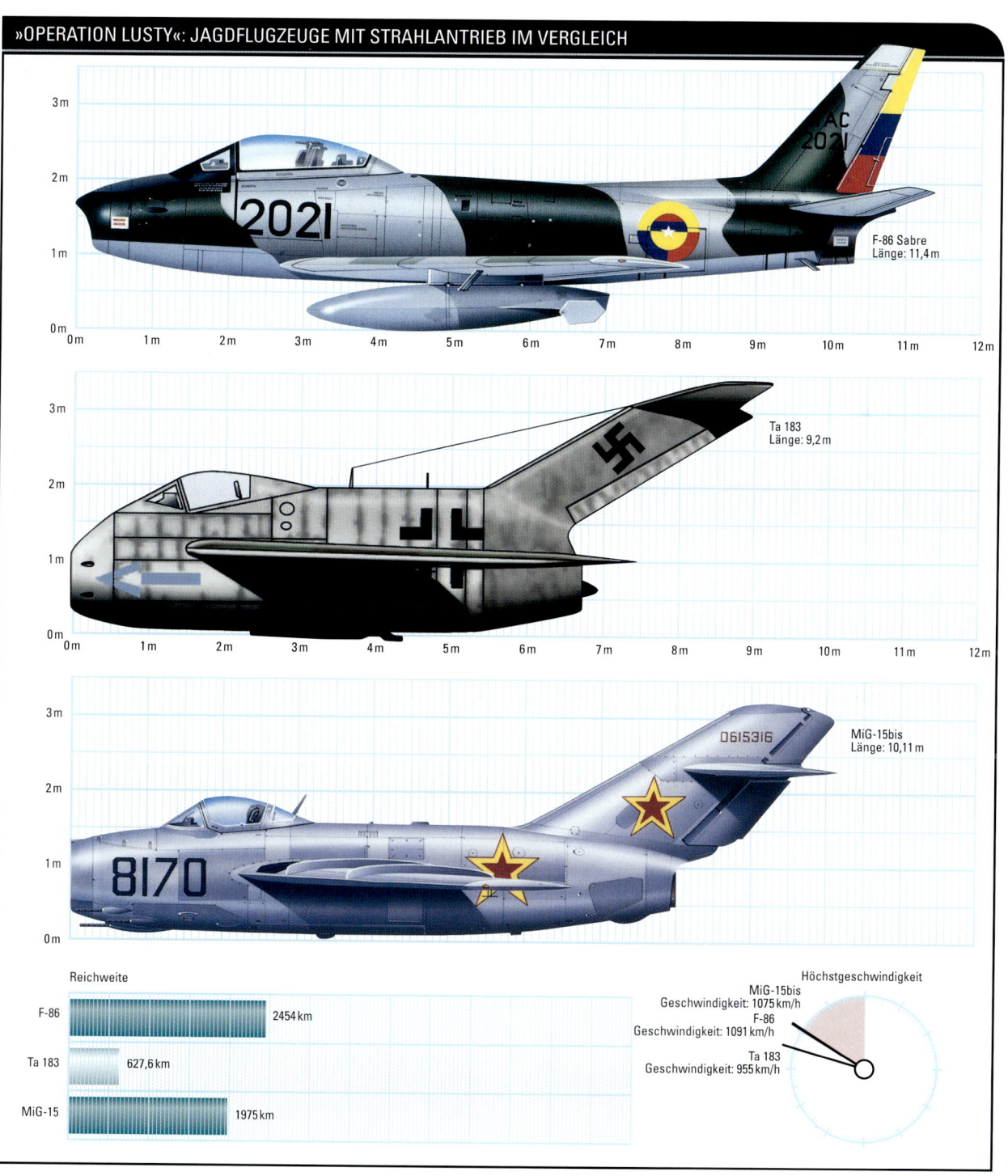

»OPERATION LUSTY«: JAGDFLUGZEUGE MIT STRAHLANTRIEB IM VERGLEICH

F-86 Sabre
Länge: 11,4 m

Ta 183
Länge: 9,2 m

MiG-15bis
Länge: 10,11 m

Reichweite

F-86 — 2454 km

Ta 183 — 627,6 km

MiG-15 — 1975 km

Höchstgeschwindigkeit

MiG-15bis
Geschwindigkeit: 1075 km/h

F-86
Geschwindigkeit: 1091 km/h

Ta 183
Geschwindigkeit: 955 km/h

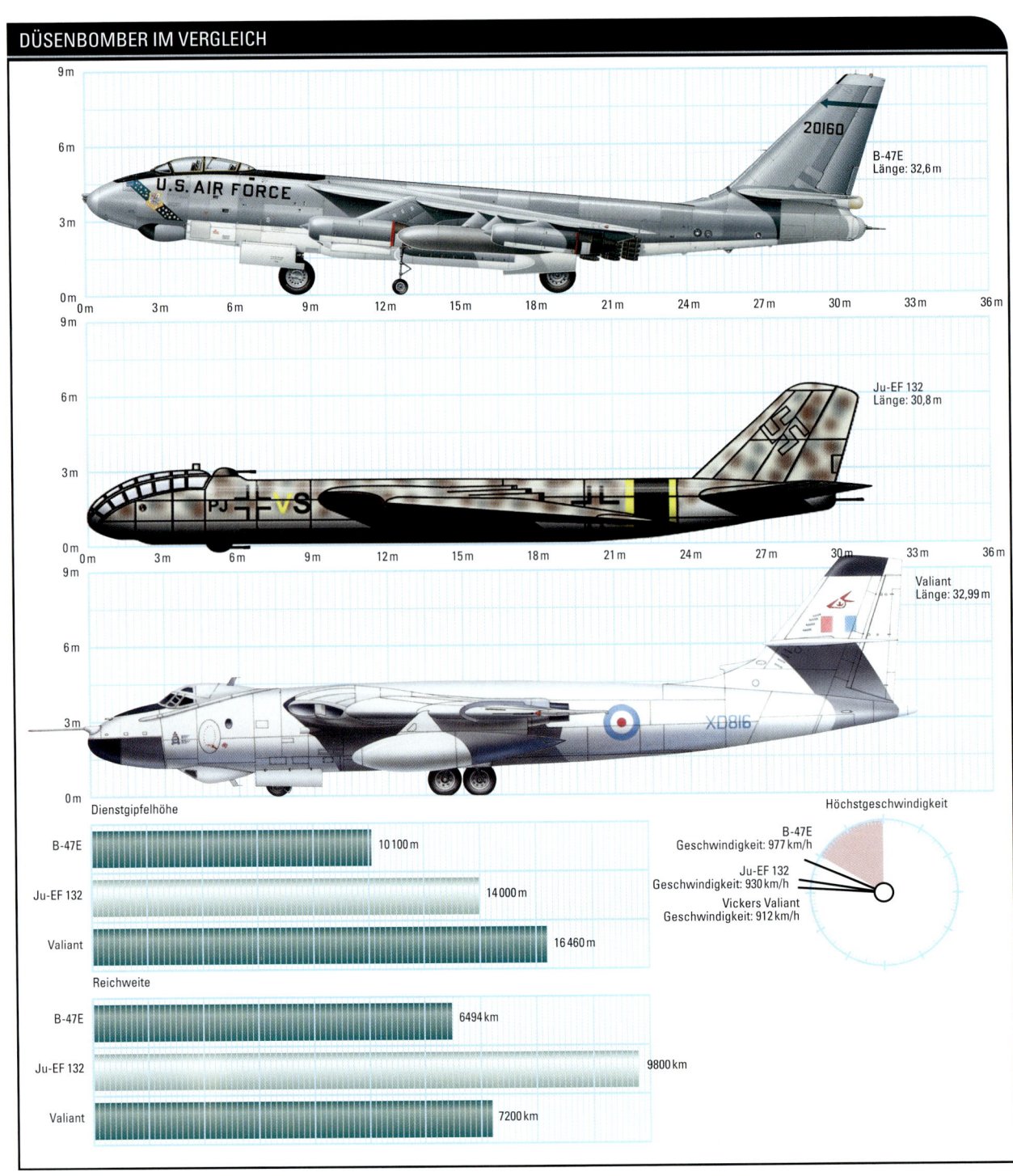

DÜSENBOMBER IM VERGLEICH

B-47E
Länge: 32,6 m

Ju-EF 132
Länge: 30,8 m

Valiant
Länge: 32,99 m

Dienstgipfelhöhe

B-47E — 10 100 m
Ju-EF 132 — 14 000 m
Valiant — 16 460 m

Reichweite

B-47E — 6494 km
Ju-EF 132 — 9800 km
Valiant — 7200 km

Höchstgeschwindigkeit

B-47E
Geschwindigkeit: 977 km/h
Ju-EF 132
Geschwindigkeit: 930 km/h
Vickers Valiant
Geschwindigkeit: 912 km/h

nen und technischer Einrichtungen zu erbeuten. Viele der sowjetischen Düsenjäger wurden von deutschen Aggregaten angetrieben. Jak-57 und Jak-17 flogen mit dem Jumo 004B oder dem russischen Nachbau RD-10 und die MiG-9 mit dem BMW 003.

Focke-Wulf Ta 183 und MiG-15
Die Entwicklung der Ta 183 begann 1942. 1945 war daraus ein technisch hoch entwickelter Düsenjäger geworden, mit sehr dünnen Pfeilflügeln im Winkel von 40° und einer um 60° geneigten Heckflosse. Die Sowjets bestritten zwar hartnäckig jeden Zusammenhang zwischen der deutschen Ta 183 und ihrer neuen MiG-15, aber die Konfigurationen beider Typen stimmen auffällig überein. Angesichts von Stalins persönlichem Interesse am sowjetischen Jägerpro-gramm und seiner gefürchteten Strafmaßnahmen bei Verzögerungen ist es verständlich, dass die Konstrukteure der MiG wahrscheinlich lieber einen richtungweisenden deutschen Entwurf kopierten, als den Zorn ihres obersten Genossen auf sich zu ziehen. Der Erstflug eines MiG-15-Prototyps erfolgte am 30. Dezember 1947, die Gesamtproduktion könnte bei weit über 18 000 Einheiten gelegen haben.

Raketentechnik

Im Juli 1944 testeten amerikanische Wissenschaftler und Ingenieure auf dem Gelände von Wright Field in Ohio eine Kopie des deutschen Argus As 014 Pulso-Schubrohrs der V1, das man mit aus England eingeflogenen Komponenten »rekonstruiert« hatte.

Von der V1 zur »Tomahawk«
Der Nachbau eines vorhandenen Systems bildete die Grundlage des Entwurfs für Amerikas ersten in Massenproduktion hergestellten Marschflugkörper, die JB-2 *Loon*, eine nahezu vollständige Kopie der V1. Der erste Abschuss einer JB-2 fand im Oktober 1944 statt, und ein Auftrag über 2000 Stück wurde erteilt, die bei der geplanten alliierten Invasion Japans, der *Operation Downfall*, eingesetzt werden sollten. Im Januar 1945 begann die Serienfertigung, bei Kriegsende befand sich eine erste Lieferung für Tests auf dem Weg zum pazifischen Kriegsschauplatz. Als die Produktion im September 1945 eingestellt wurde, waren insgesamt 1385 JB-2 fertiggestellt. Der Marschflugkörper kam zwar nie zum Einsatz, spielte aber eine bedeutende Rolle bei der Entwicklung fortschrittlicher Boden-Boden-Raketensyteme. Bis Anfang 1950 fanden ausgedehnte Versuche statt mit Starts vom Boden, aus der Luft oder von U-Booten.

»Matador« und »Regulus«
Die JB-2 hatte die amerikanische Militärführung von der Wirksamkeit des Marschflugkörpers überzeugt. In den späten 1940er-Jahren begann die Entwicklung größerer Varianten, die in der Lage waren, nukleare Sprengköpfe zu transportieren. Im Januar 1949 begann die USAF mit Versuchen mit dem Prototypen *Matador*, und 1953 folgte die U.S. Navy mit ihrem Prototyp *Regulus*. Die beiden einander sehr ähnlichen Marschflugkörper gehörten zum Rückgrat der amerikanischen nuklearen Abschreckungsstrategien in den 1950er-Jahren und waren die Vorläufer der ballistischen Interkontinentalraketen *Atlas* und *Polaris* in den 1960er-Jahren. Die Arbeit an einer Generation mit Überschallgeschwindigkeit fliegender *Regulus-II*-Marschflugkörper verlief zwar erfolgreich, aber 1958 wurde das Programm zugunsten der *Polaris* eingestellt.

ALCM, »Tomahawk« und GLCM
In den 1970er-Jahren kam dem Marschflugkörper dank des technischen Fortschritts und veränderter taktischer Prioritäten immer höhere Bedeutung zu. 1974 begannen bei der Airforce die Entwicklungsarbeiten an einem luftgestützten Marschflugkörper (ALCM = Air Launched Cruise Missile), und die Navy zog nach mit dem *Tomahawk* und seiner landgestützten Variante (GLCM = Ground Launched Cruise Missile). Die drei Waffensysteme waren 1982/83 gefechtsbereit, und alle bis auf den GLCM werden von der Airforce bezie-

hungsweise der Navy bis heute verwendet. Geringe Größe, niedrige Flughöhe und Überschallgeschwindigkeit machen sie nahezu unverwundbar selbst gegenüber den modernsten Flugabwehrsystemen. Die technischen Neuerungen zeigen sich vor allem bei der Steuerung und beim Gefechtskopf. Alle Flugkörper

wurden mit einem Navigationssystem mit Gelände-Kontur-Abgleich ausgerüstet. Dabei vergleicht ein Rechner während des Flugs die von einem Radar-Höhenmesser gelieferten Werte mit denen einer Oberflächenkonturkarte. Verglichen mit früheren kreiselgesteuerten Flugkörpern lässt sich mit dem Gelände-Kontur-Ab-

gleich selbst bei Ausschöpfung der maximalen Reichweite von schätzungsweise 2414 km eine erhebliche Treffsicherheit erzielen. Das wiederum bedeutete, dass die Gefechtsköpfe leichter gemacht werden konnten. Die kleinen nuklearen Sprengsätze W80 und W84 können auf Werte von 5 bis 150 Kilotonnen eingestellt werden.

V1 UND »TOMAHAWK« IM VERGLEICH

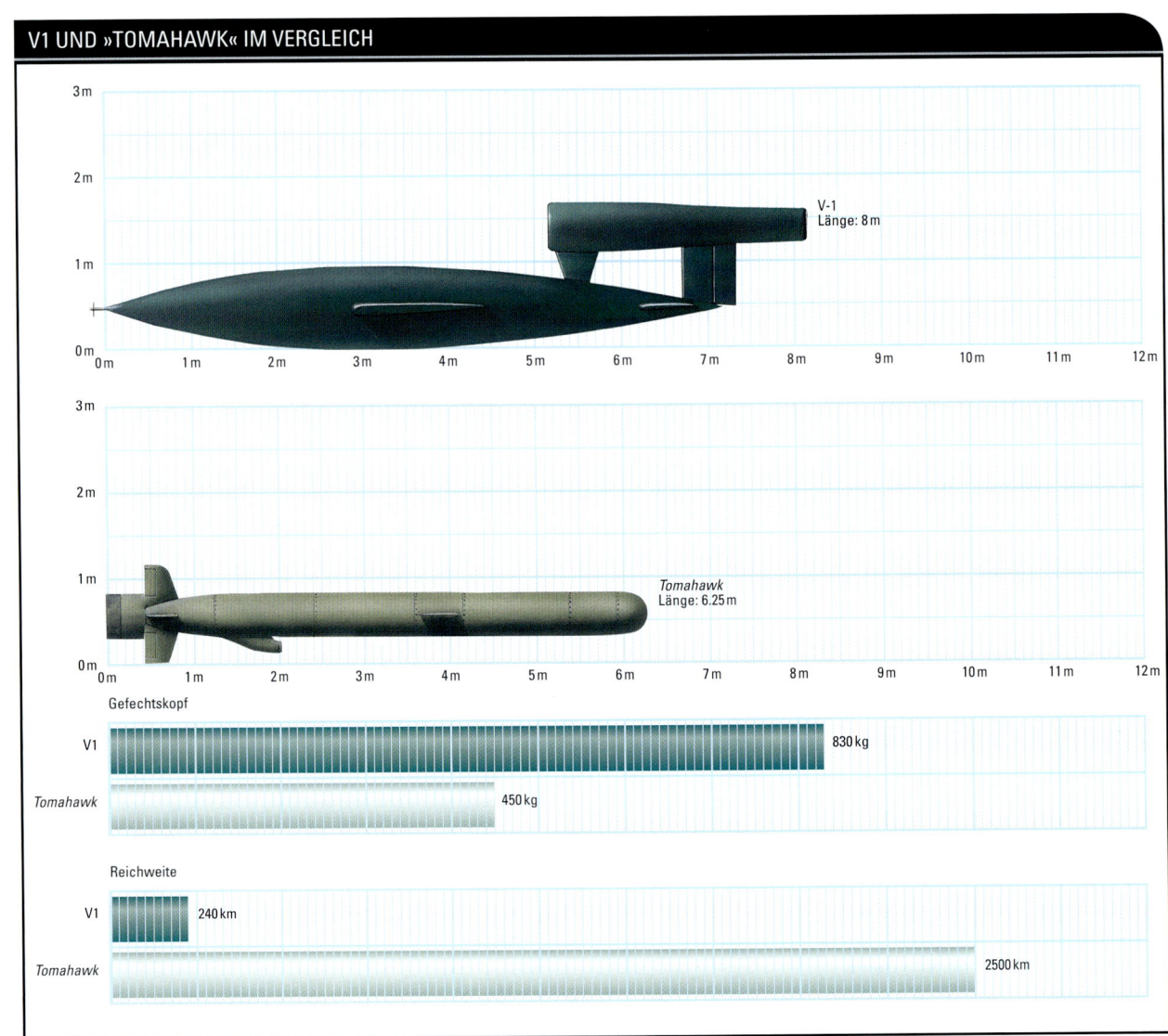

V-1
Länge: 8 m

Tomahawk
Länge: 6.25 m

Gefechtskopf

V1 — 830 kg
Tomahawk — 450 kg

Reichweite

V1 — 240 km
Tomahawk — 2500 km

Glossar

Adlergerät – Ein Infrarot-Sichtgerät zur Erkennung von Nachtbombern mithilfe der Wärmeabstrahlung der Auspuffrohre und zur Steuerung von Suchscheinwerfern. Das System wurde in den ersten Kriegsjahren vor Einführung des Radars verwendet.

Alberichhaut – Eine gummiartige, geräuschdämpfende Tarnfolie für U-Boote gegen Ende des Zweiten Weltkriegs. Sie sollte die von den U-Boot-Jägern ausgesandten Sonarsignale absorbieren.

Alsos III – Codebezeichnung für die Mission des amerikanischen Geheimdiensts zur Feststellung der Namen der Wissenschaftler, die an einem vermuteten deutschen Atomprojekt mitgewirkt hatten.

Annäherungszünder – Ein akustischer, elektrischer, Infrarot- und Radarsignaturen registrierender Sensor zum Aktivieren des Zündmechanismus einer Bombe oder eines Torpedos in mehr oder weniger großer Entfernung zum Zielobjekt.

A-Stoff – Flüssigsauerstoff, einer der Treibstoffe der V2-Rakete.

AWACS – Kurzbezeichnung für Airborne Early Warning and Control System zur Früherkennung von Bodenzielen.

Bergepanther – Ein bewaffnetes Bergefahrzeug mit dem Fahrwerk des mittelschweren Panzers *Panther*.

Brennschluss – Moment des Ausbrennens einer Feststoffrakete oder des Abstellens eines Raketentriebwerks.

B-Stoff – Eine Mischung aus 75 % Ethylalkohol und 25 % Wasser; einer der beiden Treibstoffe der V2.

Butterblume – Eine Art Infrarot-Sichtgerät, aus dem ein Zielsuchgerät entwickelt wurde, das auf die Wärmeabstrahlung von Fabrikanlagen, Fahrzeugmotoren usw. reagiert. Im Prinzip ein Vorläufer der Wärmebildkamera.

Claudia – Ein bei Kriegsende in der Entwicklung befindliches fortschrittliches Horchgerät, vorgesehen für den Einsatz durch Flakbatterien, deren Zielerfassungsradar vom Gegner durch elektronische Gegenmaßnahmen (siehe ECM) gestört wurde.

Cruise Missile – Englische Bezeichnung für Marschflugkörper.

C-Stoff – Eine Mischung aus 57 % Methanol, 30 % Hydrazin (Diamid) und 13 % Wasser; einer der hochtoxischen und sehr flüchtigen Treibstoffe des Walter-Raketentriebwerks der Me 163.

Düppel – Deutsche Bezeichnung für *Window* (siehe dort).

ECM –Electronic Countermeasures, i. e. Maßnahmen im Rahmen der elektronischen Kampfführung zur Störung beispielsweise eines Waffensystems, eines Standorts oder eines Radarleitsystems.

EMP – Elektromagnetischer Puls.

Flak – Kurzbezeichnung für Flugabwehrkanone.

Hypergol – Die Eigenschaft von Stoffen, spontan miteinander zu reagieren, wenn sie miteinander vermischt werden oder auch nur miteinander in Kontakt kommen. Dies ist besonders häufig bei Raketentreibstoffen der Fall. Meist handelt es sich um Oxidationsmittel, die sich bei Kontakt teilweise explosionsartig entzünden.

ICBM – Intercontinental Ballistic Missile; ballistische Raketen mit einer Reichweite von über 5500 km.

IRBM – Intermediate-Range Ballistic Missile; ballistische Mittelstreckenrakete wie die von Wernher von Braun für die U.S. Army entwickelte PGM-19 *Jupiter* mit einer Reichweite von 2410 km.

Jägernotprogramm – Ende 1944 von der deutschen Luftwaffe begonnenes Programm zur Massenproduktion von leistungsfähigen, aber vergleichsweise einfach zu fliegenden Abfangjägern als Maßnahme gegen die intensivierten alliierten Bombenangriffe.

Kirschkern – Bezeichnung eines Zielführungsverfahrens für die V1.

Kriegsmarine – Offizielle Bezeichnung der deutschen Marine von 1939 bis 1945.

KwK – Kurzbezeichnung für Kampfwagenkanone; wurde als Typenbezeichnung für alle für den Einbau in Panzer vorgesehenen Geschütze verwendet.

Luftflotte Reich – Die am 5. Februar 1944 in Berlin-Wannsee unter der Bezeichnung Luftwaffenbefehlshaber Mitte aufgestellte Luftflotte der Luftwaffe der Wehrmacht war zuständig für die Verteidigung des Reichsgebiets, insbesondere der Region um Berlin, gegen alliierte Bombenangriffe. Mit zunehmender alliierter Luftüberlegenheit war sie ihrer Aufgabe nicht gewachsen.

Meillerwagen – Transportfahrzeug für die V2 mit hydraulischer Einrichtung zur Aufrichtung auf dem Starttisch.

Pak – Kurzbezeichnung für Panzerabwehrkanone.

Paplitz – Infrarot-Annäherungszünder für den Einbau in Flugabwehrraketen wie *Wasserfall* und He 117. Bei den im März 1945 begonnenen Flugerprobungen erwies er sich als sehr wirksam bei Nacht, aber störanfällig am Tag durch die Einwirkung der Sonnenstrahlen.

Peenemünde – Auf der Insel Usedom in der Ostsee gelegene Heeresversuchsanstalt und Forschungsstelle für ferngelenkte Raketenwaffen. Dort wurde die V2-Rakete entwickelt und getestet.

RAF – Royal Air Force; die britische Luftwaffe.

Reichsheer – Offizielle Bezeichnung für das deutsche Heer von 1921 bis 1935.

Reichsmarine – Offizielle Bezeichnung für die deutsche Marine von 1921 bis 1935.

R-Stoff – Hypergolischer Flüssigtreibstoff für Raketentriebwerke; Mischung aus Triethylamin und Xilidin.

Schräge Musik – Angriffstaktik deutscher Nachtjäger. Dabei feuerten zwei MG, später auch 2-cm-Maschinenkanonen, schräg nach oben.

S-Stoff – Hypergolischer Flüssigtreibstoff für Raketentriebwerke; Mischung aus 96 % Salpetersäure und 4 % Chloreisenoxid.

Strassburg-Kehl – Fernsteuerungssystem über Funkimpulse vom Boden aus: Kehl = Sender, Strassburg = Empänger.

SV-Stoff – Hypergolischer Flüssigtreibstoff für Raketentriebwerke; Mischung aus 94 % Salpetersäure und 6 % Schwefelsäure.

USAAF – Kurzbezeichnung für United States Army Air Forces; offizielle Bezeichnung der Luftstreitkräfte der U.S. Army von 1941 bis 1947. Danach United States Air Force (USAF). Die amerikanische Marine unterhielt ihre eigenen Luftstreitkräfte.

V-Form – oder V-Stellung: Beim Flugzeug der Knick an der Stoßstelle der beiden Tragflächen. Die positive V-Form, bei der die Flügelenden höher liegen als die Flügelwurzel, dient zur Verbesserung der Eigenstabilität im Flug. Liegt eine Abwärtsneigung einer Tragfläche oder eines Heckflügels vor, spricht man von einer negativen V-Form. Bei Flugzeugen mit geraden Tragflächen liegt die Priorität auf der Wendigkeit auf Kosten der Stabilität.

Visol – Flüssigtreibstoff für Raketentriebwerke aus Isobutylvinyläther und Anilin

Wassermaus – Ein fotoelektrischer Annäherungszünder für die Luftabwehrrakete *Wasserfall*.

Wilde Sau – Bezeichnung für eine Angriffstaktik deutscher Nachtjäger ohne Funkmessgeräte gegen alliierte Nachtbomber während des laufenden Angriffs über dem Zielgebiet. Man verwendete dazu einmotorige Jagdeinsitzer, die eigentlich nur für den Tageinsatz geeignet waren, aber im Licht der Flakscheinwerfer und im Widerschein der Brände den Gegner auf Sicht angreifen konnten.

Window – Von den alliierten Bombern eingesetztes Verfahren zur Störung deutscher Radargeräte mit in der Luft abgeworfenen Aluminiumstreifen.

Wintergarten – Bei U-Booten eine achtern an den Turm anschließende Plattform. Meist war darauf eine Flak zur Luftabwehr montiert.

Literatur

Das Deutsche Reich und der Zweite Weltkrieg

Band 1: Wilhelm Deist, Manfred Messerschmidt, Hans-Erich Volkmann, Wolfram Wette: **Ursachen und Voraussetzungen der deutschen Kriegspolitik**, Stuttgart 1979

Band 2: Klaus A. Maier, Horst Rohde, Bernd Stegemann, Hans Umbreit: **Die Errichtung der Hegemonie auf dem europäischen Kontinent**, Stuttgart 1979

Band 3: Gerhard Schreiber, Bernd Stegemann, Detlef Vogel: **Der Mittelmeerraum und Südosteuropa – Von der »non belligeranza« Italiens bis zum Kriegseintritt der Vereinigten Staaten**, Stuttgart 1984

Band 4: Horst Boog, Jürgen Förster, Joachim Hoffmann, Ernst Klink, Rolf-Dieter Müller, Gerd R. Ueberschär: **Der Angriff auf die Sowjetunion**, Stuttgart 1983

Band 5/1: Bernhard R. Kroener, Rolf-Dieter Müller, Hans Umbreit: **Organisation und Mobilisierung des deutschen Machtbereichs – Teilband 1: Kriegsverwaltung, Wirtschaft und personelle Ressourcen 1939 bis 1941**, Stuttgart 1988

Band 5/2: Bernhard R. Kroener, Rolf-Dieter Müller, Hans Umbreit: **Organisation und Mobilisierung des deutschen Machtbereichs – Teilband 2: Kriegsverwaltung, Wirtschaft und personelle Ressourcen 1942 bis 1944/45**, Stuttgart 1999

Band 6: Horst Boog, Werner Rahn, Reinhard Stumpf, Bernd Wegner: **Der globale Krieg – Die Ausweitung zum Weltkrieg und der Wechsel der Initiative 1941 bis 1943**, Stuttgart 1990

Band 7: Horst Boog, Gerhard Krebs, Detlef Vogel: **Das Deutsche Reich in der Defensive – Strategischer Luftkrieg in Europa, Krieg im Westen und in Ostasien 1943 bis 1944/45**, Stuttgart 2001

Band 8: Karl-Heinz Frieser, Klaus Schmider, Klaus Schönherr, Gerhard Schreiber, Krisztián Ungváry, Bernd Wegner: **Die Ostfront 1943/44 – Der Krieg im Osten und an den Nebenfronten**, Im Auftrag des MGFA hrsg. von Karl-Heinz Frieser, Stuttgart 2007

Band 9/1: Ralf Blank u.a.: **Die deutsche Kriegsgesellschaft 1939 bis 1945 – Erster Halbband: Politisierung, Vernichtung, Überleben**, im Auftrag des MGFA hrsg. von Jörg Echternkamp, Stuttgart 2004

Band 9/2: Bernhard Chiari u.a.: **Die deutsche Kriegsgesellschaft 1939 bis 1945 – zweiter Halbband: Ausbeutung, Deutungen, Ausgrenzung**, im Auftrag des MGFA hrsg. von Jörg Echternkamp, Stuttgart 2005

Band 10/1: **Der Zusammenbruch des Deutschen Reiches 1945 und die Folgen des Zweiten Weltkrieges – Teilband 1: Die militärische Niederwerfung der Wehrmacht**, Im Auftrag des MGFA hrsg. von Rolf-Dieter Müller, Stuttgart 2008

Band 10/2: **Der Zusammenbruch des Deutschen Reiches 1945 und die Folgen des Zweiten Weltkrieges – Teilband 2: Die Auflösung der Wehrmacht und die Auswirkungen des Krieges**, Im Auftrag des MGFA hrsg. von Rolf-Dieter

Ford, Roger, und Brust von Dörfler, Jürgen: **Die deutschen Geheimwaffen des Zweiten Weltkriegs**, Eggolsheim 2003

Gander, Harry u.a.: **Enzyklopädie deutscher Waffen 1939–1945: Handwaffen, Artillerie, Beutewaffen, Sonderwaffen**. Stuttgart 2008

Henshall, Philip: **Hitler's V-Weapons Sites**, *Sutton Publishing Ltd., 2002*

Hogg, Ian V: **German Secret Weapons of the Second World War**, *Greenhill Books, 1999*

Hogg, Ian V: **German Artillery of World War Two**, *Arms and Armour Press, 1975*

Hyland, Gary and Gill, Anton: **Last Talons of the Eagle**, *Headline Book Publishing, 1998*

Johnson, Brian: **The Secret War**. *Pen & Sword Military Classics, 2004*

Witkowski, Igor: **Die Wahrheit über die Wunderwaffe,** drei Bände, Immenstadt

Register

Kursive Seitenzahlen verweisen auf Abbildungen.

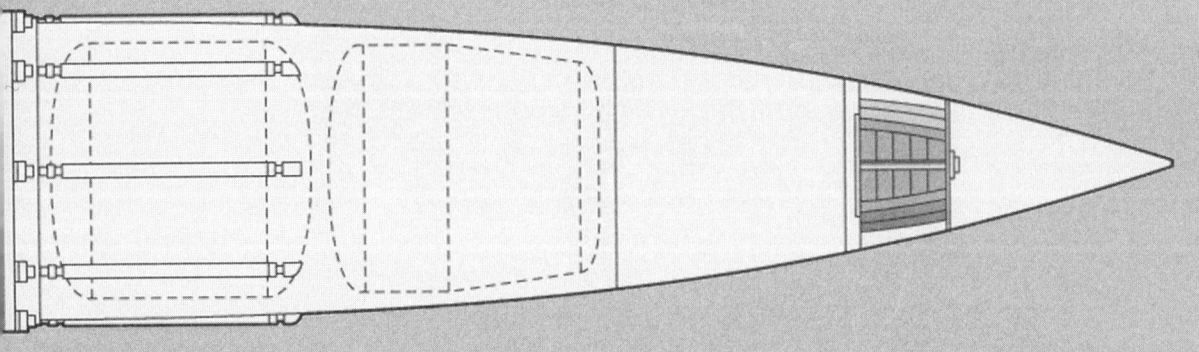